TROIS DIALOGVES DV
Sr. ARCHANGE TVCCARO
DE L'ABBRVZO, AV ROYAVME DE NAPLES.

LE PREMIER Dialogue traicte des exercices Gymnastiques, dont les Anciens vsoient auec leur declaration & distinction, & vne dispute du blasme & de la loüange du bal ou de la dance.

LE SECOND contient plusieurs beaux discours du saut appellé par les Anciens Cubistique, & l'art & les reigles qui s'y doiuét obseruer pour en auoir la parfaicte intelligence, auec les figures & demonstrations.

AV TROISIESME est fort amplement discouru des exercices que l'homme peut faire, selon sa nature & complexion, & comme il en doit vser pour rendre le corps agile, vigoureux & sain.

AV TRES-CHRESTIEN ROY DE FRANCE ET DE NAVARRE, LOVIS XIII.

A TOVRS,

Chez GEORGES GRIVEAV, tenant sa boutique au Carroy des Chapeaux.

M. DC. XVI.

AV ROY.

SIRE,

Il n'y a rien qui repreſente mieux les affections de l'eſprit, que les actions & mouuemens du corps: Celuy qui a la dexterité de ſe tourner ou il veut auec facilité & promptitude, qui porte tout ſon corps allegrement & diſpoſtement ou ſa volonté le guide, & qui prend ſon repos dans les exercices de la danſe, de la chaſſe & des armes, reçoit deux contentemens indiciblement grands; L'vn d'acquerir cette reputation d'eſtre doüé & muny d'vn eſprit vif, grand, genereux & capable: L'autre de conferer à ſa ſanté les plus doux & vtiles moiens de ſa conſeruation. SIRE, vos ſuiets admirent tous les iours la beauté, grandeur & force de voſtre ame, par les belles, grandes, & fortes actions de voſtre corps qui ne ſe donne repos que pour ſe donner à oüir & digerer les plaintes de ſon peuple, & luy fournir d'vne main ſalutaire les remedes treſ-heureux à ſes maux & miſeres: Ce liure, SIRE, qui eſt vn vif pourtraict de diuers exercices du corps, eſt d'autant plus digne d'eſtre veu de voſtre Majeſté, qu'elle eſt plus auantagée en force d'eſprit & de

EPISTRE.

corps que tous les Rois de la terre: La contemplation des figures qui marquent les proportionnez mouuemens du corps donnera plaisir à vos yeux & contentement à voſtre eſprit: A ce deſſein, SIRE, l'ay tiré ce treſor des Tenebres, pour luy faire voir le iour, & du tumbeau pour luy redonner la vie ſous les fauorables auſpices de voſtre Majeſté: Ie prie ce grand Dieu la ſeure guide & garde des Rois, de continuer ſes benedictions ſpirituelles & temporelles ſur voſtre Majeſté, afin que longuement & heureuſement, cerchant ſon honneur & ſeruant à ſa gloire vous ſoiez reconneu le Soleil rayonnant de vos Royaumes qui diſſipe tout ce qui ſe peut oppoſer à vos iuſtes & ſainctes reſolutions. Ce ſont les vœux de celuy qui met ſa premiere felicité d'eſtre veritablement de voſtre Majeſté,

SIRE,

Le tres-humble, tres-obeiſſant et tres-fidele ſuject,
GEORGES GRIVEAV.

LE PREMIER
DIALOGVE.

PREZ que le tres-magnanime & tres-inuincible Roy Charles neufiesme de ce nom, eut en tout contentement pris plaisir aux ioyeux esbats des nopçes tant desirees de la Royne Ysabel sa nouuelle espouse, sœur, nieçe, & cousine de tant de Roys & Empereurs, celebrees à Mezieres, auec grande pompe & magnificence: Il ne voulut par son partement si tres-tost finir telles rejouissances, ains de nouueau les daigna luy mesmes accroistre & augmenter par vne infinité de ieux & recreations qui se feirent lors en Court. Puis partant de là auec resolution de veoir & visiter tout son Royaume, il luy print fantaisie de sejourner quelque tēps en la maison & chasteau de Honoré sieur de Fōtaines, maison situee en la prouince de Touraine, la plus belle & la plus fertille qui soit en Frāce, & laquelle à bon droit est nommee le vray iardin d'icelle; tant pour la douceur de l'air, & bonté des eaux, que pour l'abondant & fructueux rapport de tout ce qui est requis à vne terre grasse & fertile; remplie de force belles campagnes, de grandes & hautes forests, de grands & spacieux vergers; brief d'vne veuë si belle & si aggreable, qu'il semble (qu'à veoir, & la Prouince,

& la côtree de ceste maison) que nature se soit pleuë là pour y sejourner, tant ce lieu est plaisant & gracieux. En ce lieu ledit sieur de Fontaines, Cheuallier d'illustre & tres-noble famille, Gentil-homme aussi vertueux & accomply qui s'en vit oncques, prepara si magnifiquement toutes choses pour receuoir sadite Maiesté, qu'outre infinis passetemps, il luy donna le plaisir de toutes sortes de chasses, que le Roy mesme confessa n'en auoir iamais eu vn si grand. Cest exercice luy pleut d'autant, (à la verité) comme estant celuy que ce Prince aimoit naturellement sur tous les autres. Or cependant que ledit sieur de Fontaines essaioit par toutes sortes de chasses, ores dans les larges & spacieuses campagnes, ores dans les espaisses & grandes forests, accroistre de iour en iour les passetemps à sa Maiesté; Sa tres-noble & tres-vertueuse espouse Anne de Bueil, fille de l'illustre Loys de Bueil Comte de Sanserre (duquel la renommee durera à iamais pour ses grandes & rares vertus,) & de Iaqueline de la Trimouille, Dame de grande reputation, donnoit si bon ordre en sa maison, par sa seulle prudence & dexterité naturelle, à ce que tous ceux qui y arriuoient durant le teps que le Roy y seiourna, fussent humainement receus selon leurs qualitez, auec toute magnificence & grandeur; si qu'il ny eut vn seul qui n'admirast infiniment sa generosité & valleur de son courage, & qu'il ne luy en demeurast perpetuellement obligé: Là venoient infinies sortes d'honnestes compaignies pour veoir ce magnifique passetemps: Et sur tout y vint vne troupe d'Italiens & François, qu'il estoit impossible en voir vne plus parfaitte & accomplie, tant ils sçauoient fort bien representer ce qu'ils vouloient en l'vne & en l'autre langue, que vous les eussiez pris pour naturels François, & les autres pour naturels Italiens. En cedit lieu, non loin du chasteau, dans vne grade & spacieuse sale, qui regardoit sur vn iardin le plus beau, le plus gentiment comparti, & le plus delicieux à voir qu'autre qui soit en Touraine: Là, dis-je, comme chacun passoit son temps, qui à chanter en Musique, qui à dancer, qui à tirer des armes, qui à discourir l'vn auec l'autre, y arriua (sur la plus ardente chaleur de l'esté) fortuitement vn Gentil-homme, bien connu presque de toute l'assistance; en compagnie duquel eſtoit auſſi vn aſſez renommé & fameux ſauteur, nommé Baptiſte Bernard, qui enſemblement venoient de leur promener de ce beau & plaiſant iardin; & s'eſtans arreſtez pour ſalluër vne telle aſſemblee, remplie de tant de Gentils-hommes & Cheualiers: Le Seigneur Coſme Roger, natif de Florence, docte, & fort bien verſé en toute ſorte de ſcience, d'vn excellent eſprit, iſſu de noble ſang; s'enquit dudit Baptiſte où eſtoit lors ſon tres-cher & fauory *Palæſtrita*, ou pour mieux dire, le Prince des plus rares exercices de ſiecle. Le Sieur Baptiſte (attendu que les aſſiſtans ne ſçauoient de qui il vouloit parler) reſpondit, luy diſant, qu'il l'auoit laiſſé en ſa chambre, dreſſant l'Architecture de quelques admirables ſaults qu'il auoit nouuellement inuentez: chacun deſira ſçauoir qu'il eſtoit, & prierent ledit Baptiſte de le nommer. C'eſt, Meſſieurs (dit Baptiſte) vn mien grand amy appellé Archange Tuccaro, lequel pluſieurs Gētils hōmes qui ſont icy preſens ont autresfois veu ſauter deuāt ſa Maieſté, à quoy elle prenoit vn ſingulier plaiſir. Alors Rogier adreſſant ſa parole au Seigneur Charles Tetti (gentil-homme Napolitain venu en France auecque la Royne) dit; Encores que vous ayez cy deuāt hanté plus de tēps en la Cour de l'Empereur voſtre premier maiſtre, & le ſiē, que ie n'ay fait; ſi auzerois ie biē aſſeurer qu'il n'a point diſcouru auec nous des reigles qu'on doit obſeruer, par le moyē deſquelles il s'eſt exercé à reduire en art & methode, la vraye demōſtration, & certaine conoiſſance de l'exercice du ſaut tourné en l'air, ce qui eſt digne de loüage & admiratiō: veu que ny des Autheurs Grecs, ny des Latins, ceſt art de ſauter n'a point receuë la dignité & honneur, duquel le ſieur Archange la orné & embelly: Comme vous pourriez dire, d'infinies ſortes de tours, de voltes, de virades, & inuerſions toutes differentes les vnes des autres: dreſſant auecques certaine connoiſſance le iugement de celuy qui deſire paruenir à l'exercice de bien ſauter. Alors le ſieur Ferrand gentil-homme Italien tres-docte & tres-aduiſé, & qui eſtoit venu auec le ſieur Baptiſte, prenant la parole dit, Or que ie ne ſois ignorāt de la langue latine, ſi entendrois-ie volontiers (ô ſieur Coſme) le ſens que vous donnez à ce mot *Palæſtrita*, duquel vous auez tantoſt honnoré noſtre intime amy le ſieur Tuccaro: car d'vn tel personnage que vous, nous ne pouuons attendre qu'vne rare eloquence, entremeslee de tres belles & hautes conceptions. A ce propos toute l'assistance se haussant, pria les sieurs Ferrand & Baptiste d'entrer à la salle, y prendre place, affin que plus ayfément ils peussent entr'eux discourir du subiect mis en auant. Le sieur Tetti s'auançant le premier les fit asseoir, & puis parlant doucement au sieur Roger, luy dit; Ie suis fort aise que soyez tous deux (entendant de luy & du sieur Ferrand) arriuez en si noble compagnie, mesmes sur la dispute de ces vocables Grecs & Latins, la proprieté desquels nous esperons entendre de vous deux, tant ie vous reconnois courtois & gentils. Toutesfois quant à ce que vous auez amplement discouru du saut auecques le sieur Archange (saut qu'on peut à bon droit luy attribuer, puis qu'il en a restitué & remis sus l'exercice comme m'auez asseuré) i'en suis fort ayse; tant pour la vraye & singuliere amitié que i'ay en vous connuë; que pour le deuoir qu'on doit à la dignité & l'honneur d'vn si noble exercice, lequel il a mõstré en plusieurs endroits fort à propos & au contentement d'vn chacun, l'ayant veu saulter maintesfois en presence de l'Empereur, & de plusieurs autres Princes, auec vn grand & merueilleux applaudissement: & vous diray que si de luy mesmes il n'eut reueillé son esprit, au benefice & consideration de la profession qu'il fait, ce noble art de sauter eut esté tousiours abastardi & ne se sut iamais releué: veu mesme qu'il auoit pris place auec les bastelleurs & ioueurs de farces, qui l'ont tellement rendu vil & contemptible, en se seruant d'iceluy parmy les marchez, cabarets & hostelleries, que i'ay grande compassion de voir comment ils vsent sotement & indignemẽt de la gentillesse de ce noble exercice. A ce propos s'entremettant le sieur Baptiste, Ie vous requiers pardon (dit-il) si auant que le sieur Cosme responde, ie m'aduance à vous faire la responce, que sans doute le sieur Archange vous feroit s'il estoit icy. L'honneur, dit Baptiste, & le respect que ie doy au sieur Archange me faict vous rendre graces de la louange que vous luy attribuez en si bonne compagnie: Ie vous asseureray bien qu'apres auoir discouru auecque luy de la maniere & methode de sauter, & de la diuersité des fauts, il ma faict si bien voir la faute de ceux qui ne sçauent rendre autre raison de leurs fauts, sinon qu'en nous monstrant la mauuaise practique & incertain vsage à quoy ils exercent leur corps, que maintenant pour tout certain ie recognois a-uoir moy-mesme esté le plus pauure & mauuais saltarin du monde. (I'vseray de ce mot auecques le congé & licence de ceste noble troupe, encor' qu'il soit peu vsité en langue Fran-çoise, car estant au vocable peregrin & estranger, il semble pourtant estre fort propre pour signifier en vn mot, celui qui a la parfaite cognoissance de bien sauter.) Et diray sans me van-ter, que ceux qui n'ont si parfaite cognoissance de cest art que peut auoir nostre Tuccaro, m'ont fait cest honeur d'auoir prisé mes saults & ma disposition, non pas pour les auoir seulement trouuez beaux, mais mesmes les plus admirables qui se vissent. Non pas pourtant que ie vueille conclure, que ie sois entré ia-mais auec le Sr. Tuccaro en si haults termes de Philosophie, sur la perfection du mouuement violent, comme a faict le Sr. Cos-me cy present (n'estant mon intention d'y vouloir penetrer plus auant) mais c'est pour vous dire, que ie me contente d'en auoir tiré vne assez bonne instruction, voire selon mon inten-tion, & par discours communs, confessant ingenuement auoir apprins des choses que iamais ie n'auois sceuës ny entendues. N'importe, respondit le sieur Cosme, pourueu que la verité soit cognuë, c'est assez que ceux qui la peuuent conoistre la sça-chent, voire en quelque sorte & maniere que ce soit. Ne voiez vous pas qu'Aristote en plusieurs lieux de ses liures moraux en discourt vulgairement? Ne vous souciez donc pas tant des termes de la Philosophie, mais contentez-vous seulement de la proprieté du vray sens de la chose qui peut approcher de vostre capacité, telle qu'elle soit. Or me reste-il à respondre au sieur Charles, qui veut (comme i'estime) me faire expresse-ment entrer en dispute auec le docte sieur Ferrãd, faisant sem-blant que les gaillardes paroles que nous auons euës l'vn l'au-tre nous ayent picquez & aigris: & veut faire recognoistre à la compagnie ma petite suffisance sur l'interpretation & vraye signification du mot Grec παλαιστρίτης suiuant l'honneste & gratieuse requeste que nous en a faitte le sieur Ferrand: que si ie

A iij

LE I. DIALOGVE

diffimule ignorer la fufdicte fignification, i'ay peur de quelque altercation parmy nous, ce que ie ne voudrois qui aduint pour chofe quelconque, parce que ie craindrois que fi fort & robufte aduerfaire, tel qu'eft le fieur Ferrand, ne s'y oppofaft. Alors voicy approcher le fieur Ferrand qui difoit en fe fouriant, que ce n'eftoient pas feulement les Muficiens qui fe faifoient prier pour chanter, mais les Philofophes mefmes, les Mathematiciens, les Theologiens, & les Hiftoriens, qui s'entr'enuient la franche liberté qu'ils ont de promptement refpondre aux propos defquels non feulement vn chacun les interroge, mais mefmes à ceux d'entr'eux qui font defireux d'apprendre. Au contraire, le fieur Cofme, ie ne veux pas faire ainfi, ains vous monftreray & à toute la compagnie ce qui me femble de ces mots Grecs, mis en auant, encore que ie me doute fort, que ie ne fatisferay pas entierement à voftre opinion, laquelle ie prendrois volontiers plaifir ouyr de vous. Apres qu'il eut dit ces mots au fieur Cofme, il commença à difcourir & parler comme s'enfuit. *Paleſtrita* donc, dit le fieur Ferrand, fi la memoire ne me trompe, eft vn mot que les Latins ont tiré de la langue Grecque. Et pour vous le faire mieux entendre, ie vous expoferay premierement que fignifie le mot Grec παλαίστρα qui eft, ce que l'on dit en Latin, *Luctatio, concertatio*: & en propos vulgaire, c'eft le propre acte de la luicte, ou l'esbat de l'exercice du corps de ceux qui luitent: & ne l'ont les Latins (depuis qu'ils l'eurent receu des Grecs, & mis en vfage) non feulement pris pour fignifier la mefme luite (fuiuant qu'il eft prins au texte Grec) mais pour tout autre lieu deftiné à ceft exercice. La Paleftre fuiuant l'auctorité de Ciceron & de Quintilian, eft, la bien-feance des honneftes mouuemens, geftes, façons, formes, poftures, & actes, non feulement du vifage, de la voix, des mains, & des pieds, mais auffi de tout le corps enfemble: dont eft venuë à vray dire, cefte couftume d'appeler *Palæſtritas*, ceux qui en l'inftruction de cefte bien-feance du mouuement du corps, font excellemment biē expers & exercitez. D'auantage fçay-ie biē qu'en langage Grec παλαιστρίτης eft, ce que l'eloquence Romaine a obferué fignifier le mefme luicteur, ou celui qui s'exerce en l'exercice de la luicte. Dont il me semble (sauf vostre meilleur aduis sieur Cosme) que ce mot de Palæstrita ne s'accorde nullement en signification à la vraye Gymnastique, qui est la profession que faict le sieur Archange: & quand d'ailleurs on pourroit le luy attribuer, il le faudroit appeller παλαιστευὸς plustost que παλαιοτρίτης, & ce afin de ne s'esloigner de la proprieté latine. D'autant qu'Afranius & Quintilian appellent *Palestricos*, les hommes qui sont desià maistres passez, & qui monstrent & enseignent cest exercice de la luicte, ensemble les gestes, formes & mouuemens conuenables à toutes personnes qui ont la volonté & le courage de se faire paroistre & renommer nobles, gentils & parfaicts luicteurs, comme ie m'asseure qu'en ceste partie il faudroit mettre le sieur Tuccaro, lequel ne manqueroit de monstrer la suffisance de cest excellent exercice à infinis nobles & gentils esprits. Et par les *Palestritas* ils ont voulu signifier les disciples qui apprennent des Maistres susdicts les exercices de la luicte. Et partant la difference de ceux-cy, auecque ceux là, est aussi grande, que celle qui est entre le maistre & l'apprentif. Et cōme le sieur Ferrand vouloit passer outre & continuer son discours, le Sr. Roger l'interrōpant dit, Ie ne refusay iamais de discourir auec quelques personnes que ce fut, principalement les ayans veus estre doctes, & accompagnez de modestie: car il est tres-asseuré qu'on ne peut tirer d'eux qu'vne vtile & louable instruction de la verité de la chose de laquelle le subiect est mis en auant pour disputer: ou si on ne peut du tout, au moins estce vne confirmation de la cognoissance que l'on peut auoir de la chose disputee. Or i'ay tousiours desiré d'apprendre & de me faire sçauant, de peur de viure en ignorance, ayant par ce desir beaucoup profité en la cognoissance de la verité, laquelle ie n'ay pas tousiours cognuë: m'estant tousiours persuadé, que ce seroit double ignorance, si l'homme pensoit sçauoir ce qu'il ne sçait pas: ains au contraire son deuoir seroit de dire qu'il sçait bien ne le sçauoir; puis qu'ainsi est que la cognoissance que nous auons de ne sçauoir, est presque vn vray moyen, ou asseuré commencement d'apprendre à sçauoir, suiuant le dire de ce grand Philosophe qui disoit beaucoup sçauoir, en ne sçachant rien. Et si par cas fortuit ie me suis trouué auec des gens ignorans & sans aucunes lettres; si n'ay-ie pourtant laissé de discourir auec eux : estant bien aduerty qu'il se trouue force hommes qui se vantent beaucoup, ou tout sçauoir, voire plus que tout le reste des hômes ensemble, & cependant eux-mesmes ce sont les plus ignorans & les plus bestes du monde; en quoy ils se font recognoistre manques de iugement & d'esprit, & qu'au besoin la raison & l'entêdement leur deffaillent, gens à la verité que ie blasme & mesprise entierement. Or sieur Ferrand pour retourner à mon propos, i'ay ouy attentiuement vostre discours sur les mots par vous interpretez, à l'intelligence desquels ie ne puis m'accorder: D'autant que s'il vous souuient, ie disois par cy deuāt, parlant du Sr. Archāge, que ie ne lui attribuois pas absolument le surnom de *Palæstritas*, car incontinent ie le qualifiay du nom de *Gymnasiarcha*. Mais d'autant qu'il vous semble que ce surnom de *Palæstrita* soit du tout improprement attribué (comme vous auez demonstré) à la Gymnastique (profession de nostre sieur Archange) il est bien raisonnable qu'en exposant ma conception, ie vous rende satisfait & content, en vous prouuant en qu'elle fame & maniere on le luy peut proprement attribuer, voire sans replique. La suite duquel discours ie ne pourrois aisement continuer, & puis cōclure, si premierement ie ne declarois ce mot de *Gymnasiarcha*, & d'où il est tiré, afin que chacun puisse estre resolu & satisfait de nos discours. Ie crains seulement que pendant le temps que nous consumerons à nostre dispute, l'assistance, n'en estant bien cōtente, ne s'en ennuye: Car, ie ne pense pas que vous & moy puissions venir en si peu d'heure à l'entiere fin de toutes les considerations que ie me represente sur ceste dispute; estant mon deuoir en discourant de proposer, & à vous de repliquer au contraire s'il vous semble : car nous attendons qu'auiourd'huy vous nous monstrerez auec vostre vehemente eloquence vne diuerse & profonde doctrine, à l'imitations des Academiciens anciens qui oyoient discourir leur grand maistre Platon, comme nous sommes, à sçauoir sous le berçeau d'vne belle treille, & à l'ombrage de quelques grands & spacieux arbres, chargez de diuerses sortes de bons fruicts, comme ceux-cy sont. I'eusse bien desiré pourtant sieur Ferrand,

rand, que puis que vostre arriuee, & celle du sieur Baptiste nous a faict entendre tels discours de la profession de nostre vray *Gymnasta* (& non pas *Gymnasiarcha* comme i'ay esperance vous le biē prouuer) que luy mesmes eut esté icy present, m'asseurant qu'il nous satisferoit entierement & du nom & du titre qu'il luy conuient proprement; suiuant le iugement de la cognoissance que chacun a de soy-mesmes. Et encor' que cela n'apportast tant de plaisir à l'assistance que la mesme pratique & vsage de si diuers & differens sauts, comme vous pourriez dire l'incomparable saut des Cercles, duquel sera parlé cy dessous; si est-ce que nous en sortirions assez honestement cōtens & satisfaits. A ce propos fort gratieusement & gentiment repliqua le sieur Ferrand, en se retournāt vers la compagnie. Prenez garde, Messieurs, ie vous prie, comme subtilement cest accord courtisan le sieur Roger a promptement trouué la maniere de nous faire perdre la souuenance du sens & de l'exposition de sa conception, voire de ses braues considerations qu'il nous pouuoit deduire sur le preallegué nom de *Gymnasiarcha*, & mesme sur celuy de *Gymnasta*, (nom duquel il a mieux pensé qualissier nostre sieur Archange) au cōtraire ie ne suis pas d'aduis qu'il eschappe ainsi, ains ie m'apperçois que ceste recherche qu'il nous a promise sera merueilleusement vtile & delectable pour le grand contentement qui s'en ensuiura, comme estant vne recherche rare & exquise, prouenant de la cognoissance de la venerable antiquité Grecque & Latine. Parquoy il ne seroit pas honneste de vous aduertir dauantage sur ladite exposition, ne me restant plus que de suiure l'ordre qu'il a tenu en la diuision qu'il a obseruee, sans plus aller chercher la longueur des excuses qui seroient par trop ennuyeuses, cōme seroient aussi toutes autres nouuelles allegatiōs qu'on y pourroit adiouster. Ie vous supplie doncques de croire, Messieurs, que le discours que ie desire vous deduire sur le subiect de ceste matiere mise en ieu, outre le grand plaisir que vous y prendrez, sera remply de plusieurs & diuerses histoires, la cognoissance desquelles seruira infiniment, comme aussi l'exacte obseruation des loix, & gouuernemens que ie vous representeray des plus anciennes Republiques. Parquoy il m'a tousiours semblé bon que

B

noſtre feal Gr. Roger ne s'en allaſt ſi legerement qu'il en fait le ſemblant, puis que volontiers ie me ſuis offert à le ſeconder de tout mon pouuoir, en tant que mon petit ſçauoir ſe pourra eſtendre, & m'aſſeure qu'en ce faiſant nous aurons matiere de nous ſouuenir du paſſe-temps que prenoient anciennement les Academiciens en leurs diſputes. Sur ce propos le ſieur Baptiſte ſe leua & dit, que de ſa part il vouloit auſſi faire preuue à tous ces Gentils-hommes du deſir qu'il auoit de les ſeruir, & accroiſtre par ſa diligence les plaiſirs & paſſe-temps qu'ils en attendoyent, s'offrant luy-meſme d'aller trouuer le parfaict nourriçon de la Gymnaſtique du ſieur Archange, nommé Pino; lequel ſans grande ceremonie il ameneroit, pour le faire en preſence d'eux tous ſauter, & leur faire voir toutes les diuerſes ſortes de ſauts merueilleux qui ſe font en l'air (que nous appellons ordinairement en termes de ſaltarin, ſaut Cobiſtique, nom, que nous retenons encor des plus anciens & fameux Gymnaſtes qui ſe ſoient veus,) ſauts, dis-ie, auſſi admirables que les fait le ſieur Tuccaro ſon maiſtre, & ce afin que ce iour ſoit dignement employé à tous les plaiſirs & paſſetemps que nous pourrons: meſmes és diſcours de bien & iuſtement ſauter auec les parfaits & dignes maiſtres de l'art, tels que nous en auons icy. Eſtant bien raiſonnable que tels diſcours ſe paſſent de ceſte façon, puis qu'ils ont eſté cauſe de nous faire entrer en ſi haultes & grandes diſputes de la tres-noble & excellente Gymnaſtique. Sur le propos du ſieur Baptiſte toute la compagnie reſpondit: Nous vous ſerons infiniment obligez, ſi vous nous faites voir ce que liberalement vous nous offrez, & promettez, pourueu que voſtre retour ne ſoit trop long. Et comme le ſieur Baptiſte prenoit congé de la compagnie, le ſieur Charles Teti retournant vers Roger, luy dit, vous penſeriez bien eſtre eſchappé ſieur Roger par l'entremiſe des paroles de Baptiſte; lequel ſemble auoir reſpondu par ſes diſcours à vos ſubterfuges; Ie vous prie ne nous vouloir refuſer, & enuier ſi belle rencontre de tant de beaux & graues propos; mais pluſtoſt qu'il vous plaiſe nous declarer amplement la ſignification du mot de *Gymnaſiarcha*, enſemble ſa vraye etymologie (choſe que nous deſirons fort entendre de vous) parce qu'il se deriue (cōme indubitablement il fait) du verbe Grec γυμνά-ζω, il ne se peut faire autrement qu'on ne discoure aussi des exercices Gymnastiques, & des maistres d'iceux, que vous a-uez cy deuant appellez *Gymnastes*. Choses à la verité notables, & curieuses à sçauoir, & par consequent attentiuement entenduës. Surquoy le tres-aduisé sieur Ferrand adiousta quelques mots, disant, ô l'heureuse iournee, & que i'ay si longuement desiree; en laquelle i'espere qu'en fin la noble assistance verra, & cognoistra ce que tant de fois i'ay asseuré estre vray de la diuersité de tant de saults, & exercices incroyables qui se feront auec toutes les obseruations, & iustesses qui sont necessaires, & requises à si nobles exercices; afin qu'à l'aduenir on puisse sçauoir par la theorique l'excellence de si admirables, & miraculeux saults. Car si cela n'estoit, il seroit impossible de pouuoir acquerir l'vsage à entierement parfaire la vraye iustesse, & la grace qu'il faut auoir à quelque sorte de saut, quelque difficile, & diuers qu'il soit; ensemble la forte & habile disposition que doit auoir vn maistre sauteur. Cela dis-ie, ne se pourroit acquerir, Qui demonstreroit seulement la pratique, & le seul trauail du corps, comme ont fait quasi par cy-deuant tous ceux qui se sont meslez de sauter, & comme sots qu'ils sont, ont obstinément reprouué l'art de sauter d'Archange. Non pourtant qu'ils soient fondez sur quelque bonne raison, mais pour la seule enuie qu'ils luy portent, lequel a tousiours mis peine de faire les admirables saults, non pas seulement de son corps, mais premierement de son esprit, les reduisant en art, auecque iuste & asseuree reigle, mesure, & methode. Et pour satisfaire à ce que ie vous ay dit cy dessus, vous verrez incontinent venir le sieur Baptiste auec ledit Pino, qui vous feront voir par leurs saults, & ouyr par leurs discours combien mon opinion est vraie, & receuë de tous bōs saltarins. Et toutefois en les attēdāt, vous sieur Cosme, pour leur commencer la narration du suiet, duquel toute ceste noble compagnie vous a prié : Car ie cognoy bien à vostre visage qu'estes resolu à ce faire, sans vous faire reprier d'auantage. Et de peur que Roger ne se voulut entremettre, le sieur Cosme s'auança promptement, & dit: Et puis que de vostre grace il vous plaist m'ouyr, ie vous prie me

B ij

faire tant d'honneur, que de me vouloir seconder en ce mien discours, m'asseurant qu'on ne sçauroit iamais perdre le temps auecques vous, Ie vous diray seulement qu'il me desplaist d'estre icy arriué inopinémẽt, sans m'estre au preallable apresté de ce que ie dois dire, de peur q̃ ie ne demeure muët, cõme on dit.

Doncques ie deduiray premierement l'entiere signification du mot de *Gymnasiarcha*, puis ie vous monstreray que la qualité de *Palæstrita* n'est nullement mal seante (comme vous pensez) à la profession de nostre Archange : pourueu qu'il vous plaise m'accorder, & me promettre que n'aurez en vostre ame aucune autre opinion que d'vn bon Philosophe, laquelle ie vous supplieray me faire paroistre sans aucun mal talent, ny dispute au contraire : attendu que ie sçay fort bien que n'ignorez nullement combien il est deshonneste se mõstrer peu modeste en l'inquisition, ou recherche de la verité, voire plus que ne le requiert la graue dignité de la Philosophie. Car encores que le Philosophe n'ignore la verité de quelque chose, si est-ce qu'il ne presume iamais la bien sçauoir, comme infinis sont, lesquels auecq' vne obstination, & pertinacité grande, voulãs monstrer sçauoir quelque chose, font paroistre estre les plus ignorans du mõde. Partant ie vous asseure que maintenãt plus que iamais ie me dispose à vous faire cognoistre qu'il n'est besoin d'vser de ceremonie, ny de prieres, ny de louãge, à la charge que m'imposez tãt à celle de mõ esprit, qu'à celle du corps. Resiouïssons-nous, Messieurs, dit le sieur Charles, puis que tels Athletes sont venus aux prises : mettons arriere ie vous prie toutes ces sottes & vaines ceremonies, voire sans plus interrõpre leur discours, afin que cela ne soit cause de les faire arrester, & demeurer tout court, sans que nous ayons le plaisir d'entendre ce que nous desirons il y a long temps sçauoir d'eux. I'arriuay sur ces entrefaictes, ou chacun de la compagnie me fit grand accueil, & auec grande resiouïssance & exclamation, le seigneur Roger s'escria, en me disant; Vrayement, sieur Archange, vous estes arriué tout à propos, car vostre absence rendoit imparfaicte ceste compagnie, laquelle vous voyez remplie de tant de nobles personnages, qui attendent à ouyr discourir de vostre vertu, & du nouuel art, duquel vous seul faictes maintenant profeſſion, & dont eſt procedé auiourd'huy le ſubiect de nous trouuer aſſemblez icy pour en diſcourir: Leſquels diſcours ſeront à iamais (ainſi que nous a aſſeuré le ſieur Ferrand) dignes de memoire, & de grand plaiſir quant & quant. Et lors leur faiſant la reuerence, comme mon deuoir m'y conuioit, ils me prierent de prendre place, & comme ie fus aſſis, ie commençay à leur dire. Si toſt, Meſſieurs, que le ſieur Baptiſte m'a aſſuré que vous eſtiez aſſemblez, & que m'attendiez icy, où quelques iours auparauant vous auiez de couſtume vous trouuer, pour auec plaiſir, & contentement tromper les heures, & les longs iours du chaud de l'Eſté, ie me ſuis incontinent acheminé pour me preſenter, & m'offrir entierement à vous, pour vous prier me daigner receuoir en ſi honorable compagnie que la voſtre, & y vouloir accepter auſſi le ſieur Pin, qui vient incontinent apres moy, auquel i'ay commandé qu'il ne fiſt faute ſe trouuer auec le ſieur Baptiſte, ainſi qu'il luy promit la derniere fois qu'ils s'entreuirent. A ce propos, mon tres-cher Ferrand ſe tournant vers le ſieur Coſme, luy dict, Ie vous prie, faictes en ſorte que nous oyons, & voyōs ce qu'vn chacun de nous à ſi grand' enuie d'oüyr de vous. Le ſieur Tetti interrompant aucunement ce dernier propos, pria toute la compagnie de permettre qu'eux deux ſeuls, & l'vn apres l'autre s'entre-reſpondiſſent, ſans eſtre interrompus, afin que plus promptement ils dõnaſſent fin auecq vne entiere reſolution aux diſcours des exercices qu'ils auoyent mis en auāt cy-deſſus. A quoy chacun s'accorda fort volontiers, & s'appreſterent tous à diligemment oüyr, & retenir le diſcours que le ſieur Roger auoit deſià encommencé, ſi bien que de nouueau fut recommencee la diſpute par le ſieur Coſme ainſi comme il s'enſuit.

COSME. Il eſt bien neceſſaire, Meſſieurs, ſans vſer d'autres diſcours, que ie reprene mon premier propos, & cōmenceray par l'interpretation du mot Grec γυμναϲία qui ſignifie exercice, duquel eſt deriué le mot de *Gymnaſium*, pour denoter le lieu où l'on faict quelque ſorte que ce ſoit d'exercice: Encores que nos predeceſſeurs ayent vſurpé ce dict nom pour ſignifier le lieu que nous appellons *Eſchole*; lieu, où les Maiſtres Regens enseignent ce qui appartient à l'estude, & exercice de l'esprit seulement, & non du corps. Mais pour ne nous esloigner des autheurs Grecs, desquels nous auons retenu ce mot, ie mettray en auant le tesmoignage du diuin Platon, que nous receurons sans autre, pour la definition des susdicts mots. Lequel au septiesme liure de ses loix definit ainsi la *Gymnastique*. La Gymnastique generalement est celle, qui en soy contient tous les exercices de la guerre, & qui seruent necessairement à icelle, à laquelle est aussi entierement comprise l'exercice de la luicte, & du sault. Il se voit par là qu'il n'a faict nulle mention de l'exercice des lettres, partant ce seroit grande temerité de penser qu'vn tel, & si graue personnage comme Platon, eut ignoré la chose qui estoit si commune en son temps, comme estoit, par sur tout, ce noble & excellent exercice de luicter, & de saulter. Et faut icy noter qu'encores qu'il semble que ce mot de *Gymnasium* signifie toute sorte de lieu destiné à l'exercice du corps, comme nous auōs rapporté des Grecs; si est-ce qu'ayans esgard à la diuersité des exercices qu'on enseignoit en cesdites escholes, ils auoient aussi des lieux differens, & separez, selon la diuersité de ceux qui se vouloyent exercer à certains, & differens exercices; c'est à dire, que chaque exercice auoit son lieu, & sa place destinee. Qui est cause qu'il ne nous faut esmerueiller des magnifiques, grandes, & miraculeuses architectures, & fabriques, que nous lisons auoir esté basties en toute la Grece, & parmy l'Empire de Rome, comme grande quantité de theatres, amphitheatres, & arenes; Puis que telles places estoyent requises & necessaires, pour y representer separément diuers exercices; à l'vn pour saulter, à l'autre pour y luicter, à cestuy-cy pour courir la bague, à celuy-là pour s'escrimer, bref pour s'exercer à quelque autre sorte d'exercice que ce fust. Exercices à la verité, (comme vous sçauez tres bien) inuentez pour plusieurs, & grandes raisons, que nous pouuons tirer, soit de la Philosophie morale; soit de l'institution des anciennes republiques bien ordonnees, qui les ont mis en pratique & vsage, les introduisant en leurs citez auec gloire & honneur, pour ne laisser viure en oysiueté, & setardise leur ieunesse. De sorte que si quelqu'vn se disoit aller au lieu de la Palæstre, on n'entendoit qu'il allast à quelque particulier edifice destiné pour la luicte, mais bien à l'eschole, (qu'ils appelloyent *Gymnasia*) où on enseignoit (comme i'ay dict cy-dessus,) toutes sortes de differens exercices: & le mesme peut-on dire des autres exercices.

FERRAND. Ie le crois ainsi, & le tiens pour tres-certain, encores que quelques-vns en parlent autrement. Voire voyōs nous auiourd'huy qu'és escoles (que vous auez cy-deuant mōstré estre appellees par les Latins, à leur mode, *Gymnasia*, & en France, Colleges,) Il y a de grandes sales departies chacune pour l'estude, & la profession de plusieurs sciences, & arts differents les vns des autres, qui s'y lisent, & enseignent par les Professeurs à ce gagez. Et quand quelque escholier vient de la classe de Rhetorique, de Logique, Physique, & des autres, il ne s'entend pas qu'il vienne d'autre lieu que de l'vne de sesdictes classes, qui sont dans ledict college, où on enseigne les susdites sciences. Ie ne veux pourtant inferer que tous les colleges soyent aussi grands les vns que les autres pour pouuoir receuoir si grand nombre d'escholiers, voire de sales qui seroyent requises particulierement à toutes les sciences & susdicts arts liberaux. Aussi ne faut il pas croire qu'en tous les anciens colleges de la Grece y eut autant de lieu, & d'espace, comme il y auoit à celuy que descrit Vitruue; ni qui fussent si bien entourez, si grands, & si spacieux, auec force grande quantité de colomnes, qu'aucuns edifices qui se voyoyent fort fameux & renommez, à cause des diuers exercices qu'on y faisoit. Il suffit (comme a esté dict cy-dessus) que la proprieté des choses, mesmement des mots, se cognoisse, & s'entende selon la particuliere signification qu'ils ont, sans estre par trop curieux de la trop grande licence d'aucuns, qui pour se monstrer sçauants, ou autrement, abusent trop licentieusement de la signification des mots Grecs & Latins, voire de quelque autre langue que ce soit.

Cos. Ie me resiouys fort, sieur Ferrand, que vous ayez si bien confirmé mon dire. Si ne faut il pourtant croire que les hommes puissent tellement changer la signification d'aucun mot pour leur en seruir autrement que n'est sa premiere deriuation & proprieté, sans en abuser, (comme vous sçauez fort bien) & mesme que ie pourrois prouuer auecq infinis autheurs Grecs dignes de foy, s'il en estoit de besoin. Mais pour ne me departir de mon premier propos, ie dis, que comme du nom Grec γυμνασία, qui signifie *exercice*, est deriué le mot de γυμνάσιον, aussi que de γυμνάσιον, sont deriuez les vocables de γυμνάsης, de γυμνασιάρχης, & de γυμναsικη, combien que quelques autheurs en restraignant ledit mot de γυμναsικη, veulent qu'il soit deriué ἀπὸ τῦ γυμνάζαιν, qui en Grec signifie autant que faict en latin l'infinitif, *exercere*, & en langue Françoise, *s'exercer*. Finablement par ces deriuations ainsi espluchees, il se trouue que le mot de γυμνάsης signifie proprement le principal maistre, & precepteur des exercices, c'est à dire, celuy qui a le soin & la charge, generalement de tout le college : & pour ce regard estoit-ce la plus grande, & plus honorable dignité qu'on pouuoit auoir dans ledict college. Mais celle des Gymnasiarques n'estoit telle, parce qu'ils n'estoyent que cõme Presidents particuliers des lieux & classes qui estoyent dans ledict college: lieux & classes, di-ie, qui estoyent, comme i'ay dit cy-dessus, destinees à tel ou tel exercice.

FERR. Au semblable de ce que cy-deuant vous nous auez discouru, (sieur Cosme,) il se voit mesmes en France, qu'en chaque college il y a tousiours celuy qu'on appelle le Principal, dignité sur toute autre qui soit audict college premiere, & plus grande, & comme plus excellente, aussi est-elle mieux gagee, que n'est celle des Regents, qui ne sont principaux, & maistres que de la classe où ils lisent. Dequoy il faut noter, (à mon iugement) que tout ainsi qu'à vn seul college y auoit plusieurs regents: aussi en vos Gymnases vn seul Gymnaste auoit le premier l'honneur, & la charge de son Gymnase, (s'il faut ainsi dire) ayant l'œil sur tout ce qui appartenoit aux exercices du corps. Et au contraire il se trouuoit plusieurs Gymnasiarques, qui seruoyent de Presidents és lieux particuliers, où l'on s'assembloit pour luicter, sauter, ou courir auec les Athletes. Et en ceste signification il n'y a pas long temps que ie vous disois que le tiltre de Gymnasiarque estoit fort propre, & bien adapté à la perfection de nostre seigneur Archange. Estant chose tres-asseuree que tout ainsi qu'il se voit en nos Republiques des colleges

colleges destinez pour apprendre les sciences, qu'aussi ne se-roit-il hors de propos que l'on remit en vsage & pratique les Gymnases, qui fussent destinez à la mode des anciens, pour tous & chacuns les exercices du corps : auquel lieu presidast le sieur Archange, suiuant sa parfaicte maistrise & entiere experience, de sauter : Et par ce moyen remettre sus ce gentil mot Grec de Gymnasiarque, & luy donner place parmy la langue Françoise : duquel titre, comme i'ay dict cy-dessus, à bon droit on qualifieroit ledit Archange. A ce propos Cosme interrompit le sieur Ferrand, le priant de ne passer plus outre.

Cos. Ie me doute, dit-il, à peu pres de ce que voulez inferer, sieur Ferrand, mais ie m'asseure vous satisfaire incontinent, & vous declarer ma conception sur la propre signification du mot *Palæstrita*, car vous ne me sçauriez nier que les Latins ne l'ayent souuent vsurpé pour signifier quelque sorte d'exercice que ce soit, soit du corps, soit aussi de l'esprit. Et combien que l'art de sauter soit vne espece d'exercice, & deriué de la Palæstre : & que le nom de *Palæstrita* soit pris estroictement pour celuy qui sçait luicter. Si est-ce pourtant qu'en le prenant selon sa generale signification, il signifie aussi la profession de celuy qui reduict en art, en reigle & methode la vraye & parfaicte cognoissance de sauter. Mais auant que passer outre, desirant vous faire entendre tous les mots qui se deriuent du susdict vocable Grec γυμνασία, Ie vous prie vouloir mettre à fin vostre propos encommencé, pour ne perdre la commodité que nous auons, vous asseurant de ne plus vous interrompre.

Ferr. Volontiers ie m'accorde à cestui vostre desir, & vous prie qu'il vous plaise suiure sur toute autre chose, ce que vostre heureuse memoire vous fournit, sur la diuision de Platon, que vous auez par ci-deuant alleguee sur la profession de la Gymnastique, & disiez, (si bien il m'en souuient) que pour dire, allons nous en faire quelque exercice, ou que voulant demonstrer que cestui-cy, ou cestui-là s'en estoient allez auec quelques honnestes hommes s'exercer à quelque honneste exercice, que ceux-là, dis-ie, s'en estoient allez à la Palestre, ou bien s'estoient trouuez à la Palestre d'vn tel exercice : qu'il ne s'entendoit pas seulement d'vn seul exercice en vn

C

seul lieu, mais de plusieurs ensēble, en plusieurs & diuers lieux, & qui par art & industrie alloient exercer leur corps, & quelquefois aussi leur esprit.

Cos. Maintenant ie m'asseure que ces messieurs ici auront quelque esclaircissement de nos discours. Ie dy doncques de rechef que l'art de la Gymnastique ne comprend pas seulemēt l'art de luicter, sauter, courir, jouër au palet, ou se battre à coups de poing, comme anciennement se souloit pratiquer aux places & lieux Gymnastiques, mais mesmes generalement il comprend tous & chacuns les exercices, qui estoient, selon la diuersité du temps, practiquez, & exercez en tous les Gymnases, & lieux d'exercice.

Ferr. De sorte doncques que vous voulez conclurre que la Gymnastique est le nom d'vn art si vniuersel, qu'il comprent tous les exercices du corps, qui sont generalement instituez & mis en vsage par tous les Gymnases, ne l'attachans pas à vn exercice plustost qu'à l'autre.

Cos. C'est la mesme verité, que si ainsi n'estoit, Platon n'auroit pas escrit, comme nous auons rapporté cy dessus, que le nom de la Gymnastique comprint & embrassast en soy tous les exercices militaires: ce qui se cognoist aisément par la diuision qu'il fait de ladite Gymnastique, à sçauoir en la luicte, & au saut, comme estans les deux premiers genres de toutes les autres especes d'exercices à quoy les hommes se peuuent addonner. Ceste inuention fut trouuee tant pour la conseruation de la santé en temps de paix, comme pour accoustumer les corps à la force, promptitude, & disposition en temps de guerre ; inuentee dis-ie, & mise en vsage, (comme en ces susdits lieux publics) selon l'occurrence, & varieté des coustumes des prouinces d'alors. Ceste consideration seruira pour faire entēdre d'vn meilleur ordre la diuision de toutes les choses que ie me suis obligé cy dessus à discourir.

Ferr. Beaucoup plustost contenterez vous, sieur Cosme, ceste noble compagnie, en vous preparant d'vn bel ordre à discourir de si braues & si dignes considerations. Estant l'ordre sans doute la principale conseruation, & seul aide de la memoire, sans lequel les hommes ne peuuent faire leur profit de ce qu'ils ont leu, ouy, veu, & appris. Mais à propos de la signification de la Gymnastique, que vous auez cy dessus interpretee, il m'est tombé en la memoire de ce que vous disiez n'agueres, parlant des tiltres desquels on pouuoit qualifier nostre Seigneur Archange, en asseurant qu'on le pouuoit appeller Gymnaste plustost que Gymnasiarque. I'estime que ce soit en consideration de la Gymnastique, de laquelle il faict entiere & parfaicte profession, à laquelle, à la verité, bien que renouuellee, il pourroit presider, si les Princes Chrestiens l'introduisoient aux principales villes de leur estat, y faisans à la mode des Anciens, edifier noueaux colleges, pour restablir lesdits exercices Gymnastiques: Ordonnans aussi que les exercices de tout temps inuentez, voire les plus recents pour s'exercer à la guerre, fussent auec vn bel ordre publiquement mis en vsage & practique, qui seroit vn moyen d'aiguillonner leurs suiets de s'addonner à la vertu, & à tous honnestes exercices, pour estre vn iour recompensez de leur valeur & merites.

Cos. Vous auez iustement deuiné mon intention, & si les Republiques qui sont en la Chrestienté remettoient sus cest exercice, que ie puis dire leur estre necessaire pour rendre les corps des ieunes hommes plus forts & robustes, ainsi qu'il se pratiquoit anciennement, ie ne say nulle doute que nostre Seigneur Archange ne fust des premiers à obtenir par le merite de son experience la preeminence de cest exercice, pour estre ledit Archange vniuersellement bien instruit, & versé à toutes les manieres d'exercices, soit anciennes, soit modernes, & desquels sans en rien dissimuler il a l'entier, & parfait vsage corporel, & spirituel. Mais voicy venir Baptiste, & Pino, qui portent quant & eux tous les instruments propres pour sauter, qui nous releueront vn peu de nos propos, & longs discours.

Ferr. Ie vous prie, sieur Cosme, auant que Pino saute, vouloir finir ce que vous a requis toute ceste compagnie, comme vous requiert aussi en son particulier le sieur Tetti, aussi biē aurons nous assez temps pour les voir sauter; mais non pas tousiours le loisir d'entēdre la resolutiō de tāt de doctes discours

C ij

pleins d'hiſtoires,& de Philoſophie. Partant, ſieur Baptiſte mõ bon amy,& vous auſſi ſieur Pin,vous ſoyez tous deux les tres-bien venus. Ie me reſiouys fort de voir vne ſi belle & noble couple d'amis comme vous eſtes,& gens de promeſſe, n'ayans fait difficulté de nous venir veoir.

BAPTISTE. Le deſir de vous faire ſeruice ne m'a pas ſeulement fait doubler le pas; mais meſmes l'affection que i'auois d'ouyr & entendre vos elegans diſcours, m'a fait voler pour venir icy auec le ſieur Pin.

PIN. Il eſt ainſi, ſieur Baptiſte, encore que i'aille bien viſte, mais i'en ſuis bien aiſe, & n'euſſe iamais penſé trouuer ſi grande compagnie de tãt de perſonnages vertueux comme il y a icy, en la preſence deſquels ie me reſouds monſtrer tout ce que ie ſçay faire de bon, & ſi iamais ie m'eſuertuay ce ſera à ce coup, m'aſſeurant que l'exercice que ie pretends faire de ſauter, les recreera fort, & y deuſſé-ie, comme dit Sacripant, employer les ongles & les dents.

Cos. Or ſus laiſſons les ongles & les dents au ſeruice des Maccarons, comme on dit en Italie, & vous aſſoiez, s'il vous plaiſt, tous deux, puis que toute la compagnie vous en prie. Ce pendant le plus briefuement qu'il me ſera poſſible ie me de-peſtreray de ce que le ſieur Ferrand veut que ie face: ne penſez pas pourtant que ie ne vous reſueille bien auſſi en faiſant l'exercice du ſaut violent. Et ne penſez pas auſſi (comme par ad-uanture vous pourriez auoir opinion) que ie me propoſe ob-ſeruer vn tel ordre en mon diſcours, comme ſi ie voulois diſ-courir des arts, & ſciences, ou de leur action, practique, ou contemplation; eſtant, s'il me ſemble, plus facile d'en diſcou-rir auec vn ordre libre, & non contraint, qu'auec l'eſtroite re-gle de Philoſophie. Ie dy doncques qu'ayant le diuin Platon conſideré que la plus grande partie, voire que tous les exer-cices enſemble auoient certaine participation, & communau-té auec l'art de ſauter, de l'vſage duquel neceſſairement proce-doit la diſpoſition, & meſurée force du corps, a tres-bien mis au premier rang de la diuiſion Gymnaſtique l'art de ſauter, & au ſecond celuy de la luicte, laquelle ſans doute eſt la plus an-cienne façon de combattre qui ſe ſoit trouuee entre les hommes, de laquelle on pourroit dire le mesme que du saut, d'autant que le bon luicteur saisissant son ennemy, & le serrant par les endroicts qu'il sçait estre propres pour le faire tomber, tantost en le poussant, tantost le tirant à soy, & aucunesfois le reculant, suiuant l'art & l'experience qu'il a de bien luicter: qui est celuy qui ne voit qu'en telles actions, presque tout le corps, les bras & les mains, ne soyent tousiours employees? & que les temps & mesures ne se rencontrent pour ietter à terre l'ennemy? & non pour autre raison, sinon que cest exercice participe en tout & par tout aux temps, aux mesures, & aux proportions de l'art de bien sauter.

FERR. Maintenant ie m'apperçois que ces Messieurs icy cognoistrõt estre vray ce que ie leur ay protestay tãtost, qu'il ne falloit qu'ils eussent crainte de leur ennuier de ces discours icy, & principalement entendant les raisons tirees de vostre heureuse memoire, sieur Cosme; si bien que ie vous prie de leur part qu'il vous plaise nous discourir amplement sur ce subiect: pour ma descharge, ie vous veux aduiser en passant, que si ie ne m'abuse sur le lieu de Platon, (que vous allez si bien exposant) il me semble, di-ie, qu'il vse du mot χορεία, qui signifie autant comme en Latin *Saltatio*, lequel, suiuant mon iugement, est plus general, comprenant plusieurs especes, & differences de sauts qui ne seruent, ny à la santé, ny au seruice de la guerre. Partant, sieur Cosme, il vous plaira, en vostre diuision nous declarer ce qu'il vous en semble.

COS. Il faut, sieur Ferrand, qu'auant que ie passe plus outre, ie responde à vostre dernier propos. Il faut sçauoir que les Grecs ont deux mots qui signifient le nom Latin *Saltatio*, l'vn est χορεία, & l'autre ὀρχήστρα, les Latins ont de ce premier forgé le mot *Chorea*, qui signifie le bal, qui outre plusieurs beaux sauts, est accõpagné d'infinies chansons, ou chants melodieux, (encore qu'en Grec la premiere signification de χόρος, de laquelle on a tiré le mot Latin *Chorus*, signifie proprement la multitude des personnes qui dancent, & chantent doucement entr'eux) & selon le dire de Platon, au second liure de ses loix, χόρος vient de χαρά, qui ne signifie autre chose que festes, plaisirs & resiouïssances. Et à ce propos il ne nous faut oublier de remarquer que ce n'est pas de χέρος, comme aucuns pensent, qu'est derivé le mot de *Choragium*, (qui signifie le lieu, l'appareil, & les ornemens de la Tragedie, & Comedie, comme enseigne Vitruue) mais du verbe Grec ἀρρηγέω, que les Latins traduisent, *Subministro, & suppedito*.

FERR. Ie ne puis que ie ne vous die, puis que vous estes sur les Etymologies que χέρος aussi signifie, ce que les Latins appellent *Tripudium*.

COS. Il est vray, & comme vous sçauez fort bien, c'est ce dru & menu battement qu'on faict des pieds, & en dansant auec mesure & cadence, comme vous pourriez dire, les Canaries, & telles autres especes de dances: & est ledict battement signifié par les mots Latins, *Tripudium*, & *Tripudiare*. Mais cecy ne faict rien à l'obiection que m'auez faicte, bien sert-il à l'explication cy deuant des mots χόρος, & χορεία, desquels Platon n'a vsé au lieu où il discourt de la Gymnastique ; ains au septiesme de la Republique, il vse du verbe πηδάω, qui signifie sauter, & de πήδησις qui signifie le saut: & si aucuns l'ont suiuant nostre dire, interpreté *Saltatio*, l'interpretation n'en est que bonne, eu esgard que ledict Platon, au mesme liure, s'est serui du mot πήδημα. Il ne s'ensuit pas pourtant que voulant Platon parler de la Gymnastique, (qui appartient à l'art militaire) il aye voulu parler de l'exercice du saut, ou de la tripudiation, qui ne sont seulement qu'especes de la dance, comme vous pourriez dire la Fissaigne, & autres mouuements qu'ont accoustumé de faire les Mimes, & Pantomimes aux theatres des Tragedies & Comedies: mais il a entendu parler de l'exercice de sauter, qui fortifioit les corps & les membres des hommes, à ce qu'ils fussent plus robustes, plus agiles, & plus gaillards, pour seruir à vn besoin à la Republique; seule cause finale de l'introduction que lesdictes Republiques firent de tant de sortes d'exercices corporels.

FERR. Ie vous prie sieur Cosme, ne vous monstrez si grād ennemy du bal, ny de la dance, ny moins des plaisanteries des basteleurs: car bien que ces deux derniers exercices ne se puissent honnestement defendre en comparaison des autres arts; si est-ce que le bal & la dance ne doyuent estre blasmez, ny mis à mespris, combien qu'aucuns estiment (peut estre auec trop de passion) que ces exercices soient du tout contreuenants à l'honnesteté, & modestie des hommes vertueux. Ie desire, sieur Cosme, que ce que dessus soit dit en passant, & sans vous destourber de vostre propos cy dessus commencé sur l'interpretation du verbe Latin *tripudiare*.

Cos. Certes à vous ouyr parler ie iuge que vous estes bon sauteur, & bon balladin, voire leur fort affectionné, tant ie vous voy loüer leur exercice; & volontiers ie m'accorderois à vous, quand ce ne seroit que pour agreer & complaire à quelque belle maistresse que vous pouuez auoir, laquelle en vous aymant print plaisir à tels exercices: n'estoit que la verité m'est beaucoup plus chere, & plus amie, que toutes autres choses du monde. Mais ie pense lire à vostre face que vous voulez commencer petit à petit à desployer vostre eloquence, pour me faire vne cruelle guerre, pour n'auoir (sé vous semble) voulu assez dignement loüer le bal & la dance. Et auant que cela soit, ie vous prie contenter toute la compagnie sur les choses que vous auez cy dessus proposees, & mises en auant.

Ferr. Vrayement, sieur Cosme, ie suis bien aise que vous me gaussiez ainsi proprement, parlant sous paroles couuertes de mes amours: mais poursuiuez ie vous prie vostre premier discours, vous asseurant vous faire cognoistre le contraire de ce que vous pensez de moy.

Cos. I'en suis content, & cependant que i'attendray vostre docte discours en faueur de la dance & du bal, ie ne lairray à continuer ce que desirez de moy sur le subiect cy dessus. Ie dy doncques qu'encores que les Animaux en sautant, courant, volant, & nageant se remuent en mille & mille manieres de mouuements, & agitations à quoy ils sont poussez naturellement, si ne peuuent-ils sçauoir d'eux-mesmes s'ils se remuent ou non: Car bien qu'ils ayent les sens particuliers conioincts auec le sens commun des hommes, pour discerner, & auoir sentiment de ce qui leur est vtile, & necessaire; voire mesmes qu'il s'en trouue qui imitent en quelque chose les actions des hommes, soit en parlant soit en se remuant, comme sont les singes, & les perroquets, & plusieurs autres Animaux, si n'ont

LE I. DIALOGVE

ils pour cela l'intelligence, & cognoiffance en eux mefmes de fçauoir difcerner pourquoy ils parlent, & fe mouuent; mefmes eftans priuez de la cognoiffance de fçauoir s'ils viuent ou non: d'autant que toutes leurs actions ne procedent d'ailleurs que des fens cydeuant alleguez, ou biē de leur naturel qui les pouffe ore à vn effect, ore à vn autre : Parquoy il s'enfuit qu'ils ne font douëz d'aucun iugement raifonnable, ny cognoiffance d'aucune fcience. Au contraire les hommes ne cognoiffent pas feulement fimplement ce qu'ils font, ou penfent, ou ce qu'ils vont faifant & penfant: mais d'auantage ils fçauēt regler, & moderer leurs actions, & penfees, (& mieux quafi toufiours que la nature ne les pouffe,) en les accommodans le plus fouuent à la proportion du nombre, du temps, & de la mefure, qui font nō feulement (cōme dit l'Efcriture) les fondemēs de la diuine creation, & fabrique de ce monde, mais mefmes de toutes les autres chofes que l'homme opere, qui difpofe & deduit fes actions à la regle qui fe trouue en luy de l'image, & femblance de Dieu. Et ne faut vous eftonner fi i'ay furnommé cy-deuant Armonie, ce bruit ou tripudiation de pieds, encore que de prime face cela vous ayt parauanture femblé eftrange: fi eft-ce que quand l'homme gouuerne auec reigle, nombre & mefure les temps, & contre-temps de quelque chofe, il fçait fort bien accorder quelques fons, & tons que ce foyent, lefquels fans doute il rend plaifans à l'ouye fous efpece de quelque conception qu'il a plaine d'Armonie, & de melodie. I'ay dit generalement les tons, & les fons, d'autant que la mufique ne peut fubfifter fans eux, ny eux ne peuuent eftre fans la percuffion de l'air: la voix eft vn fon, le bruit de la lire, de la viole, de la flufte, & des orgues eft vn fon, comme eft auffi tout bruit quel qu'il foit, & celuy-mefme que i'ay dit des pieds, & principalement quand il eft accompagné de la voix, ou de quelque inftrument mufical.

FERR. Doncques vous voudriez dire que les finges & les chiens, qui ont apprins à dancer & baller (comme i'en ay veu plufieurs en Italie, & ailleurs) fentent le mouuement armonieux, & melodieux de leurs fonnettes?

COS. Ie crains, fieur Ferrand, que ne l'entendiez mieux qu'en qu'en vous opposant n'en faites semblant. Car ie vous ay desià dit (comme vous sçauez tres-bien) que les animaux ignorent qu'ils ayent la cognoissance de sçauoir quelque chose : Que si d'auenture il s'en trouue quelques vns qui en dançant, ou sautant, demonstrent comprendre aucunement la proportion armonieuse de la musique ; il ne faut pour cela conclure que ils ayent naturellement eu ceste cognoissance & inclination de sçauoir approprier les cadences aux nombres armonieux d'icelle : mais que cela leur procede seulement de l'assiduelle instruction que leur donne celuy qui les enseigne, ce qu'il practique ordinairement en les faisant ieusner, ou bien à force de coups ; n'estans encor lesdits animaux irraisonnables, comme i'ay dit, priuez de leur sens commun : & par consequẽt ne sont aussi priuez de l'imagination qui leur peut apprendre les choses qui ne sont plus hautes que l'apparence de la cognoissance exterieure de leur sens & entendement, qui leur causent petit à petit ceste-dite cognoissance, & similitude de memoire que ils monstrent auoir de ce qu'ils ont appris par long vsage, & assiduel exercice. Pour ceste raison ne vous ay-ie si tost parlé de la brutalité des animaux, d'autant que la louange, ou le blasme des choses ne doit tãt proceder des effects, cõme de la cõsideration, & iugement de celuy qui les imite, ce qui ne se peut dire des animaux, mais tres-biẽ des hõmes, lesquels ne sont pas seulement poussez de leur naturelle inclination, mais par la diuinité de l'intellect ils sont attirez à la cognoissance des choses auec regle, & raison, & mesmes des nombres qui appartiennent à la musique, & en obseruant les temps, les mesures, les proportions & les interualles (pour ne me departir des termes de l'Art) ils forment, & composent la melodie, & armonie de laquelle nous parlons. De là vient que l'agitation, & mouuement du corps, soit en sautant, soit en balant, est appellee tant des Grecs que des Latins, armonieuse ; à cause qu'ils participent sans doute de la proportion, mesure, & cadẽce, que l'homme retient de la musique, à laquelle il approprie entierement tous ses membres.

FERR. Vostre dire, sieur Cosme, me fait souuenir de l'opinion tant renommee de Platon, qui ne craignit de soustenir que noſtre ame fut creée par armonie, ce que nous pourrions volontiers interpreter auec reigle, & proportion de la muſique, & c'eſt pourquoy l'homme ſe delecte tant à ceſt art, à cauſe dit-il, que chacun eſt naturellement enclin aux choſes, à luy ſemblables; iouxte la ſentence commune des Latins, que, *chacun cherche & ayme ſon ſemblable.*

Cos. Il me ſemble à vous ouyr parler, ſieur Ferrand, que vous ne ſoyez gueres amy de la doctrine de Platon, reſſemblant à Ariſtote, qui ſe delectoit pluſtoſt à le reprendre qu'à le loüer, lequel pourtant n'a laiſſé d'eſtre appellé par toute l'Antiquité Platon le diuin, ce que i'ay touſiours admiré, le tenant pour choſe notable, & admirable.

Ferr. Sçachez ſieur Coſme, afin que vous ne vous trompiez pas en faiſant iugement de mon eſtude, & de ceſte mienne ſecte, que ie n'en affectionne point plus l'vne que l'autre, ny ne fay iamais tant de cas des hommes, pour ſçauants qu'ils ſoyent, que la verité ne me ſoit touſiours en plus grande recōmandation. Ie ne ſuis tellement lié à l'opinion d'vn, que pour changer en mieux, ie ne quitte volontiers ſon party, pour ſuiure celuy qui ne s'eſtudie pas ſeulement à bien dire, mais principalement qui enſeigne à bien faire; & c'eſt là, ſans trop de recherche, que ſe trouue la verité. Ie ne puis loüer ceux-ci, qui auec vne paſſion demeſuree ſouſtiennent les eſcrits de pluſieurs perſonnages, leſquels par leurs ſubtilitez déguiſent tellement ceſte verité, qu'elle n'eſt preſque plus recognoiſſable. Il faut donc faire choix des hommes ſçauants, & dire auec vn Ancien. I'ayme Platon, i'ayme Socrates: mais la verité m'eſt encore plus chere. Quand ie lis quelques Autheurs, ie m'arreſte volontiers à ceux qui ont la raiſon pour guide, ſçachant que qui la ſuit, ne ſe peut iamais fouruoyer. Mais toutesfois il faut icy noter, qu'vn homme, voire meſme pluſieurs n'ont iamais la cognoiſſance de toutes choſes, & qu'encores ceſte cognoiſſance, quelque petite qu'elle ſoit eſt accompagnee de beaucoup d'erreur. Si tu veux examiner à la rigueur les hōmes, voire les plus parfaits, tu n'y trouueras que trop à redire. A ce propos i'allegueroy volontiers Salomon pour exemple, qui nous ſeruira de teſmoignage pour confirmer noſtre opinion. Parquoy ne croyez pas, ie vous prie, sieur Cosme, que ie me passionne plus en lisant vn Autheur que l'autre, ny que ie sois plustost Academicien, ou Peripateticien, que Stoïciē, Cireniē, que Megarien. Ne pensez-vous pas aussi que ie sois de ceux qui addonnez à leurs sens, & menez d'vne vaine opinion, donnēt plus d'authorité aux escrits d'vn Autheur qu'à l'autre : Mais en lisant, & meditant, ie fay iugement de ce qui est bon ou mauuais, en vn ou plusieurs Autheurs. Et me souuien que vous en faisiez ainsi dernierement estant sur ceste belle consideration que traitte si doctement Platon au 7. liure de ses loix, où il parle de toutes sortes de braues, & nobles exercices : mais principalement du saut, & de la luicte, qu'il a si dignement recommandez, comme faisans beaucoup, tant pour la conseruation de la santé, que pour rendre les hommes plus prompts, agiles, & dispos : bref plus propres, & adroits aux affaires & de la Paix, & de la guerre.

Cos. Ie ne sçaurois assez louër, ny priser ceste honneste liberté de parler dont vous vsez, sieur Ferrand, ny vous rendre graces dignes de vos merites, pour m'auoir si bien encouragé de continuër en ces beaux exercices, & en ceste profession d'honneur que ie vay recherchant depuis plusieurs annees. Mais ie ne veux laisser en arriere ceste belle consideration de Platon touchant ce noble exercice que vous m'auez remis en memoire, & que ie diffiniray par la diuision de la Gymnastique. Ie dy donc qu'il n'y a exercice qui face tant de preuue, & de demonstration de la disposition & force du corps, que celuy du saut & de la luicte, & non seulement cela, mais qui plus est d'vne grande promptitude, & agilité d'esprit, qui est la theorique, & la practique d'vn si bel exercice, lequel à la verité, suyuant l'opinion de Platon, merite de tenir le premier lieu entre tous les autres exercices, & ce d'autant qu'il est naturellement necessaire, tant pour la conseruation de la santé, & plus grande disposition du corps, que pour rendre l'esprit plus prompt, & mieux disposé à toutes sortes de belles, & excellentes functiōs. Mais dites moy, ie vous prie, sieur Ferrand, que c'est que vous meditez si attentiuement, entretenant vos pensees si doucement : Ne voulez-vous pas, suiuant la promesse que vous auez

D ij

faite à toute ceste noble compagnie, me seconder en vn si bel cice?

FERR. Ie penserois à la verité commettre vne grand' faute, sieur Cosme, si ie n'allois recueillant les paroles de vostre docte & sage discours. Ne vous proposez donc pas, ie vous prie, me voyant pensif, que mon esprit soit tendu ailleurs que en la meditation de ce digne subiet, duquel i'ay pris si grand plaisir à vous oüyr discourir, que mon esprit rauy en contemplation ne pensoit à autre chose, que de se representer quelques autres exercices qui fussent à comparer à cestuy-cy : Mais apres auoir entretenu mes plus profondes pensees, ie n'en ay trouué aucun, quel qui fust, qui ne soit compris soubs l'excellēce du saut, & de la luicte; lequel ne sçauroit estre assez recōmandé pour sa dignité, & pour l'vtilité qui en reuient, qui n'est pas petite. Car non seulement il touche le particulier; mais principalement il appartient à la Republique. Neantmoins il me vient en memoire de parler de la course, qui est vn autre exercice non moins necessaire, & proffitable pour la disposition du corps, que le saut, & la luicte: Or pour mieux monstrer quelle est la dignité d'iceluy, il faut parler de son antiquité; & certes la course est vn exercice beaucoup plus ancien que ne sont ny le saut, ny la luicte.

COS. Le iugement que vous auez faict de la course, sieur Ferrand, seroit grandement cōsiderable, & fort à propos pour recommander l'excellence d'vn si bel exercice, & le parāgonner mesme à celuy du saut, & de la luicte, n'estoit que le courir n'est autre chose, pour en parler à la verité, qu'vn saut qui se fait de pas en pas l'vn apres l'autre alternatiuement continué, tantost sur vn pied, & tantost sur l'autre; & qu'ainsi ne soit, prenez garde à celuy qui se veut mettre en deuoir de courir, ce qu'il ne sçauroit iamais faire s'il n'auance le pas, & ne le faict beaucoup plus grand, & plus long, que ceux qui sont ordinairement suffisans pour cheminer. Dont s'ensuit par necessité qu'on ne peut courir si on ne saute. Partant l'on ne peut nier qu'il ne soit impossible que l'homme s'auance en courant, si de saut en saut il ne va ore sur vn pied, & ore sur l'autre, pour finalement par l'estenduë de ses pas, & en sautant, paruenir à la course. Ce qui est si euident, & manifeste, qu'il n'est, à mon iugement, besoin de plus grande preuue. Qui est celuy qui n'a veu pratiquer au ieu de la paume, que sçauoir sauter dextrement, & à propos, faict non seulement gaigner vne, ou plusieurs chasses, mais mesme la partie, auec plaisir, & contentement de celuy qui par vne telle disposition, & dexterité de son corps, sçait vaincre son ennemy, & remporter auec l'honneur, & le prix, & l'argent? Chacun sçait combien le saut est necessaire à ceux qui se delectent, & font profession de monter à cheual, soit en temps de paix, soit en temps de guerre, mesmes à combattre sur la mer: il est certain qu'vne grande promptitude & agilité du corps sert de beaucoup pour sçauoir bien sauter, & s'en ayder au besoin en toutes occurrences. De là vient que les assaults de villes sont ainsi appellez, non seulement pour le saut qui y est necessaire; mais pour signifier qu'ils deuroyent estre faicts, s'il estoit possible, en vn saut, comme le nom d'assaut le demonstre. Que diray-je plus? le saut n'est pas seulement necessaire pour la chasse, mais aussi pour l'escrime, & le combat en duel; bref, pour toutes sortes d'autres honnestes & loüables exercices: Tellement que ceux qui ont la parfaite cognoissance d'vn tel art, se peuuent dire à bon droict faire entiere profession de la vertu, & de toutes les nobles actions d'icelle. Or la proprieté du saut n'est pas seulement familiere, & commune aux hommes, mais aussi aux animaux, & entre autres, aux singes, & aux chats, lesquels sont doüez d'vne merueilleuse promptitude, agilité, & disposition pour bien sauter. Les bestes sauuages, les Lions, les Leopards, les Pantheres, & autres semblables se sçauent si bien seruir du saut, lors qu'ils veulent venir au combat, & en vsent auec telle dexterité, & si à propos, qu'ils surmontent par ce moyen leurs ennemis, les preuenant en telle sorte, qu'ils sont plustost vaincus, qu'ils n'ont pensé à se defendre. Les cheuaux ne cedent en rien à tous les autres animaux en ce noble exercice; car il s'en trouue de si prompts & adroicts à sauter, qu'ils sauuent la vie de leurs maistres, se rendans par ceste agilité admirables, & espouuentables.

FERR. Certes il y a identité de raison & du saut, & de la course, sieur Cosme, car l'vn ne peut estre sans l'autre: & la courſe, pour la bien definir, n'eſt autre choſe que pluſieurs ſauts enſemble entrecoupez; & quand meſmes l'on voit les cheuaux faiſans largue, ſe tourner ore d'vn coſté, ore de l'autre, & puis tout ſoudain d'vne prompte viſteſſe ſe dōner à la courſe, l'on iuge tout auſſi toſt que ceſte promptitude à courir n'eſt autre choſe qu'vne continuation de ſauts.

COSME. Mon intention n'a pas eſté ſeulement, ſieur Ferrand, de louer ſimplement les cheuaux par la courſe : mais en diſcourant de leur promptitude, & agilité, ie me ſuis repreſenté les bons ſeruices qu'ils font ordinairement à leurs maiſtres, ſautants quelqueſfois vn foſſé, maintenant vne haye, & telles autres choſes qui ſe preſentent, ſçauent fort bien s'accōmoder, & ſeruir au temps, & à l'occaſion. Ie ne ſçaurois donc plus dignement louer & la courſe, & la luicte, qu'en les accomparant au ſaut, puis qu'il tient, comme i'ay dict cy-deſſus, le premier lieu entre tous les autres nobles, & vertueux exercices. Mais pour le plaiſir que ie prens à diſcourir de la vertu, & bonté des cheuaux, ie veux encore vn peu d'auantage inſiſter en la louāge d'iceux. Les hiſtoires & anciennes & modernes nous teſmoignent, qu'il n'y a entre tous les animaux fidelité plus grande, & plus recommandable, que celle du cheual, & du chien, leſquels n'abandonnent iamais leurs maiſtres au beſoin, ſoit à la vie, ſoit à la mort. Les exemples en ſont en fort grand nombre. Mais pour ne m'eſgarer trop en ces diſcours, il faut reuenir à noſtre propos touchant la continuation du ſaut, & de la luicte. Ie dy donc que quand il eſt queſtion de ſe preparer au combat de la luicte, l'on doit remarquer quelles doyuent eſtre les diſpoſitions, & appareils conuenables à vn tel exercice, qui ſont tels, que celuy qui approche pour luicter, y vient les mains ouuertes, les bras eſtendus, & eſleuez en haut, roidiſſant les nerfs, & ſe fortifiant en telle ſorte, qu'il donne le plus ſouuent l'eſpouuante à ſon ennemy. La façon dont il compoſe ſon corps eſt telle, qu'il ſe courbe, & ſe ploye, ayant l'eſchine vn peu retiree en arriere, & ſur tout aſſeure ſi bien ſes pieds, qu'il ſe rend, & plus ferme & plus roide contre tous les efforts de ſon aduerſaire. Il y a plus, c'eſt qu'il ſe munit, & ſe ceint de tous coſtez, à la façon d'vn fort chaſteau qui eſt enuironné de bons & larges foſſez difficiles au paſſage, pour la grāde diſtance, largeur & profondité qui y eſt, & ainſi s'auance pour affrōter ſon ennemy, ayant quaſi de tous coſtez à l'entour de luy vne muraille, & ſe met en telle poſture, qu'il eſt tout preſt, diſpoſé, & appareillé, de le bien receuoir, pour reſiſter aux aſſauts qu'il luy pourroit liurer : & tous ces preparatifs ne ſe font à autre intention que pour venir en fin aux priſes : & cela ſe pratique encores auiourd'hui en pluſieurs lieux d'Italie, d'Eſpagne, & de Bretagne, où ceux qui luictent ſçauent ſi bien rechercher leurs priſes, qu'à force de bras (qui leur ſeruent d'armes offenſiues, & defenſiues) ils pouſſent leurs aduerſaires ore d'vn coſté, ore de l'autre, & les entrelaſſent ſi dextrement, qu'ils leur donnent du croq en iambe, & les ſupplantent accortement, leur donnants tant de trauerſes, que finalement ſoit par force, ſoit par dexterité & fineſſe, ils les terraſſent, & en demeurent victorieux. Il ne faut faire nulle doute que celuy qui eſt expert en l'art de luicter, ne ſoit fort propre à ſe battre à coups de poing lors que l'occaſion ſe preſenteroit : & qui a la cognoiſſance de ceſt art, peut auec beaucoup plus de dexterité, & addreſſe ſe parer des coups de ſon ennemy en quelque ſorte, & eſcrime que ce ſoit, que s'il en eſtoit ignorant. Ie ne veux pourtant oublier à vous dire, qu'encor que le luicteur, quelque accort & auiſé qu'il ſoit, n'aye pas vne telle diſpoſition, & agilité pour ſe mettre ſur l'offenſiue, ou deffenſiue, que celuy qui a la parfaicte cognoiſſance du mouuement du ſaut fait à propos ; ſi eſt-ce que celuy qui ſçait bien luicter, a plus de iugement & d'experience pour l'eſcrime de toutes ſortes d'armes, & ſerre de plus pres ſon ennemy au combat, que celuy qui auroit meſpriſé vn tel exercice. Or le propre de la luicte eſt de rendre les membres de l'homme plus forts, & plus robuſtes que toute autre ſorte d'exercice, & meſme au defaut de toutes autres armes, les bras en ceſt art ſeruent d'vne fin derniere & eſpreuue du combat, & de la guerre. Ce qui ne ſe fait pas ſans vn grand myſtere, & ſecret de nature, ſi nous le voulons bien conſiderer : d'autant que toutes les autres ſortes de combats ſont inuentez artificiellement par la malice des hommes, entremeſlans pierres, baſtons, eſpees, & tels autres inſtrumens qui sont exterieurs seulement: mais la luicte est naturelle, comme celle qui fut anciennement la premiere entre les hômes, & depuis a continué iusqu'à maintenant, pour preuue & faire monstre des forces d'autruy par les mesmes raisons que i'ay deduites cy dessus.

FERR. Certes ie ne doute point que le luicteur ne prenne vn singulier plaisir en ces beaux exercices des armes, & de la guerre, se rendant dispos & fort adroit par la pratique d'vn si beau mestier.

COS. Et qui est celuy qui reuoqueroit cela en doute, S. Ferrand, veu qu'il n'y a personne qui ne sçache que l'exercice est celuy qui rend les corps plus forts, & robustes, plus propres & habiles à toutes choses, conseruant & la santé, & la vie des hommes? A la luicte on cognoist quelle est la valeur, & la force du luicteur: Tellement qu'il ne se faut esmerueiller, si le diuin Platon entre tous les exercices qu'il appelle guerriers, ou necessaires à la guerre, il a de son temps comprins ceux cy soubs le mot general de la Gymnastique, en faisant la diuision cy dessus remarquee du saut, & de la luicte: mais si nous voulons discourir des choses par leurs principes, puis que tous arts, & sciēces, & toutes autres choses naturelles, ou artificielles ne peuuent estre sans principes, veu qu'il n'y a rien qui aye iamais esté sans principe, sinon Dieu: Si vous considerez la nature coustume, & origine des exercices tant anciens que modernes, vous trouuerez que l'vsage & la practique de sauter, & de luicter sont d'origine, de nature, & de coustume conformes aux hommes du premier temps, comme vrais, & necessaires principes de tous les autres exercices. Or ie ne voudrois nullement que vous creussiez S. Ferrand, que discourant de la vertu, valeur, & qualité des exercices par moy cy dessus alleguez, i'aye pensé y comprendre ny la dance, ny le bal, indignes d'vne grauité honorable, & de la noble profession des armes. Car il ne faut pas seulement estre sans peché, mais aussi fuir toute apparence de peché. Ce que nous pouuons remarquer en la dance, laquelle, quelque pretexte que l'on ayt, ne peut estre sans vice, & le temps que l'on y employe, se peut dire vrayement perdu.

FERR. Cer-

FERR. Certes, à vous ouyr ainsi parler de la dance, S. Cosme, il n'y a celuy qui ne iugeast que vous n'auez iamais acquis les bonnes graces des Damoyselles pour bien dancer; mais plustost ie penserois que vous n'auriez pas sçeu apprendre cest honneste exercice de baller & de dancer, pour estre ennemy de tout honneste plaisir; & me fais croire qu'il y a entre vous & la dance vne certaine antipathie, puis que ie vous vois si mal affectionné à ce gentil & honneste exercice : Mais d'ailleurs ie me persuaderois volontiers que vous vous en mōstrez ennemy pour sonder, (peut estre) ce que i'en diray : car il me semble que vous luy portez quelque hayne, ce que ie ne puis presque croire, comme n'estant chose que vous deussiez hayr, & qui vous peust auoir prouoqué à en mesdire ? veu que ie vous ay tousiours cognu homme sans passion, mesmes au discours que vous faisiez dernierement de la liberté qui est requise & necessaire pour estudier, & ceste liberté s'entend, de n'estre preuenu d'aucun empeschement contraire à l'estude. Ie me souuiens que de vostre grace vous me louïez en vos discours, Que si i'auois l'eloquence requise pour bien defendre, ou plustost louer dignement ce bel exercice du bal, & de la dance, ie vous ferois bien tost cognoistre, (si ie ne pensois vous faire desplaisir,) qu'elle est vtile & necessaire pour la conseruation de la santé, & pour donner quelque relasche aux trauaux ordinaires de l'homme; & ne pensez pas que si ie voulois prouuer mon dire, que les raisons, exemples, authoritez & experiences me defaillissent : & croyez que si i'entrois en comparaison des autres exercices que vous prisez tant, auec cestuy-cy, vous trouueriez que le vice & l'abus que vous estimez estre au bal & à la dance, seroit beaucoup plus grād aux autres exercices. Que si l'on vient mesmes à considerer ce qui est le plus propre & necessaire pour la conseruation de la santé, ie m'assure que l'on trouuera que l'exercice du bal & de la dance est plus conforme à la nature & complexion des hommes, que tous les autres exercices ensemble, que vous auez si dignement louez & exaltez : Qui est celuy qui ne sçait que le saut, & la course que vous auez cy-dessus prouué estre vne mesme chose, ne soyent mouuements naturellement contraire à l'hom-

E

me? qui luy apportent plus de desplaisir, d'incommodité, & de dommage, que de proffit, d'vtilité, & de plaisir? Et ce d'autant qu'ils sont par trop actifs & violents; estant vne reigle certaine & infallible que la bonne composition, & naturelle grauité du corps humain se conserue mieux par le repos, que par le violent mouuement: outre que, (cōme vous sçauez fort bien) le mouuement du corps de l'homme ne se deuroit pas appeller naturel, qui tousiours s'encline, & tend en bas; ains plustost forcé, & violent. L'experience nous monstre que la preuue en est facile. Ie veis n'agueres comme ie descendois la montagne sainct Godard, qu'vn fort agile, adroict, & leger Basque tomba du haut en bas du pont, dict l'enfer, auquel ne seruit de rien ny le saut, ny la course, ny tout autre mouuement que ce soit, encores qu'il fust bien sain, leger & dispost, pour empescher le mouuement naturel de la pesanteur de son corps, qui fut brisé au profond de ce precipice sans aucun remede.

 Cos. Vous voulez, S. Ferrand, en vous donnant plaisir cōclure vos belles raisons precedentes par vn desplaisant precipice mortel, qui est sans doute fort considerable, mesmes entre les plus subtils Philosophes. Or toute raillerie ostee, ie dis qu'encores que vous ayez opinion que sur tout autre element qui domine au corps de chaque animal, celuy de la terre y domine le plus, pour n'auoir autre mouuement naturel que du haut en bas, comme estant le mouuement propre, & inseparable des choses graues, & pesantes: Toutesfois considerant le corps des animaux estre l'instrument de leur ame, composé & fabriqué tout expres par la nature, non pour autre chose que pour seruir, & obeyr à l'excellence spirituelle de l'ame. Tous les mouuements des animaux, comme courir, cheminer, sauter, ou autrement, contre l'inclination de sa pesanteur naturelle, sont iugez & reputez naturels de tous les sages. La raison en est toute euidente, & manifeste; puis qu'on voit que la nature a tousiours donné, & donne encores aux corps des animaux tous les instrumens propres & necessaires pour faire tels, ou autres semblables mouuements, quels qu'ils soyent; d'autant qu'estants les nerfs, les muscles, les tendons, les arteres, les pieds, les mains, & autres tels instruments naturels pour ayder

& seruir au corps, comme le principal instrument de l'ame: tels mouuements procedants de telle parties ne peuuent estre autrement appellez que naturels, & leur action ne peut estre dicte que naturelle, eu esgard que les Philosophes appellent l'ame quelquefois ame, & quelquefois nature, c'est à sçauoir, celle qui est l'origine, & la source premiere du mouuement en la chose en laquelle y a vne ame, faisant & causant le mouuement au corps, lequel a d'elle non vne seule & simple maniere de mouuement, mais plusieurs; non seulement differents, ains bien souuent contraires l'vn à l'autre, comme suiuant la nature on void tousiours entre les animaux. Partant encore que le saut, & la course semblent (eu esgard à leur violence) contraires à la complexion & disposition elementaire des hommes, neantmoins si sont ils mouuements naturels à l'homme, aussi bien que le bal, & la dance, ou quelque autre mouuement que ce soit faict par art, ou sans art. Mais qu'est-il de besoin de discourir si long temps sur vn si maigre subiet? Ie vous dis que la premiere cause, source & origine du bal, & de la dance, qui se faict en sautant & chantant, est nee, & procede de l'yurongnerie. Car les hommes vicieux anciennement s'estants addonnez à la paresse, à l'oysiueté, & à la luxure, mangeants, & beuuants extraordinairement beaucoup de vin, deuenoient yures, dont s'ensuiuoit que leur sang estant eschaufé, leurs esprits naturels, & vitaux s'enflammoyent de telle façon, qu'ils estoyent quasi furieusement agitez par ceste vineuse fumee qui exhaloit, & leur montoit au ceruean, les excitant à faire tels mouuements, & sauts, qu'on voit encores auiourd'huy pratiquer entre plusieurs yurongnes. Or le mouuement est vne proprieté qui vient de la chaleur, lequel sera d'autant plus grand, que la chaleur sera immoderee; & me souuiens auoir leu que l'Etymologie Grecque le demonstre, se deriuant de l'ordre, & disposition des vignes, où se faisoyent les bals, & les dances, apres s'estre enyurez, pour offrir leurs decimes, & premices au Dieu Bachus. Et de grace ie vous prie, qui est celuy qui sans passion considerant l'agitation des personnes qui dancent auecq' vne telle & si grande diuersité de mouuements, ne s'esmerueille de la folie de tels hommes & femmes qui s'y delectent, & ne les

E ij

fuye comme perfonnes folles & du tout infenfees? Et afin qu'il ne femble que i'en parle pour en vouloir faire vne inuectiue, voyez ce qu'en efcrit le docte Viues, difant qu'aux extremes parties de l'Orient, aux terres qui ont efté nouuellement defcouuertes par les Portugais, il aduint que les hommes de ce pays-là voyants plufieurs perfonnes baller, & dancer, tournoyants & fautants, cōme l'on a accouftumé de faire ailleurs, tous effrayez s'enfuyrent foudainement, fe feparans de telles compagnies, qui leur fembloyent, comme ils difoyent, eftre des perfonnes endiablees, & poffedees de quelque mauuais Demon, qui les auroit ainfi furieufement efmeuës, & agitees, ne fe pouuans perfuader qu'il fuft poffible que celuy qui ne feroit infenfé, peuft auec tant de tours, & retours diuers faire tant de mouuements; fi que s'eftants retirez, ils eftimerent auoir euité vn tres-grand peril, & danger. Ce que i'allegue expres pour vous faire cognoiftre, qu'encores que le mouuement du bal, & de la dance foit auffi naturel que celuy du faut, & de la courfe, fi eft-ce toutesfois que cefte violente agitation de la dance, & du bal n'a point eu fon origine de la nature, ains de la vie vicieufe, & mauuaife couftume des hommes, lefquels fans iugement fe laiffent transporter à la gourmandife, & autres fens, & appetits pires que les beftes mefmes. Mais la courfe, le faut, & la luicte eurent dés le commencement, auec le mefme principe du mouuement naturel, l'acte de la vertu, & de leur puiffance, eftants chofes neceffaires à l'homme, entant qu'il luy eft neceffaire de fe fçauoir defendre des iniures qu'on luy faict, & viure felon la nature. La luicte eft pour la defenfe, le faut, & la courfe pour les neceffitez de la vie, & de la fanté ordinaire : & cela eft dict briefuement en confideration de tout ce qui importe la premiere caufe, & origine des actions des exercices des hommes, que l'on doit confiderer auecq' vn meur iugement. Or fi nous deuons difcourir, comme il feroit bien feant, de l'inuention, & de degré en degré de la fucceffion de l'vfage, de la qualité des lieux, des temps, & des perfonnes, & de leurs circonftances : & encores de la confideration des exercices du bal, & de la dance, & des hommes, & femmes qui y prennent plaifir, & mefmes en font profeffiō; fi ie voulois, dy-ie, en faire vn discours, le iour me faudroit plustost que le subiet, & la matiere, & seroit de besoin que le iour durast six mois, cõme nous lisons qu'il est entre les habitans qui ont pour leur Zenith l'vn & l'autre Pole.

FERR. Pour faire que ie fusse bastant pour pouuoir resister à vn si grand & puissant ennemy du bal & de la dance, comme vous estes, S. Cosme, il me faudroit beaucoup de doctrine, & d'eloquence pour la deffense de ces exercices que vous haissez tant: mais pource qu'il m'est impossible d'alleguer vn si grand nombre de raisons que vous, pour n'auoir ny la memoire si heureuse que vous auez, ny le sçauoir, & l'eloquēce telle, ie me contenteray pour ceste heure de proposer ce qui me viendra plus à propos, afin que ie ne semble auoir du tout abandonné & quitté ce party. Ie dis donc que les mouuements qui se font auec ardeur, & violence, comme sont & le saut, & la course, ne peuuent estre vtiles, ny salubres tant à l'ame qu'au corps, & telle est l'opinion commune de tous les meilleurs Philosophes, & mesmes de Platõ, & d'Aristote, Que nostre ame peut plustost par le repos, que par le mouuement deuenir sage, & prudente: Car lors elle n'a nullement besoin de s'acquerir beaucoup de choses, ayant d'elle-mesme actuellement, & de sa propre puissance l'habitude, & la proprieté de toutes sortes de sciences. Or si le mouuement, comme mouuement, est naturel, & par consequent necessaire à toutes choses, estant neantmoins pris comme violent & furieux, il n'est nullement bon, ny salubre, tant pour la conseruation de la santé, que pour la prolongation de la vie des hommes, ce que l'on ne peut pas dire du mouuement, & agitation du corps, au bal & à la dance. C'est pourquoy, sous correction, vous auez tort ce me semble, S. Cosme, d'attribuer le vin, & l'yurongnerie à ces beaux exercices, encores que, (comme vous auez voulu inferer,) on peust bien prouuer, qu'ils ont pris leur source, & origine de l'yurongnerie, neantmoins (ore que la practique, & l'vsage en fussent deffendus) si est-ce toutesfois qu'estans exercices inuentez pour la santé & le plaisir des hommes, il ne faut pas en rechercher la cause, ains considerer quels en sont les effects. Car quelquefois d'vne mauuaise cause il sort bien de bons effects: Suiuant auſſi la raiſon qu'en ont tiré les meilleures Republiques auec grāde prudence, tant de la Philoſophie morale, que naturelle, & meſme de la medecine, comme vous ſçauez fort bien; ioinct que tout le monde ne peut pas ſauter, ny courir: que s'il y en a quelques vns qui vſent ſouuent de ces exercices violents, que vous auez tant priſez, & exaltez, l'on voit qu'ils y finiſſent bien-toſt leur vie, pource que forçant leur nature, ils ne peuuent pas long temps durer. Et cecy me ſeruira de defenſe contre toutes les calomnies que l'on pourroit propoſer contre l'honneſte exercice du bal, & de la dance. Et ne me fera on iamais croire, par quelque raiſon que ce ſoit, ny me perſuader, qu'vn ſi bel exercice ſoit vn vice.

Cos. Maintenant à ce que ie vois S. Ferrand, vous vous eſtes eſchauffé en vos diſcours, & quelques excuſes que vous ayez fait au commencement de voſtre propos, vous n'auez pas laiſſé pourtant de rechercher les plus viues raiſons de la Philoſophie, pour mieux ſouſtenir & defendre le bal & la dance: mais auec vos raiſons meſmes, ie vous veux encore aſſaillir, & vous battre de vos propres armes. Ie vous veux donc prouuer en peu de paroles (en laiſſant à part, puis qu'ainſi vous plaiſt la cauſe & l'origine du bal, & de la dance) que ſuiuant les raiſons de la Philoſophie politique, & naturelle, l'exercice du bal & de la dance a touſiours eſté eſtimé, non ſeulement vicieux, mais auſſi comme eſtant indigne de l'homme vertueux, prohibé, & deffendu de tout en toutes Republiques bien ordonnees, ſoubs treſ grandes peines. Et n'eſt beſoin que ie m'eſtende d'auantage pour prouuer mō dire, ny que i'allegue icy tous les exemples des Republiques qui l'ont condāné, pour eſtre quaſi infinis; ie me contenteray pour ceſte heure ſeulement de vous faire ſouuenir de la reputation en laquelle a touſiours eſté le Senat Romain, le gouuernement duquel ie me fais croire que ne voudriez blaſmer, ſçachant bien que de tout temps a eſté le premier du monde. Vous n'ignorez donc pas que les ſauteurs, & balladins ont eſté pluſieurs fois bannis de Rome.

FERRAND. Dites hardiment tout ce qui vous vient en memoire: Car ie ne veux nullement quitter, ny abandonner le party que i'ay entrepris à defendre: & veux bien que vous ſçachiez que si nous ne nous accordons, ie vous bailleray tant d'affaires, que vous aurez assez de peine de pouuoir d'oresnauant loüer & defendre vos sauteurs.

Cos. Principalement ie vous veux representer le mouuement dont vous nous auez fait mention cy deuant, qui se feit du haut en bas naturellement par le basque, qui sauta plus hautement de voſtre pont d'enfer, que ne feirent Rodomont, ny Roland tombants ensemble de ce tant fameux pont fabriqué par le mesme payen par despit. Ie ne doute point que par les subtilitez de vos raisons, & arguments, que voſtre docte eloquence vous fournit, vous ne me donniez de grandes trauerses; neantmoins pour vous esclaircir tant mieux de mon intētion, suiuant voſtre conseil, & pour me munir de defense contre, vos aſſauts ie veux combattre à l'encontre de vous, auec les armes de la raiſon, & par la force des exemples, des authoritez, & experience, vous prouuer en ceſte lice Platonique, que ny la dance, ny le bal ne sont dignes que vous les deffendiez, moins que vous les preniez eu voſtre protection, & sauuegarde. Sçachez doncques que si les Philoſophes, & principalement Ariſtote, parlants de l'ame, dient qu'elle eſt appellee sage, & prudente pour ne se mouuoir, mais demeurer touſiours en repos. ils ne l'ont pourtant dite sans action, pour inferer, cōme vous voulez paraduenture faire, que les hommes ne doiuent ne sauter, ne courir, ou autrement se mouuoir; car l'ame ne peut iamais eſtre sans action nō plus que la vertu, & ne plus ne moins que le Soleil sans chaleur & lumiere: Mais ils ont dit cecy seulement pour reprendre l'opinion de ceux, qui comme Platon, diſoient que l'ame auoit la force accidentale du mouuement local, pour eſtre touſiours arreſtee en vn lieu, & ne se mouuoir iamais, encores qu'elle semble se remuer en ses diſcours, & semblable pluſtoſt au mouuement, qu'au repos: mais en fin l'ame, comme ſubſtance qu'elle eſt, n'eſt point pouſſee de quelque autre, ains se meut d'elle-meſme seulement.

Ferr. Pour cela ne s'enſuiuroit-il pas qu'encore que l'ame ne se meuſt point d'elle-meſme en mouuant ſon corps, sinon par accident que le mouuement violent du corps luy dōdonnast empeschement de deuenir sage, & prudente : car l'exercice & mouuement violent n'est plus selon nature, ains repugnant, & du tout contraire à icelle, & au repos, & tranquillité de l'ame.

Cos. Ouy bien si ie vous auois accordé qu'en vn mesme temps l'homme doiue ou puisse vser des forces, & actions tant de l'esprit que du corps, estant quasi impossible, que tandis que nous sommes emploiez aux choses mechaniques des affaires corporelles, nous ne soyons distraits de la contemplation, & des belles conceptions de l'esprit.

Ferr. La derniere raison que vous auez alleguee, S. Cosme, fait aussi bien à propos (suiuant vostre dire) du bal, & de la dance, que du saut, & de la course.

Cos. Il vous semble qu'il soit ainsi de primeface, (S. Ferrand,) mais i'espere bien-tost non seulement vous faire paroistre, le contraire, mais aussi vous le faire aduoüer & confesser. Or les raisons que ie vous proposeray sont tirees de la conclusion des arguments que i'ay cy dessus mis en auant. Et ces raisons sont pour sentence diffinitiue de la Republique de Rome. Vous ne sçauriez nier que l'Empereur Tibere n'aye auec vn fort prudent iugement non seulement defendu, mais banny du tout l'exercice, & le plaisir du bal & de la dance, disant qu'il y auoit beaucoup d'autres plaisirs moins vicieux que cestui-cy, aux Republiques, où plus modestement l'on pouuoit passer le temps aux heures de loisir. Personne ne peut nier, que pour l'abus qui se commet aux dances, & pour les dissolutions qui y sont, elles ne soyent vn vray pont pour passer en enfer. L'intemperance y est si grande, que la continēce mesme d'vne Susanne en peut estre esbranlee, la pudicité de Lucresse alteree ; la chasteté admirable de Porcia violee, & la virginité de Lucie polluë. Les pucelles, les femmes mariees, les veufues, ieunes, & vieilles y trouuent mille occasions de pecher & penser à mal faire. Toutes sortes de voplutez & plaisirs deshonnestes y affluent, qui les incitent, & prouoquent d'accomplir leurs desirs impudicqs. Les reuerences, les baisers lascifs, les embrassemens qui s'y font en sautant l'vn contre l'autre, & s'estraignant les mains, les regards affectez & dissolus, & tels

tels autres gestes, & caresses desbordees sont preuue plus que suffisante des façons vicieuses, & deshonnestes du bal & de la dance que vous prisez tant. Entre les Romains les dances estoyent en tel mespris, que les Dames qui auoyent dancé estoyent non seulement reputees peu honnestes, mais n'estoyent point estimees femmes de bien; & les hommes mesmes indignes d'exercer aucune charge publique. Et pour confirmation de mon dire, souuenez vous que Ciceron defendāt la cause de Murena en la presence du Senat, & du peuple Romain, comme Caton luy eust reproché qu'il auoit dancé en Asie, ayma mieux le nier, que le soustenir & defendre, quelque grand Orateur qu'il fust; & ne se peût asseurer de pouuoir estre excusé, ny libre de la calomnie, tant ce vice estoit odieux à toute la Republique Romaine; & dict-on que Ciceron ne respondit iamais autre chose à son accusation, sinon qu'on ne verra iamais personne dancer, ou baller deuant desieuner, qu'elle ne soit atteinte de folie, ou insensee.

FERR. A ce que ie voy, S. Cosme, & aux raisons que vous auez si doctement deduites, le bal & la dance sont mal asseurez soubs l'esperance de ma defense, veu que principalement le pere de l'eloquence Romaine ne la voulu defendre. Poursuiuez donc hardiment, car vous n'estes pas encores paruenu à la conclusion que vous nous auez proposee.

COS. Aux raisons que nous auons alleguees touchant les Republiques bien ordonnees, nous pouuons adiouster ceste-cy, que l'exercice corporel des hommes ne doit estre cōmun, ny meslé auec celuy des femmes, y ayant grande difference entre les vns & les autres, subiects naturellement à plusieurs accidents. Car les hommes, qui de leur naturel doyuent estre forts, & robustes, deuiennent par ce meslinge du tout effeminez, foibles, & debiles, & despouillez de force & de vertu, tant de l'esprit que du corps. Voulez vous que ie vous prouue le mesme par les raisons de la medecine: Lisez Hipocras, Galien, & tous les autres Autheurs que vous voudrez, anciens, ou modernes, vous ne trouuerez point qu'ils ayent escrit, ou ordonné, que pour restaurer, & conseruer la santé des hommes le bal & la dance soyent necessaires, ce qui auroit esté vne pure & manife-

F

ste folie digne de faire rire vn troisiesme Caton, qui sans y penser descendroit du Ciel. Bien ont ils parlé des exercices, suyuant la generale diuersité, ou particuliere difference de la nature, & complexion des hommes: mais ils n'ont point dict qu'il fallust dancer à jeun, ou baller apres disner. Tous leurs discours ne tendent qu'à la conseruation de la santé des hommes, & d'entretenir leur vie en bonne disposition. Et outre les raisons, & authoritez susdites, que respondrez vous à celle de l'Empereur Federic troisiesme, lequel souloit dire qu'il eust plustost desiré la fiebure quarte, ou continuë, que de sçauoir dancer. Le sage & prudent Alphonse Roy d'Arragon, disoit que és pays où les personnes se delectoyent de baller, & dancer publiquement, l'on ne deuoit craindre tels hommes, ny faire cas & estime de leurs Republiques. Le mesme voyant vne Dame baller aueccq' vne merueilleuse grace & beauté, dict à ceux qui se trouuerent pres de luy, arrestez vous, car voicy la Sybille qui se prepare à rendre, & produire vn merueilleux oracle; jugeant par là que la dance n'est autre chose qu'vne pure folie: estant chose certaine (comme nous lisons dans les bons Autheurs Grecs & Latins) que iamais les fameuses Sybilles n'ont prophetisé, ny donné aucun oracle, sinon apres auoir esté agitees, & rauies par la fureur qui les poussoit à sauter comme incensees. Les Prestres d'Egypte auoyent entre autres vices prohibé & defendu l'vsage du bal & de la dance, comme estāt tres-pernicieux. Albert Empereur & pere de Ladislaus Roy d'Hongrie, suyuant l'authorité d'Æneas Syluius, souloit dire, qu'vn Prince ne se deuoit iamais seruir de personnes qui sçeussent dancer, ou baller; mais bien de celles qui sçauoyent bien aller à la chasse, sauter, courir, & passer vn fleuue à nage soudainement. Et notez que lors que ie parlois des sauteurs, que Tibere fit chasser de Rome, il ne faut pas que vous pensiez qu'autres y feussent compris que les maistres exercez en cest art de baller, & de dancer; d'autant qu'en latin le mouuement du saut, peut aussi bien signifier la personne qui dance, qui balle, ou tournoye, que celle qui saute virilement, suyuant l'ancienne profession de cest exercice, qui entre les autres estoit compris en la Gymnastique. Que vous diray-ie plus? sinon que le bal & la dance, si nous en voulons iuger par les effects de l'experience, doit estre nõmé l'exercice d'vne delectable oysiueté, plus vicieux que l'oysiueté mesme, priuee de toute agitation, & mouuement corporel: & les sages estiment que le bal & la dance n'est autre chose qu'vne source de tout mal, & de toute meschante operation. Qu'il soit vray, regardez comme les basteleurs, les bouffons, les parasites, & autre telle ordure du peuple s'en sont seruis, & seruent encores en leurs scenes, bancs, & eschafaux comiques, tragiques, & pastoraux, & en presence de quelque personne que ce soit, tant en public, qu'en priué, seulement pour satisfaire au desir insatiable qu'ils ont d'amasser de l'argent, ou en quelque sorte que ce soit pour remplir leur ventre & leur panse à l'Epicurienne. Et si en temps de paix ny le bal ny la dance ne sont dignes de louange, ie vous laisse à penser si au temps de guerre les soldats dançant, ou ballant, apprendront à bien combattre, à assaillir & vaincre l'ennemy, à donner l'assaut à vne ville: & encore que tous ne soient pas propres à sauter, ou à courir, comme vous dites, il ne faut pas inferer pourtant, que l'exercice de baller ou de dancer soit necessaire. Car chacun n'estant si propre à sauter comme nostre tres-cher Archange, ny à courir comme vn Atalante, ou vn Araldus, il y a plusieurs autres honnestes exercices dignes de la maiesté de l'homme, où il se peut exercer virilement, & vertueusement, comme à luicter, tirer le dard, iouer à la longue & courte paume, aller à la chasse, tirer de l'arbaleste, ou de l'arquebuze, s'exercer à l'escrime, iouër au pallemal, & tels autres louables, & vertueux exercices dignes de la ciuilité morale. Que si ceux qui sont aptes, & propres à sauter & à courir, vouloiēt s'y exercer souuent, ils deuiendroient plus dispos, plus forts & robustes qu'ils ne sont naturellement, non seulement pour cest exercice du saut & de la luicte, mais aussi pour toutes autres exercices du corps.

FERR. Poursuiuez doncques vos discours, ie vous prie, S. Cosme, iusques à la conclusion, comme nous auez promis de faire, car ie m'apperçois bien que vous n'estes encores paruenu iusques au dernier periode de ce que vous vous estes proposé à discourir. Et suiuant vostre coustume de proposer

F ij

vos raisons doctement, ie vous supplie de continuer. Et encores qu'il semble que ie n'aye pas tousiours bien pris vos conceptions, si est-ce que i'espere vous faire paroistre que vous n'aurez pas employé vostre temps en vain, pour le fruict que ie receuray en fin de vos beaux & doctes discours.

Cos. Or pour vous discourir sommairement ce qui me vient en l'ame appartenant à ce propos, ie vous dis, que suiuāt la qualité des coustumes des lieux, & de la vie des hommes, on peut inferer le bon ou mauuais gouuernement de leurs Republiques, puis que de chacune Republique chacune personne en particulier est vn membre entier, lequel à la semblance des membres du corps, plus il sera sain, fort, & gaillard, mieux s'en pourra-on seruir (pour estre moins subiet au vice, soit en paix, soit en guerre) au corps vniuersel de sa Republique. Et tout ainsi que la medecine va recherchant toutes les choses propres & necessaires pour la conseruation de la santé de tous les membres du corps humain, & à le guerir lors qu'il est malade, cōme il aduient souuent que le Medecin pour sauuer le principal du corps, luy coupe, ou brusle maintenant vn doigt, ore vne main, quelquefois vn pied: Ainsi la vraye iustice, consideree suyuant les raisons de la Philosophie morale, sert d'vne tres-necessaire, & profitable medecine aux Republiques bien gouuernees, conseruant, & rendant à chacun ce qui luy appartient, chastiant & punissant les meschans pour conseruer les gens de bien. Ordonnant des peines selon la qualité des fautes, & delits. Le supplice des malfaicteurs est ou la corde, ou l'espee, ou le feu, & en fait-on ainsi que d'vn membre gasté, corrompu, & pourry, qui de iour à autre rend la Republique mal saine, & est occasion qu'à son exemple les autres la vont gastant & corrompant. L'impunité des crimes fait que les meschans continuent à mal faire, tant que s'en ensuit finalement la totale ruine & destruction de toute la Republique. Et tout ainsi que la medecine va considerant, & ordonnant toutes les choses qui luy semblent plus necessaires pour secourir non seulement les femmes à pouuoir bien & heureusement enfanter: mais aussi pour enseigner les peres & meres à bien esleuer leurs enfans, & les nourrir, comme il est conuenable, selon leurs moyens, &

qualité, afin que peu à peu ils aillent croiſſans, moins defe-ctueux, & plus forts par la bonne nourriture qui leur ſera dō-nee, iuſques à ce qu'ils ſoient arriuez en l'aage, auquel auec iugement & diſcretion ils ſe puiſſent d'eux meſmes gouuerner, maintenir, & conſeruer, contre l'iniure de ceux qui leur voudroient rauir ce qui leur appartient. Ainſi la Philoſophie morale de ſon coſté va recherchant auec raiſons ciuiles & politiques tous les moyens qu'elle peut, pour faire que les peres & meres puiſſent non ſeulement eſleuer leurs enfans à la vertu, mais auſſi leur laiſſer des moyens pour paroiſtre entre les hōmes, & ſeruir à la Republique. Vn ſage Senat entre autres choſes appartenantes à ſon gouuernement, doit ordonner, iuger, & faire diſcretion des exercices qui doyuent eſtre admis, & receus en la Republique, pour y mettre tel ordre que toutes choſes ſoient regies & gouuernees comme il appartient; Que tous oyſeux & vagabons en ſoyent chaſſez, n'eſtant raiſonnable que telles gens ſoient mis au nombre de ceux qui demeurent en vne Republique bien ordonnee. Mais auiourd'huy à la honte, & deshonneur de noſtre ſiecle, il ne ſe voit que trop de tels faineants, qui viuent à la ſueur & aux deſpens d'autruy. Nous liſons qu'anciennement ce vice d'oiſiueté eſtoit ſi peu commun, qu'vn iour quelqu'vn voulant enuoyer vne lettre de Rome à Athenes, ne peut trouuer vn ſeul homme de loiſir qui la vouluſt porter, quelque argent qu'il offriſt de donner. Suyuant doncques la forme qui nous a eſté laiſſee par nos Anceſtres de la profeſſion Gymnaſtique, prenons garde que nous ne ſoyōs de ceux qui ne ſçachans que faire, s'addonnent aux ieux de carte, de dez, & de la paume, non pas pour paſſer le temps, ſuyuāt la couſtume d'vne honneſte recreation, mais ſeulement pour gaigner l'argent, & le bien d'autruy, perdant en fin & les vns & les autres miſerablement leur temps, & eſteignants peu à peu par ce moyen la bonté de leurs mœurs, de leur vie, & bonne conuerſation. Que diray-ie plus? i'ay veu en quelques villes, où l'on permet choſes que ie n'euſſe iamais creuës, que pluſieurs pouuoyent tenir en leurs maiſons des ieux publics de cartes, & de dez, & toutes autres ſortes de ieux de hazard, ſans aucune peine, ny reprehenſion: & puis les magiſtrats s'eſ-

F iij

meruveillent, & toutes autres sortes de personnes s'estonnent de ce que Dieu par vn iuste iugemēt les visite de la guerre, de la peste, & de la famine, alors ils lamentent & reiettent la faute sur les vices & corruptions du siecle. C'est vne chose tres-certaine, qu'où les loix ne sont point obseruees & entretenuës, la iustice point gardee, que là toutes dissolutions & meschancetez ont la vogue; Il faut que non seulement il y ayt loy, & ordonnance publique pour les crimes, & delicts, mais aussi pour les autres choses de la police, comme des exercices qui doyuent estre obseruez en vne Republique bien policee, afin que ieunes & vieux, de quelque estat, qualité, & condition qu'ils soyent, ayants quelque relasche de leurs labeurs, puissent se recreer, & passer le temps honnestement. Mais d'autant que le mal croist plustost que le bien, le vice que la vertu, & que chacun se veut auiourd'huy gouuerner à sa volonté, Il est certain que les villes & Republiques, où cela se pratique ainsi, iront tousiours de mal en pis, iusques à tant que ils soyent paruenus au comble de leur ruyne, & perdition totale. Les Romains au temps de leur meilleur gouuernement auoyent institué, & establi vn Magistrat, qu'ils auoyent destiné seulement pour prendre garde, corriger, reigler, discerner, & iuger des ieux, esbats, plaisirs, & passetemps des citoyens de Rome, & de ceux qui y habitoyent, comme aussi il estoit ordonné aux festes, & banquets, à fin qu'en tout & par tout vn bon ordre fust obserué & gardé, & que chacun se tint aux bornes du deuoir de la modestie ciuile, & politique, ne se destournant des vertus qui sont suyuant la contemplation de la Philosophie morale, tousiours requises & necessaires pour bien viure. Et comme tel Magistrat censeur des bonnes mœurs, & de la vie d'vn chacun, qui en latin estoit nommé, *Tribunus voluptatum*, seruoit auec quelques autres qu'il s'adioignoit, pour la cōseruation de la paix, & d'vn bon ordre entre les concitoyens; Aussi en temps de guerre y en auoit il d'autres, que l'on appelloit *Tribuni militum*, qui estoyent deputez, & choisis d'entre les plus sages, & experimentez, pour cognoistre & iuger, si la nature, l'aage, & la dispositiō de ceux qui se presentoiēt pour aller à la guerre, estoyent aptes & propres, ou non, pour faire qu'ils s'y trouuassent tousiours bien en ordre, suyuant la discipline militaire, auec toutes les armes, & autre equipage requis & necessaire pour le seruice de la guerre; & sur toute autre chose ils reigloyent les exercices de tous les soldats, tant en general qu'en particulier, ne permettants qu'ils passassent iamais leur teps en ieux prohibez & defendus pour gaigner l'argent de leurs compagnons; mais s'exerçoyent à jeux honnestes & de plaisir. Que si cela estoit à present obserué & gardé entre les Chrestiens, nos soldats pour certain sçauoyent mieux, (à la façon des Anciens) le mestier de manier les armes qu'ils ne font, joüants aux dez, & aux cartes, blasphemants le nom de Dieu. Estant du tout chose impossible que ceux qui n'ont point esté nourris aux vertueux & louables exercices, sçachent iamais bien seruir, soit en paix, soit en guerre, à la Republique; ny que ils ayent telle dexterité, & iugement aux affaires, que ceux qui s'y sont accreus, & esleuez; ny aussi l'addresse requise pour vaincre l'ennemy, & se defendre lors qu'ils seront assaillis; d'autant que le fondement principal de la victoire n'est sans doute autre chose que la force, la valeur, l'experience, & addroicte disposition du soldat, accompagné de conseil & de prudence, de sçauoir, & de iugement pour se pouuoir bien conduire, & fidelement exercer la charge qui luy a esté commise: Mais principalement le capitaine doit estre doüé, & enrichy de ces belles vertus, pour sçauoir vaillamment ore attaquer vne place, ore en defendre vne autre, & quelquefois combatre l'ennemy à la campagne: & à la verité ces honnestes exercices, dont i'ay discouru cy-dessus, y seruent de beaucoup. Quant aux choses qui peuuent conuenir & appartenir au corps, il n'y a doute que plus la Republique sera saine, par la bonne disposition de ses membres, plus elle sera esloignee du vice, mieux s'en trouuera elle disposee, & mieux seruie. C'est pourquoy les Anciens ont esté si curieux d'auoir des exercices publics, & y proposer le prix, afin que les ieunes gens, & autres s'euertuassent chacun à qui mieux mieux de bien faire, & vaincre leurs compagnons; defendans, suyuant les occasions qui se presentoyent, les exercices qui sembloyent vicieux, ou moins necessaires, comme le bal & la dance, & autres tels esbats, & passetemps, desquels nous auons discouru cy-deuant selon leurs merites & dignitez. Et pour ceste seule consideration les Egyptiens ne permettoyent iamais que leurs enfans mangeassent, que premier ils n'eussent exercé leur corps à la course, au saut, à la luicte, ou à quelque autre honneste exercice, afin que croissants de ceste maniere, ils deuinssent forts, robustes, adroicts, legiers, sains & dispos pour le seruice & accroissement de leur Republique. Ie vous alleguerois beaucoup d'exemples à ce propos, n'estoit que ie crains estre ennuyeux à toute ceste noble compagnie, & à vous aussi, S. Ferrand; Toutesfois vous m'auez promis de prendre plaisir à la continuation de ce discours. Auec vostre permission donc, & de ceste vertueuse assistance, ie vous proposeray ce grand Empereur Marc Aurele pour exemple, lequel auoit les exercices de la course, du saut, & de la luicte en singuliere recommandation, & s'y trouuoit bien souuent en personne, louant & carressant ceux qui auoyent bien faict en l'vn ou l'autre exercice, les gratifiant tousiours de quelques presents, pour leur donner courage de continuer à bien faire. Que diray-je de Cæsar, lequel, outre beaucoup de belles parties qui estoyent en luy, s'est rendu admirable en ces exercices, sautant auec telle disposition, tantost vn fossé, maintenant vne haye, ore montant habilement sur vne muraille à l'encontre de son ennemy, ore courant auec telle vitesse aux lieux où se donnoit l'assaut, qu'il a esté estimé inimitable, loüé, aymé, respecté & honoré de toute son armee, voire de tout le monde. Que dirons nous semblablement d'vn Maximin auant qu'il fust Empereur, combatant soubs Alexandre; qui tiroit de cinq en cinq iours hors du camp son armee tout en armes, pour faire exercer les soldats au saut, à la course, à la luicte & à l'escrime, suyuant l'ancienne coustume de la guerre, y assistant luy mesme le premier; & encore qu'il fust desià vieil, si est-ce pourtant qu'il monstroit vne telle disposition & dexterité, qu'il estoit en exemple à ses soldats de l'ensuiure? Que dirons nous aussi d'vn Cyrus, d'vn Alexandre le Grand, d'vn Epaminondas, d'vn Themistocles, d'vn Pyrrhus, d'vn Agesilaus, & d'vne infinité d'autres grands Seigneurs & Capitaines? Certes ils ont tous tant fait de cas de ces exercices, que pour se rendre plus forts & plus adroicts,

adroicts, ils les ont souuent mis en pratique. Que dirons nous encore de ce Prince non moins fameux que vaillant, bien que d'ailleurs il ayt esté le plus superbe Tyran de la terre, lequel en ses armes s'attribuoit le titre d'estre l'espouuante du monde, & le fleau de Dieu? Il a faict neantmoins cognoistre qu'il aimoit & prisoit fort ces beaux exercices, & principalement le saut & la course, prenant vn singulier plaisir d'y employer quelques heures du iour, mesmement quand il se vouloit preparer à la guerre, pour se rendre plus prompt, plus fort & vigoureux lors qu'il faudroit venir aux mains. Ce qu'il mit encore plus en pratique apres qu'il eut vaincu la ville d'Aquilee, d'où s'en retournant, fit rencontre d'vne grande compagnie d'hommes lestes qui luy venoyent au deuant pour luy faire la reuerence, sautelants & voltigeants auec les espees en main, faisants entre eux mille vire-voustes, auec vne infinité de beaux combats, qui monstroyent, (bien que ce feussent personnes de fort basse condition,) qu'ils estoyent bien appris, & auoyent fort pratiqué toutes sortes de beaux & honnestes exercices. Attila admirant & leur force & leur dexterité, les fit en sa presence tous bien armer, & puis luy mesme descendant de cheual, se tournant vers eux leur dict, Puis que vous vous estes monstrez si agiles & disposts, sautez sur ces cheuaux comme ie fais, estāt armé, sans aucun ayde; voyons aussi si quelqu'vn de vous me pourra vaincre à la course, lors ie vous promets vous faire à tous vn fort beau present. S'estants doncques mis en deuoir de courir, & ayants fort bien faict, les loüa & gratifia des presents qu'il leur auoit promis, & non content de cela, les retint à son seruice, esperant d'en faire de fort bons soldats, & des meilleurs qui eussent iamais combatu soubs ses enseignes. Et à ce propos, n'est vray semblable ce que Brodeus dict en ses Epigrammes, que la fameuse Medee rendit les corps des hommes forts & robustes par le moyen de ses charmes & incantations, mais bien par le moyen des exercices, comme quelques vns racontent; & les plus grands capitaines se sont tousiours delectez & pris fort grand plaisir d'employer le temps à telles choses, cōme estants propres pour les rendre & plus sains, plus agiles & disposts pour l'executiō de toutes sortes de belles & vertueuses

G

entreprifes. Et mefmes les plus anciens conducteurs des peuples barbares s'y font ainfi gouuernez, & en ont vfé cõme d'vn regime de fanté, pour eftre plus forts & adroits à quelque chofe que ce foit : Au cõtraire ils ont toufiours mefprifé le bal & la dance, comme indignes d'vn cœur braue & genereux. Et faudroit principalement que tous les Gentils-hommes de noftre temps y priffent plaifir, & en feuffent ftudieux, & non de ceft exercice effeminé du bal & de la dance, qui rent l'ame & le corps vils, abiects, & pufillanimes.

FERR. Encores que tous ces Gentils-hommes & moy ayons pris vn fingulier plaifir à vous ouyr difcourir, S. Cofme, fi eft-ce toutesfois que nous ne fommes entierement fatisfaicts & contents, pour ce qu'il nous femble que vous n'auez affez illuftré & orné d'exemples, & de tefmoignages vos difcours, pour vne parfaite preuue des exercices que vous auez fi dignement recommandez, au blafme, à la honte & confufion du bal & de la dance. Ie m'affeure que iamais perfonne ne fe fuft ennuyé, tant vos propos font agreables, s'il vous euft pleu de continuer ce que vous auiez fi bien & heureufement commécé : mais ie ne veux maintenant vous en importuner d'auantage. Or auant que ie commence à deduire mes raifons touchant la defenfe que i'ay entreprife du bal & de la dance, ie defire fçauoir de vous, afin que ie ne m'en oublie, qui eft celuy que vous auez cy-deffus nõmé Araldus, au difcours que vous auez faict de la courfe, lequel felon mon iugement vous auez accouplé à Atalante. Il ne me fouuient pas auoir iamais leu, ny entendu vn tel nom.

Cos. L'hiftoire, ou fable d'Atalante, eft fi notoire, qu'il n'eft jà befoin d'en faire plus long difcours. Or encores que par la paufe que i'ay faicte doucement en me taifant vous ayez eu occafion de penfer que i'euffe du tout finy mon propos ; fi eft-ce pourtant que ce que i'en ay faict n'a efté que pour me remettre en memoire tous les poincts que ie m'eftois propofé à difcourir : mais puis que vous m'en difpenfez, ie m'y accorde pour cefte heure, attendant en bonne deuotion de jouyr de vos beaux difcours touchant vos exercices du bal & de la dance : Toutesfois fi veux-je fatisfaire à voftre demande, &

vous faire entendre qui fut Araldus. Araldus doncques, suyuant ce qu'en escrit vn Autheur digne de foy, fut homme de fort petite stature, & neantmoins si dispos, legier & agile, que ayant deux bastons soubs ses deux esselles, il s'y appuyoit en telle sorte, que prenant l'vn & l'autre par le milieu de chacune main, courant de saut en saut, & s'eslançant continuellement, s'embloit qu'il volast, auançant alternatiuement ses deux bastons & ses deux pieds, à la façon d'vn animal à quatre pieds; & en ceste sorte, bien qu'il semble incroyable, surpassoit la course d'vn cheual, quelque prompt & agile qu'il fust ; & cōtinuoit en cest exercice iusques à ce qu'il fust paruenu au but prefix, & ordōné, sans iamais faillir de deuancer le cheual, bien qu'il fust de la race de Bucephale, coursier d'Alexandre.

FERR. Ie ne puis pas bien comprendre comment cela se peut faire, Toutesfois pour ne nous attacher trop à ces curiositez, passons outre. La signification du mot latin *Saltator*, & en langue vulgaire sauteur, dont vous auez discouru cy-dessus auec beaucoup d'affection, m'estant cognuë, ie n'auray pas beaucoup de peine suyuant ce mot de vous monstrer que i'ay eu occasion d'entreprendre la defense du bal & de la dance ; & de ceux aussi qui y prennent plaisir. Il faut donc remarquer, que de ce verbe latin *Salto, Saltas*, qui proprement pris signifie baler, fut formé ce nō *Saltator*, qui signifie baladin ; & non pas du verbe *Salio, Salis*, lequel emporte la vraye signification de sauter proprement, comme fait fort bien nostre S. Archange; & bien que plusieurs s'en seruent souuent sans prendre garde de si pres à ceste differente proprieté; si ne me souuient-il point auoir leu qu'aucun aye vsé du mot *Saltatio*, pour denoter le bal ou la dance. Et partant parlant de la signification du saut, suyuant le mot latin, il me semble que ie dois faire la diuision qui s'ensuit, en quatre especes distinctes & separees l'vne de l'autre. La premiere & principale sera celle de l'Art & exercice de nostre Archange, par le moyen de laquelle on ne peut apprendre ny remarquer autre chose qu'vne disposition, & force acquise par ces exercices, pour rendre le corps plus agile & dispos, & en temps de paix, & en temps de guerre.

Le I. Dialogve

Cos. Mon intention a esté de parler de ceste premiere espece, (& non des autres que vous direz cy apres,) qui est de l'art & exercices, & en voudrois desià entendre parler, ensemble des sauts que les sieurs Pin & Baptiste nous ont promis faire voir, afin que toute ceste noble compagnie ayt occasion de se contenter, & ne se repentir du temps qu'elle aura employé à attēdre la veuë de ces exercices. Le S. Archange d'autre costé viendra auec vne telle disposition & dexterité, que chacun l'aura en admiration, estant rauy de l'agilité & promptitude de laquelle il vsera en ces beaux sauts, auec vne perfection telle que l'on pourroit desirer en vn personnage de tel merite.

Ferrand. Ne doutez point que vous n'entendiez bien tost, & tous ces Gentils-hommes aussi ceste partie, & tout ce que l'on en pourroit desirer, d'autant que le sieur Pin ne peut pas beaucoup tarder à venir, s'en estant allé pour se vestir d'habits propres, & aysez pour sauter.

Cos. Il est vray; mais ie crains que le iour s'abbaissant, ne nous defaille.

Ferr. Gaignons doncques le temps. Ie ne puis souffrir, S. Cosme, que vos raisons soyent si bien receuës, & les miennes mesprisees touchant la louange du bal & de la dance que vous auez tant blasmee & denigree, & quasi enuoyee au plus profond d'enfer. A la verité ie ne pourrois pas permettre que vous eussiez tant de prise sur moy que de me rendre muët en vn champ si ample que le mien, & en si fertile moisson. Ie dy doncques que le bal & la dance meritent pour le moins autant de loüange, selon leur qualité, que les autres exercices que vous auez tant exaltez, & dont vous auez cy-dessus discouru, comme i'espere en brief vous faire voir, distinguant les susdites significations de leurs noms & verbes.

Cos. Ie vous prie, S. Ferrand, ne vous tourmentez point à deffendre ceste dance, y perdant & vostre temps & vostre peine, ce qu'en fin ne vous seruira de rien. Ie ne sçay à quel propos, voulant cōtredire les raisons Politiques des Republiques bien gouuernees, vous vous opposez mesmes à l'authorité & preceptes de vostre Religion, non à autre fin que pour fauoriser vn si mauuais party. Ne sçauez vous pas que sainct Ambroise, & sainct Augustin contre Petilian prouuent que le bal & la dance estoyent choses infames & dissoluës, & (au temps que l'Eglise estoit bien gouuernee) prohibez & defendus? Le mesme ne dit-il pas en l'exposition du Psalme trête troisiesme, que c'est vn peché beaucoup moindre d'ouurir & labourer la terre les iours de feste, que dancer ou baler? Il me souuient aussi que sainct Iean Chrysostome en parle auec vne grande vehemence en ses Homelies; mesmes sainct Basile en vne sienne predication qu'il fait contre les yurongnes, contre les chansons impudiques, contre les balets, & toute autre espece de dance, les blasme fort, & s'escrie à l'encontre de ceux qui y perdent leur temps. Et si cela ne vous suffit pour vous monstrer qu'auec grande raison i'ay en hayne vn tel exercice, sçachez qu'il ne se trouue mesme vn seul Concile, où les dances n'ayent esté bannies du milieu des Republiques bien ordonnees. Tous les plus grãds personnages sont demourez d'accord qu'elles deuoyent estre defenduës, comme indignes d'estre receuës de gens vertueux. Il y a plus, que les loix imperiales les ont du tout prohibees. Lisez les Ordonances des Rois de France, vous trouuerez que plusieurs Rois par le conseil de leurs Senateurs ont, entre plusieurs jeux vicieux, condamné le passetemps du bal & de la dance. Que diray-je plus? Dieu mesmes par la bouche de son Prophete Esaïe reprend & condamne l'vsage & coustume de jouër de la harpe, du tambour, de la cornemuse, & de la fluste aux nopces & banquets, & toute autre espece de son, de chant, & de dance, au lieu où les personnes se sont assemblees pour faire feste.

FERR. Mais s'il vous plaist de m'entendre, S. Cosme, ie vous feray peu à peu cognoistre que l'art & exercice de la dance pour toutes vos raisons ne laissera de subsister auec honneur & louange, & mesmes auec reputation de ceux qui en font plus de cas que vous. Toutesfois si vous voulez que pour vous faire plaisir ie n'en die plus mot, ie vous contenteray volontiers en cela, pourueu que le bal & la dance demeurent enuers ces Gentils-hommes en tel titre, honneur, & reputation qu'vn si bel exercice merite, n'y en ayant point de plus

G iiij

digne, ny de plus recommandable en toute la Gymnastique.

Cos. Pourſuiuez hardiment voſtre diſcours, S. Ferrand, puis que vous penſez ſi heureuſement venir à bout de vos intentions. Car ie n'ay iamais deſiré, & ne voudroy pas que pour mon reſpect on quittaſt en quelque ſorte que ce fuſt la defence de ce qui concerne le public. Ie poſtpoſeray touſiours mon particulier, ſi vous penſez obtenir la victoire de ceſte braue cõtention.

Ferr. Ie diray que ſi vous conſiderez ſimplement la dance telle qu'elle eſt en ſoy, elle eſt indifferente, ne bonne, ne mauuaiſe d'elle-meſme, & par conſequent ne merite, ne blaſme, ne loüange; & veux que cela ſoit le principal fondement de mes arguments & concluſions que i'en feray enſuiure, auec vne preuue euidente & neceſſaire de ce que vous ne croyez pas (ou peut eſtre faignez de ne croire pas) pour voir ſi ie ſçauray bien defendre vne telle cauſe. Or pour venir auant toute autre choſe à la difference de l'vniuerſe ſignification de ce verbe Latin, *Salto, ſaltas*, & du nom qui en prouient, *Saltatio*, duquel ſeul, & non du verbe *ſalio* il faut noter que ſont les trois ſuiuantes eſpeces du ſaut, dont ie vous ay deſia declaré la premiere. Quant à la ſeconde, il me ſemble qu'elle ne ſe peut veritablement rapporter au ſaut, veu que le bal ny la dance, ne ſe peuuent proprement appeller ſauts, encores qu'ils ne ſoyent ſans quelque participation des ſauts, ſoyent grands, petits, ou moyens: pour cela on ne doit inferer que le balladin ſoit vn ſimple ſauteur, puis que non ſeulement il differe d'auec luy de façon de faire, mais auſſi d'inuention.

Cosme. A ce que ie puis coniecturer, & iuger par vos paroles, vous voulez monſtrer qu'encores que le mot Latin *Saltatio*, ſignifie l'acte du ſaut, & action de ſauter; neantmoins que ce tant beau & diuers ſautellement ſoit pluſtoſt vn vray, & pur ſaut, & des Latins pris & entendu ſoubs la ſignification de l'Art du bal & de la dance: Car ainſi vous eſpluchez les mots en Grammairien, tant vous eſtes entintif à la defence de voſtre bon party: mais que ſenſuit-il pour cela, & qu'en voulez vous inferer?

FER. Si vous & moy n'auions appris la signification des choses de la Grammaire, nous n'aurions la cognoissance de la Logicque, ny de la Poësie, ny de la Rhetorique, & encore moins de toutes les autres parties de la Philosophie. Car encore qu'on trouue la plus grande partie des sciences escrites, & imprimees en langue vulgaire, si est-ce toutesfois que les escrits des Anciens Autheurs Grecs & Latins ne peuuent pas estre biē interpretez, si les mots ne nous sont familiers par l'explication de la Grammaire, & par la practique & vsance que nous auons des bons & plus corrects Autheurs. Et telle est l'importance des choses qui semblent estre Grammairiennes à ceux qui en ont la cognoissance. Ce que Cæsar n'a point mesprisé, ayant escrit vn liure des Analogies; & Marc Varron vn de la Grammaire. Nigidius, & mille autres doctes personnages y ont mis la main. Et de nostre temps Erasme, Budee, Turnebe, & entre les autres ce grand Iule Cæsar Scaliger, lequel n'est en moindre reputation auiourd'huy entre les plus doctes, qu'estoient anciennement Platon, & Aristote entre les Philosophes.

Cos. Ie ne puis faire que ie ne me resiouysse grandement de vous auoir ouy si honorablement parler du tres-docte Scaliger, & selon son merite. Certes ie croy que si l'on auoit toutes ses œuures, elles seroyent plus que suffisantes, pour donner la vraye & naifue interpretation de ce grand Aristote, & nous aurions l'entiere & parfaite cognoissance de la Philosophie, sans auoir plus besoin de tant de diuerses interpretations. Et par cette conclusion ie vous prie de croire que ie ne mesprise point l'interpretation de la Grammaire Grecque & Latine, pour auoir la vraye signification, & proprieté des paroles.

FERR. Il me souuient auoir ouy dire au docte Carpentier que si tous les liures composez par Scaliger estoient imprimez, qu'il ne se soucieroit pas quand toutes les œuures d'Aristote seroient perduës, d'autant qu'il s'asseuroit que sans elles, moyennant celles-cy, l'on pourroit auoir l'entiere, & parfaicte cognoissance de la Philosophie. Et faut noter que pour auoir vne science plus solide, Scaliger ne mit point son esprit à l'estude des lettres qu'estant ja assez aagé, & apres auoir esté long temps à la guerre, & ne luy manqua enfin autre chose qu'vne fauorable fortune d'vn Alexandre le Grand. Mais retournant à nostre propos, ie dis que l'art de la dance & du bal, suiuant les termes & preceptes de la modestie & honnesteté ciuile que l'on recherche entre les vertueuses & louables recreations passant le temps ioyeusement, est la premiere des trois susdites especes comprises soubs la generalité du nom *Saltatio*, ou du saut. La qualité & vsage de ceste espece est celle que i'entēds louer, & defendre contre toutes les calomnies de ceux, qui comme vous en sont si grands ennemis; d'autant qu'on ne trouuera iamais que l'exercice, & pratique de ceste-cy que ie mets pour vne espece, suiuant la generale signification de *Salto, saltas*, pris mesme pour signifier le viril exercice de sauter sãs chansõs melodieuses, ou musicales, & pour mesme significatiõ que denote simplement ce verbe Latin *Salio*, aye iamais esté blasmee ; Ce qui ne se trouuera iamais, & ne sçauroit-on prouuer qu'elle aye esté defenduë ny par l'Escriture saincte, ny bannie d'aucune Republique biengouuernee, si ce n'est lors qu'il y en a eu qui se sont plongez en vne profonde mer de dissolutions, transgressans par leurs gestes lascifs & deshonnestes les bornes & limites de l'honnesteté & modestie ciuile; laquelle, comme vn ardent Soleil, doit faire luire ses rayons dessus toutes nos actions, & principalement par celles qui sont espiees de l'œil d'vn seuere & critique censeur ; & m'asseure que si vous auez iamais veu le comportement d'vn maistre baladin, que vous n'aurez rien remarqué en son escole qui ne semble directemēt viser au but de la vertu, & vraye modestie, blasmant mesmes, & reprenant auec beaucoup de seuerité celuy qui par ignorance, ou bien d'vne mauuaise inclination branle incessamment la teste auec fort mauuaise grace, & se change en plusieurs formes, comme vn Prothee, tantost tournant les yeux en la teste, vagabonds deçà & delà, tantost ployant trop le corps, sans aucune mesure de pas, ou s'eslance trop, panchant & inclinant plus d'vn costé que d'autre, & autres tels gestes inciuils, & deshonnestes. La troisiesme espece se doit entendre de la signification generale de ce verbe, *salto, saltas*, soit du bal, soit de la dance, qui est accompagnee des mouuements & gestes du visage, & autres membres du corps, & qui imite la parole, & le maintien

tien non pas seulement des hommes, & des femmes, mais aussi des animaux irraisonnables, ce que les Latins ont remarqué auec beaucoup plus de proprieté, & efficace par ce verbe *tripudio, tripudias*, que vous mesmes auez allegué parlant de Platon; & c'est ceste espece du bal & de dance que toutes les Republiques, dites vous, ont blasmee, & condamnee, & quelquesfois bannie & reputee vile, infame, & indigne des hōmes vertueux. Il y a vne autre espece de dance que vous ne deuez pas reprouuer & condamner qui s'appelle la volte, pource qu'elle est accompagnee de mille gentillesses & passetemps. Ie ne dy pas qu'il n'y ait quelques-vns qui par faute d'auoir la vraye cognoissance de cest art, font mille singeries, ressemblans plustost aux basteleurs & bouffons qu'à des balladins; & ce defaut procede d'ignorance: il ne faut pas inferer pourtant que s'il y a quelqu'vn qui en abuse, que l'art en soit à blasmer: il s'en ensuiuiroit de mesme de tous les arts, & sciences, si cela auoit lieu. Que si vous auiez quelquesfois veu vn parfait balladin, comme il sçait bien composer ses actions, & obseruer les reigles & mesures, auec si bōne grace que ie m'asseure q̄ vous chāgeriez vostre haine en vne parfaite amitié. Ie vous diray qu'il y a des dāces qui ont esté tellemēt corrompuës par gēs vicieux, & ignorans qu'elles ressemblent plustost à des farces, qu'à des ballets artistemēt inuētez. Les gestes & mouuemēts, auec des agitatiōs impetueuses, en sont desagreables, contrefaisans tantost vn acte & tantost vn autre, auec mille autres singeries qu'il n'est point besoin de representer icy. Et de ceste dance nasquit la race des bouffons, des basteleurs, tant aux tragedies que comedies, & les Archimommons, qui estoient les Princes & Capitaines de tous les basteleurs, & autres telles personnes de ce mestier.

Cos. Il me semble que vous allez confondant pour loüer le bal & la dance ceste profession auec les personnes, qui sont necessaires pour la Poësie des comedies, tragedies, & autres telles representations; & ne sçay pas si vous auez pris garde que les mommons, farceurs, & basteleurs n'ont que faire ny du bal, ny de la dāce, pour bien representer leurs personnages, ny aussi les autres que vous auez allegué.

H

LE I. DIALOGVE

FERR. Il vous semble donc que ie les confonde, S. Cosme, mais pluſtoſt ie les expoſe pour ne tomber en equiuoque, & ne ſçay pourquoy vous auez ceſte opinion. Partant ie vous prie d'en iuger autrement; D'autant qu'ayant mis en auant quatre eſpeces de ſauter : La premiere qui ſert ſeulemẽt à la diſpoſition de la force & valeur des hommes, la ſeconde & la tierce d'autant que les Latins les appelloient communément d'vn meſme nom *ſaltatores*, & les François *ſauteurs*, i'ay voulu par mõ diſcours expoſer ceſte grande difference & diuerſité qui ſe trouue en la ſuſdite ſeconde & tierce eſpece du ſaut, ſuiuant la diſtinction que vous auez entenduë. La quatrieſme eſtoit l'agilité, dexterité & bonne grace qui s'obſeruoit en ces exercices. Que ſi les mommons & farceurs peuuent ſans la dance & le bal joüer leurs perſonnages, ſi ne le peuuent ils entierement faire, ſans ſe ſeruir des actes, geſtes, mouuements & agitations neceſſaires, pour repreſenter la partie de leur perſonnage ; & quand ainſi ſeroit, il ne s'enſuiuroit pour cela que le bal ou la dance ne fuſt neceſſaire au chœur comique, ou tragicque des anciens theatres, comme meſmes on void entre les modernes, aux actions, & mouuements deſquels ie ne veux pas que l'on penſe que l'honneſte exercice du bal, & de la dance participe nullement, que ie veux touſiours maintenir & defendre enuers & contre tous. Bien vous confeſſé-ie, (cõme i'ay dit cy deſſus,) qu'il y en a pluſieurs, voire des Gentils-hommes & Damoyſelles, qui n'obſeruent pas touſiours les meſmes geſtes & mouuements que ceux qui ſont maiſtres de l'art, & quelquesfois font de tels pas de clerc, auec ſi peu de meſure, & de proportion, que l'on ne peut dire qu'ils ne ſoyent dignes de blaſme, & reprehenſion, eu eſgard, qu'entant qu'en eux eſt, ils rendent l'ornement, & gentilleſſe du bal & de la dance infame, qui ne peut apporter que ſcandale au prochain.

Cos. O combien i'ay agreable que vous eſtes venu aux termes de ne pouuoir plus nier que l'exercice du bal & de la dance ne ſoit digne de blaſme & reprehenſion, puis qu'il eſt impoſſible, ſuiuant les raiſons que vous auez alleguees, que par tel moyen les hommes, & les femmes ne tombent en quelque peché, erreur, ou ſcandale, comme vous auez fort bien remarqué, & ne sçay à quel propos, ny comment vous vous estes laissé perſuader que le bal ne ſoit vertueux, ny vicieux; veu qu'il en prent du bal & de la dance comme des charbons ardents que quelqu'vn auroit manié & mis dans ſon ſein, voire dans ſon cœur, ne pouuant autrement faire qu'il n'en ſoit taché, noircy, & charbonné, mais pluſtoſt bruſlé; ainſi que les hōmes & femmes qui dancent s'eſchauffent peu à peu iuſques à tant qu'ils viennent à s'embrazer.

FERR. Il eſt certain que vous eſtes ennemy capital du bal, & de la dance: mais ie m'eſtonne encore plus de vous par-aduenture, que vous ne ſçauriez iamais faire de moy, ayant biē oſé dire que la dance, & le bal ſont occaſion de tous les vices; eſtant choſe aſſeuree que vous n'ignorez point la difference qui eſt entre l'eſſence & le pouuoir: l'eſſence, dis-ie, d'autāt que le bal & la dance ne ſont pas occaſion du vice, mais ils en peuent eſtre l'occaſion ſelon le ſuiet vicieux qui ſe peut preſenter. Comme le vin qui n'eſt pas la vraye occaſion de l'yurongnerie, mais bien vn vray moyen, & ſubiet de deuenir yurongne ſi nous en abuſons, la cauſe de mal faire naiſſant de nous-meſmes, nous laiſſant ſurmonter par nos ſens & appetits charnels pluſtoſt irraiſonnables qu'autrement. Que ſi le vin eſtoit la cauſe de nous enyurer, vn chacun de ceux qui en boiuent ſeroit yurongne, & encore qu'il ne le ſoit pas proprement, ſi eſt-ce que il le peut eſtre, eu eſgard à la vie diſſoluë, vicieuſe & corrompuë de celuy qui boit. Tous pour ceſte raiſon ne ſont pas yures ny dominez par le vin: & ſi ie vous ay ſimplement dit que le bal, ny la dance ne ſont pas dignes de louange, ny de blaſme; ie vous laiſſe à penſer ſi ie prens ceſte raiſon pour tout ce qui appartient au bal & à la dance, ſi ie la dois prouuer, & vous la faire pour telle accepter; & afin que ie vienne à conclure ce propos, ie dis que ſi l'art, ou exercice du bal, & de la dance eſtoit ſuyuant voſtre opinion vicieux & cauſe de tant de vices que vous dites, le Royal Prophete Dauid n'auroit pas ſauté, dancé, balé, chanté, ny ioüé des inſtruments en preſence du peuple d'Iſraël, pour honorer l'Arche de Dieu deuāt laquelle il eſtoit, & moins auroit eſté l'exercice du bal & de la dance receu, ny mis entre les myſteres & honneurs des Reli-

H ij

gions: Aussi ne peut-on douter que les Rois anciens de la Toscane n'ayent comme toutes les autres prouinces, fait obseruer la maniere de baler & de dancer en l'honneur de leurs Dieux, & de la doctrine & saincte Escriture des Hebrieux, puis que comme escrit Valere lesdits Rois de Toscane asseurent qu'il n'estoit pas licite qu'il y eust en l'hōme aucune partie qui ne participast de la religion, & de l'honneur qu'on rend à Dieu, & que le chant estoit celuy qui appartient à l'esprit; le saut, la dance, & le bal au mouuement du corps; & que pour ceste raison l'vn & l'autre estoit necessaire au seruice diuin. Ie ne croy point que pour autre raison ce grand Prophete Royal Dauid, duquel Dieu mesme parlant, se dit auoir trouué vn hōme selon son cœur; aye, comme i'ay dit, dancé, & dit à ceux qui le regardoient, ie dance, & asseurément ie sauteray, & chanteray en l'honneur de la diuine Maiesté, & sa tres-saincte Arche d'Alliance, & mes yeux luy rendront tousiours humilité. Parquoy vous ne deuez vous esmerueiller de ce que i'ay dit, que le bal, & la dance simplement considerez ne sont ny vicieux, ny vertueux, ny par consequent dignes de louange, ny de blasme, ce qui peut aduenir vsant dignement de l'vn ou de l'autre: mais non pas que de leur simple nature ils en soyent dignes: Comme par exemple la passion des hommes en general prise & consideree simplement comme passion, suyuant la nature, on ne peut dire qu'elle soit naturellement bonne ou mauuaise; d'autant qu'elle peut estre quelquefois bonne, & quelquefois mauuaise, & par consequent vicieuse, ou vertueuse, selon la qualité, conception, & intention, qu'a produit ladicte passion: & n'est besoin que vous compariez les charbons ardents à l'exercice de la dance, puis qu'ils sont contraires en signification, & nature; d'autant que le feu comme feu, & les charbons comme charbons ne peuuent estre maniez qu'ils ne bruslent ou noircissent, puis qu'ils n'ont en eux autre plus naturelle & euidente vertu ny qualité. Et vous sçauez bien S. Cosme que les choses qui laissent quelque marque de leur attouchement, comme fait le charbon, sont conformes à la diuerse proprieté des choses necessaires, & non volontaires, comme celles qui naissent librement d'vne franche volonté des hommes, qui peuuent tantoſt bien, tantoſt mal, & comme mieux leur ſemble operer, pouuant l'vn ou l'autre eſtre, ou aduenir; ce qu'on ne void point és ſimples actions de la nature, puis que le feu ne peut iamais eſtre que chaud & bruſler, ny le charbon que noir, & noircir celuy qui le voudra manier; & principalement ſi l'on s'en mettoit, comme vous auez dit, au ſein, ou au cœur: & pour n'eſtendre plus auant ce propos, ie vous dis que la dance & le bal que les Latins appellent *ſaltatio*, (laiſſant à part la dance & le bal, auec les geſtes, les mouuements & bruits que pluſieurs font en beaucoup de parties du monde de ſonnettes, de clochettes & autres tels inſtruments) ſera à tout iamais vn exercice non ſeulemẽt vtile, & honnorable, mais auſſi tant pour les guerres, comme pour la bonne conſeruation de la ſanté, comme pour l'honneur de la religion, & pour l'honneſte ſoulas & vertueux paſſetemps des hommes, neceſſaire: & cela ſuis-ie aſſeuré de le vous pouuoir prouuer par raiſons, authoritez & experiences; & en fin vous faire voir & cognoiſtre, & à toute ceſte noble compagnie, que voſtre ſi grand exercice de la courſe & du ſaut, ſuyuant ce que l'appellez viril, eſt pluſtoſt nuiſible & dommageable qu'autrement : & que meſme la Gymnaſtique & pluſieurs exercices d'icelle ont eſté dignement mis en oubly, bannis & condamnez par pluſieurs ſçauans & ſaincts docteurs.

Cos. Il ſemble quaſi que vous alterant vous ſoyez pour vous mettre en colere.

Ferr. Vous voulez goſſer en vous esbattant à la mode des courtiſans, vous ſçauez bien cõment ie me ſuis rendu imitateur de Socrates, pour ne monſtrer aucune perturbation en mon diſcours.

Cos. Pardonnez moy doncques ie vous prie, pource que l'apparence de voſtre diſcours eſt ſans doute telle, que chacun iugeroit ayſement que vous feuſſiez entré en colere en voſtre diſpute : mais ie croy ce que i'ay touſiours remarqué en vous, que ſoyez naturellement ainſi faict, engendré & compoſé ; de ſorte que vous ne pouuez quaſi vous retirer de pluſtoſt parler haut que bas ; toutesfois ſoit comme il vous plaira , ie vous reſpons que le feu comme feu ne peut eſtre non chaud, c'est à dire, froid, pource que naturellement il est tousiours chaud, & n'est possible qu'il soit l'vn & l'autre alternatiuement, comme sont les choses que les hommes font volontairement, qui ont esté jà par vous declarees; si ne s'ensuit-il pas pour cela que la dance, & le bal puisse estre digne de loüange, ou de blasme, n'estant cest exercice plus doüé de cestuy-cy, que de cestuy-là, ou plus accompagné de vice, que de vertu. Et ne s'ensuit aussi que les hommes & femmes ne facent mal d'vser de ce qui peut estre cause, occasion, ou subiect, suyuant vostre opinion, de les faire tomber en quelque vice, erreur, ou peché, comme on void ordinairement, & principalement auec perte de tēps, & de la pudicité & chasteté des Dames, & des despenses extraordinaires qui se font auec prodigalité és mascarades & festins pour telles occasions.

FERR. Vous voulez en somme dire qu'on ne deuroit pas consentir l'vsage de cest exercice du bal & de la dance, à cause de l'abus qu'on y commet. Ie vous respons, qu'encor que cest exercice du bal & de la dance soit mal pratiqué, si est-ce qu'il ne merite pas pourtant aucun blasme : car la faute n'en est pas à la dance, mais à ceux qui en abusent. Et qui ne sçait que s'il falloit obseruer ce que vous dictes, que le fer, le feu, l'eau & le Soleil mesme meriteroyent blasme, d'autant que par l'abus des hommes ils nuisent & font mille maux? Il en est de mesme de l'or & de l'argent; il est bon, ou mauuais selon la qualité de ceux qui le possedent: Et ainsi en est-il de toutes autres choses, lesquelles d'elles mesmes sont indifferentes, ne bōnes, ne mauuaises de leur nature; mais l'effect en est ou bon, ou mauuais selon l'humeur & complexion de ceux qui en vsent, ou en abusent. Qui est celuy qui ne sçache que l'homme peut faire mal son proffit des meilleures & plus sainctes choses du monde? & toutesfois elles n'en sont pas plustost à blasmer, & ne doyuēt pourtant estre estimees vicieuses; & partant ne les faut ny defendre, ny condamner, comme vous voulez qu'on face du bal & de la dance, pour estre leur capital ennemy. Icy nous seruira d'exemple celuy que raconte Dion en la vie de Caius Caligula, lequel pour monstrer que sans consideration aucune les sauteurs & baladins furent bannis de Rome par vne passion des

Conseillers de Tibere son predecesseur: Car le mot *Sauteur*, en latin, comme i'ay jà plusieurs fois remarqué, veut signifier tant celuy qui saute, comme faict à present nostre amy Archange, que celuy qui balle & dance auec grace & modestie, dont i'ay parlé en la seconde espece de sauter; mesme celuy qui auec gestes & autres mouuements les imite, faisant des contresauts pour faire demonstration de sa disposition à ceux qui le regardẽt, qui sont ceux de la troisiesme espece. C'est pourquoy ledit Caligula à vn apres-soupee fit assembler auec grande instance, & diligence tous les principaux personnages du Senat, leur faisant dire à tous qu'il vouloit consulter auecq' eux de quelque chose d'importance. Arriuez qu'ils furent, ne leur feit voir autre chose que des sauteurs de bals & de dances qu'il auoit rappellez d'exil faict par le commandement de l'Empereur Tibere son predecesseur. A la fin de ce festin, estant proche l'aube du iour, l'Empereur renuoya tous les Senateurs en leurs maisons, disant que pour lors il ne vouloit autre chose d'eux, & que partant ils s'en allassent reposer.

Cos. Maintenant ie m'apperçois que vous vous donnez du plaisir, puis que vous alleguez pour authorité l'acte d'vn des plus meschans Empereurs qui iamais furent au mõde, remply de tout vice, comme si vous n'eussiez sçeu trouuer suyuant l'exemple de ce tyran mõstrueux aucuns exercices plus dignes des hõmes que le bal & la dance, eu esgard que le bal & la dance ne sont qu'vne prompte occasion de nous enflammer à cõcupiscẽce par le moyen de leurs doux attraits & allechements dont nos sens sont corrompus, du mouuement & ardeur desquels procede l'ardant desir des choses voluptueuses, qui se viennent assembler auec vne plus grande vehemence, mesmes lors qu'il semble estre estaint, & duquel les hommes & les femmes viennent à s'eschaufer peu à peu pour se laisser en fin surmonter & renuerser des assaux amoureux, iusques à vn entier embrasement causé des attraits & allechements du bal & de la dance, laquelle encore que suyuant vostre opinion estant simplement prise, elle ne soit ny bonne, ny mauuaise; neantmoins pour euiter la cause du peché, on peut trouuer plusieurs autres exercices, comme plusieurs fois i'ay dict, sans comparaison

LE I. DIALOGVE

beaucoup plus proffitables aux hommes vertueux, comme sont ceux de la paume, de la luicte, de l'escrime, de la chasse, de voltiger, & autres tels qui ne sont composez, ny fondez de parties, ny circonstances participantes à la luxure, à la volupté, & autres tels pechez manifestes.

FERR. Vous estes en fin arresté & resolu en vostre obstination, pour me faire, si vous pouuiez, renier la patience, en me faisant tant de repliques, lesquelles, encore qu'elles soyent assez debatuës par mes raisons precedentes, voire satisfaictes & vaincuës; si est-ce toutesfois que i'adiousteray, que tout ainsi que l'exercice du bal & de la dance a souuentesfois faict plusieurs euidens miracles; aussi auiourd'huy non sans merueille disputant contre vn tel aduersaire que vous, orné & enrichy de toutes sciences, ie monstreray en ce qui appartient à la defence & louange honorable du bal & de la dance, que i'en sçay mieux iuger que vous ne faictes, ou pour le moins que vous faignez ne sçauoir : soit comme il vous plaira: ie vous responds qu'il n'estoit besoin de dire que les autres exercices ne receuoyent aucune composition, ny fondement des parties, ou circonstances de la volupté, voulant tirer en consequence que le bal & la dance y soyent fondez, puis que ie vous ay desià par mon discours faict entendre que toute dance & bal, qui participe du mouuement, geste, ou acte mal seant, soit en imitant, ou contrefaisant quelque chose, ou pour representer aux yeux de l'homme ou de la femme quelque vicieux desir, ou deshõneste conception, doit estre compris à la dance & au bal, suyuant la distinction que i'en ay faicte de la troisiesme espece, qui seroit quasi ou plustost du tout impossible de les pouuoir sçauoir, ny cognoistre, ou d'en auoir quelque certain contentement les nombrant l'vne apres l'autre, estant suyuant la diuersité des pays, & la licence effrenee des mœurs & coustumes desordonnees des hommes quasi infiny le nombre des balets & des dances, lesquelles auec mille gestes & mouuements appropriez ont esté inuentees pour gaigner l'argent de ceux qui prennent plaisir à voir tels danceurs, balladins ou sauteurs, cõme les Latins les nomment; d'autant que ceux qui en font profession sont plustost viles personnes, qu'autrement, comme

bouffons,

bouffons, parazites & autres gens de telle estofe, qui flatans & se soucians peu de la vertu, ou de la honte, font rire les compagnies, lesquelles pour passer le temps prennent leur plaisir à telles bouffonneries, desquelles n'est nullemēt composé l'hōneste exercice du bal & de la dance, que i'ay compris par la seconde espece: mais si en partie ils y estoyent meslez, on ne les pourroit plus à bon droit appeller ny bal, ny dance, ains plustost bouffonneries, comme plusieurs font bien souuent, & plus qu'il ne seroit à desirer, alors s'ensuyuroit ce qui n'est de l'intention ny conception de ceux qui ont par succession de temps reduict à vne excellente beauté & perfection cest art du bal & de la dance. Que si vous ne voulez du tout nier la verité, vous ne pourrez, ny autre aussi, iamais asseurer qu'ayez veu aux compagnies de gens d'honneur se pratiquer aucunes de ces bouffonneries, soit au bal, ou à la dance: Et quant à ce que vous dictes que cest exercice excite l'appetit amoureux, ie vous responds que les balets & la dance accompagnez des attraits & allechements d'amour, des actes deshonnestes & de beaucoup de gestes voluptueux, cōme sont la plus grande partie de ceux qui sont compris en la troisiesme espece, peuuent sans doute estre occasion des vices que vous alleguez; mais non pas la dance honneste qui se pratique entre les gens d'honneur auec tout respect, pour le plaisir & contentement des hommes & des femmes qui s'y trouuent tant de haute que basse condition; y ayant tousiours eu depuis que le monde est monde des hommes & des femmes qui recherchent telles compagnies, non pour autre occasion que pour contenter leur esprit seulement, deuisans secrettement de leurs amoureuses pensees; & bien qu'il y en ayt qui en abusent, il ne faut pas inferer pourtant que le bal & la dance en soit à blasmer & condamner, ainsi que i'ay discouru cy-dessus: Il ne faut pas, dy-je, soubs ce pretexte blasmer generalement, comme vous faictes, sans aucune distinction toutes sortes de bal & de dance, lequel exercice estant pris comme il faut & bien pratiqué, il a sans doute en soy la vertu de conseruer la santé, de recreer l'esprit, de rendre le corps agile & dispos, de composer la grace, & aussi de maintenir les forces des personnes en leur plus gaillarde vigueur. Que si parauenture il se trouue quelqu'vn qui craigne de tomber au peché de luxure en balant & dançant, on luy peut dire qu'il ne consente que sa femme & ses filles s'y trouuent ou y assistent: mais plustost qu'ils aillent chanter les Pseaumes penitenciels.

Cos. Sans doute ils feroyent beaucoup mieux que vous, qui prenez ainsi plaisir à passer vostre temps en paroles oiseuses,& peu profitables.

Ferr. Ie le vous accorde: mais pour cela ne s'ensuit-il pas que tous ceux qui dancent & balent pechent, ou bien que on ne puisse dancer ny baler sans tomber en quelque peché, voire mortel, puis que des veniels il ne faut douter que nous n'y tombions, comme c'est l'opinion de la plus grand' part des Theologiens, que iamais on ne bale, ny on ne dance que nous ne commettions quelque peché en nostre pensee, ou en nostre parole, au moins veniel. Mais pource qu'on en pourroit autant dire de toutes les autres choses du monde, il ne faut pas donc conclurre incontinent que pour cela le bal & la dance soyent choses indignes de l'honneste compagnie des hommes & des femmes, ny mesmes qu'ils soyent occasiō necessaire des vices, & scandales que vous auez alleguez, comme ie vous ay desia prouué par mes precedentes raisons. Et quant à ce qu'il me semble vous auoir ouy dire qu'on peut trouuer beaucoup d'autres exercices pour la conseruation de la santé, ou pour le seruice de la guerre; Ie vous responds qu'encore que ie vous accordasse qu'il s'en pourroit trouuer de meilleurs, pour cela ne s'ensuiuroit-il pas que le bal & la dance, suyuant la qualité de la premiere espece, ne soit vn bon & honneste exercice:& ne pourrez nier qu'au contraire on ne trouue plusieurs exercices, ieux, & autres passetemps, & esbats, qui sont non seulement la cause de plusieurs maux, mais suyuant leur nature, qualité & intention, sont, comme vous dites, fondez & composez de toutes sortes de vices, lesquels il n'est jà besoing de vous representer, d'autant qu'ils ne sont que par trop cognus; il est toutesfois impossible, ou du moins fort difficile que les Republiques y puissent mettre tel ordre qu'il seroit bien à desirer, corrigeant, & remediant aux abus qui s'y commettent, & aux inconueniens qui en peuuent aduenir. Et d'auantage, vous sçauez bien que l'exercice des hommes ne peut pas estre ordinairement guidé d'vne seule intention, ny tousiours conduit d'vne mesme fin. Car il est certain que tous ne s'appliquent pas tousiours à vne mesme chose, ains les vns à vne, les autres à vne autre, selon leur inclination. Et apres l'exercice ordinaire du trauail, faut qu'il y ayt quelque recreation pour donner quelque relasche & à l'esprit & au corps. Or comme tous ne prennent pas plaisir à vn mesme exercice, aussi ne se delectent-ils pas en mesmes esbats, & passetemps. Les vns aimeront la luicte, les autres l'escrime, d'autres s'exerceröt à sauter, & à courir, quelques vns prendront plaisir à la chasse, les autres à la paume, & d'autres à la dance. Ce qui ne doit estre trouué estrange veu la diuersité des appetits des hommes, & de leurs inclinations. Vous ne deuez donc trouuer estrange si quelques-vns, voire plusieurs prennent plaisir au bal & à la dance, veu que c'est leur naturel de se plaire plus à cest exercice qu'à tout autre: & me semble qu'il n'y a point de mal quand on en vse honnestement, & sans s'esloigner des termes de l'hōneur, & de la vertu, tant d'vn sexe que d'autre. Vous pouuez auoir souuenance de ce qu'escrit Aristote en plusieurs endroits de son institution politique, où il dit, que puis qu'il est necessaire de donner quelque relasche aux trauaux ordinaires, il faut trouuer les plus honnestes moyens que faire se pourra pour donner quelque recreation aux hommes : en fin il conclut que la musique & le saut, c'est à dire le bal & la dance, sont les plus propres, & non pas vos sauts virils que vous auez tant exaltez, que vous les auez dit estre les vrais moyens de pouuoir sans blasme ny reproche passer le temps en toutes compagnies auec plaisir & honneur, & recreer & l'esprit & le corps en tout contentement: mais dites moy, ie vous prie, qui seroit celuy qui vouslust, encore qu'il le peust, tousiours se delecter & prendre plaisir seulemēt au ieu de la paume, à luicter, courir, sauter, ou voltiger, sans iamais se soucier de passer le temps, mesmes aux iours de festes, auec sa femme, sa sœur, sa cousine, & autres telles proches parentes & amies ? N'est-il pas certain, & asseuré que ce seroit vne cruauté plusque barbare d'ainsi s'estranger de ses amis, & interdire aux femmes tout plaisir & esbats auec leurs maris & leurs compagnes? Vous me direz parauenture que ce sont des allechements pour faire mal : mais ie vous ay desia dit cy dessus que l'on en peut bien vser, & qu'il n'y a que l'abus qui rende la chose mauuaise, qui autrement est bonne de soy-mesme. Et d'ailleurs il n'y a apparēce que la faute de quelques particuliers doyue estre vne cause raisonnable de rompre la societé des honnestes compagnies tant d'vn sexe que d'autre. Que si quelqu'vn dit qu'il vaudroit mieux chanter des Psalmes, ie respondray qu'à la verité le seruice diuin doit preceder toutes nos actions ; mais toutesfois on ne peut pas tousiours estre en oraison. Et puis Dieu ne defend pas de nous resiouyr quelquefois, pourueu qu'il n'y soit point offencé. I'adiousteray qu'il seroit à desirer qu'il n'y eust point de plus grandes fautes au monde que celles qui se commettent au bal & à la dance. Comme si ceux qui veulent venir à bout de leurs appetits amoureux ne se seruoyent pas bien d'autres moyens que ceux que leur ministre & le bal & la dance. Mais ie ne sçay pas pourquoy vous m'auez voulu faire estendre plus auant en ces discours, veu que la verité vous est assez cognuë. A cela vous me faites paroistre que vous y prenez plaisir ; & puis que ie recognoy que cela vous est aggreable, ie continuëray, & vous raconteray en peu de paroles ce qui me semble estre à propos sur ceste matiere. Ie dy doncques que comme pour seruir à la Republique l'on choisit volontiers ceux que l'on iuge estre plus propres & capables pour exercer quelque charge publique; ainsi quand il est question des exercices du corps, l'on fait election de ceux qui peuuent rendre les hommes plus sains & mieux disposez, pour estre puis apres plus propres aux belles functions de l'ame. Or n'y en a-il point que l'on doyue preferer icy au bal & à la dance ; d'autant qu'il n'y a exercice plus doux, & plus moderé que celuy-là, soit pour la paix, soit pour la guerre; & cela est certain & manifeste, suyuant l'opinion commune, ou plustost experience des Philosophes qui nous le fait voir & toucher du doigt : c'est que l'on ne peut pas en vn mesme temps trauailler & l'esprit & le corps en vne mesme actiō; mais il faut qu'il y ayt quelque distinction, & considerer quelle est la force, la nature, & la vertu de tous deux, pour mieux cognoistre ce qui est propre & à l'vn & à l'autre, autrement cela seroit cause qu'ils ne pourroyent en fin rien faire de bien. Quãd l'ame exerce quelqu'vne de ses functions, il faut que le corps s'arreste pour ne luy donner empeschement; & quand le corps trauaille beaucoup, l'ame empeschee de cest ennuyeux mouuement, & agitation corporelle, ne peut librement vacquer suyuant son excellence aux choses qui sont separees de l'exercice materiel, & qui luy touchent & appartiennent. Parquoy ne pouuans les hommes se seruir, ny s'ayder de l'ame, & du corps, pour les choses communes & vniuerselles de la paix, & de la guerre, Il me reste maintenant à declarer comme l'ame estant la plus noble partie de l'homme, soit qu'elle s'employe au seruice de la religion, ou au gouuernement politiq, & ciuil de la Republique, ou pour la conduicte & gouuernement des armees, ou bien viuant selon les temps, & les saisons, vertueusement non de son reuenu, (comme font ceux qui ont des rentes annuelles) mais de son trauail & industrie, par le moyen de quelque office, & art qu'il exerce en la ville où il habite. Ie ne veux mettre en ce rang les trompeurs, & les voleurs, qui par toutes sortes de meschancetez viuent aux despens d'autruy, iusques à ce qu'en fin ils rendent auec vsure ce qu'ils ont iniustement rauy, finissants miserablement leur vie, les vns aux galeres, & les autres au gibet; fin digne de leurs merites. Partant de toutes ces considerations les prudents Grecs & Romains, & autres telles Republiques bien gouuernees en tirerent peu à peu ceste prudente discretion de faire choix & ellection de ceux qu'ils cognoistroient estre plus propres, & idoines pour le gouuernement & administration de la chose publique, & pour la conseruation de la societé humaine, & discerner les hommes de merite d'auec les mal habiles & ignorants, pour establir vn bon ordre & police, en conseruant les gens de bien, & punissant les meschans. Or les Magistrats prudents & aduisez considerants qu'il seroit bien mal-aisé qu'vne si grande multitude de peuple entre tant de charges, offices & dignitez, peust estre contenuë en son deuoir, sans luy octroyer quelque relasche de son exercice ordinaire, tant de l'esprit que du corps;

pour à quoy pouruoir, luy ont permis premierement l'exercice de la musique, tant des instruments que de la voix, introduite en commun, & confirmee par la coustume de baler & dancer pour le plaisir & recreation de toutes personnes aux iours des festes seulement; & cela se trouue entre les Gentils, & les Hebrieux qui estoient esleus de Dieu. Or cest exercice de baler & de dancer n'estoit defendu de ce temps, là ny par la bouche de Dieu ny de ses Prophetes; mais bien l'abus que commettoyent les femmes dançant & balant, pource qu'elles paroissoyent fardees, ayans le regard lascif & impudicq, pensans par ce moyen complaire aux yeux, & à la volupté des hommes.

Cos. Ie vous attendois là. Vous voyez doncques que si les dances & balets n'eussent esté, les filles d'Israël ne fussent tombees en peché, ny par consequent encouru l'ire & le iugement de Dieu.

Ferr. Vostre obiection n'est pas si forte que vous pensez, S. Cosme, outre que de mon discours precedent vous ne pourriez tirer vne consequence necessaire. Pensez vous que ce soit seulement au bal & à la dance que les femmes se fardent pour paroistre belles? Croyez vous que toutes les femmes Hebraïques qui dancerent iamais, pecherent & commirent scandale sans exception aucune? L'exercice de la dance, à proprement parler, n'est pas à reprendre & condamner; mais la mauuaise intention, qui faict que la chose qui autrement est bonne de soy, soit renduë vitieuse & corrompuë, & par consequent grandement à blasmer. Et pource que nous auons amplement discouru cy-dessus de ceste corruption qui vient non de la dance, ains de la malice des hommes, ie n'y insisteray d'auantage. I'adiousteray que Iudith ayant tranché la teste à Holofernes dança auec tout le peuple en signe de resiouïssance de la victoire qu'ils auoyent obtenuë, & en firent feste publique. Ce que quelques vns pourroyent trouuer mauuais; mais en effect c'estoit vne chose saincte & fort agreable à Dieu : ce qui ne seroit pas, si la dance estoit tant à reprendre que vous dictes, & en ceste consideration vous m'aduoüerez que selon les occasions la dance a esté quelquefois en estime : C'est pourquoy retourñant à mon propos, ie dy que les Republiques que ie vous ay alleguees voyans que la multitude du peuple estoit fort accreuë, trouuerent l'inuention des spectacles publics, & autres jeux pour contenter & recreer les esprits du peuple, comme nous rapporterons des jeux qui ont esté si renommez anciennement, & seront cy apres par nostre discours, auant que le S. Pin vienne pour commencer ou paracheuer les sauts en presence de nostre tres-cher Archange. Et ne faut estimer que tels spectacles ayent esté sans grandes raisons, (comme on dict) inuentez & mis en vsage, considerants que tous ne pouuoyent pas estre Theologiens, ny Orateurs, ny tous Medecins, Philosophes, ou Gouuerneurs de Prouinces : & que d'ailleurs tous n'estoyent propres à la luicte & au saut, ny à la course, ny mesmes à aucun autre exercice en particulier; d'autant que toutes les personnes ne sont pas d'vn mesme humeur, nature & complexion, & bien qu'ils fussent tels, si n'estoit-il pourtant possible qu'ils s'exerçassent tousiours à mesmes exercices, qui estoiēt plustost pour fatiguer le corps, que recreer l'esprit : & toutesfois le repos leur estant necessaire recherchoyent vn exercice & esbatement exempt de tout trauail corporel. Ils resolurent doncques auec meure consideration & iugement d'accepter, & mettre en vsage la Musique auec loüange & honneur; & le saut qui comprend en partie, comme i'ay dict, l'exercice du bal & de la dance; suyuant en ceste consideration l'honneste plaisir, & la joye commune d'vn chacun, veu qu'il ne se trouua quasi personne qui ne s'y delectast, les vns en vne sorte, les autres en vne autre, suyuant la diuerse inclination des humeurs, qui artificiellement en composoyent à leur volonté & fantasie. Que direz vous de Socrates reputé sage par l'Oracle d'Apollon, & qui se pourroit pour vn vray Martyr canoniser, si auant sa mort il eust esté seulement circoncis, lequel estant jà vieil demonstra qu'il estoit necessaire de sçauoir baler & dancer? & luy mesme pratiqua ce qu'il vouloit que les autres ensuyuissent, mettant cest art entre ses plus graues disciplines, & exalta cest exercice auec tres-grandes loüanges, croyant qu'il fut auec la generation du monde nay diuinement, & venu en euidence auec toute ancienneté de l'amour mesme. Ie ne veux pas icy oublier la graue opinion de plusieurs anciens Grecs, & autres qui ont philosophé sur l'inuention du bal & de la dance & des sauts entrecoupez qu'on y faict. Ils afferment mesmes qu'ils ont esté trouuez à l'imitation du mouuement & tour des cieux & des progrez diuers, droits & obliques, des retrogradations & diuersitez des conionctions & aspects des planettes. Toutes lesquelles choses si on vouloit considerer parfaictement, on pourroit parauanture cognoistre qu'elles sont iustement imitees & representees au bal; d'autant que la diuersité des mouuements faicts à l'opposite l'vn de l'autre par ceux qui dancent, n'est qu'vne generale imitation du diuers mouuement des cieux, & le retour qu'on faict en arriere au bal & à la dance n'est autre chose que vouloir imiter honnestement la retrogradation des planettes. Il y a plus, que les passages qui sont representez tenants vn de leurs pieds arrestez & remuants l'autre: c'est comme vne similitude des estoilles errantes, quand elles sont, suyuant les Astrologues, en leur degré. Et les voltes dont on vse en ballant, ne sont autre chose que les espies qu'on tient estre és cieux, les conionctions alternatiues qu'on faict apres vne separation proportionnee du bal & de la dance : & puis ces belles & diuerses retraictes, droictes & obliques, qu'on exerce auec tant de grace, sont les mesmes conionctions & oppositions triangulaires & quadrangulaires, voire sexangulaires qui interuiennent quasi tous les iours entre les planettes en leurs spheres celestes. Vous ne me niërez pas que ie ne me puisse seruir des histoires & authoritez, comme vous auez faict des autheurs que vous auez accommodé à vostre passion pour rendre d'autant plus contemptible le bal & la dance que vous l'auez en haine, neantmoins ie ne lairray de continuer en ma defence quelque empeschement que vous y mettiez, m'asseurant qu'en fin l'equité de ma cause me rendra absoubs de toutes les calomnies que vous pourriez proposer à l'encontre de moy.

Cos. Il faut à la parfin que ie condescende à vostre opinion, S. Ferrand, & que i'acquiesse à vos raisons pour vous faire plaisir. Ie dy doncques suyuant ce que vous auez proposé cy dessus, que le bal & la dance, selon leur nature ne sont ny
vicieux,

vicieux, ny dommageables; & suis contrainct de vous auoüer cela, preuoyant que si i'insistois d'auantage à vous contredire, que le torrent de vostre eloquence ne vint à me faire faire naufrage en pleine mer. Partāt dites maintenant ce qu'il vous plaira, vous asseurant que ie vous orray auec toute douceur & attention.

FERR. Vous m'en voulez bien faire croire, S. Cosme, disant que pour me faire plaisir, & pour ceder à mon eloquence, vous auez deliberé de ne plus poursuiure auec tant d'instance que vous faisiez. Ie voy que vous voulez entrer en quelque accord, & de moy i'en suis tres-content. Ie suis donc d'aduis que nous admettions & l'vn & l'autre exercice pour le plaisir & delectation; non seulement de ceste noble compagnie, mais aussi de tous autres qui s'y voudront exercer. Vous auez bien preueu, S. Cosme, que i'auois des raisons pour vous battre, si fortes, qu'il n'y auoit apparence quelconque que vous ne fussiez vaincu; & ces raisons estoyent des preuues certaines tirees de l'authorité, tant du vieil que du nouueau testament, auec vn grand nombre d'Autheurs Grecs & Latins, que ie voulois opposer à ceste grande loüange des sauts que vous appellez virils pour remporter & l'honneur & le prix d'auoir vaincu & surmonté vn si puissant aduersaire.

COSME. Ie ne permettray pourtant, S. Ferrand, que vous triomphiez de nostre honneur, & principalement de celuy du S. Archange; lequel comme vous sçauez fort bien, a acquis vne telle reputation, que ce me seroit vne grande honte si ie ne conseruois la bonne opinion qu'vne infinité de honnestes hommes ont, qu'il est doüé de toutes les graces, & perfections requises aux plus beaux exercices du monde.

FERR. Vos paroles me font croire que vous estes merueilleusement resolu, S. Cosme, & que vous ne craignez ny l'Afrique, ny l'Espagne: Si est-ce pourtant que ie m'apperçoy que vous auez au commencement pris plaisir à me contredire pour voir si i'auroy des raisons pour opposer à vostre eloquēce; & maintenant ie voy que ce n'estoit pas à bon escient, ains seulement pour entrer en conference de ces beaux exercices,

K

que ie ne suis d'aduis que nous laissions au iugement de ceste noble assistance, pour en resoudre & determiner côme il luy plaira, sçachant qu'il n'y a celuy de la compagnie qui n'en iuge comme sçauant, pour rendre & l'honneur & le prix à qui il appartient.

Cos. Ie seray fort ayse que de si bons iuges decident nos differends, & m'asseure que pesant les raisons & de l'vn & de l'autre, ils nous auront bien-tost mis d'accord, en deferant au S. Archange cest honneur qu'il sera tenu pour le plus grand maistre de toute la Gymnastique, & ie m'asseure tant de vous, & de l'affectiõ que vous luy portez, que vous ne luy serez point contraire. Mais tandis que nous disputons, ie m'apperçoy du Soleil qui va jà declinãt; Que si les sieurs Pin & Baptiste ne viennent bien-tost, nous perdrons l'occasion qui se presente de côtenter ceste noble compagnie que ie voy infiniment desireuse de iouyr encore du plaisir que leur a quelquefois donné le S. Archange. Vous sçauez que la Cour est sur le poinct de partir, mesmes que sa Maiesté a desir de donner iusques au chasteau de Vauiour, appartenant à monseigneur le Comte de Sancerre, situé au milieu d'vne grande forest, où se trouuent force bestes rousses, & là aller à la chasse, à laquelle il y prend vn singulier plaisir.

Ferr. Il me desplairoit fort si nous perdions vne si belle occasion, S. Cosme, pour le desir que i'ay de contenter ceste noble assistance. Mais ie ne croy pas que le Roy nostre maistre doyue si tost partir. Car ie luy entendis hier dire à table qu'il estoit deliberé de seiourner encore quatre ou cinq iours, tant il trouue beau & commode ce lieu pour le plaisir qu'il y reçoit de la chasse.

Cos. Vous me faites resiouyr de me dire si bonnes nouuelles, d'autant que ce sejour nous pourra donner le loisir & de mettre fin à nos discours, & de joüir de ce bon-heur de voir ces beaux exercices par la venuë des sieurs Pin, & Baptiste.

Ferrand. N'en doutez point; car ie le sçay d'vne Dame de ceste cour qui gouuerne du tout le cœur de nostre Roy. Parquoy pour ne perdre point temps, ie vous diray en peu de paroles, que sans me departir des belles raisons politiques tires de la Philosophie morale, ny des considerations qui sont suiuant nostre Religion Catholique, ie me suis serui de leurs arguments, & demonstrations cathegoriques pour vous respondre, & satisfaire, & vous faire voir que i'auois vn iuste subiect de defendre & le bal & la dance, puis que vous vous y opposiez si formellement: maintenant ie desire que vous sçachiez en quelle reputation ont esté de tout temps enuers les Anciens, les sauts violents que vous appellez virils, voire combien le bal & la dance ont esté prisez de ce grand Thebain Cleosante; & du depuis son honneur accreut tellement, que Apollon dans Pindare fut surnõmé le sur-sauteur: on peut encores aisément iuger de son excellence de ce qu'vn Corinthiẽ a dit que Iupiter mesmes s'exerçoit souuent à sauter & baller en terre auec les hommes. D'auantage on met au nombre des illustres & braues sauteurs anciens vn Bulbo, comme Cratine, Callian & Zenon Candiot racontent. Qui plus est cest exercice a esté de tout temps chery & des Dieux & des hommes, & mesmes par ce grand monarque de toute l'Asie Artaxerxes, & par Theodore, suiuant le tesmoignage d'Alexandre escriuant à Philoxene qui fut aussi vn excellent sauteur. Berose escrit q̃ l'exercice de sauter a esté en vsage auant le deluge; d'autãt que les Geans mesmes sautoyent dés ce temps là en la ville d'Enos, appellee par les modernes Caïn, pource que Caïn l'edifia proche de la montagne du Liban. Considerez comme l'exercice de sauter & baller est bien ancien, Nous lisons que Bacchus surmõta au saut & à la dance les Toscans, & le peuple belliqueux de Lidie, & vint cet exercice en si grand credit & estime, qu'en fin il fut reduit entre les mysteres, cõme ie vous ay dit cy dessus parlant de la Religion & doctrine des anciens Rois Toscans tant prisez & honorez de tout le monde, ausquels les Romains mesmes enuoyoyent leurs enfans pour y estre nourris, & instruicts. Virgile nous en raconte la verité, & Homere voulant donner vne singuliere loüange à Merion, qui estoit d'ailleurs vn fort vaillant Capitaine, l'appelle sauteur, voulant signifier que moyennant l'exercice de sauter en plusieurs façons, il estoit deuenu tant agile de sa personne, qu'il surmontoit tous ceux de son temps aux combats tant en force qu'en dexterité:

K ij

car la disposition qu'il auoit acquise en cest exercice estoit si grande qu'il euitoit & paroit les coups mortels des sagettes qui luy estoient iettees par ses ennemis, & sembloit plustost voler que sauter. Neoptolemus fils d'Achilles fut si excellent sauteur, que s'estant long temps exercé en cest art, il inuenta vne façon de sauter, qu'on appelle auiourd'huy la Moresque, auquel son pere prit si grand plaisir, à ce qu'on dit, qu'il l'estima inuincible, tant pour sa valeur, que pour sa dexterité. Et faut croire que l'opinion qu'auoyent conceuë les Barbares de la force & agilité de Prothee, ne venoit d'autre chose que de s'estre fort exercé à sauter, & y auoir fait tel profit qu'il pouuoit imiter diuerses formes, & mouuements, comme la promptitude & vehemēce du feu, la cruauté du Liō, l'agilité des Chats, l'impetuosité & dexterité des Leopards; de sorte que le peuple estimoit qu'il y eust en luy quelque diuinité ou enchantement, pour se transformer ainsi en plusieurs & diuerses formes; comme nous voyons encores auiourd'huy que plusieurs sauts retiennent les noms de ces transformations allegoricques, comme le saut du Chat, du Singe, & du Liō, les glissemēts des poissons, & tels autres embellis & enrichis par les Anciens d'vne infinité de gentilles fables, qu'ils ont attribuees aux miracles selon leur coustume; ce qui nous sert d'exemple assez manifeste, comme aussi ce qui est aduenu à Empuse excellente saltarine, appellee magicienne, pour ce que par son agilité elle se transformoit en toutes sortes de formes & figures cōme Prothee. Hesiode au commencement de ses vers voulant loüer les Muses, escrit qu'elles sautent & ballent souuent entre-elles de fort bonne grace. Tout ce que les hommes font, ils le font à quelque fin, ou pour y auoir plaisir, ou en receuoir honneur, ou pour en tirer quelque proffit & commodité. Et c'est cela qui les attire, & les pousse à entreprendre. Il ne faut point douter que l'art & exercice tant du saut, que du bal & de la dance, selon la qualité & diuerse complexion de ceux qui en ont anciennement fait profession, n'aye esté vn honnorable tiltre de noblesse & de vertu, principalement de ceux qui y ont excellé & qui se sont acquis par ce moyen tout l'honneur, le plaisir, & le profit qu'ils pouuoyent desirer & esperer d'vn si bel exercice. Il n'est jà besoin de representer icy combien sont plaisants & agreables les sauts, le bal & la dance, veu que tous ceux qui sçauent que c'est, dient que c'est le mesme plaisir. Ne sçauez vous pas que du temps de l'Empereur Neron il y eut vn excellent sauteur & braue baladin, lequel entendant que Demetrius n'aimoit pas vn tel exercice, delibera de s'approcher de luy auec resolution de le faire changer d'aduis, par les beaux effects qui accompagneroyent ses raisons : Il le pria doncques que pour luy leuer ceste mauuaise opinion qu'il auoit conceuë du saut, du bal & de la dance, il luy permist qu'en sa presence il sautast, ballast, & dançast, ce qu'il feroit auec telle grace & dexterité qu'il s'asseuroit de le contenter. Ce que luy ayant esté accordé par Demetrius, il se presenta auec vne si belle disposition & bonne grace, qu'il se rendit tres-agreable non seulemẽt à Demetrius, mais aussi à toute l'assistance, & fit si bien que chacun l'eut en admiration, & ce d'autant qu'il ne s'estoit point seruy des moyens ordinaires pour delecter & contenter les yeux, mais par vne agilité, & grande dexterité de son art surmonta toutes les difficultez que l'on pouuoit proposer. Parquoy Demetrius ayant pris vn singulier plaisir à voir si bien sauter & dancer, rauy & estonné d'vne si grande disposition, artifice & viuacité de cest excellent baladin, dit & protesta qu'il se repentoit de n'auoir plustost employé le temps à vn si beau & si digne exercice : Et là estant present vn Ambassadeur du Royaume de Pont venu à l'Empereur Neron pour chose de tres-grande importance ; aduint que cest Ambassadeur estant depesché pour s'en retourner, l'Empereur luy offrant vn don tel qu'il luy plairoit demãder, dit, Ie ne requiers autre chose de vostre Majesté, que ce balladin, que ie prise & estime plus que toute autre chose du monde, vous suppliant tres-humblement le me vouloir donner. Ce que l'Empereur luy accorda tres-volontiers. I'adiousteray qu'en Antioche les plus excellents & ingenieux personnages preferoyent l'estude du saut, du bal, & de la dance à tout autre exercice quel qu'il fust ; qui nous fait iuger qu'il estoit entre tous ceux de la Gymnastique tres-recommandable.

Cos. Ie vous veux enfin conceder qu'à bon droit vous

auez fouftenu & defendu ces beaux exercices, & lefquels ie recognoy maintenant que vous auez dignement exaltez, comme eftants non feulement agreables, mais auffi profitables à la fanté & difpofition du corps. Mais ie me fouuien que vous auez cy deffus propofé trois fins, où tendent ordinairement les hommes en toutes leurs actions; à fçauoir, l'honneur, le plaifir, & le proffit; & neantmoins ie trouue que les hômes font beaucoup de chofes qui ne regardent pas toufiours vne de ces trois fins; & pour exemple, ie vous mettray en ieu l'exercice de la guerre, que nous ne defirons, ny ne recherchons volontiers: toutesfois quand nous fommes contraints d'y aller, foit pour noftre conferuation, ou des noftres, ou bien fouuent pour autruy, nous difons lors que c'eft la neceffité qui nous y conduit, & encore cefte neceffité feroit à rechercher, fi apres vne longue guerre nous pouuions en fin joüir de quelque paix, pour donner treue à nos miferes: mais nous experimentons tous les iours le contraire à nos defpens; Tellement que nous pouuons dire auec verité, que c'eft pluftoft vne neceffité contrainte & forcee qui nous y traine à regret, qu'vne bonne volonté qui nous y meine & conduit, fans proffit & plaifir.

FERR. Ie ne veux pas pour refpondre à ce propos vous dire tout ce que ie pourrois bien: mais pluftoft ie veux fuppofer qu'ainfi foit; il me fouuient pourtant que vous auez cy-deuant propofé l'exemple de la guerre, & par iceluy voulu infirmer l'exercice du bal & de la dance, difant qu'il n'auoit non plus que la guerre, l'honneur, le plaifir, ny le proffit en recommandation; & infiftant fur ceft exemple, vous foufteniez qu'il feroit impoffible qu'vn foldat ballant & dançant peuft triompher de fon ennemy: mais ie vous veux tout à cefte heure faire aduoüer le côtraire. Il n'y a perfonne qui ne confeffe que l'exercice eft celuy qui rend les hommes mieux difpofez, plus forts & vigoureux pour l'execution de leurs charges; Or eft-il que l'exercice du bal & de la dance eft fort propre à cela; il s'enfuit donc par les raifons precedentes, qu'il eft vtile & neceffaire & à la paix & à la guerre. Et ne faut pour cela inferer, fuyuant l'opinion de Ciceron, que quelqu'vn n'ayant autre chofe à faire, fe mette à dancer des le matin, & y employe toute la iournee:

mais cela se faict aux heures de loisir & de repos, pour estre mieux disposé par apres à l'exercice ordinaire du trauail, & ainsi en vsent les hommes d'esprit & de iugement en temps oportun : D'où l'on peut iuger que Ciceron n'a point blasmé cest exercice, mais bien le peu de discretion & consideration de ceux qui en abusoyent, comme font auiourd'huy vne infinité de folastres, lesquels perdent miserablement & le temps & l'argent de leurs parents, se consumants en des frais inutiles, pour se plonger en toutes sortes de plaisirs & de voluptez. Or d'autāt que ceste noble compagnie auroit paraduenture agreable de sçauoir comment non seulement le saut, mais aussi le bal & la dance, que vous auez tant recommandez, peuuent seruir à la guerre, & rendre les soldats plus lestes & dispos pour affronter leur ennemy, ie vous veux alleguer quelques exemples qui soyent dignes de foy, pour vous faire d'autant mieux cognoistre que ces exercices ne sont pas seulement propres en temps de paix, mais aussi vtiles & necessaires à la guerre. Polygene, homme de grande authorité, raconte en son second liure des exercices, que l'experience reïteree auoit enseigné aux vaillāts capitaines de la race des Eraclites, que la victoire estoit tousiours de leur costé lors que suyuant la proportion mesuree du bal & de la dance, les soldats à la cadence du son se preparoyent auec vn tel ordre à donner la bataille, & ceste belle disposition donnoit tellement l'espouuante aux ennemis, qu'ils s'en retournoyent victorieux ; si bien que l'Oracle d'Apollon fit ceste mesme responce parlant de Prode & de Temene, à l'encontre des Euristides qui tenoyent Sparte assiegee. Les Laconiens & Spartiates, suyuant l'authorité de Plutarque, ne cōmençoyent iamais la bataille, sinon qu'en ballant & dançant, imitants la consonance & mesure des flustes. Il adiouste que les Lacedemoniens reputez selon l'opinion de Lycurgue, fort sages & aduisez, se seruoyent d'vne dance qu'ils appelloyent *Thicoria saltatio*, laquelle estoit composee de vieillards, lesquels en dançant chantoyent & disoyent, En nostre jeunesse nous auons esté vaillants & valeureux, & les jeunes respondoyent, nous le serons à l'aduenir auec vn courage inuincible : & dés maintenant il nous en faut faire preuue, afin que nos ennemis cognoissent que nostre jeune valeur ne cede en rien à l'experience de nos villards.

Cos. Ie ne veux plus trauailler ma memoire en la recherche de tels exemples que l'on trouue és histoires : Mais dictes moy ie vous prie, S. Ferrand, pourquoy en la seconde espece de la diuision Gymnastique, (vous seruant de l'antiquité) auez vous faict le saut, le bal & la dance, dont on vse en l'Europe, sans mine, actes, ny gestes, mesme entre les Chrestiens? veu que du temps des Grecs & des Romains, on ne tenoit point que telles dances eussent esté en vsage; & encores qu'il s'en trouue auiourd'huy de differentes façons, toutesfois si sont elles toutes accompagnees de quelques gestes, mines & contenance, autrement elles seroyent sans grace & sans plaisir. Or ces gestes s'exprimoyent & demonstroyent, à fin de representer la chose auec vne certaine mesure & cadence reiglee, pour en estre plus agreable, à la façon presque des Matassins, ou des Curetes Coribantes, Prestres sacrez à la Deesse Cibele. Mais d'autant que vous auez dict cy-dessus que de ces beaux exercices estoyent sortis des miracles, ie vous supplie le nous declarer par exemples, afin de nous confirmer d'auantage en nostre opinion.

Ferr. Encore que i'entreprenne vn grand trauail en voulant continuër vn tel discours, si est-ce que pour vous contenter, ie mettray toute peine de satisfaire à vostre desir, non tant pour monstrer ce que ie sçay dire en telles matieres, que pour vous obeyr. I'allegueray icy l'authorité de Socrates, pour prouuer que le saut, le bal & la dâce sont de fort bons moyens pour preparer & disposer les hommes à l'exercice de la guerre; mesmes qu'on lit en plusieurs Autheurs anciens qu'il y auoit certaines dances qu'on appelloit *Militaires*, d'autant qu'elles disposoyent les hommes à l'exercice de la guerre. Et à ce propos, le saut *Pyrrichien*, & bal *Castorien* nous seruiront d'exemples, où les hommes dançoyent & sautoyent armez. Ce grand Iules Cæsar Scaliger, non moins docte que vaillant, a plusieurs fois de nostre temps sauté & balé armé, en presence de l'Empereur Maximilian; ce qu'il faisoit auec telle dexterité, disposition & bône grace, que cest Empereur l'auoit en admiration,

&

& disoit le voyant encores fort ieune, nostre Cæsar, eu esgard à son aage, n'acquit ou auec la cuirasse sur le dos, ou bien a esté nourry & esleué dans des habillemens de fer.

Cos. Il est certain que de nostre ville de Verone, d'où est nay nostre Scaliger, sont sortis plusieurs vaillãts & vertueux personnages, tant pour la guerre, que pour les lettres.

Ferr. Sans doute il est ainsi : mais reuenant à ce que ie vous dois respondre touchant nos exercices, ie dis que vous deuez tenir pour chose tres-certaine & veritable, que la pratique & l'vsage des pieds a esté premier que celuy des mains; & partant, comme vous auez fort bien remarqué au commencement de vos discours, l'exercice de sauter & celuy de cheminer a tousiours esté pratiqué d'vn chacun indifferemment, & pris aussi pour mesme & semblable chose, comme asseure Athenee en son quatorziesme liure, disant que le mouuemẽt des pieds a esté trouué auant celuy des mains, & à ce propos il vient à parler de la diuersité des sauts. Parquoy ie diray auec Scaliger, qu'encore que le saut & la luicte soyent tres-anciens exercices, si est-ce que le bal & la dance ne le sont pas moins, veu que de tout temps entre les premieres chansons de l'Art pastoral, que l'on trouue auoir esté le premier de tous les autres, ils furent par les anciens Pasteurs, mis en vsage pour le plaisir & recreation de la vie rustique; & par consequent que l'art de faire mille gestes auec les mains, le masque, ou visage descouuert, ne fut trouué sinon fort tard, dont ie veux inferer & prouuer que le bal & la dance, dont nous auons accoustumé d'vser sans faire aucuns gestes, se pratiquoit ainsi des anciens long temps auant tout autre exercice; bien que depuis, l'inuention des hommes aye adiousté à la disposition naturelle quelques artifices & embellissements pour donner d'auantage de plaisir; ce que nous pouuons voir dans vne infinité de bons Autheurs, cõme Homere, Platon, Aristote, Xenophõ, Strabo, Plutarque, Galien, Iulius Pollux, Lucian, & Athenee, lesquels & principalement le dernier, racomptent l'art & l'inuention de plusieurs & diuers sauts, & tels que nostre Archange les met auiourd'huy en pratique, auec vne telle force & disposition, que chacun l'a en admiration, ayant par sa dexterité, promptitude

L

& viuacité, comme refufcité ces beaux exercices, ne voulant que des threfors fi rares & excellents de l'antiquité fuffent enfeuelis & mis en oubly par vn morne filence. Or ie n'eftimerois pas auoir affez dignement recommandé le faut, le bal & la dāce, fi ie n'en faifois vne diftinction fondee & accompagnee de la couftume & authorité des Anciens, puis que c'eft vne chofe euidente que le bal & la dance qu'on faict fans geftes & mines, eft vne certaine efpece feparee des autres; & que ceft exercice a efté peu à peu reçeu & confirmé par les fiecles fuyuans pour feruir d'honnefte recreation & de plaifir à toutes fortes de perfonnes. Et quant au recit des miracles qu'ont produict ces beaux exercices, que vous defirez que ie vous reprefente pour contenter cefte noble compagnie, ie ne doute point que l'on ne die & prouue par raifons que ce ne font que chofes naturelles qui fe peuuent comprendre, n'y ayant rien d'extraordinaire pour faire iuger que ce foyent des miracles: Ie vous veux toutesfois aduertir que ie n'entends pas parler de ces miracles qui font fur les forces de nature ordinaire, mais feulement qui font rares, furpaffants le commun iugement & entendement des hommes; & bien que la caufe en foit naturelle, fi eft-ce que bien peu la cognoiffent pour iuger comme il faut des euenements d'icelle. Ne vous femble il point vn miracle ce que ce grand perfonnage Iean Baptifte Ramnufio raconte d'vne ville en Afrique, qu'on nomme Vmenguinat, laquelle fut deftruite & ruinee par les Arabes, & laquelle eft fort proche du mont Athlas, où il faut que ceux qui veulent paffer par vne iffuë, ou montagnette, qui luy eft d'vn cofté fort proche, y paffent dançant, autrement la fiebure leur viendroit. Ce qu'on a veu aduenir à plufieurs perfonnes, ainfi que l'hiftoire le recite.

Cos. Mais pourquoy n'adiouftez vous que l'apoftille en marge eft vne vraye fuperftition.

Ferr. Ie le vous aurois dit fi vous ne vous fuffiez tant hafté; Mais fi tout ce qui vous femble eftre fuperftition eftoit faux (d'autant que nous n'en pouuons fouuentesfois trouuer la caufe) combien y auroit-il de chofes fauffes? Mais foit comme l'on voudra, que me direz vous de ces maladies qui fe peuuent guarir feulement en dançant, ou en balant? C'eft chofe certaine & ne la pouuez nier, que les perfonnes qui font mordus de la Tarentole, felon l'impreffion differente de ce poifon & venin, rient inceffamment, les autres pleurent, les autres tremblent; aucuns eftans infenfez deuiennent furieux & enragez: mais fi toft qu'ils commencent à entendre le fon de la mufique, & fes armonieux inftruments, ils fe mettent à dancer & fauter, de forte qu'ils fe trouuent en fin gueris & deliurez de ce mal qui les preffe. Il fe lit dans Amatus Lufitanus excellent Philofophe & Medecin, qu'il a veu par experience au pays de la Pouïlle, fubiect au Royaume de Naples, infinies perfonnes qui auoyent efté morduës & picquees, iufques à deuenir enragees, de certains animaux venimeux, qui naiffent comme petits vers en ce païs là, auoir efté guaris par le moyen de la mufique qui les excitoit à dancer, & telle dance leur feruir de vraye & affeuree medecine. Theophrafte auffi fort graue & ancien Autheur affeure auec plus long difcours la mefme chofe; concluant enfin que les perfonnes picquees ou morduës des Phalāges, & autres tels Animaux venimeux, font guairies par le remede du fon armonieux de la dance & du bal. L'incomparable Homere dit que le faut fait auec mefure conforme au temps proportionné des cadences de mufique, eft pluftoft vn vray don, & grace des Cieux, que de la terre, don digne de l'homme, & non d'autre animal qui eft entre tous les animaux viuants, (comme dit Trifmegifte) vn Dieu, mais mortel.

    Cos. Ie ne veux nier que les effects qu'auez racontez ne foyent dignes d'admiration, mais vous fçauez que leur caufe naturelle procede de la vertu & force de l'exercice que font en dançant les malades, qui fait qu'ils font plus forts & gaillards à refifter & chaffer plus aifément hors de leur corps le venin de la maladie par le moyen de la fueur & vomiffement, & autres tels actes naturels, dont ils viennent à defcharger l'humeur melancolicq' & veneneux; Ce qui n'aduiendroit fi la nature n'eftoit fecouruë de ceft exercice, qui eft l'vne des principales parties qu'ayent les plus excellents Medecins en finguliere recommandation, felon l'art & doctrine d'Hippocrates, de Galien & Auicenne; eftant la nature excitee à faire ceft

L ij

LE I. DIALOGVE

effect que vous nous auez quasi en dançant allegué.

FERR. Ie me resiouys puis que parlant en vray Philosophe, vous auez en disputant fait soubsrire ces Seigneurs, en disant que ie vous aye allegué ces susdits exemples quasi en daçant; encore que ceste interpretation se puisse prendre en forme d'equiuoque. Il me suffit pourtant vous auoir fait cognoistre que ie puis estre employé à defendre quelque chose de plus grande importance ; & si ie ne me trompe, il me semble n'auoir assez satisfait à ce que i'auois proposé ; puisque suyuant ma diuision, ie n'ay pas declaré quelle est la quatriesme espece de sauter & baller, laquelle pour estre la derniere (& pour nous estre extrauaguez ailleurs) a esté aucunement oubliee.

COS. Mais plustost par vous, que par moy: Car quant à moy ie vous en aurois fait souuenir; seulement pour voir entierement la forme de vostre defence: & ne pensez que ie me mocque comme vous dites ordinairement; Car tenez pour tout asseuré que qui sçaura bien defendre & gaigner vn procez mal fondé; que celuy-là, dy-je, sera beaucoup plus prisé & admiré, que qui le gaignera ayant le droict & l'equité de son costé.

FERR. Ie vous remercie de la louange que me donnez sans qu'elle m'appartienne: Mais pour cela ne veux-je laisser, (encore que ie ne sois de vostre opinion) de disposer tellemēt vostre inuentiō, pour en partie satisfaire à l'authorité de quelques grands personnages ; mesmement de quelques Theologiens; qui ont escrit directement contre ces exercices que vous venez tout maintenant de loüanger en vostre discours de la Gymnastique, qui a tel poix, & authorité en vostre endroict, que vous voudriez volontiers qu'on la remit en ces nouueaux siecles parmy tous les Estats & Republiques, en bannissant toutes sortes de bal & de dances, sans mesmes en excepter vne seule. Que si cela est ainsi, vous aurez affaire à forte partie, comme à Tertullian, à S. Augustin, à S. Hierosme, & autres infinis Theologiens & sainctz personnages, voire à de tref-doctes modernes, qui tous ont escrit contre la plus grande partie de vos exercices Gymnastiques : Et par viue force de raison ils ont prouué, fuyuant noftre foy & religion Chreftienne, qu'ils font dignes d'eftre entierement bannis, pour eftre l'occafion de tout mal, & la feule caufe de la damnation d'infinité d'ames. D'auātage vous aurez à partie ce grād Medecin Galien, lequel d'vne cholere incroyable, non feulement blafme, mais auffi iniurie plufieurs exercices, & particulierement les Gymnaftiques, & par fus tous celuy des fauteurs, les appellāts lourdaux, poltrōs, endormis, maladifs; tiltres à la verité tous contraires à la difpofition & force que vous auez prouué proceder de la Gymnaftique. Mais quelle refponce ferez vous à Euripide, à Hippocrate & à Platon qui en difent prefque autant; que refpondrez vous à Plutarque, qui compare les fauteurs, luicteurs & autres maiftres des exercices qui fe practiquoyent à la Paleftre, & à leurs colleges, aux rochers, aux cailloux, aux pilliers, & aux poultres de leurs efcholes? Adiouftant d'auantage que rien autre n'a introduict en Grece la lafcheté, & coüardife de courage d'entre les hommes, & par confequent la feruitude vniuerfelle de tous, que le feul curieux exercice de fauter, lequel auoit rendu le cœur & le corps des Grecs fi lafches, & fi mols, qu'il n'y auoit celuy d'entre-eux qui ne fe glorifiaft d'eftre pluftoft vn grand fauteur, qu'vn braue & vaillant foldat.

Cos. Maintenant fuis-je certain que le iour nous defaudra, fans que nous ayons ouy aucune chofe de ce que nous auons fur tout tant defiré, puis qu'il me faut pour defendre le droict & la caufe de la profeffion des fauteurs (comme fi mon honneur y eftoit engagé) donner l'interpretation de toutes vos authoritez alleguees, & fuiuant le vray fens des autheurs qui les ont efcrites. Et encor que le S. Baptifte, & le S. Pin arriuaffent tout prefentement, fi feroit-il impoffible, pour le peu de iour qui nous refte, les pouuoir auiourd'huy ouïr difcourir; puis que le garçon a refpōdu qu'il les eftoit allé chercher tous deux pour les faire icy venir.

Ferr. Vous allez toufiours cherchant l'occafion de fuir l'entreprife de laquelle encores q̄ cōme vous dites l'honneur vous appartienne, vous l'abandonneriez toutesfois volōtiers fi ie le voulois permettre: Mais, que diroit noftre S. Archange,

LE I. DIALOGVE

si en presence de tant de Seigneurs il se voyoit abandonné de vous, sans aucune bonne defense telle que requiert la vertu, qualité & merite du tres-ancien art de sauter? Et puis que vous l'auez auiourd'huy tant loüé, ie ne vois nulle apparence que puissiez sans deshonneur permettre (ou en vous taisant, ou n'y respondant point) qu'autre le blasme & en die du mal. Le seruiteur a dit que les sieurs Baptiste, & Pin deuoyent venir apres luy : Mais sur ma foy les voicy venir à grands pas.

Cos. Que vous dit le S. Archange? A-il parauenture pœur que ie ne sois bastant pour le bien defendre contre vos obiections, & son art & sa profession encore?

Fer. Au contraire, il m'a prié de ne vous forcer à discourir d'auantage, si vous ne l'auez agreable; veu qu'il s'est apperceu que n'en auiez pas grand desir, & que toute la compagnie n'en seroit beaucoup contente, mesmes selon mon iugement le S. Tetti; toutesfois voyons ce que nous voudra dire le S. Pin, qui est arriué à si grand haste.

Pin. D'autant que ie n'ay peu mettre si tost en ordre toutes les choses necessaires pour les sauts du S. Archange, qu'il plaist à sa Maiesté voir sauter apres souper, il vous plaira Messieurs pardonner, si i'ay tant tardé à venir.

Ferr. Sur mon Dieu ie m'en resiouys, plus que si auiourd'huy i'auois gaigné mon procés. Et à tout le moins si ces Messieurs n'ont peu ouyr ny vous, ny le S. Pin, sur les discours que ie suis asseuré que vous ferez demain; du moins verront-ils sauter en presence du Roy le personnage duquel ils se sont tant esmerueillez; ne pouuans croire qu'il puisse, (suyuant l'apparence humaine) passer & tourner en l'air tout son corps par le milieu de dix cercles, qui sont distans les vns des autres d'vn grand pied & demy, & esleuez en l'air tant que huict personnes se peuuent hausser.

Pin. A propos, ce qui m'a faict tant tarder, ç'ont esté ses cercles, car s'en estant rompus quelques vns par la faute du seruiteur, il nous a fallu les refaire; si bien que les sieges, les bancs, les tables, le trespié, le marchepié, le sac, & bref tous les outils necessaires pour sauter sont maintenant tous prests &

mis en ordre comme il les faut.

Cos. Il me semble à vous ouyr parler que i'oy dire par ordre tous les meubles d'vne maison ; & que le S. Archange menaçant son seruiteur luy aye dict milles iniures. Mais dictes moy ie vous prie, tous ces preparatifs sont-ils necessaires pour sauter?

Pino. Pardonnez moy, Monsieur, ils seruent à plusieurs autres choses, comme la table, pour y manger dessus, les sieges, le trespié & le banc pour s'asseoir.

Cos. Sur mon Dieu sa belle & prompte responsse faict qu'il a raison.

Ferr. Que vous en semble : pour certain il se souuient des equiuoques vsitez en Logique. Mais si vous voulez rire tāt soit peu adioustez ceste-cy. Comme le seruiteur d'Archange voulut faire venir en ce iardin les habilles sauteurs, il leur dict que le Roy auec grande compagnie parloit auec Archange son maistre, & que sans doute sa Maiesté le vouloit voir sauter apres souper. Accordez ces fluttes ie vous prie. Comme s'il n'eust pas esté beaucoup meilleur à voir de iour la beauté de tant d'extrauagants sauts. Et quant à ce que vous auez demandé au Pin, sa responce est excusable. Car quand vous eustes parlé, cela luy fit penser le contraire de ce que vous pensiez, qui estoit de sçauoir si tous ces preparatifs de tables, de bancs, & autres estoyent conuenables pour le seruice de tant de sauts, ausquels le S. Archange se vouloit exercer pour donner passetemps & plaisir à sadite Maiesté.

Cos. Ie ne m'esbahis pas s'il n'a pas entendu mon dire, pour ne sçauoir bien parler François. Mais que diriez vous d'vne plaisante responsse que feit vn autre seruiteur à son maistre, qui estant fors malade au lict, & ayant esté trouuer le Medecin auec l'vrine de son maistre, & luy ayant fait entendre sa mauuaise disposition ; le Medecin ayant consideré la couleur, & le temperament de l'vrine de sondit maistre, dit au varlet, retourne-tan à ton maistre, & luy dy que demain ie l'iray voir ; qu'il faudra qu'il se face purger & seigner, & qu'il ne s'abuse pas, car il est remply de fort mauuaises humeurs ; & si bien-tost on n'y remedie, il est en danger de deuenir hydropique, & semblable à vn ethique & oppilé. Le feruiteur vient, & dit à fon maiftre, monfieur, le Medecin m'a donné charge de vous dire, que demain il vous viendroit voir, & qu'à la verité vous eftes plein de mauuaifes humeurs, & en danger de deuenir hypocrite, voire heretique comme Pilate, fi bien-toft vous n'y faifiez remedier. Le conte à la verité auroit plus de grace en Italien, d'où il eft tiré qu'en autre langue; mais quoy que ce foit, on en peut rire.

FERR. En effect, ces fottes refponfes, fi elles ne font faites bien à point, au moins font-elles plaifantes & facecieufes. Mais pour reuenir à noftre propos, ie ferois bien aife de vous ouyr difcourir fur la refponce que vous voulez faire aux authoritez qu'auez cy deffus alleguees, bien qu'elles foient contre voftre opinion.

Cos. Vous voulez doncques felon que ie voy, que nous n'entendions aucune chofe du S. Baptifte, & de M. Pin, touchant la perfection des fauts, ce qui feroit faire tort à noftre Archange, qui les a fait venir icy à cefte occafion.

FERR. Parce que l'heure du fouper approche, il ne feroit pas poffible que ny M. Baptifte, ny M. Pin peuffent parler amplement des difcours que nous tous defirons ouyr, pour bien entendre l'art & maniere qu'il faudroit obferuer, fuyuant leur intention pour deuenir parfait faltarin, voire auec telle agilité & difpofition qui fe voit en Archange. Partant s'il plaift à la compagnie, ie ferois d'aduis que nous miffions fin aux difcours qu'auons encommencez, defquels il nous en refte fort peu à dire; & que nous remiffions à demain la partie; à celle fin de mieux voir & comprendre à noftre aife ce que les gentils faltarins ont enuie de nous monftrer non moins par viues raifons, que par les effects mefmes.

PIN. A ce-que ie vois M. Baptifte & moy auons efté mal inftruicts de ce lourdaut de varlet; car contre noftre opinion vous nous auez fait venir pour difcourir de l'art & exercice de bien fauter; chofe impoffible à faire (comme a dit le S. Ferrand) car eftant jà tard, nous n'en pourrions difcourir fuffifamment, veu le long temps qu'il faut confommer à vous faire voir la forme & l'acte de quelques fauts; ce qui ne fe peut faire fans

que

que quelqu'vn de nous les face en effect pour en monstrer la practique & l'vsage, afin de les mieux entēdre. Parquoy ie vous prie nous vouloir excuser pour le reste de ce iour, & pardonner à la sottise de vostre varlet, lequel nous a dit tout autremēt que ne luy auiez enchargé.

FERR. Et vous S. Cosme qu'en dites vous?

Cos. Ie m'en remets à ce que la noble assistance voudra; puis que tous ensemble auec le S. Tetti, s'y sont accordez.

FERR. Vous voyez qu'ils vous prient demain à disner en ce mesme lieu si beau & plaisant, en esperance d'ouyr vos doctes discours, pour la defence de l'art, & exercice de la Gymnastique.

Cos. Et puis qu'il plaist à la compagnie ie vous le promets, pourueu aussi qu'il vous plaise nous declarer auant que nous departir la quatriesme espece de sauter, & baller, & nous monstrer quelle elle est; car suyuant le contentement que i'ay de vos belles conceptions, ie seray mieux disposé à vous rendre content des miennes, & par ce moyen nous donnerons plus briefuement la conclusion que ceste compagnie attend de nous.

FERR. I'espere tost me deliurer de ceste derniere partie, laquelle i'entends consister en l'vsage de sauter & baller, qu'on voit auiourd'huy obseruer en plusieurs prouinces, mesmes entre personnages Plebeïens, sans obseruation des temps, proportions & mesures que les hommes ont par le moyen de l'art de Musique inuenté peu à peu, les faisant tomber en accord ensemblement, n'estant mis en doute ce qu'vn chacun sçait, & peut naturellement faire plusieurs & diuers sauts sans aucun aide, ny obseruation des reigles, & proportions, ou preceptes de l'art, comme l'on peut dire du bal & de la dance; & ceste est la plus ancienne espece de sauter & baller, & par consequent la premiere, bien que non sans propos i'en aye discouru apres les autres.

Cos. Certes il falloit mettre ceste-cy au premier rang, & non au dernier, veu que c'est la plus ancienne : Mais ie viens

M

maintenant à comprendre l'artifice de voftre intention, ayant dit que non fans propos vous l'auez ainfi fait, parauenture pour ce qu'elle peut eftre en commun & la premiere & la derniere, puis qu'il eft certain qui fautent, dancent & ballent fans aucune iufte mefure, ny obferuation du temps, & fans art, font en beaucoup plus grand nombre, que ceux qui obferuent exactement les reigles & mefures, les proportions & autres preceptes de l'art, & ainfi fe delectēt de baller & de dancer; ce qui eft feulement propre aux animaux raifonnables, veu que la difpofition de fauter eft auffi commune à tous les autres animaux.

FERR. Ce que vous dites eft tref-certain; toutesfois ie l'ay fait auffi d'autant qu'il eftoit neceffaire d'efclaircir premierement toutes vos raifons precedentes, pour n'auoir peu reuoquer en doubte la fignification & proprieté du nom & verbe de ceft exercice du faut. Car puis qu'en Latin il ne fignifie vne feule action, mais plufieurs, & icelles differentes l'vne à l'autre, il falloit commencer par fa plus propre fignification, laquelle eft fuyuant ce que vous auez dit, commune au verbe *Salio, falis*: Et puis defcendre de main en main, comme i'ay fait par le moyen de voftre aide à la declaration des autres fignifications.

COSME. Il ne falloit parler de mon ayde, fi vous ne voulez d'auanture appeller aide, la contradiction dont i'ay vfé pour m'oppofer formellement à toutes vos propofitiōs. Mais pour retourner à noftre propros, il ne faut douter que le bal & la dance (comme dit Scaliger) ne foyent naturellemēt fort anciens, puis qu'ils eftoyent defia en vfage entre les perfonnes du premier fiecle fans mufique ny chanfons: Mais qui ne fçait que depuis ce temps là tous les arts ont receu quelque accroiffement & embelliffement par les hommes, & les chofes naturelles ont commencé peu à peu à eftre polies & reglees. I'ay dit les chofes naturelles, pource que l'art de foy ne peut eftre ny monftrer fes effects finon par le moyen de la nature. Pour exēple, l'art du faut, du bal & de la dance feroit nul, fi le mouuement qui eft vn effect naturel en nous, ne s'y trouuoit pour exercer ſes functions, comme vn moyen infallible pour pouuoir courir ou ſauter; meſmes que bien ſouuent nous n'y pouuons pas plus auec art, que ſans art : mais l'art a eſté adiouſté pour diſpoſer, & reigler le mouuement de noſtre corps auec quelque grace plus grande que celle que nous miniſtre la nature.

FERR. Puis que nous ſommes venus à parler de l'art, diſcourons en ie vous prie amplement, & y apportons tout ce que nous auons & d'art & d'induſtrie; Car il y a long temps que ie deſire ſçauoir que c'eſt qu'art, ſcience & practique, ſuyuant la vraye cognoiſſance de leur premiere ſignification, laquelle encore qu'il ſemble qu'elle ſoit aſſez commune, & que on s'en ſerue, & en parle à tout propos; ſi eſt-ce touteſfois que l'experience m'a appris, qu'il y en a fort peu qui en ſçachent vſer comme il appartient & en parolles, & en actions, pour tirer vne concluſion certaine & aſſeuree de toutes choſes, ſuyuant les diuerſes queſtions qui ſont ſouuent agitees & miſes en controuerſe d'vne part & d'autre.

COS. Ie veux premierement defendre l'art & l'exercice du ſaut auec toute la Gymnaſtique contre le blaſme des authoritez que vous auez cy deuant alleguees, & puis s'il nous reſte du temps, nous parlerons de l'art en general, de la ſcience, & de la practique, & en dirons ce que nous en ſçauons, pour auoir cognoiſſance de leur propre & vraye ſignification. Ce que ie deſire autant que vous pour l'amour de ceſte noble compagnie qui eſt icy preſente, laquelle deſire fort de voir ſauter, & d'en ouyr diſcourir, afin de ſe rendre plus ſçauãte & en la theorique, & en la practique du ſaut. Or pour reſpondre aux authoritez des ſaincts Peres, & autres Theologiens anciens & modernes que vous auez propoſees, ie dy que l'on ne trouuera iamais dans leurs eſcrits, que leur intention ſoit telle, que ſiniſtrement vous auez voulu accommoder leur interpretation à voſtre ſens, & tirer les paſſages de l'Eſcriture par les cheueux; D'autant que s'ils ont blaſmé l'exces & l'abus qui ſe commettoit en l'exercice des gladiateurs pour les grandes deſpences, outre les cruautez barbares qui s'y exerçoyent & practiquoiẽt,

M ij

maintenant à comprendre l'artifice de voſtre intention, ayant dit que non ſans propos vous l'auez ainſi fait, parauēture pour ce qu'elle peut eſtre en commun & la premiere & la derniere, puis qu'il eſt certain qui ſautent, dancent & ballent ſans aucune iuſte meſure, ny obſeruation du temps, & ſans art, ſont en beaucoup plus grand nombre, que ceux qui obſeruent exactement les reigles & meſures, les proportions & autres preceptes de l'art, & ainſi ſe delectēt de baller & de dancer; ce qui eſt ſeulement propre aux animaux raiſonnables, veu que la diſpoſition de ſauter eſt auſſi commune à tous les autres animaux.

FERR. Ce que vous dites eſt tref-certain; toutesfois ie l'ay fait auſſi d'autant qu'il eſtoit neceſſaire d'eſclaircir premierement toutes vos raiſons precedentes, pour n'auoir peu reuoquer en doubte la ſignification & proprieté du nom & verbe de ceſt exercice du ſaut. Car puis qu'en Latin il ne ſignifie vne ſeule action, mais pluſieurs, & icelles differentes l'vne à l'autre, il falloit commencer par ſa plus propre ſignification, laquelle eſt ſuyuant ce que vous auez dit, commune au verbe *Salio, ſalis*: Et puis deſcendre de main en main, comme i'ay fait par le moyen de voſtre aide à la declaration des autres ſignifications.

COSME. Il ne falloit parler de mon ayde, ſi vous ne voulez d'auanture appeler aide, la contradiction dont i'ay vſé pour m'oppoſer formellement à toutes vos propoſitiōs. Mais pour retourner à noſtre propos, il ne faut douter que le bal & la dance (comme dit Scaliger) ne ſoyent naturellemēt fort anciens, puis qu'ils eſtoyent deſia en vſage entre les perſonnes du premier ſiecle ſans muſique ny chanſons: Mais qui ne ſçait que depuis ce temps là tous les arts ont receu quelque accroiſſement & embeliſſement par les hommes, & les choſes naturelles ont commencé peu à peu à eſtre polies & reglees. I'ay dit les choſes naturelles, pource que l'art de ſoy ne peut eſtre ny monſtrer ſes effects ſinon par le moyen de la nature. Pour exēple, l'art du ſaut, du bal & de la dance ſeroit nul, ſi le mouuement qui eſt vn effect naturel en nous, ne s'y trouuoit pour e-

& autres tels inconueniens qui en procedoyent. Ceste profession neantmoins estoit de ce temps là en reputation, & y en auoit vne infinité qui y prenoyent plaisir. Cela n'a rien de cōmun auec nostre Gymnastique. Qui est celuy qui ne blasmeroit tels spectacles de gladiateurs & tout leur exercice, où auec si grande despence, & qui pis est encores auec vne barbare cruauté l'on voyoit meurtrir, mourir & demeurer estropiez vne infinité de personnes, pour complaire seulement à la veuë du peuple? & toutesfois les Anciens nommerent telle Barbarie, jeux, ou spectacles publics. Mais qui n'escriroit contre tels exercices, qui ne seruent ny pour conseruer la santé, ny pour s'en ayder en guerre, ny mesmes pour s'en seruir en paix sans reprehension? Car vn chacun sçait que rien ne peut ayder, ny seruir à l'homme, qui ne soit fait auec moderation, tant de la chose que de la personne; Ce que nous voyons n'estre exercé ny practiqué en ces exercices de gladiateurs. Cōme aussi nous pouuons dire, que qui ne voudroit faire autre chose que sauter, baller & dancer, au lieu de conseruer sa santé, la perdroit, & au lieu de se trouuer fort, gaillard & dispos pour le seruice de la guerre, se trouueroit au contraire foible & debile pour l'execution d'vne telle charge. Car, suyuant la sentence d'Horace, il y a certains termes & bornes prefix, dans lesquels se faut contenir pour viure selon droict & la raison, & lesquels si nous venōs à outre-passer, nous nous fouruoyerōs du droit chemin de la verité, & du deuoir de la vertu que nous recherchons. Et partant ne se faut esbahir, ny trouuer estrange si de tout temps les doctes & saincts personnages ont escrit & parlé cōtre les vices & abus qui se commettent en toutes sortes de professions. Mais dictes moy ie vous prie, l'escrime n'est ce pas vn Art necessaire pour se sçauoir defendre contre les ennemis, & par consequent vn loüable & vertueux exercice? Et toutesfois il seroit plustost vice que vertu, si les hommes qui l'enseignent, ou qui l'apprennent, n'obseruoyent diligemment & exactement les actions qui appartiennent à la vertu. Que si Hippocras, Galien, & autres grands Medecins ont (comme vous auez allegué) si doctement escrit & parlé contre aucuns Maistres d'exercices qui eſtoyent de leur temps en la Gymnaſtique, on ne doit, ny ne peut-on de la conclure qu'ils ayent entendu parler contre tous les exercices en general. Et qui eſt celuy qui ayant diligemment leu les eſcrits des anciens Autheurs, ne ſçache que la vie des Athletes eſtoit tres-vicieuſe, digne de toute punition pour leurs mœurs corrompuës & pernicieuſes, (tant s'en faut qu'ils ne fuſſent dignes de blaſme & de reprehenſion) ayants conuerty la qualité de leur excellent & noble exercice en choſes infames, pour ſeruir à leur ambition & auarice. Depuis que l'on prefere l'vtilité à l'honneſteté, il eſt impoſſible que l'on ne ſoit entaché du vice d'auarice, qui nous faict poſtpoſer l'honneur au proffit. Or comme toutes choſes ſe corrompent auec le temps, ceſt exercice eſtoit au commencement fort priſé, comme eſtant hōneſte, loüable & vertueux; mais depuis par la malice des hommes a eſté tellement alteré, & changé, que l'vſage & la pratique en a eſté du tout peruertie, en ſorte qu'il en eſt ſorty mille deſordres & confuſions. Et ainſi en peut-on dire de tous les autres exercices. Que ſi ceſte profeſſion Athletique ſe fut maintenuë en ſa premiere dignité, ſans en abuſer, qui doute que tant le Medecin, que le Philoſophe ne l'euſſent loüee comme vn fort bon exercice, & comme ils ont faict pluſieurs autres, leſquels ils n'ont trouué auoir outre-paſſé les bornes & limites de la vertu. Tellement que (mon cher Ferrand) les ſpectacles publics, & les ieux que l'on appelle extrauagants, comme les ſuſdicts gladiateurs, & autres feſtes qui ſe faiſoient anciennement aux Theatres, Amphitheatres, & Cyrques, auec tant de deſpence, & de meurtres, introduiſants ſouuent les hommes à combatre auec les beſtes ſauuages, ſont les exercices que ces ſaincts perſonnages ont à bon droit blaſmez & condamnez. Et s'il vous ſouuient, le meſme Tertullian que vous auez allegué, parlant de pluſieurs abus qui regnoyent de ſon temps, va reprenant la ſottiſe & vanité des Gentils, qui auoyent mis au catalogue des Dieux quelques Athletes, & autres vaillants hommes és exercices Gymnaſtiques, condemnant vne telle idolatrie, digne d'vne punition exemplaire. Mais ces bons perſonnages pour cela n'ont entendu blaſmer,

LE I. DIALOGVE

ny condamner les exercices qui seruent à la conseruation de la santé, ou à combatre pour le païs en temps de guerre. Plutarque mesmes ne pensa iamais blasmer la Gymnastique, ny aucun des exercices d'icelle; mais bien la nonchalance des Grecs qui manquoyent & de sagesse & de iugement en l'vsage de leur profession, lesquels au lieu d'en bien vser, auoyent tant peruerty & corrompu. Ce qui a peut estre donné lieu aux serfs & seruitudes que nous auons encores auiourd'huy en beaucoup de lieux, plus frequentez & vsitez du temps des Grecs. Or Hippocras, ny Galien, comme ie vous ay desià dict, ny autres Philosophes & Medecins, n'ont point condamné en general les exercices, mais bien l'excez & perte du temps, la despense excessiue, & autres abus qui se commettoyent en chacune profession. Ce que nous pouuons voir aysement, & comprendre par leurs escrits, comme parauanture nous pourrons demain discourir plus amplement, & plus à propos. Et encores que l'on puisse dire que lors que Galien escriuit tant d'iniurieuses paroles contre les Athletes, ce fut au temps qu'il se trouua mal disposé, pour s'estre gasté les iointures d'vne espaule, ayant voulu faire du vaillant luicteur & sauteur auec ceux qui s'exerçoyent aux lieux Gymnastics; veu que luy mesme afferme que cela luy aduint en l'an trentiesme de son aage, & ne se faut esmerueiller si estant transporté de cholere il auoit ainsi escrit contre eux; si est-ce pourtant que les vices ne doyuent estre soustenus, & ne faut douter que ceste profession Athletique ne soit grandement descheuë de sa premiere splendeur & dignité; bien qu'anciennement elle fut si noble & illustre, que tous les Senateurs se tenoyent debout pour faire honneur aux Athletes qui entroyent au theatre pour s'exercer & combatre, suyuant l'obseruation de leurs solemnitez. Qui plus est on trouue és loix de Vlpian ces paroles escrites, Si à la luicte, ou au pancrace, ou faisant à coups de poing, & pendant le temps que l'on combat l'vn auec l'autre, il aduenoit que quelqu'vn mourust, la loy Aquilia n'y peut auoir lieu, presupposant que pour l'honneur & la vertu, & non par iniure la mort s'en soit enfuiuie. Et ne veux permettre que Platon s'en aille (comme on dit) auec les mains lauees : car nous lifons qu'il fut premierement Athlete, que Philofophe.

FERR. Ie ne veux que vous penfiez qu'on ne puiffe trouuer auffi bien quelque Loy en faueur de la dance & du bal, que de vos exercices fi dignement loüez & exaltez ; & me refiouïs fort de ce que vous auez allegué à ce propos. Sçachez doncques, S. Cofme, qu'entre les loix on trouue, que fi vn tuteur, ou curateur auoit defpenfé quelque argent pour faire apprendre à dancer à fes pupilles, qu'il luy deuoit eftre mis en compte, & rembourcement fans aucune controuerfe, ou difficulté. Que vous en femble?

COS. A vous ouyr dire, il me femble que fi les danceurs & balladins vous cognoiffoyent, ils auroyẽt agreable que vous fuffiez leur Aduocat. Mais ie ne fçay dequoy fe fouftrit le S. Tetti qui parle auec Archange.

TETTI, Ie priois (fuiuant la volonté, & le defir de ces meffieurs) le S. Archange de fe trouuer icy demain apres difné, comme ils ont promis de s'y trouuer tous fans faute, pour ouyr le difcours de M. Baptifte, M. Pin fes difciples fur fon art du faut voltigé en l'air qui eft entre tous les autres fauts le plus agreable, & auquel on prend le plus de plaifir. Mais quel bruit eft-ce que i'entends?

BAPTISTE. Monfieur, c'eft le Roy qui vient de la chaffe.

FERR. Puis que la venuë du Roy nous a fait tous leuer; baifant les mains à toute cefte noble compagnie, ie ne feray faute de reconduire le S. Archange, & l'accompagner où bon luy femblera, attendant en bonne deuotion le iour de demain.

COSME. A Dieu doncques fans baife-main; car quant à moy ie ne fçay pas beaucoup obferuer cette ceremonie Efpagnolle, de baifer les mains à chacun pas à tout le monde, à chafque heure & à tous propos. Souuenez-vous doncques du prouerbe, qui dit, que c'eft vne chofe la plus fafcheufe & ennuyeufe qui puiffe arriuer à l'homme que d'attendre.

FERR. Il me souuient plustost de vos doctes discours que d'autre chose.

COSME. A Dieu M. Baptiste & M. Pin, ie me recommande à vous & à la memoire de ce que vous nous deuez faire ouyr & voir demain, Dieu aydant.

Fin du premier Dialogue.

LE SECOND
DIALOGVE.

E desir d'apprendre & de sçauoir est cō-mun, & particulier entre les hommes; commun, pource que tous generalement l'appettent: particulier; car il n'y a nul homme quelque gros & lourd esprit qu'il ayt, qui naturellement ne desire d'auoir la cognoissance des choses qu'il ne sçait pas, & qui concernent & l'esprit & le corps. Car si la faim a esté necessaire pour faire viure le corps, l'accroistre & se conseruer comme les autres animaux; ceste mesme faim luy faict souuenir de se maintenir, & son espece, tout le temps de sa vie, & aussi de rechercher les moyens propres, vtiles, & necessaires pour l'entretenement d'icelle. Ce desir est tellement nay & conioint auec nostre ame, qu'il n'en peut estre aucunement separé. C'est pourquoy nous desirons sçauoir, pour surmōter par le moyen d'iceluy, non seulement toutes les difficultez de ceste vie; mais aussi tant par foy, que par intelligence, comprendre les importants secrets de la vie à venir. Ce desir encore nous faict non seulement esleuer les yeux de nostre corps, de la terre au ciel, pour y contempler, comme dans vn mirouër, les effects merueilleux de la nature; mais auec ceux de l'ame penetrant plus haut, nous faict conceuoir la grandeur infinie, & diuine Maiesté de ceste premiere cause, de laquelle depend tout le sçauoir,

N

& la cognoissance que l'on peut auoir de toutes choses, tant inferieures que superieures. Qui est cause qu'vn grand Philosophe Grec auoit accoustumé de dire, Que l'homme qui n'estoit esmeu de desir de sçauoir, deuoit estre moins estimé qu'vne beste brute, & non seulement cela, mais que c'estoit vn monstre en nature, puis qu'il estoit si difforme & si different de la nature raisonnable de tous les autres hommes. Et bien que plusieurs puissent abuser de ce desir, se laissants transporter par leur sens, dont naissent vne infinité de maux ; si ne faut il conclure incontinent, que du desir de sçauoir soyent proprement procedez tels maux, mais bien du desir vicieux, qui est inseparable de l'homme tant qu'il vit en ce monde : & ce defaut prouient du desordre & du peu de reigle, & mesure qu'il y a aux actions des hommes. Il faudroit que ce desir fut borné & limité par la raison, & contennaux termes de la vertu qui gist entre ces deux extremes, le trop, & le trop peu. C'est ceste voye du milieu, auquel nous deuons adresser non seulement nos desirs, mais aussi toutes nos operations, paroles & actions. Parquoy il ne se faut nullement estonner, si ceste noble compagnie de Gentils-hommes & Caualiers, desireuse de voir, de sçauoir & d'entendre les discours que nous nous sommes proposez de faire auiourd'huy, s'est trouuee en ce beau & plaisant jardin, pour jouïr auec plus de plaisir & contentement de la presence, tant du S. Archange, que des sieurs Tetti, Baptiste, & Pin, qui ont volontiers accepté la charge de proposer à leur tour les raisons qui les ont meu de soustenir & defendre ces beaux exercices cy-dessus tant recommandez. Et d'autant que tous estoyent jà assemblez auec silence, le S. Tetti cōmença le propos en ceste sorte.

TETTI. Il me semble, Messieurs, que la compagnie de ces nobles Seigneurs, à ce que i'ay peu entendre, auroit bien agreable, que suyuant la promesse que nous fismes hier, l'on commençast par la declaration de ces mots, d'*Art*, *Science* & *Pratique*; d'autant qu'il sont comme la baze, & le fondement principal & necessaire à toutes personnes qui font profession de sçauoir, ou de commander, ou de faire quelque autre chose que ce soit; ce que ie ne doute point qui ne vienne bien à propos pour continuer le discours des exercices & art de sauter, desquels l'on doit auiourd'huy voir & ouyr les raisons, ensemble l'experience tant par la theorique, que pratique, par le moyen des amis du S. Archange.

Cos. Ie croy que le S. Ferrand ne faudra de son costé, non plus que moy du mien, d'obeyr & satisfaire au desir & cōmandement de vous, Messieurs; toutesfois il me semble qu'il seroit meilleur que nous attendissions l'opportunité qui se presentera entre les discours que les sieurs Baptiste & Pin doyuent faire, puis qu'il seroit impossible de parler de l'Art du saut, accompagné de la pratique que nous desirons voir du S. Archange, sinon qu'à quelque propos de vous autres on s'amusast d'exposer vrayement que c'est qu'Art, Science & Pratique. Parquoy il me semble bon (si ainsi plaist au S. Ferrand) que suyuant ce que nous resolumes hier, nous ne deuōs commencer à faire aucune chose, ou en discourir; mais plustost les susdits amis du S. Archange, suyuant leurs reigles appartenantes ou à l'Art, ou à l'experience du saut.

Ferr. Ie m'accorde volontiers à ce que le S. Cosme, & les autres Seigneurs commanderont. Parquoy il me semble que vous S. Baptiste, & vous S. Pin pourrez commencer à traicter & discourir des choses, lesquelles, suyuāt vos reigles, sont considerables pour former & dresser vn autant fort & dispost sauteur, comme l'on peut voir en la proportion & disposition des sauts que nostre Archange fait auec vn si grand Art, & dexterité, que chacun l'a en admiration : car sans doute la susdicte Pratique naist de la theorique bien entenduë. Et c'est ce que ces Messieurs icy presents en general, desirent principalement de entendre, & chacun en particulier, pour sçauoir l'Art & la Pratique de deuenir bon & parfait sauteur.

Cos. Certes il est necessaire de bien esclaircir ces choses; car autrement il sembleroit à voir quelquefois le corps d'vn sauteur, que ce fust presque vn enchantement, comme se mettre en l'air auec vne telle dexterité & promptitude, qu'il semble que ce ne soit pas vn corps, & puis encore se tourner aucunes-fois en figure Spherique, & autres-fois se retourner contre le contre-poix & pesanteur naturelle de la personne, comme le vous fera voir Monsieur Pin.

BAPT. Vous m'auez enioint & commandé de discourir & traicter vne difficile, fascheuse & penible matiere, (encores qu'elle soit de mon Art,) laquelle me semble d'autant plus difficile, que ie vois tant de Gentils-hommes & Caualiers Auditeurs, lesquels par leur experience pourroyent bien mesmes, s'ils vouloyent, former & dresser auec le S. Roger vne generale Academie de toutes sortes de sciences: C'est ce qui me rend plus estonné d'entreprendre à discourir de telles choses deuant les sçauants. Toutesfois pour ne manquer à mon deuoir ie mettray toute peine de les contenter le mieux qu'il me sera possible, en traictant des choses qui appartiennent à la Maistrise de ceste profession de bien sauter; à fin que l'on puisse entendre le moyen qu'il faut tenir pour dresser & former vn parfait saltarin. Ie diray doncques premierement que tout ainsi que les choses du monde ont tousiours certains principes, sur lesquels elles sont fondez: Ainsi toute l'experience de l'Art de bien sauter est presque du tout fondee sur la Pratique de sçauoir bien faire la volte en auant & en arriere, laquelle quiconque pourra bien faire, auec deux autres choses que ie vous declareray plus amplement, se pourra dire auoir acquis quasi toute la science de l'Art du saut; Ayant entendu de personnes doctes, si i'ay bonne memoire que celuy qui a appris les principes de quelque science, & les sçait bien entendre, a par ce moyen jà sçeu & appris plus que la moitié de toute la science, comme ie le vous pourray bien asseurer par l'experience que j'en ay faicte.

PIN. Bien que la volte soit vn grand commencement pour s'acquerir l'art du saut, si me semble-il pourtant que son fondement soit plustost vne belle & agile disposition naturelle, & vn iugement esueillé, accompagné d'vne viuacité de courage, qui auec le temps rendent vn chacun parfait, non seulement en l'art de bien sauter, mais aussi en toute autre profession, & exercice que ce soit.

COS. Auparauant que par vostre discours vous passiez plus outre, ie vous prie de nous faire entendre, s'il vous plaist, que c'est que *volte en auant & en arriere*. Car il se pourroit bien faire que nous tous,& specialement moy, ne vous entendions pas bien, sans la declaration, & explication des paroles de vostre art; puis apres nous verrons qui sera celuy de vous deux qui aura fait vn meilleur exorde de ses raisons,& discours à venir.

BAPT. La volte prise & entenduë simplement comme volte, sans ceste adionction (en auant ou en arriere) entre les sauteurs, s'entend que ce soit lors que quelqu'vn sautant en l'air se retourne dessus dessous, ou pour mieux dire retourne son corps entierement en figure spherique en l'air auant qu'il finisse son saut,& retourne à terre, ainsi que le vous pourroit bien faire voir M. Pin par experience.

PIN. Fort volontiers.

BAPT. Messieurs, vous auez veu auec quelle promptitude & agilité il a fait deux sauts en vn instant, retournant entierement son corps dessus dessous, comme ie vous ay dit, estant esleué en l'air, auant qu'il eust, retournant en terre, finy ny l'vn, ny l'autre saut. Or ceste maniere de parler *en auant* s'adiouste pour donner à entendre quand ceste volte du corps se fait tournant auec la teste en auant, comme se fait au contraire celle que l'on dit *en arriere*, pour demonstrer que ladite volte se fait lors qu'on retourne le corps, la face, & la teste en arriere.

Cos. Le premier saut doncques que M. Pin a fait auec si grande promptitude, est celuy de la volte en auant,& le secōd est de la volte en arriere.

BAPT. Ouy, Monsieur.

Cos. Sçachez que l'art & profession de sauter est si ancienne, que le pere d'ancienneté,& des lettres Homere en fait mention. L'on se sert de ceste volte lors que l'on veut faire voir auec merueille vne infinité de sauts quasi incroyables à celuy qui ne les auroit iamais veus.

BAPT. De grace, Monsieur, ie vous prie faites nous ceste faueur & courtoisie de nous declarer amplement cette Antiquité, en laquelle on trouue mesmes que les sauteurs se seruoiēt de la volte, Car ie n'ay iamais trouué personnage, qui m'en aye peu donner l'expositiō, ny resoudre de ceste maniere de sauter

N iij

Le II. Dialogve

auec la volte en l'air.

Cos. Homere en son Odyssee & autres lieux, entre plusieurs sortes & differences de sauts anciens, qui ont esté recueillis par plusieurs autheurs, Hierosme Mercurial, les a reduits à trois especes, voulant qu'on nommast la premiere *Cubistique*, non sans vn loüable iugement, la seconde *Spheristique*, & la troisiesme *Orchestique*. Or Homere raconte qu'il y auoit de son temps quelques sauteurs, qui sur la fin des banquets de leurs Demy-Dieux sautoyent, se tournants sur leurs testes en la forme d'vne roue.

Bapt. L'on pourroit dire qu'ils le faisoient sur la terre, & non esleuez en l'air : Car il y a grande difference entre la roue que fait le corps eslancé, & esleué entierement en l'air, & la roue que tous peuuent ordinairement faire, ayants les mains, ou autre partie du corps appuyez sur la fermeté de la terre, ou d'vne table, où ils ont de coustume faire leur saut.

Cos. Cela peut estre, mais il faut noter qu'il dit qu'ils se lançoient de fort loing pour former vn tel tour & retour que vous appellez volte; ce que n'auroit pas dit Homere pour signifier la force de ce verbe *eslancer*, & se ietter de loing pour donner à entendre la longue distance & hauteur du saut, si la volte, ou bien la roue du corps se fust faicte estant peu ou beaucoup appuyé à terre. Et Iacques Dalechams diligent & exact rechercheur de l'Antiquité, monstre bien auoir entendu ce que ie vous dis, en ces doctes Annotations & recherches qu'il a faites sur les liures d'Athenee : & mesmes le grand Budee en ses Annotations monstre qu'il a suiuy la mesme interpretatiõ: outre qu'il n'est vray semblable qu'en presence de tãt de demidieux (que ie vous ay dit qu'Homere allegue) aucun se presentast parmy tant de banquets, qui ne fist choses rares & dignes d'admiration. Et est à croire qu'il n'y auoit que les plus habiles qui s'y trouuassent, pour faire paroistre la grande agilité, & adroicte disposition de leurs corps.

Ferr. Ie vous asseure de verité que ie ne me serois point aduisé de ces belles authoritez d'Homere, encores qu'il me souuienne bien que Budee en ses Annotations fait mention du *Petaurum*, & des *Petauristæ*, les prenant pour ceux que les

Grecs nomment κυβιϛή϶αι, ce que vous auez obmis parlant dudit Dalechams, lequel n'est beaucoup content ny satisfait de ceste interpretation de Budee, disant qu'il auoit exposé ce que il ignoroit par le moyen d'vne autre interpretatiõ, qui est mesme ignoree des Latins.

Cos. Vrayement il a quelque raison: mais on pourroit respondre que Budee presupposoit que le nom des *Petauristæ*, sust desià cognu & entendu par le moyen de cest œuure curieuse des iours geniaux composé par Alexander ab Alexandro Neapolitain, lequel fut mesme Iurisconsulte; D'autant que au vingtvniesme chapitre de son troisiesme liure, parlant de plusieurs jeux & exercices, dont se seruoyent tant les Romains qu'autres nations, il dit qu'on nommoit *Petauristæ*, ceux qui d'vne fort prompte & viste course passoyent volants sur la fin par le milieu de quelques cercles esleuez en l'air sans rencontrer, ny aucunement toucher la circonference desdits cercles, tant ils sçauoyent bien & dextrement obseruer la conformité, & proportion du corps, y entrepassant les membres auec telle agilité & disposition, qu'ils n'y hurtoyent en aucune maniere. Ce qui est remarqué aussi par les vieux Interpretes de Iuuenal en sa XIV. Satyre.

Ferr. A la verité, vous auez, à mon iugement, mieux que nul autre exposé ceste difficulté, & par mesme moyen defendu l'authorité de Budee digne de toute loüange; D'autant qu'il seroit impossible qu'aucun peut passer outre les cercles, s'eslançant du tout par la course au dedans, qu'il ne seist au milieu auant que d'en sortir, la volte parfaite; car autrement il se romproit le col.

Pin. Il n'y a nul doute, Monsieur; car on entre aux cercles la teste deuant, & on vient dehors sur les pieds, ainsi que i'ay appris de mon vnique S. Archange, qui est celuy qui m'a enseigné ce que ie sçay dire, faire, ou entendre en cest art de sauter.

Ferr. De sorte que la volte est à ce que ie vois autant necessaire pour estre Cubistere, que Petauriste, & n'y a entre eux autre difference, sinon que le Petauriste fait ceste volte du corps dedans les cercles, & les Cubisteres la font sans cercles, selon l'opportunité & occasion qui se presente à leur volonté, & selon leur desir, sautant d'vne sorte ou d'autre, comme il leur plaist. Et non sans iugement fort grand a le docte Mercurial interpreté ce mot Grec κυβιϛητῆροι, le nommant en Latin *Cubistici*, si nous voulons former le substantif de la Cubistique qu'il met pour la premiere espece de l'exercice du saut; D'autant qu'ayant iceluy veu & consideré que les Grecs auoiët pris ceste similitude du tour que font les dez qui sont iettez lors qu'on ioue au tablier, ou à autre jeu de dez, & que du mesme nom des dez, que les Grecs appellent κύβοι, ils en formerent le nom des sauteurs qui font le tour & volte Cubistique, il voulut parlant Latin pour mieux les imiter, prendre mesmes le nom des dés, qui ont la forme d'vn Cube, & en composer le susdit nom Cubistique : Toutesfois, mon cher S. Cosme, laissant ces choses icy à part, sçachez qu'il nous reste encores vn doute qui n'est pas de peu d'importance, sur ceste signification de *Pectaurum*, ou de *Pectauristæ*, (si vous auez leu certaines corrections qu'a fait Nicolas Mercier sur quelques endroicts du premier liure d'Alexander ab Alexandro, lesquelles sont communément imprimees en Latin, auec vn tiltre d'animaduersiõ,) où il dit que Iulius Pollux prend que πέταυρον ου πέτευρον en Grec est vne perche, ou table, où les poules nichent, & se perchent pour dormir : Et que ces cercles cy deuant alleguez estoyent certaines rouës, sur lesquelles les hommes sautoyent, à la similitude de ce saut que les poules font à demy volant pour s'aller iucher; & que quelquefois y estans deux sautants viz à viz l'vn de l'autre, la rouë se retourne en vn instant ; neantmoins estans iceux retournez dessus dessous ne tomboyent point; ains au contraire y faisoyent tantost auec vne main, & tantost auec les deux, & quelquefois auec les genoux, plusieurs choses dignes d'admiration; & semble souuent qu'ils doyuent tomber, inclinants la teste ou la moitié du corps vers la terre. Et à ce propos il allegue, quelques vers de Iunenal, vn de Martial, & vn autre de Manile, voyez le Mercurial liur. iij. chap. iix. dont en fin apres plusieurs choses il vient à conclurre, qu'il s'estonne fort d'Alexander ab Alexandro, qui a dit ceste forme

de

de sauter estre entre les exercices familiers des Citoyens Romains.

COSME. Premierement ie vous nie cela, comme chose non vraye; pource qu'encore que Mercier soit d'ailleurs assez bien instruit, voulant toutesfois paroistre plus grand, s'est plustost laissé transporter par son desir, que de quelque grand zele de la verité qu'il eust; & qu'ainsi ne soit, si vous auez leu le tiltre de ce chapitre, & tout ce qui y est contenu, vous ne trouuerez point qu'Alexandre aye iamais dit ny affermé que l'exercice Petauristique fust aucunement en vsage entre les Citoyens Romains: Mais ce qui a abusé Mercier, c'est que ledict Alexandre fait mention de certains jeux dont vsoyent non pas les Cytoyens particuliers, mais les plus grands Seigneurs & Princes Romains. Et bien qu'aucuns Citoyens esleus & choisis d'entre la plus gaillarde jeunesse de Rome, se soyent quelquesfois, pour s'exercer, seruis de ces sauts Petauristiques, ie ne vois point que pour cela ils deussent estre, comme il afferme, estimez & reputez outrecuidez & remplis d'aucune temerité. D'auantage puis qu'il allegue Polux pour luy faire dire que πέταυρον ou πέτευρον, signifie ceste perche, ou table; pourquoy n'adiouste-il aussi que *Peteuron* ou *Petauron* entre les Grecs denote vne cage ou gelinier, où souuent les poules, chappons, & autres tels animaux entrent à demy volant, courant & sautant pour leur jucher si tost que la nuict approche; comme on voit souuent aux petites maisons rustiques: & c'est icy l'opinion du mesme Pollux.

FERR. Certes vous auez trouué fort à propos pour defendre l'opinion d'Alexandre ceste seconde signification de ces mots Grecs. On peut doncques bien s'asseurer que de la similitude des poulles, qui à demy volant entrent en leurs cages ou geliniers par leur petite porte, se deriue le nom de *Petauriste*, d'autant que presque en volant *les Petauristes* entrent par la circonference de leurs cercles.

COS. Sçachez qu'outre ces choses ce Mercier deuoit cõsiderer que *Petaura*, ou bien *Petauristæ*, sont certains mots qui n'ont seulement iamais signifié vne mesme chose, mais plusieurs, comme on peut voir, & remarquer és œuures de Nonius, Festus, d'Ælius Stilo, & de plusieurs autres anciens & modernes, ausquels il ne se deuoit pas opposer sans nulle authorité, disant que tels cercles estoyent certaines rouës, n'y ayant point de rouës és petits cercles, ny és perches appellees en Grec *Petauron*, ou *Peteuron*, pour en pouuoir former le mot de *Petauriste*, lequel proprement se deriue de πέτασθαι & de σανίδιον τετραμένον, qui signifie voler, cõme il faut quasi faire passant par le milieu des cercles, qui sont par ordre esleuez en l'air par ceux qui les soustiennent.

FERR. Ie vois en somme que Mercier ne deuoit absolument affermer que ces cercles petauristiques fussent des rouës, sans autre signification; puis que comme vous auez fort bien dit & expliqué, tant le *Petauriste*, comme le *Peteuron*, ne denotent seulement vne chose ou deux, mais aussi plusieurs autres appartenantes à l'exercice qui se fait brauement volant à demy, comme luy mesme l'asseure; disant que les Funambules, c'est à dire, ceux qui cheminent & font merueilles sur la corde, monstrant plustost quelquefois qu'ils y volent qu'autrement, viennent à estre nommez *Petauristes*, pour l'acte ou similitude de voler qu'on remarque en eux. Maintenant ie desirerois que nous reuinssions sur les discours que M. Baptiste & M. Pin auoyent commencé de l'art, science & practique de sauter: Mais que faites vous, M. Baptiste, car il me semble que parlant auec M. Pin, vous auez ensemble consulté quelque chose, cependant que nous auons trauaillé à accorder les authoritez de ces vaillants hommes.

BAPT. Ie vous diray, Monsieur, pendant que vous & le S. Cosme discouriez, le Pin me disoit (ne laissant pour cela à noter, & mediter vos belles & doctes raisons) qu'au Royaume de Naples & de Cicile, ces cages, ou geliniers qu'on voit par les villages pour percher les poulles, lesquels vous auez dit qu'on nommoit en Grec *Petauron*, ou *Peteuron*, que les païsans de ce païs nomment poullailliers, ausquels les poulles entrent à demy volant pour sauter sur les perchettes qui sont là preparees pour leur vcher; & pourroit-on bien dire qu'en la mesme signification de ces cages, ou gelinieres, se pourroit prendre le nom de *Petauriste*; puis qu'il n'est possible qu'aucun puisse faire le saut des cercles, qu'il n'y entre auec vn saut quasi à demy volant, & passe premierement par la circonference du premier cercle, en la forme du coq, ou de la poulle, qui entrants par l'huis de leur poullaillier sautent à vol sur leurs perchettes. D'auantage, cõme le Pin me disoit tantost, il faut noter q̃ bien que la volte se face dedans les cercles sortant d'iceux les pieds deuant, que pour cela ne s'ensuit pas que tous les sauteurs l'ayent iamais ainsi faict, & moins que le saut des cercles se puisse aucunement faire sans quelque volte; pour ce qu'il me souuient en auoir bien veu quelques vns, qui faisoyent ce saut des cercles, & y entroyent la teste deuant, & ne faisoyent pourtant la volte dedans les cercles, mais bien de l'autre costé au dehors, lors que jà ils en estoyent sortis; ce qui entre les plus experts, & fameux sauteurs n'est beaucoup ny estimé, ny admiré, bien que le peuple, & autres, qui n'entendent la force, & vertu des iustes reigles, & preceptes de l'Art, s'en esmerueillent, prisent & exaltent fort celuy qui fait vn tel saut.

Pin. Certes vous auez raison, & ne me souuient point que vous ny moy ayons iamais discouru auec le S. Archange de ceste façon de sauter. Car sans doute il s'en trouue mesme entre ceux de nostre profession bien souuent plus d'imparfaits & ignorants, que de sçauants & experimentez en cest Art. Ce que l'on ne doit trouuer estrange, veu que ce vice est commun à toutes les autres professions. Il y en a plusieurs qui pour paroistre bons sauteurs en presence du peuple, & se faire admirer, font ce saut des cercles, mais si imparfaictement que rien plus, ne faisants la volte dedãs les cercles, ny les appropriants comme ils doyuent estre esleuez & separez l'vn de l'autre; ce que i'espere auiourd'huy faire voir à la compagnie. Et outre ce que dessus il pourroit aduenir que quelqu'vn estãt parauenture trop prompt & agile, feroit le saut des cercles sans obseruer la iuste mesure qui y est requise & necessaire; & sans retourner aussi son corps en l'air dedans ny dehors lesdicts cercles auec vne proportion egale de toutes leurs dimensions. Or on pourroit poser les cercles si bas, & les mettre si pres l'vn de l'autre, que quelqu'vn pour peu d'experience qu'il eut de l'Art de sauter, s'eslançant dedans auec quelque disposition & agilité, les outre-passeroit sans les toucher, ny faire aucune volte, & sans donner de la teste en terre, se pourroit trouuer sur ses pieds.

BAPT. Cela me semble se pouuoir faire, encore que ie n'en aye veu aucun, que ie sçache, ny ouy dire qui l'aye faict. Et ie croy que quiconque le faict, est poussé de ce desir d'estre veu, estimé, & admiré du peuple, & pour estre dict en fin auoir faict le saut des cercles: mais ceux qui sçauent bien iuger & cognoistre de telles choses, les examinent par la vraye, iuste, & parfaicte reigle de tous les sauts, & y apportent toutes les circõstances qui y sont requises & necessaires, sçachants fort bien que la perfection du saut des cercles consiste principalement à y faire la volte auec le tour entier dedans chacun desdits cercles. Et qui fera autrement, sera par tout gaussé, moqué & mesprisé comme ignorant sauteur.

FERRAND. Me souuenant de ce que nous a promis Mõsieur Pin, ie desirerois qu'il nous fit voir bien tost l'effect de ses belles promesses, afin que ceste noble compagnie ne soit frustree d'vne si belle attente. Toutesfois, auant que passer plus outre, il me semble auoir remarqué trois choses en ces paroles dernieres. La premiere est que le saut des cercles iuste & parfait est celuy que nous verrons auiourd'huy auec la volte, ou tour du corps entierement tourné dans les cercles, y entrant la teste deuant, & en sortant les pieds deuant. La seconde est que le saut des cercles imparfaict (& par consequent indigne de telle admiration que la premiere) est celuy qui se faict auec la volte, ou tour du corps apres qu'il est sorty des cercles, lequel, à mon iugement, se faict auec vn grand trauail du corps, s'il ne tient les cercles fort proches l'vn de l'autre. La troisiesme est que le saut des cercles, (digne plustost d'vn Zany, ou bouffon, que d'vn bon & parfaict sauteur) est celuy que quelqu'vn bien dispost & adroit pourroit faire, s'il vient à passer d'vn bout à l'autre par le milieu des cercles sans aucune volte, tour, ny retour du corps.

BAPT. Monsieur vous auez sommairement compris ce que i'auois dict: mais il faut prendre garde, que de la maniere que nostre Archange accommode les cercles de son admirable saut, il seroit impossible de pouuoir en aucune sorte passer outre tous les cercles, sans se retourner au dedans en forme d'vne vraye rouë, pour en pouuoir sortir les pieds deuant, sans se rompre le col, comme sans doute il aduiendroit, si on failloit d'obseruer auec vne conformité & proportion de la rouë, & du corps, ladicte volte. Toutesfois pour en pouuoir representer vn vray & parfaict modelle, il faudroit reuenir aux fondements, ou principes de l'Art de sauter. Ce qui n'est maintenant necessaire de faire, veu que l'ō en a discouru cy dessus assez amplement. Comme aussi il n'est point de besoin de discourir des choses qui sont naturelles, & peut estre communes & cognuës d'vn chacun, & encore moins de la diuersité des exercices du saut; cela ayant esté cy deuāt fort agité tant d'vne part que d'autre. Mais ie desirerois seulement parler de la perfection de cest Art de sauter, sans laquelle on ne peut rien rechercher de beau, ny d'excellent en cest exercice. Et c'est celle que nos Ancestres ont tant admiree, & nous les admirons encores auiourd'huy; voire auec beaucoup de raison, comme celle qui est la plus rare & la plus parfaicte partie de bien sauter; qui a, comme ie vous ay dict cy-dessus, la volte pour fondement asseuré.

FERR. C'est vne chose certaine, qu'il y a grande difference entre l'ordre & la methode que l'on doit tenir pour enseigner vn Art, & le chois & election que l'on doit faire des personnes capables d'vne telle science pour la mettre en pratique. Et qu'ainsi ne soit, ne voyons nous pas qu'Aristote donne pour principe de la Philosophie vn bel entendement & meur iugement, auec vn esprit subtil, lequel est du tout necessaire pour la pouuoir comprendre : mais pourtant ne laisse-il pas de prouuer aussi que la forme, la matiere & la priuation d'icelles, sont les vrais fondements des choses naturelles; veu mesmes que tous les Philosophes font vne grande distinction entre la science & la maniere de l'apprendre. Parquoy il me semble, (pour reuenir à nostre propos) que Messer Baptiste discourant des principes, a mieux faict de dire que la volte soit le vray fondement de l'Art du saut, que d'alleguer & rechercher l'industrie, dexterité & disposition naturelle des hommes. Qui ne sçait qu'vn eſtroppié, ou celuy à qui on auroit coupé vn membre, eſt inhabile à ſauter, courir, ou voltiger?

Cos. Si ie me ſouuiens bien de ce que vous auez dict, il me ſemble que M. Baptiſte confond le principe auec la fin, & l'obiect auec le fondement. Car bien que (comme il afferme) ce ſoit vne opinion entre les ſauteurs que la volte eſt le fondement du ſaut; ſi eſt-ce que ſi nous cõſiderons cela de plus pres, nous dirons que c'eſt pluſtoſt la fin que le commencement, & l'obiect pluſtoſt que le fondement de tout ſaut; & c'eſt ceſte volte que nous diſons eſtre faicte en l'air ſuyuant la proprieté de l'Art de ſauter, de laquelle toutesfois ie ne ſuis encor' bien reſolu, y ayant plus à dire parauenture que l'on ne penſe, comme nous en diſcourerons plus amplement cy-apres: ſuyuant l'occaſion qui s'en preſentera.

Bap. Vous parlez fort ſagement. Mais encore que vous faciez ſi grand cas de la volte, la nommant Roine des plus iuſtes, rares, & parfaits ſauts, voire la iugiez eſtre la fin du ſaut; ſi eſt-ce qu'elle me ſemble pluſtoſt eſtre ſon fondement, ſon origine & ſon commencement. Il y en a pluſieurs qui font bien la volte, qui pour cela ne ſautent pas bien. Il y en a d'autres qui la voulans faire, donnent des mains ou du front à terre; Ce qui n'aduient pas à celuy qui ſaute bien, & qui a la vraye cognoiſſance de l'art, lequel ne faut iamais de faire touſiours à temps la volte iuſte & meſurée. Et puis que nous recherchons la perfection, l'excellence & accompliſſement du ſaut, il m'a ſemblé bon la mettre pour fondement d'iceluy, comme vous entendrez par la continuation de mon diſcours. Il eſt certain que ſans la volte on ne peut faire vn ſaut gentil & de bonne grace, & qui ſoit digne d'admiration & de recommandation; veu que de la volte, & de l'acte reuolté, ou retourné, ſe font & deriuent infinis ſauts qu'on peut naturellement nommer merueilleux. Parquoy cela preſuppoſé, Pin & moy diſcourant ſur ceſte maniere de ſauter, il faut que nous recherchions la voye la plus ſeure & certaine pour faire que les plus groſſiers, & les ignorans meſmes ayent la cognoiſſance d'eſtre bons & parfaicts ſauteurs.

Pin. Puis que ceſte noble compagnie deſire de voir les

effects de nos promesses, il faut nous mettre en deuoir de la contenter, & luy representer toutes les manieres & façons de sauter, afin que par la theorique d'vn si bel Art, elle iuge qu'elle en peut estre la pratique. Ie voudrois en fort peu de paroles pouuoir exprimer & declarer toutes mes conceptions touchãt ceste profession de sauter, & monstrer quel doit estre l'aage de ceux qui doyuent apprendre l'Art du saut. Quelques vns ont ceste opinion, que ce doit estre vn enfant de l'aage de sept, ou huict ans. Les autres sont d'aduis qu'il soit plus aagé. De moy i'ay tousiours creu, & croy encores que l'aage doit correspondre aux forces necessaires pour l'exercice d'vn tel Art. C'est pourquoy il me semble que l'on deuroit plustost choisir vn ieune homme de quinze à seize ans, auquel les membres commencent à estre forts, & bien proportionnez, qu'vn enfant de sept, huict, ou neuf ans, lequel pour sa debilité, & foiblesse n'a les reins encores assez forts, ny la disposition telle qu'il seroit à desirer pour l'execution d'vne telle charge.

BAPT. Ie suis bien de ce mesme aduis: car, comme vous sçauez, l'Art du saut a ses reigles, mesures, & considerations si estroictement conioinctes ensemble, & tellement dependantes l'vne de l'autre, qu'à grand peine peut on parler de l'vne, que l'autre ne s'entende quant & quant. Et d'autant que non seulement l'aage & la force du corps y sont necessaires, mais aussi vne grande dexterité, disposition & agilité; il faut faire choix & election de ceste gaillarde ieunesse, laquelle est volontiers accompagnee de ces belles parties pour exercer l'Art de bien sauter.

PIN. Ie m'en remettrois volontiers au iugement du S. Ferrand: car il me semble qu'vn ieune enfant est plus propre & capable d'apprendre les sciences que quelqu'vn desià plus aagé; veu que cest aage tendre n'est encore embrouillé de beaucoup de choses qui pourroyent distraire vn autre, & l'empescher de comprendre ayfément ce qui luy seroit enseigné. Et ce qui faict, à mon aduis, que les ieunes enfans apprennent plus facilement, c'est l'obeïssance qu'ils rendent à leurs pædagogues & precepteurs. Et ne faut faire nulle doute que s'ils n'estoyent accoustumez de bonne heure à la vertu, & à appren-

dre à bien viure, qu'eſtants deuenus plus grands ils ne ſecoüaſ-
ſent le ioug de toute obeiſſance, qui les rendroit moins capables de proffiter en ceſte belle cognoiſſance de la vertu, & des
lettres; & lors il ſeroit bien malaiſé de les reduire au chemin
d'honneur, ne l'ayant pas appris de ieuneſſe. Et autant en peut-
on dire de toutes les autres profeſſions, & meſmes de l'Art de
ſauter. Toutesfois il me ſemble qu'vn aage plus meur & plus
fort ſeroit plus propre pour apprendre la perfection de ceſt
Art.

 Cos. Au contraire M. Pin, comme ie le vous prouue-
ray defendant l'opinion de M. Baptiſte. Ie vous prie de croire
que la nature a donné vne aptitude propre & proportionnee
à la force, & qualité de chacune choſe ; comme nous voyons
que les arbres pendant qu'ils ſont encores ieunes & tendres reçoiuent le ply que l'on leur veut donner ; mais depuis qu'ils
ſont accreus & deuenus grands, ne ſe peuuent plus manier &
plier comme l'on voudroit; & cela aduient pour auoir changé leur premiere diſpoſition. Que ſi quelqu'vn veut interpreter cecy allegoriquement, & le raporter aux mœurs & façons
de viure des hommes, diſant qu'il n'y a que de ployer la verge
tandis qu'elle eſt encore tendre. Si eſt-ce que cecy ſe doit auſſi
entendre de l'education & nourriture de la ieuneſſe, laquelle, ſi
elle n'eſt accouſtumee & façonnee de bonne heure à quelque
honneſte exercice, depuis qu'elle eſt deuenuë plus grande, elle
ne ſe peut aiſément corriger, ny changer. Et qui ne ſçait que
l'enfant eſt ſemblable à la cire, laquelle ſe peut facilement manier & changer en toutes ſortes de formes que bon vous ſemble? Ceſte ieuneſſe tendre diſ-je eſt plus ployable, c'eſt à dire, à
tous les membres, les muſcles, les nerfs & les iointures mieux
diſpoſees & plus faciles à pouuoir faire & former auec tout le
corps mille diuerſitez de mouuements, que celuy qui eſt deſià
deuenu plus grand, & qui par conſequent a les parties de ſon
corps deſià plus fortes, roides & endurcies ; & par ainſi moins
propres & aptes à la varieté des diuerſes agitations & mouuements de la perſonne, qui ſont neceſſaires à la pratique de ceſte
profeſſion.

 Ferr. On pourroit auſſi adiouſter en confirmation de
ce

ce que vous dites, fuyuant l'opinion de M. Baptiste, que tant pour l'accroissement & santé de l'enfant de sept ou huict ans, que pour raison de l'art mesme, vn tel aage puerile est plus propre qu'vn ieune homme desià plus grand; premierement pource qu'vn de plus grande aage presumant bien entendre, sçauoir, ou faire desià quelque chose (comme la plus part de cest aage de 15. 16. 18. ou 20. ans, presume beaucoup d'elle-mesme) ne sera iamais si docile & obeïssant aux reigles, preceptes & aduertissemens du maistre, comme il eust esté auparauant en l'aage de 7. ou huict ans, exempt de toute presomption. L'autre raison tirée de la Philosophie & Medecine est, qu'estant l'humeur radicale lors espanduë par la tendre & ieune chair de l'enfant, commençants, comme dit le grand Fernel, desià les nerfs & muscles auec tous les autres membres à se rendre plus forts & plus fermes à cause de l'abondante nourriture que prennent les enfans, il ne faut point douter, que d'autant moins qu'ils s'exerceront, d'autant plus coüards & nonchalants deuiendront-ils. Ce qui ne leur aduient iamais quand ils s'exercent, car leurs veines viennent tellement à se dilater, que de leur corps se iettent plusieurs mauuaises humeurs, & la purgation de cest excrement gras & fuligineux, qu'ont accoustumé ordinairement d'auoir les enfans : Dont il aduient que d'autant plus que la nature leur donne de nourriture, d'autant plus aussi les fait elle croistre & en force & en disposition du corps, y adioustant l'exercice moderé qui sçait tellement attremper la force & la disposition, qu'il en fait vn corps tout parfait. Que si d'auenture il se trouuoit quelque plaisant docteur qui voulut dire qu'encore que l'exercice soit necessaire à tous aages, q̃ pour cela on ne le doit pas restraindre à celuy du saut, veu qu'il se trouue beaucoup d'autres exercices & plus beaux, meilleurs, & plus aggreables, selon la diuersité des complexions des hommes: Ie vous prie que ce Critique sçache que nous ne disputons pas icy des vniuerselles considerations des exercices, & qui sont les plus propres & conuenables à toutes personnes, moins encore de la nature & diuerse complexion des hommes, mais seulement allons nous recherchans quel aage seroit le plus propre & apte, pour auec le temps en pou-

P

uoir, former vn bon & parfait sauteur. C'est vne chose certaine que tous ne se plaisent pas à sauter, mais que pour cela l'exercice du saut soit vicieux, la consequence ne seroit pas bonne. Il y en a qui ne se delectent pas seulement à sauter, en y prenant tout leur plaisir ; mais mesmes sont curieux de sçauoir toutes les particularitez & secrets de l'art, pour les mettre en practique & en pouuoir discourir selon les occasions. Et en cela l'on peut dire que ceste ancienne sentence est vraye, que chacun suit iusques à la mort la qualité de l'inclination naturelle qui est en luy. Or d'autant que la volte du saut est vn acte assez dangereux pour ceux qui par faute d'experience la voudroyent entreprendre, Ie serois d'aduis que l'enfant s'y exerçast de bõne heure, & mesme dés ses tendres ans, pour peu à peu paruenir à la cognoissance qui nous rend toutes choses, & moins penibles, & moins hazardeuses. Car il ne faut douter que ceux qui sont desià grands, ou de crainte qu'ils auront de voir faire vn saut si perilleux, ou si poussez d'vne audace temeraire, viennẽt à l'entreprendre, se perdent le plus souuent en l'air, & tombẽt en vn dommage irreparable. Ce que ie ne pense pas que l'on aye veu aduenir au premier aage de l'enfant, d'autant qu'il se laisse gouuerner & enseigner, sans que de soy-mesme il presume ou ose hazarder quelque chose outre les reigles & preceptes du maistre.

 BAPTISTE. Il n'y a pas long temps que l'on a veu par experience ce que vous venez maintenant de dire. C'est l'infortuné desastre qui aduint au pauure Horace, lequel pensant sçauoir faire la volte, la voulut faire, & s'y rompit le col.

 PIN. Soit ce que vous voudrez, si me semble-il que les petits enfans estans de leur nature fort prompts, & par consequent perilleux pour se hazarder & esprouuer temerairement en toutes choses qui se presentent, ne sont gueres propres à cest exercice, où il faut desià auoir du iugement pour s'y sçauoir conduire, outre l'enseignemẽt du maistre quelque habile qu'il soit. Et d'ailleurs tous ne sont pas nais naturellement propres pour sauter, tellement que ce seroit faire perdre temps à ceux qui sont nais à d'autres exercices.

 BAP. Ie vous responds qu'il ne faut pas penser qu'encores que i'aye dit que l'aage de 7. ou 8. ans soit plus apte & idoine pour apprendre cest art de sauter, que pour cela ie vueille qu'incontinent & de plein saut l'on leur apprenne la volte perilleuse; ce qui seroit impossible de leur apprendre: mais bien ce que les sauteurs appellent voltiger de l'eschine, ce qui est necessaire qu'apprêne la ieunesse, pour paruenir peu à peu à la cognoissance de la volte, se rendant adroite au tour & retour qui y est requis: ce qu'elle ne pourroit faire auec vne telle proprieté, bonne grace, & gentillesse asseuree, si elle ne commençoit de bonne heure, & dés ce premier aage d'y estre instruicte, veu que les muscles & les nerfs s'endurcissants perdent la facilité de ce pliement qui y est requis & necessaire. Quant à la raison de l'inclination naturelle que vous auez alleguee, ie laisse à ces messieurs à en discourir; Car ils y sçauront mieux respondre que moy. Ie diray seulement que lors que les enfans sont contraints d'apprendre quelque chose par reigle, & art, encore que de soy elle soit delectable, côme le saut; si est-ce pourtant qu'ils ne s'y accommodent pas tousiours tous, tant pour le plaisir que pour la crainte du foüet: Car le maistre qui les enseigne ne requiert pas seulement d'eux qu'ils sautent simplement; mais plustost qu'ils sautent auec art & entiere obseruation des reigles & mesures qu'il faut tenir. Ce que l'on ne voit pas souuent qu'ils puissent obtenir qu'auec le foüet.

COSME. Vos raisons m'ont fort delecté, & pour vous satisfaire en ce que vous nous auez deferé, ie dy qu'il est certain que tous ne sont pas nais naturellement à toutes choses; ains les vns sont addonnez à vne chose, les autres à vne autre: Tellemẽt que les peres & meres commettent vne grande faute quand ils font instruire & enseigner leurs enfans en choses contraires à leur inclination naturelle, soit en cest exercice de sauter, ou en quelqu'autre profession, ce qui n'est pas seulement digne de reprehension, mais aussi de blasme, estants cause de la perte du temps de leurs enfans. On doit presupposer qu'vn sauteur ne receura iamais vn enfant en son eschole, qu'il recognoistra directemẽt incliner à vn autre art. Et encor que tous ne soyẽt pas Architectes (comme on en trouue peu) si est-ce que la plus part

P ij

des hommes, bien qu'ils n'ayent pas cette science acquise, ne laissent pourtāt auec vn iugement naturel de se seruir de beaucoup de choses auec reigle, art & mesure, y obseruants toutes les proportions, & dimensions requises, & necessaires. Comme nous voyons en l'Idee de la Republique Platonique, & en la vie & institution de Cyrus, suyuant l'authorité de Xenophon. Nous desirons auiourd'huy entendre de vous tout ce qui seroit besoin pour former vn bon & parfaict sauteur, dont vn chacun puisse tirer profit, & prendre plaisir en la practique d'vn si bel exercice. Partant aduisez M. Pin ce que vous auez à respondre.

PIN. Pour vous satisfaire M. Baptiste i'adiouste que si le voltiger d'eschine estoit necessaire, comme vous auez dit cy dessus, vous auriez certes grande raison : mais de moy ie ne pourrois iamais croire, qu'il y sust necessaire, ayant tousiours ouy dire qu'il est plustost occasion de beaucoup d'empeschements, que de quelque proffit ou vtilité, suiuant l'opinion de plusieurs sauteurs, qui afferment que le voltiger rend l'eschine foible & debile, chose fort contraire pour les sauts violents.

BAPT. Il n'y a doute que celuy qui voudroit apprendre à voltiger estant desià grand, quand les os commencent à s'endurcir, qu'il n'y eust beaucoup de peine & de difficulté, & ne se rēdist moins apte & idoine aux autres sauts plus violents: mais i'ay dit que cest exercice de voltiger est plus propre en vn aage pliable, tel que celuy que i'ay descrit cy dessus, que i'estime estre plus cōmode que tout autre pour l'acheminer peu à peu à la cognoissāce de la volte, laquelle ne se peut apprēdre qu'auec vn iugement desià meur & resolu, & laquelle s'il a vne fois acquise, elle le fortifiera d'autant plus qu'ils y exercera souuent, & le rendra de iour à autre plus gaillard & plus dispost pour s'employer puis apres à toutes autres sortes de sauts, estant en fin deuenu tresfort, seulement pour s'estre accoustumé de bonne heure à ladite volte sans aucune crainte.

FERR. Afin que ie n'oublie à vous demander quel malheur, & desastre aduint à Horace, que vous nous auez allegué cy deuant, d'autant que ie le sçaurois volontiers, ie vous supplie nous dire comment la volte fut cause de le faire mourir.

Bap. Sur la premiere prise de la volte lors qu'il se fust esleué en l'air, comme ne l'ayāt encores bien apprise, le cœur luy faillit, & se troubla tellement, que ses sens furent tous esperdus & à peine l'auoit-il faite à demy, que ses forces luy defaillant, s'affoiblit de telle sorte, qu'il tomba, non pas sur le sablon, cōme dit l'Arioste, mais bien sur la terre dure, & là fit sa derniere secousse, auec vn dueil inestimable de tous les assistans; d'autant qu'à la verité c'estoit vn fort gentil & vertueux jeune homme. Mais pour ne perdre point temps, ie desirerois que nous vinssions à discourir de toutes les autres considerations requises & necessaires à l'art du bon & excellent sauteur ; & par mesme moyen ie vous voudrois prier de nous expliquer ce mot *d'humeur radical* que vous auez allegué cy deuant : Car il semble que ce soit vn point difficile de la Philosophie, encores que cela semble estre hors de nostre propos.

Ferr. Cela semble bien estre vne entreprise digne du sieur Rogier.

Cos. Ie vous supplie de grace ne vous en faites point reprier; vous ne deuez icy rechercher aucune excuse par ceremonie, ou autrement, puis que c'est chose qui vous touche, ayant employé beaucoup de temps en la Medecine pour vostre contentement.

Ferr. Ouy certes ie m'y suis delecté, & ne m'en repens point, y ayant peut estre, trouué chose que beaucoup ne pensent pas, & qui est d'importance. Mais puis que vous dites que cela m'appartient, & que vostre desir m'y inuite, ie vous veux faire ouyr seulement ce qu'en dit *Fernel* (duquel nous auons parlé cy dessus) non pas qu'il en soit le premier Autheur, ou maistre; Mais d'autant qu'il s'est rendu en cecy, comme en plusieurs autres choses, fort facile. Ie dy doncques que les Medecins en general & autres Philosophes, qui ont vne vraye cognoissance de la composition de tous les animaux, & principalement de l'homme, cognoissans la nature de nostre temperament, & voyant qu'il y auoit plustost vne diuine qu'humaine harmonie des elements, vnis & incorporez ensemble suyuant leur propre & mutuelle qualité; ont esté transportez en cette consideration que l'esprit vital auec la chaleur deuoiët estre communs à toutes choses qui ont vie, & par consequent estre vne partie plustost diuine qu'autrement; c'est à dire, au moins non du tout elementaire; D'autant que la raison nous enseigne que cest esprit vital & ceste chaleur ne sont seulemët le piuot & fondement de la vie de tous les animaux, mais aussi des plantes mesmes; veu que ladicte chaleur se trouue non seulement en plusieurs choses, mais aussi vient (en apparence contraire à la qualité de nostre chaleur elementaire) à cognoistre que sa nature est celeste & separee de ceste masse terrestre des elements. Puis qu'en toutes choses, tant froides que chaudes, qui viuët, comme le poisson, & le Lion entre les animaux, bien qu'il ne semble qu'au poisson soit la chaleur celeste, mais plustost le froid qui est son contraire; neantmoins ayant vie comme le Lion, il faut necessairement qu'il y ayt de la chaleur puis qu'il a vie : (Car où il n'y a point de chaleur, là la vie ne peut subsister.) Et ne peut-on parler autrement du Lion que du poisson touchant la vie, encores que la proportion en soit fort differente. Le mesme pourroit-on dire des Mandragores, de la Ciguë, & autres plantes tres froides, si nous les comparons auec le Poiure, la Canelle, & autres telles plantes fort chaudes : Car sans la chaleur nulle chose ne peut naistre, ny croistre, de laquelle les effects sont en toutes choses la vraye cause de vie à tout ce qui est viuant au monde. Et encore qu'il s'en trouue plusieurs de tres-froide temperature, si est-ce pourtant qu'ils ne peuuent estre sans chaleur, puis qu'ils ont vie, & ainsi de toutes les autres choses. Delà ces bons Medecins & Philosophes contemplants quel est le vray lieu, & maintien de ceste chaleur auec les choses qui reçoyuent vie d'elle, pour participer en tout & par tout d'icelle; & voyants que ce ne pouuoit estre vn humeur commun, puis qu'auec vne telle promptitude il passe incessamment par la plus petite partie interieure ou exterieure de toutes choses viuantes, vindrent à considerer que ceste chaleur ne pouuant demeurer en elle-mesme sans quelque subiect qui luy fut approprié, participant de l'vne & l'autre nature, pour se pouuoir continuellement maintenir en son estre;

qu'il eſtoit donc neceſſaire luy ſoubs-mettre quelque matiere d'vne ſubſtance fort legiere, tres-delicate & bien ſubtile, viſue, prompte, & nullement lourde, ou groſſiere, & laquelle peut en vn meſme temps s'accommodant à la celeſte diuinité de la ſuſdicte chaleur, s'arreſter, ſe ſoubs-mettant à elle, comme ſi elle eſtoit ſon ſiege, ou bien ſon appuy naturel, n'eſtant poſſible qu'il ſe peut trouuer vne ſubſtance plus aëree, ſuyuant les raiſons des plus grands Philoſophes, & laquelle peut à la forme & imitation de l'air ignee bruſler & flamboyer clairement ſans aucune violence, afin que l'vn ne ſe peuſt iamais ſeparer de l'autre. Et qu'aux Anatomies qu'on faict ordinairement on trouue au cœur & au cerueau quelques arteres, & petits vaiſſeaux du tout vuides, & pour ne faire la nature rien en vain, ils ne pouuoyent pas eſtre ſi grands ſans quelque myſtere particulier; les ſuſdicts Philoſophes conclurent en fin que tels lieux eſtoyent deſtinez pour l'eſprit, lequel pour eſtre d'vne ſubſtance fort deliee s'enfuit ſans que le ſens s'en apperçoiue. Parquoy pour fomenter ces parties ſpirituelles nous receuons l'air par le moyen de la reſpiration libre dont nous iouïſſons, laquelle ne ſert pas ſeulement à nous rafreſchir; (car on pourroit bien auoir cela d'ailleurs,) mais auſſi nous ſuggere & adminiſtre l'aliment & nourriture ſpirituelle; ayant outre cela pris la ſimilitude de la nourriture de la flamme, laquelle ne ſe nourrit ſeulement de l'air, mais d'vn humeur gras de toutes choſes; concluans que la ſeule chaleur en la ſubſtance ſubtile ne ſe pouuoit nommer ſeparément eſprit, ains que ce qui ſe deriuoit de l'vnion & compagnie de l'vn & de l'autre, eſtoit cōme la flamme en noſtre corps, dont l'aliment eſt la viande & nourriture, afin que l'humeur radical s'y trouue en fin, qui n'eſt en nous autre choſe que ceſte partie graſſe qui ſouſtient & nourrit ceſt eſprit, n'eſtant pas pour cela ce gras que l'on voit à veuë d'œil; mais vn autre humeur aërien fort different d'iceluy, lequel infus en la ſubſtance des ſemblables parties, ne ſe peut aucunement voir; & c'eſt le fondement & premiere ſubſtance de la chaleur naturelle, qui fut non pour autre raiſon nōmee humeur naturel, & de pluſieurs, premier engendré, & de aucuns, radical; mais plus proprement, ce me ſemble, par aucuns nommé salutaire & vital; d'autant que c'est le premier, où l'esprit plein de chaleur s'accommode & repose, de sorte que nul autre n'y peut estre ny demeurer longuement sans l'aide de cest humeur; d'autant que l'opinion d'vn chacun est, & la raison naturelle le demonstre, que tel humeur sort auec la semēce, & se maintient gaillard selon son premier origine. Nous auons dict qu'il estoit espars par tout le corps, se voyant le corps naturel deuenir peu à peu auec l'aage plus sec & plus dur, estant au commencement de nostre natiuité toute la chair moite & remplie de toute humidité, & du tout semblable à l'humeur mesme dont elle a pris son origine. Et mesmes on voit en ces commencements les nerfs, liaisons, & les os estre fort tendres, de sorte qu'ils se plient comme l'on veut, & auec le temps se vont tellement desechant, que sur la derniere vieillesse les os ne sont pas seulement priuez d'humeur, mais mesme la chair deuient nerueuse & dure. Cela est doncques sans doute que la chair des enfans est tendre & humide, & celle des vieillards au contraire dure & seche, priuee presque de toute humeur, & plus on deuient vieil, tant plus deuient-on sec: Ce qui est fort bien prouué & monstré par les Philosophes & Medecins, nous asseurans par plusieurs raisons que ceste humeur radical, qui se cōsomme iournellement, est espars & diffus par toutes les parties du corps. Et ne faut pas que vous pensiez que i'aye voulu discourir de ces choses icy pour resoudre tout ce que l'on en pourroit dire; mais seulement pour satisfaire en partie à l'honneste requeste de M. Baptiste.

PIN. Messieurs, puis que M. Baptiste a voulu ouyr le discours de l'humeur radical, ie vous dy maintenant (retournant à nostre propos) qu'encore que i'aye maintenu que l'eschine n'estoit autrement necessaire pour l'exercice de nos sauts, si accorday-ie que l'eschine moindre y est necessaire, & beaucoup meilleure pour vn bon & parfaict sauteur que la plus grande.

BAPT. Ie vous respondray si tost que i'auray seulement dict cecy, c'est à sçauoir, qu'il n'est pas seulement necessaire que le petit enfant de 7. ou 8. ans soit bien formé de corps, mais aussi beau de visage; d'autāt que sans doute la beauté naturelle accroist

croist le plaisir & contentement de ceux qui regardent quelque belle & gentille dispositiõ, suyuant ceste sentence, Que la vertu qui part d'vn beau corps en est plus agreable.

Cos. Encores que ceste beauté & bonne grace ne soit necessaire pour deuenir excellent sauteur, si est-ce pourtant que elle n'est point à mespriser. Car toute personne belle, gentille, & agile, porte tousiours auec soy quelques signes de recõmandation empraints & engrauez en sa face, tant vn chacun prend plaisir à voir ce qui est beau. Outre que soubs vn beau visage, (suyuant la sentence des meilleurs Philosophes) l'ame biennee reside bien souuent, & y fait sa demeure : cõme disoit Platon, Gallien, & Hipocrate.

Bapt. Cela est bon, Monsieur, mais ie dis que pour acquerir ceste excellence de l'Art qui est requise, il ne faudroit qu'on y commençast plus aagé que de 7. à 8. ans, comme i'ay dict cy-dessus, auquel aage on se trouue souple, & plus propre pour apprendre l'Art, que si on estoit plus grand.

Ferr. Vous vous formez vn enfant en l'idee, lequel bien qu'il se trouuast tel que vous le figurez, ie craindrois que croissant auec le temps il ne prist vn autre party, ne pouuant tousiours vacquer à sauter, ou bien il faudroit que ce fust vn Xenocrates.

Cos. Les plus beaux hommes ne s'amusent volontiers à faire des sauts, mais plustost à donner des assauts au Dieu d'Amour, qui font ces sauts tournez & retournez où le plus souuent ils employent & leur esprit, & leur corps. Mais ie vous prie M. Baptiste de poursuyure, & laissons ces discours d'Amour pour vne autresfois.

Bapt. Maintenant s'ensuit la consideration de l'eschine. Pour respondre doncques au S. Pin, ie dis que quand nous aurons vn tel enfant, nous considererons lors s'il aura trop, ou trop peu d'eschine; Et d'autant que nostre intention est de le rendre parfaict, & fort en chacun saut, s'il nous est possible, luy donnant le mouuement selon la legereté, ou pesanteur de son corps, Il faut prendre garde qu'il ayt l'eschine mediocre, & non trop large, d'autant qu'elle ne seroit propre ny apte à ces sauts qu'entre les autres nous nommons, sauts forts; tout ainsi que ceux qui l'ont trop petite ne font propres aux eſlancements, c'eſt à dire, au ſaut du ſinge: car on y adiouſte le ſaut en arriere de la façon que vous autres Meſſieurs pourrez voir incontinent. Ie croy qu'il y en a pluſieurs de noſtre Art qui ont cognu vn ſurnommé Malfatto, lequel faiſoit de l'eſchine choſes admirables: Car, outre ce que tous les autres font, il s'abbaiſoit en terre en arriere tenant les pieds ſur vne table aſſez haute, qui luy venoit de terre iuſques aux eſpaules, & puis ſe redreſſoit ſans ſe pener beaucoup, ne remuant peu ny prou ſes pieds de la table; & encores que pluſieurs ayent eſſayé de faire ledict ſaut de l'eſchine, ſi eſt-ce que pour n'auoir l'eſchine faite comme luy, iamais n'ont peu arriuer iuſques-là de ſe pouuoir redreſſer d'vne telle hauteur. D'auantage ſçachez M. Pin que les ſauts du ſinge ne peuuent auoir aucune grace, ny eſtre en aucune maniere bien faicts, ſinon de ceux qui ont vne bonne & raiſonnable eſchine. Car ſans ceſte forme d'onde que faict le repliement du corps ſur l'eſchine, le dos ne ſe pourroit conformer à le faire auec l'eſchine, s'il n'eſtoit fuyant ce que i'ay dit, ſouple, pliable & facile à ſe pouuoir tordre, manier & plier en auant; & ſpecialement plus en arriere. Parquoy en fin il me ſemble pouuoir conclure que tous ces petits enfants dociles à apprendre pourront auec le temps beaucoup proffiter en la cognoiſſance de ces ſauts, leſquels outre qu'ils ont leurs corps bien proportionnez, & forts, ont l'eſchine mediocre, qui eſt fort propre pour l'exercice de ces ſauts. Et en ceſte eſperance le Maiſtre s'aſſeure qu'ayant de ſi bons diſciples, & ſi bien compoſez, il ne perdra ny ſon temps, ny ſa peine, ains en receura tout honneur & contentement.

  FERR. Ie vous aſſeure qu'il me ſemble que ie ſuis à Palerme, lors que les Capitaines des galeres auec leurs Miniſtres vont cherchants les galiots nommez, de bonne volonté, pour eſlire ſeulement ceux qui ont l'eſchine plus forte pour mieux pouuoir ſupporter le trauail des galleres, pour eſcrire ſur le fin azur du Royaume de Neptune; d'autant que vous nous auez tant de fois nommé ceſte eſchine, que ie ne ſçay ſi les enfans qui apprendront à ſauter n'en deuiendront point inuiſibles. Mais ie voudrois bien, s'il vous plaiſoit, que vous me fiſſiez plus clairement entendre que c'est proprement auoir, ou n'auoir point d'eschine, afin que la diuision que nous en ferons auec ces Seigneurs en soit d'autant mieux cognuë.

BAPT. Toutes les professions ont certains termes particuliers, que plusieurs nomment termes de l'art, & sont seulement entendus de leurs professeurs. Quand doncques nous disons auoir bonne eschine propre à l'exercice du saut, cela s'entend lors qu'elle n'est point trop dure, ny trop forte à se ployer: Puis n'auoir point d'eschine s'entéd entre nous autres sauteurs l'auoir entiere; de sorte que pour ne la pouuoir ployer à faire les sauts du singe, on manque à leuer le saut en arriere auec ceste hauteur, & promptitude qui y est requise & necessaire, suyuant la forme & disposition que doit auoir vn bon & parfaict sauteur : toutesfois il suffira pourueu que ce soit suyuant l'ordre qui est estably pour enseigner tout ce qui est requis & necessaire pour cest exercice. Or ie dis que l'Art se conformera auec la nature & complexion de l'enfant, d'autant plus qu'il sera bien composé & proportionné de ses membres, & qu'il aura le Maistre accort & bien entendu aux raisons de l'Art du saut. Car ie n'ay iamais creu qu'aucun meritast le titre, ou dignité d'enseigner, s'il n'a appris premierement ce qu'vn autre doit apprendre de luy. Comme nul ne peut bien commander qu'il n'ayt premierement obey. Estant tout certain que celuy qui n'a sçeu apprendre auec Art les reigles & raisons de sa profession, lors qu'il en veut discourir, confond tousiours les termes de l'Art : mais i'estime que vous autres Messieurs en formerez vn beaucoup mieux que ie ne sçaurois faire, ny dire. Neantmoins i'allegueray qu'il y a en nostre profession plusieurs differences de sauteurs, desquels les vns n'eurent iamais cognoissance de l'Art, encores qu'ils sautent bien, sans auoir appris reigles ny preceptes, ny autres considerations necessaires à l'Art, qui peut rendre cest admirable exercice du saut plus facile & plus asseuré. Il y en a d'autres qui n'ont ny grace, ny façon, de sorte qu'il est impossible qu'ils puissent enseigner à vn autre ce qu'ils n'ont iamais appris. Il y en a d'autres encore, lesquels bien qu'ils n'ayent iamais veu faire seulement vn saut parfait, sont neantmoins en reputation d'estre bons sauteurs,

LE II. DIALOGVE

(de ceux principalement qui ne s'y cognoissent pas,) lesquels pensent que celuy qui a sauté sans donner du cul en terre, soit excellent sauteur: Mais c'est comme l'on dit des aueugles, qui veulent iuger des couleurs. Il se trouue vne infinité de bons sauteurs, lesquels, pour n'auoir iamais enseigné aucun en leur vie, ne se souuiennent pas seulement des principes de l'art, & sont le plus souuent impatients; & de là aduient aussi que l'on ne se doit promettre asseurément aucune perfection de leur instruction. Estant chose certaine, cõme i'ay dit, que celuy qui n'a pas appris quelque science, ou quelque art, ne le peut aussi enseigner. Car comment instruiroit quelqu'vn vn autre en la perfection de quelque art, duquel il ne sçauroit luy mesme les principes? Il faut doncques que celuy qui veut sçauoir bien enseigner l'art de bien sauter à autruy, que luy-mesme soit premierement deuenu bon & parfait sauteur, & qu'il ayt frequenté les plus excellents personnages de ceste profession, comme l'on peut voir & remarquer en nostre Archange, lequel par la theorique & pratique de bien sauter s'est acquis par l'experience vne telle reputation que chacun qui le cognoist l'a en admiration; & lequel aussi a non seulement acquis la perfection de tous les sauts, mais a cognu & familierement conuersé auec les seigneurs Alonse Espagnol, auec Ianino Sicilien, auec Hierosme de Furli, auec le Moret de Bolongne, qui sont tous excellens sauteurs, auec lesquels il s'est trouué plusieurs fois en presence des Rois, Princes & grands Seigneurs; estant ceste-là la vraye voye & le vray chemin d'apprendre au vray toutes les choses appartenantes tant à l'art & science du saut, pource qu'encores qu'vn parfait sauteur deuienne par accident ou autrement, inhabile à sauter, si est-ce que la science qu'il a en l'entendement est suffisante pour faire deuenir à son exemple vn autre qui ne manque point ny de volonté, ny de disposition, fort bon & excellent sauteur, voire quelquefois maistre de l'art du saut. Parquoy il faut tousiours soigneusement obseruer ce qui appartient au vray fondement de cest art, & ne s'en departir point. Car quiconque a esté vne fois mal instruict aux principes de quelque art, il est fort difficile qu'il se puisse iamais corriger, ny retirer de ceste mauuaise instruction premiere; estant certain qu'il n'y a moins de peine d'oublier ce que l'on a mal appris, que de bien apprendre de nouueau les reigles, & preceptes de la profession que l'on veut embrasser. Et tout cela n'est encores suffisant, si celuy qui se veut proposer d'enseigner, ne fait estat de s'armer d'vne grande patience, & ne se dispose de faire en fin comme vn bon & diligent Escuyer, lequel apres auoir par le moyen de l'experience cognu la nature de tous ses cheuaux, s'y gouuerne auec telle prudence, qu'il vse ore de patience, & ore de correction, & le tout auec dexterité de son art, ainsi que le temps & l'occasion le requierent. Nostre sage & expert sauteur en fait de mesme. Car s'estant choisi vn enfant à sa fantasie, vse de beaucoup de discretion, de iugement, de patience, & de diligence, pour bien cognoistre le naturel de son disciple, s'il est trop hardy, trop craintif, ou bien d'vn trop grossier esprit, afin qu'il se sçache accommoder à ce qu'il cognoist estre vtile & commode pour le proffit & aduancement d'iceluy. S'il est trop hardy de le retenir discretement, de peur qu'il ne s'emancipe par trop, si trop craintif, l'encourager vertueusement auec vne telle douceur, que cela luy accroisse & le cœur, & le courage : Bref vse de tous les autres moyens qu'il cognoist estre vtiles & necessaires pour le contenir en son deuoir.

FERR. Vous me faites souuenir S. Baptiste, de ce que i'ay autresfois leu au second liure de Fulgose, lequel dit qu'vn certain fort excellent Musicien nommé Timothee, quand il se disposoit à receuoir quelqu'vn pour son disciple, il luy demādoit premieremēt s'il auoit iamais appris la Musique, s'il luy respondoit qu'ouy, il luy disoit incontinent qu'il luy payeroit le double de ce qu'il luy eust demandé s'il n'y eust iamais rien appris; d'autant qu'il me faut prendre double peine. La premiere & plus fascheuse, dit-il, sera de te faire oublier ce que tu pensois sçauoir. La seconde par apres sera de t'enseigner les choses vrayes selon la perfection de l'art; & cela se doit entendre quād ledit Musicien trouuoit aucun qui eust esté mal instruict, & eust receu de mauuais enseignements & principes d'vn autre maistre. Dont ie tiens que vous auez fort bien dict parlant des considerations concernantes celuy qui feroit profession de monstrer à fauter, difant que bien fouuent les difciples s'apperçoiuent aussi bien que les maistres de faillir dés la premiere institution des principes, estans tousiours iceux en toutes choses le fondement du tout.

PIN. Certes M. Baptiste a fort succinctement, & auec plus de brieueté que ie n'eusse estimé dict & declaré quasi tous les plus difficiles points que l'on pourroit proposer entre les principes de nostre disposition & exercice de sauter. Car il me souuient en auoir cognu plusieurs à l'eschole de beaucoup de Maistres, & souuent remarqué moyennant l'experience que i'en ay euë, que la foiblesse du corps est changee de son naturel, comme se change la volonté du mesme disciple, y interuenant la patience, & tolerance du Maistre: Et au contraire l'obstination, la colere & la trop grande hardiesse, ou bien l'impatience, & le lent, morne & paresseux exercice, sont occasion de faire deuenir vn ieune homme, qui seroit d'ailleurs fort legier, dispost & bon sauteur, de beaucoup moindre excellence que l'on n'auroit pas peu esperer: mais d'autant qu'il me semble que tous ces Seigneurs, mesmes le Seigneur Charles entré tous les autres, desire des-jà voir en acte tous ces sauts qu'il leur a racontez, & pour le contenter & satisfaire, ie voudrois qu'en peu de paroles nous puissions conclure nos discours touchant l'ordre qui doit estre obserué & gardé pour enseigner à nostre enfant toute la perfection de l'Art du saut Cubistique.

BAPT. La premiere & plus grande diligence, & le plus considerable aduis dont doyue vser nostre M. sauteur en l'instruction de son disciple, est de trouuer le moyen de l'accoustumer peu à peu dextrement à perdre la crainte naturelle que l'on peut auoir en toutes les choses difficiles à entreprendre, estant le plus souuent occasion de faire abandonner vne entreprise de grande consequence, comme seroit celle de faire faire la volte au petit enfant de telle façon que vous pourrez conceuoir & entendre; d'autant que le Maistre pour l'accoustumer peu à peu à pouuoir ayfément ployer l'eschine, commencera dés l'entree à le soustenir sur la cuisse en ceste maniere.

Comme on ploye l'enfant sur la cuisse.

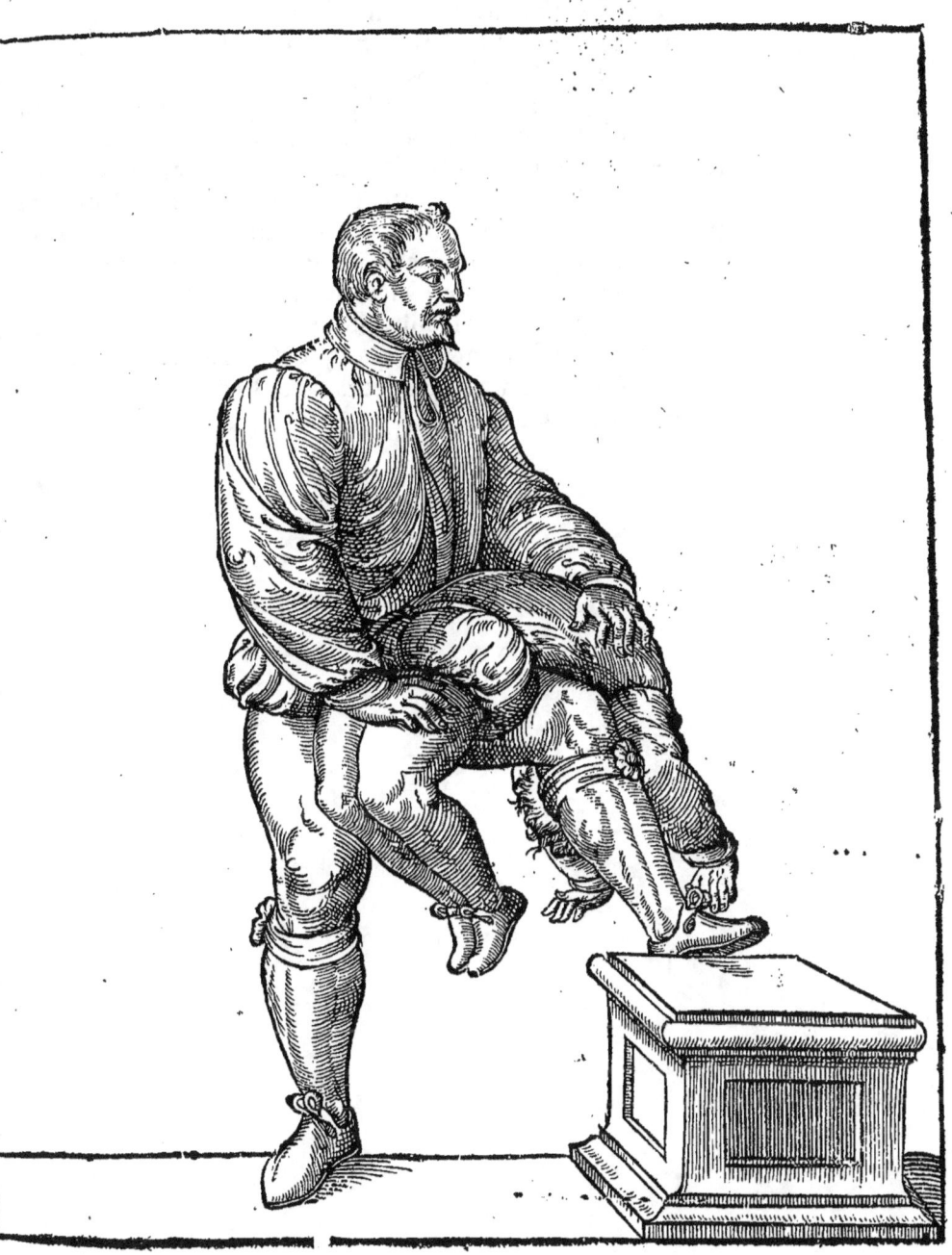

LE II. DIALOGVE

Il luy faut balancer l'eschine sur la cuisse estant son corps du tout renuersé, lequel moyennant ceste lente agitation de iour à autre vient à estre plus ployable & maniable. Et partant auec le temps on luy ira tantost poussant d'vn costé le sein en bas, & de l'autre costé les cuisses comme on le voit par la figure. Il est bien vray que si l'enfant sentoit douleur, il seroit plus à propos de differer à vne autre fois l'acte de ceste instruction; pource que si on s'y obstinoit par trop faute de iugement & de patience, il seroit à craindre qu'il n'en mes-aduint, estant cest inconuenient fort à noter. Mais quand on aura tant continué que l'enfant puisse auec facilité ployer l'eschine, alors il faudra que le Maistre vse de mesme que cy-dessus des deux mains, faisant peu à peu ioindre en plusieurs façons les mains aux pieds en ceste maniere.

Comme

Dv Sr. Arcangelo Tvccaro. 63

Comme on faict ioindre les mains aux pieds.

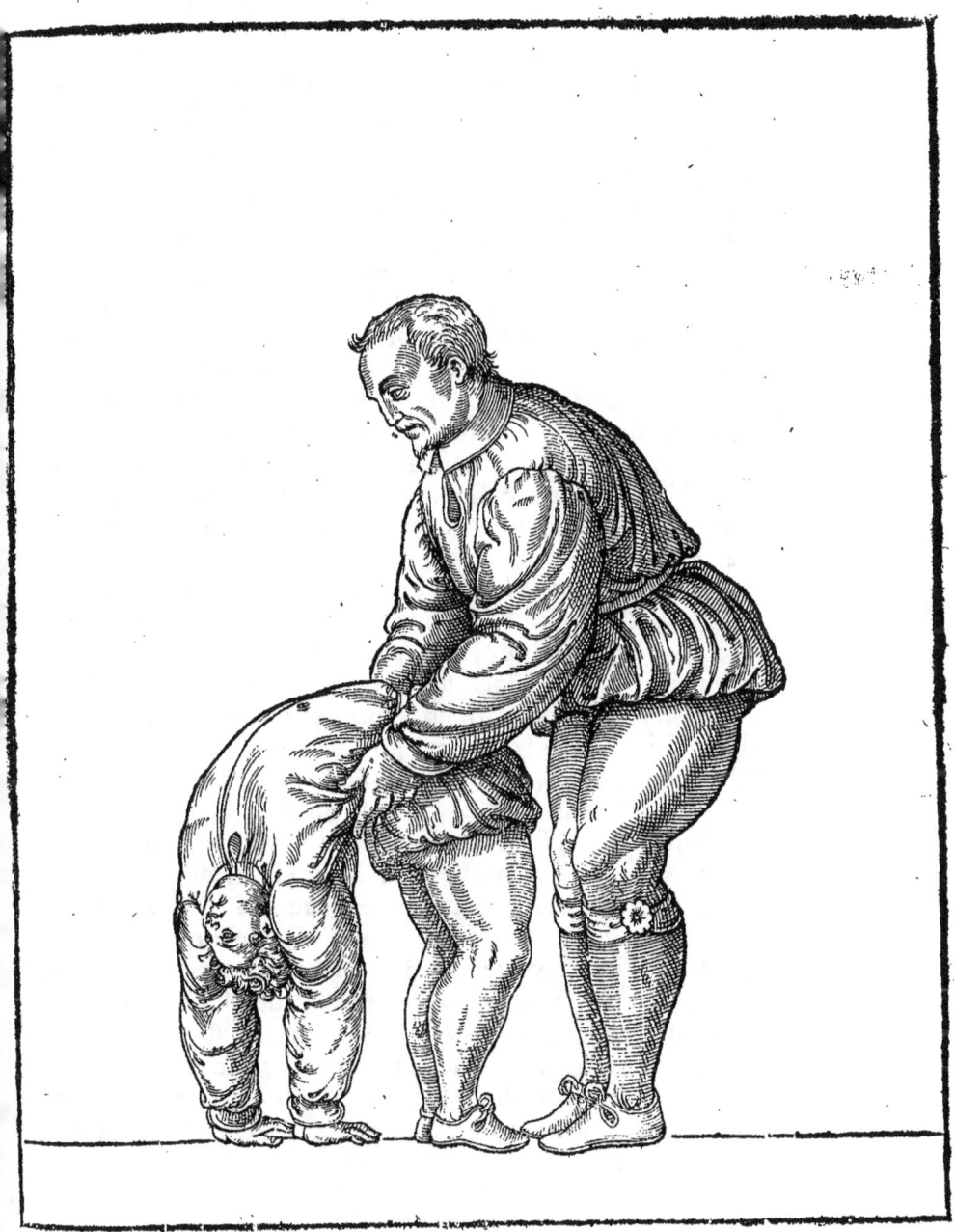

R.

Le II. Dialogve

En cest endroit il faut que celuy qui enseigne prenne bien souuent garde que la foiblesse, ou bien quelque lassitude, & quelquefois la pesanteur, ou l'vn & l'autre ensemble, sont souuent occasion de faire que pour le moindre trauail & douleur qu'il sentist, il ployast les genoux: Parquoy il sera bon y remedier y interposant le Maistre ses deux genoux, afin que l'eschine prenne la coustume de se ployer le plus droit & le mieux qu'elle pourra; & puis le faut asseurer de s'abbaisser de luy mesme, afin qu'il ne craigne de donner de la teste en terre; & afin qu'il aye plus de courage, il se mettra pres d'vne muraille deux ou trois pieds loin d'icelle; puis le faisant tomber en arriere, appuyant ses mains eslargies, peu à peu il s'aidera auec l'vne, puis auec l'autre en ceste façon à mettre les mains en terre, & luy ayant donné asseurance de se plier ainsi, il faut qu'il se releue luy mesme de la muraille, prenant garde à deux choses sur tout. La premiere est, qu'en quelque sorte & maniere qu'on le face abbaiser de luy mesme, qu'on se tienne pres de luy, & que on aye l'œil, que s'il perdoit courage, on fust prompt à luy donner secours, & qu'on se garde de le faire commencer à s'exercer en ceste seconde leçon, qu'on ne luy aye premierement bien rehaussé & ployé l'eschine sur la cuisse; d'autant que ceste premiere leçon le dispose à acquerir plus grande facilité & vigueur à se ployer. La seconde est qu'on l'aduertisse à toute heure de tenir les genoux fermes & droicts lors qu'il se ploye de soy mesme; d'autant qu'on euite par tel moyen le danger & peril de donner peu, ou beaucoup de la teste en terre se laissant aller; & si s'estant abbaissé, il ne se pouuoit redresser auec les deux mains, qu'il se tire suyuant le besoin du grand ou mediocre secours par ses chausses; il faudra qu'il tienne semblable reigle & mesure de soy redresser les genoux droicts & fermes; & lors qu'il se sera accoustumé à abbaisser iustement se monstrant jà asseuré d'vn tel estude, il faudra l'aduertir que pour faire la volte en arriere, il doit retirer les muscles des espaules, ensemble auec les hautes parties du sein, haussant en mesme temps les cuisses gentiment; pour faire la volte en telle sorte: Et pour qu'il la face plus ayfément, il sera bon luy ayder, & tenir la main gauche au sein, & la droicte à l'eschine; & lors qu'il

Dv Sr. Arcangelo Tvccaro.

apprendra la volte, alors il luy faudra ayder auec la main dextre, iufques à tant qu'il fe foit retourné, diminuant toutes-fois toufiours l'ayde felon qu'il verra bon eftre, comme i'ay dit ailleurs, afin que peu à peu il paruienne à pouuoir de foy mefme faire ladicte volte toute entiere; & voilà comment fe faict la volte en arriere: Mais quant à la volte en auant, on luy monftrera à mettre le pied gauche deuant, lors qu'il aura appris à demy à foy redreffer de foy mefme au premier ply de l'efchine de la feconde leçon; de forte qu'il ne reftera qu'à luy monftrer à faire la volte en auant: on luy monftrera dif-je de cefte forte, à mettre le pied gauche deuant, & au mefme temps qu'il abbaifera les mains auec les bras bien fermes, qu'il efleue auffi la jambe droicte auec les genoux bien droicts & fermes, l'efleuãt en haut, & la jambe feneftre en auant, que la dextre foit pour s'abaifer en terre pour faire la volte auec promptitude; il faut qu'elle foit d'vn mefme temps efleuee de terre en haut auec la cuiffe dextre, accompagné auffi de la feneftre auant qu'elle arriue à la ligne perpendiculaire, afin qu'en-femblément ils abbaiffent la volte de terre, l'aduertiffant qu'auant que les mains s'abbaiffent pour foy repofer en terre, il faut que toufiours la tefte vienne en haut le plus qu'il eft poffible, & que la partie inferieure continuë le mouuement vers la terre, & les jambes ayant paffé la ligne perpendiculaire, à l'inftant il ploye vn peu les genoux en cefte forte, iufques à les faire toucher l'vn l'autre, & faut tenir les bras en terre forts & fermes, & ployer fort l'efchine; & où il luy faudroit ayder, (ce qu'on remet au iugement du Maiftre) à l'inftant que les jambes font efleuees en haut, & commencent à s'abaifer vers la terre, il luy mettra la main feneftre auec quelque ayde du bras, & la dextre fur les cuiffes, puis il s'abbaiffera peu à peu par mefure pour luy faire ployer l'efchine fort bien; mais au temps que les pieds s'abaiffent pour fe mettre à terre, il luy faut dire que ployant les bras auec les mains il prenne vn eflancement de deuers la terre, afin qu'auec iceluy il releue fon corps en l'air auec plus de facilité, & en ceft acte efleuant fes mains de terre ploye vn peu fes genoux; & cefte-là eft la volte qui fe nomme entre fauteurs, voltiger de l'efchine, laquelle fert d'vn fort fuffifant principe, & commence-

R ij

Le II. Dialogve

ment pour l'enfant, afin de luy accroiſtre les forces & le cœur à la volte qu'on faict en auant aux ſauts voltigez. C'eſt pourquoy il me ſemble que noſtre diſciple ſe doit maintenir, tant ſur ce voltiger d'eſchine, qu'on le puiſſe recognoiſtre aſſeuré, meſmement de la teſte, à faire la volte auec aſſeurance & ſans crainte tant en auant qu'en arriere, & qu'il monſtre & donne ſigne d'auoir force de pouuoir ſans ployer l'eſchine tourner ſon corps, c'eſt à dire, le rendre ferme pour la faire aux ſauts voltigez. Et icy ie feray fin à ce diſcours pour ne ſembler vous vouloir ennuyer, & pour eſtre plus brief à vous raconter le moyen de pluſieurs & diuerſes eſchines : Mais d'autant que ces ſauts voltigez viennent pour la plus part de ladicte volte qui ſe faict en auant & en arriere, qui eſt choſe facile, & cognuë à tout Maiſtre pour dreſſer vn enfant à voltiger ſans autre expoſition plus grande, pour autant qu'encores que l'enfant ne ſçeuſt faire autre choſe que la volte en auant & en arriere, & qu'il ne s'exerçaſt à autre choſe, elle eſt aſſez ſuffiſante pour l'induire auec le temps aux ſauts voltigez en l'air.

Cos. Mais dictes moy ie vous prie combien il pourroit employer de temps à s'exercer à tel voltigement.

Bapt. Nous auons deſ-jà dict que le voltiger d'eſchine ne ſert d'autre choſe que pour aſſeurer l'enfant à s'accouſtumer de bonne heure la teſte à faire telle ſorte de volte, pource que quant au reſte il n'y ſert de rien, rendant pluſtoſt les membres & les muſcles peſants à faire la volte qu'autrement, dont s'enſuit, ſans que i'vſe d'autre replique, (comme chacun ſçait) qu'il n'y a pas grande diſtinction de temps ſur tel acte : mais il faut que le maiſtre aye iugement pour cognoiſtre ſi la force de l'enfant ſe trouue propre pour commencer l'exercice de ces ſauts qu'on appelle voltigez en l'air, mais plus proprement ſauts cubiſtiques ; prenant touſiours garde que ſi toſt qu'il s'entremet de faire les autres ſauts, que pour cela il ne ceſſe de continuer ce remuëment & voltigement d'eſchine, iuſques à tant qu'il aye appris trois ou quatre ſauts, comme le ſaut à deux mains, le gliſſement du milieu, auec le gliſſement quand on eſt eſtendu de ſoy-meſme en terre, le ſaut du ſinge, & le ſaut à pieds non pairs, & auſſi vne rouë, auec vn, ou pluſieurs ſauts de ſinge, ou roüé auec vn faut en arriere.

PIN. Ie ne puis coniecturer pourquoy vous voulez reuoquer en doute que les fauts d'efchine ne foyent nuifibles à fauter en toute chofe, excepté pour l'accouftumance de la tefte à la volte, lequel exercice ie veux continuer feulement iufqu'à tant que ie fçache faire les autres fauts ; D'autant qu'il me femble qu'eftant l'efchine forte, elle foit le fondement tant des fauts abbaiffez, que des forts & violents, tant qu'il eft neceffaire les efleuer le pluftoft que l'on peut, mais auffi s'il eftoit poffible, ne les arrefter iamais, veu que nous auons dit cy-deuant, que cela eftoit neceffaire feulement pour s'accouftumer à faire les principes, dont ie ne ferois feulement d'opinion que l'on defiftaft à faire tel voltigement d'efchine; mais de le faire pluftoft cinq ou fix fois arrefter, fans faire autres fauts, pour autāt que comme nous auons dit, l'efchine fert de beaucoup aux fauts abbaiffez. Celà eftant, encor que puis apres le difciple fuft cinq ou fix mois fans s'exercer, il n'en oublieroit tant, qu'il ne luy en demeuraft toufiours quelque fouuenance, s'accouftumāt l'enfant plus à faire la volte de difpofition que de l'efchine; & bien que vous me pourriez refpondre que demeurant fans voltiger il pourroit auoir la tefte pefante & debile, le cœur timide & craintif, & les mufcles eftonnez; ie dy qu'il n'eft vrayfemblable qu'il l'oublie en fi peu de temps, de forte qu'il ne retint quelque chofe des fauts voltigez ou autres qu'il auroit fait tant de fois auparauant; puifqu'on voit ordinairement que les fauteurs, encor qu'ils foyēt des ans entiers fans fauter, neantmoins moyennant que leurs forces durent, ne perdent point le cœur à faire la volte; & bien que ie vous accordaffe que cefte difcontinuation de cinq ou fix mois pourroit beaucoup preiudicier à l'enfant en ce commencement, pour cela ne feroit-il neceffaire de croire qu'il deuft continuer à voltiger de l'efchine, apres qu'il fe fera mis à faire d'autres fauts ; pource qu'encor qu'il peuft eftre quinze iours ou vn mois fans apprendre d'autres fauts, veu que la volte s'y interpofe & entremet en chacun faut, iamais depuis le cœur n'en part, ny n'en a peur.

BAPT. La perte du temps eft fi chere que fi vn petit enfant demeuroit cinq ou fix mois fans continuer ce qu'il auroit

commencé, ceste premiere ardeur, & bonne volonté qu'il a-
uoit en ces commencements pourroit estre peu à peu refroi-
die; & cela luy preiudicieroit beaucoup, & luy pourroit tant
nuire qu'en fin ce luy seroit plus de peine de se pouuoir remettre apres vn si lõg temps à faire les sauts, que si de nouueau
il commençoit n'y sçachant rien: mais vostre seconde opinion
auec la raison que vous auez alleguee n'a aucun lieu: Car il n'est
point besoing de l'oster si tost, ou destourner de faire les sauts
de l'eschine; Car vn mois ou plus qu'il s'y tiendra, ne le rendra
pas plus foible ny tendre, outre que durant ce temps il se res-
iouit en prenant plaisir d'apprendre quelque chose, & de pro-
fiter en la cognoissance tant des sauts que de la volte que l'on
luy enseigne, desirant tousiours auec plus d'affection d'en sçauoir d'auantage. Ce qui ne succederoit si bien, s'il s'en destour-
noit si tost que vous dites; Mais plustost se desesperant, il se per-
suaderoit de voir encore de nouueau employer autant de tẽps
& de peine qu'il auoit fait auparauant: Tellement que ie suis
d'aduis, tant pour son profit, que pour luy maintenir & conseruer la teste bonne, il faut qu'il s'y entretienne, comme i'ay
dit, iusques à ce qu'il sçache iustement faire trois ou quatre
sauts; & ce sera lors qu'on luy pourra librement dire que le voltiger d'eschine est nuisible pour paruenir à la cognoissance
d'vn rare & parfait saut; laquelle proposition il ne trouuera
point estrange, pour auoir jà cõmencé à gouster l'excellence, &
beauté du vray saut. Ce qui aduiẽt à toutes les choses qui appar-
tiẽnent à quelque art ou science qui se puisse enseigner aux hõmes. Pour exemple, nous voyons qu'vn maistre ioüeur d'instruments pour cõseruer l'vsage, & la promptitude de la main
de l'enfant, comme aussi pour luy en donner delectation &
plaisir, va chacun iour reïterant les plus faciles accords qui se
trouuent, iusques à tant qu'il se soit introduit en chose de plus
grande importance.

Cos. Ie voudrois suiuant le commun aduis de toute ceste noble compagnie, que vous fissiez le plus de diligence que
vous pourriez à poursuiure l'ordre que l'on doit obseruer pour
la parfaicte instruction de l'art de sauter, que vous alleguez; car
nous voudrions desià voir par experiẽce les plus beaux & plus

admirables sauts.

BAP. Il me souuient auoir jà dit que toute la perfection de nostre saut consiste à faire la volte iuste reuenant à terre.

Cos. Auant que passiez plus outre, dites nous si vous entendez lors que vous parlez de la volte, que le corps doyue tousiours retourner à terre, remettant ses pieds au lieu d'où il auoit commencé à eslancer le saut, ou non; car il me semble que cela est fort considerable.

BAPT. Vous auez bonne raison: Car il ne faut nullemẽt douter qu'entre tous les sauts voltigez ou en auant, ou en arriere, celuy-là est le plus parfaict de tous les autres, qui faisant en se tournãt en l'air vn vray cercle, retourne à mettre les pieds au mesme lieu, d'où il auoit commencé à partir à l'eslancemẽt du saut; & cela non pour autre chose que pour le rendre plus parfaict & mieux accomply, estant impossible qu'on trouue personne qui puisse passer outre le signe de ce saut parfaict, qui entre les professeurs & maistres de l'art, se nomme saut en arriere retourné, pour l'acte de retourner ses pieds auec toute proportion iuste au lieu d'où le sauteur les tenoit eslançant son saut.

COSME. Certes ie m'aduise de vostre conception qui est fort belle: Car à chasque fois que vous aurez fait vostre saut bien proportionné auec sa iuste volte, retournant au mesme lieu d'où s'est le corps eslãcé, il n'y a doute, qu'encores que d'autres puissent faire le mesme, si ne s'ensuit-il qu'ils le puissent surmonter, comme il peut aduenir en tous les autres sauts, qui peuuent estre aduancez plus d'vne part que d'autre, veu qu'il est certain qu'à chaque fois que quelqu'vn surmonte son compagnon seulement d'vn doigt en sautant, que le saut du premier se doit appeller moindre, puis qu'il s'en est trouué vn qui l'a fait plus grand; ne se pouuant en tels sauts trouuer vn terme prefix que l'autre ne puisse passer; ce qui est vne plus grande imperfection entre-eux, puis qu'ils ont pour leur fin de pouuoir estre plus longs; ce qui ne se peut pas trouuer au saut retourné, estant tousiours iceluy, comme tres-parfaict, semblable à soy-mesme entierement de tous costez, sans determination de longueur, ou largeur, estant asseuré de ne pouuoir iamais eſtre en aucune maniere ſurmonté. Cè qui à bon droict ne procede d'autre que de la bonté diuine & excellence de la forme circulaire, laquelle on peut dire auoir proprement ſon principe diſtinct, & ſeparé de la fin cõmune des autres, n'y ayant au cercle aucune partie qu'on puiſſe nommer ny principe, ny fin d'iceluy. Car quelque poinct qui s'oſte du cercle ſans aucune difference, eſt tant le commencement que la fin de ce cercle. Parquoy examinant tous les mouuements qu'on peut faire aux autres cercles, il n'y en a aucun qui ne ſe puiſſe vanter eſtre plus conforme au mouuement celeſte, & partant plus digne que ceſtuy noſtre ſaut retourné, duquel l'origine & fondement ne ſemble point dependre aucunement du mouuement humain. Qui plus eſt Ariſtote, nous aſſeure que le ſeul mouuement circulaire ſe peut nommer regulier; & tous autres mouuements ſans aucune exception irreguliers; d'autant auſſi qu'ils ſe peuuent, ſans aucune exception, hors mis le circulaire, auancer, reculer, ſe contrarier & diuerſement oppoſer les vns aux autres, n'ayants aucune reigle determinee, longue ny large de leurs diſtances, comme il eſt neceſſaire que le circulaire l'aye, voire au beau milieu de toute la ligne perpendiculaire, ſur laquelle eſt le mouuement formé en ſe tournant à l'entour du centre, qui ſe trouue continuellement au lieu qui eſgalement eſt diſtant de tous les coſtez de la circonference.

FERR. Pourſuiuez doncques M. Baptiſte, puis que le S. Coſme a tant bien conſulté auec ſa Philoſophie circulaire la perfection & egale proportion de ce ſaut retourné.

BAPT. Ie diray ce qu'il m'en ſemble, ſuyuant la pratique & cognoiſſance que i'en ay, me ſoubsmettant touſiours à la correction de ceux qui peuuent mieux que moy ſçauoir le moyen d'enſeigner ce qui concerne ceſte conſideration circulaire. Il me ſemble donc que le ſaut retourné iuſtement fait auec la volte n'eſt autre choſe qu'vn cercle parfait en l'air, dont la circonference commence, & finit au meſme lieu, d'où le ſauteur eſt party de terre lors qu'il s'eſt eſlancé pour faire ledit ſaut: Il faut doncques que le centre de la circonference formee de la iuſte proportion du ſaut ſe trouue en la moitié de l'eſpace occupé par le corps du meſme ſauteur retourné à poinct nommé.

mé. Or i'en ay cognu quelques vns qui se sont trompez, se persuadants que le centre fust où les pieds retournent sur la fin du saut iustement tourné: Car si cela estoit, il seroit necessaire que la moitié du cercle fust sous terre descrit, ce que l'on voit estre impossible. Et encores ce que i'ay entendu de plusieurs, que lors qu'il est besoin que le sauteur s'esleue de terre pour faire la volte de son corps, nous deuons prendre pour centre du saut tourné la iuste moitié du corps dudit sauteur, suyuant le lieu auquel il se trouuera apres auoir commencé se tourner en l'air; & qui le considere de ceste sorte, chasque saut tourné descrit tousiours auec la teste vn cercle tres-parfaict en l'air, duquel la superficie va par ligne droicte au centre, & droict au lieu où le sauteur auoit ses pieds lors qu'il a commencé à sauter, & s'esleuer en l'air. Il est bien vray qu'aux sauts longs la volte commence du lieu d'où on s'eslance, & finit au lieu où la teste vient à se tourner; & encores qu'il y ayt peu de difference, si est-ce neantmoins qu'il est assez euident que l'extremité de la teste regardant le ciel au commencement & à la fin de chaque saut, il est necessaire que la teste retourne à former vn cercle parfait duquel la difference n'est autre que cest alongement ou extension qui se fait en quelques sauts, comme en les faisant parauenture voir en acte, ils seront beaucoup mieux cognus & entendus. Maintenant il faut dire, que tout ainsi qu'aux Mathematiques pour enseigner à descrire vn cercle sur vne droicte ligne, il le faut diuiser en deux portions égales, & puis faire le demy cercle d'vn costé, & ainsi ayant pour resolution que le cercle face vn cercle tres-parfaict en l'air, nous procederons de la mesme maniere & façon qu'eux, nous souuenans toutesfois que le nostre est beaucoup plus difficile que le leur, d'autant que plus est gros le compas auec lequel nous le faisons, est plus difficile à manier que n'est pas l'ordinaire: Mais d'autant que ie ne suis point Mathematicien, bien qu'il semble à m'ouyr discourir que i'y entende quelque chose, ie veux prier M. Ferrant de prendre en cecy ma protection, & obseruer en chaque saut la figure que l'on descrit.

FERR. Vous deuiez plustost employer le secours du S. Rogier que le mien, comme si i'estois quelque resolu & excellent Mathematicien.

Cos. Ie vous prie que nous ne nous remettions point sur les bien sçeances & ceremonies: mais cherchez seulement de satisfaire à ce que l'on requiert de vous gracieusement, & le plus briefuement que faire se pourra. Car i'aurois fort agreable de voir auec tous ces Messieurs l'acte de ces beaux sauts, sans tant en disputer; & me semble que toutes ces raisons tant des cercles, que des centres, & autres telles speculations, bien qu'elles semblent belles, ne sont toutesfois en effect si iustes & certaines que les demonstrations és Mathematiques.

Ferr. Il est vray que toutes les autres choses ne sont point si certaines; mais encores faut-il que nous nous en seruions pour la necessité telles quelles sont, & y apportions du iugement pour en sçauoir vser auec discretion, de peur que nous ne prenions vne chose pour l'autre. Qui est celuy qui ne sçait qu'il est impossible de former iamais en sautant, soit retournant, ou non, vn cercle parfaict? bien qu'audict saut retourné on voye & considere vne telle circuition qui approche fort à ceste parfaicte rondeur du cercle duquel nous parlons: & n'est vray semblable ce que vous vouloit persuader le S. Baptiste, que la teste se forme en tous les sauts retournez à la similitude & semblance d'vn petit cercle parfaict, pource qu'on ne le peut iustement figurer & comparer aux sauts iustement & également retournez; & ne doit-on prendre garde au tour de la teste, mais bien à celuy que les pieds vont formant, lors que le corps se retourne en l'air, se tournants ou nõ, pour se remettre en son mesme lieu, d'où le sauteur s'estoit commencé à lancer pour faire le saut; estant certain qu'en ces sauts tournez, & non retournez, nõ seulement la teste ne fait aucun cercle, mais au contraire elle va formant vn croissement de lignes, par lequel on cognoist que la teste deuãt s'auancer auec tout le corps pour se trouuer redressé au mesme lieu où ils vont plater leurs pieds, il est necessaire qu'il s'en ensuyue vn tel croissement de lignes que i'ay dict; ce qui n'aduient pas au saut retourné, d'autant que les pieds retournent au mesme lieu, d'où ils estoyent partis, & duquel saut il ne se peut former aucune figure bien & iustement reiglee, ny que le nom de rondeur parfaicte merite, comme par les demonstrations cy-deuant mises il se pourra aysément voir, lesquelles vous monstrent facilement la diuersité des mouuements requis à ceste sorte & espece de saut, cõme estant ou plus ou moins droictement decliné à son premier eslancement, c'est à dire, plus haut ou plus bas, qui est son premier temps.

BAPT. Ie n'ay pas entendu qu'on doyue proceder enuers vn ieune homme par ceste voye Mathematique, bien que i'aye prié le S. Ferrand de monstrer les mesures iustes du saut; mais seulemẽt ie desirois sçauoir d'où procede la cause du saut parfaict & imparfaict, & leur difference; & d'où vient que tous ne sont pas sauteurs, bien qu'ils facent les mesmes sauts. Et faut que nous empruntions des Mathematiques la plus part des noms que nous auons en nostre Art, & desquels nous vsons en chacun saut, mesme en celuy qui seroit faict par le plus lourd sauteur qui se trouue, comme cercles, demy cercles, lignes, ouales, &c. Mais la difference d'estre plus long, ou plus court, plus propre, ou moins propre, procede de l'obseruation de se gouuerner de l'vn à l'autre contre les mesures Mathematiques, auec plus ou moins de proportion qui est requise au saut : mais passant à la demonstration de nostre Art, auant que de venir à la narration du saut, il est necessaire de sçauoir la proportion, & mesure, qu'on doit generalement tenir en chacun des trois fondements d'iceluy, qui sont le leuer, le tourner & l'acheuer, & autres mouuements du corps, qui sont la cause de ce saut tourné. Or il y a quelques sauts qui s'esleuent par le moyen de la course, & autres sans course; & y en a tant des vns que des autres aucuns conditionnez, & autres non terminez. Nous nommerons doncques terminez ceux generalement, ausquels il faut en sautant passer sur vn homme, ou dans les cercles ou sur vn siege, ou banc, ou autres semblables. Les autres sont ceux que nous nommons libres, qui se font sans introduction de borne, ou terme, ou le corps doyue par necessité acheuer son saut. Le fondement premier de ces deux sortes de saut n'est qu'vn mesme, se deuant & en l'vn & en l'autre lancer le corps auec violence; & partant nous nommerons d'oresnauant ce premier fondement eslancement du corps, lequel n'estant fait à temps, ou pour gliſſement, ou pour châgement de pied proche du terme où on ſe doit lancer, ou pour auoir les membres diſioincts ſuyuant leur neceſſité, s'enſuyuent deſordres tres-dãgereux pour le ſauteur. Il eſt doncques de beſoin aux ſauts de courſe, auant que l'on commence la courſe, qu'on ſe reſolue du moyen & de la force requiſe & neceſſaire pour accomplir, & faire le ſaut, & qu'on diuiſe la diſtance d'où on commence la courſe iuſques là où on doit commencer le ſaut; & afin qu'il ne s'enſuyue changement du pied cõtraire à ſon vouloir, nous nous ſeruirons d'vne ſorte de courſe, dont nous parlerons tantoſt, & auſſi du moyen que l'on doit tenir à faire le ſaut diuers, & variable dés le commencement iuſques à la fin, la difference qui eſt en ce premier fondement entre les ſauts libres & terminez; és libres on doit monter tant que la force & le iugement le permettent; & aux limitez, ou terminez, il faut aller ſi haut que la teſte vienne iuſtement, ou au moins fort proche du terme; car ſi elle n'y arriuoit, ils feroyent la volte & le tour le plus ſouuent, outre que le ſaut ne ſeroit iuſte & meſuré: & y auroit danger de tomber, & ſe faire mal: & au contraire il ſeroit qu'il y auroit deſordre, pour vne trop grande violence non reiglee, s'il paſſoit ledict terme, par lequel il peut faire la volte iuſte. Quant au ſecond fondement, c'eſt le meſme en l'vn & en l'autre ſaut, libre & limité: car eſtant arriué au lieu propre à faire la volte, il eſt beſoin ſans interpoſition de temps ſe racourcir fort, retirant les cuiſſes pres du corps, auec l'ayde des bras & de la teſte, qui font que le corps ſe tient en fort peu d'eſpace, alors que l'on veut faire la volte, ou le tour; à laquelle ſi les forces manquoyent par interpoſition de temps, il en aduiendroit de fort grands dangers. Le dernier fondement ſe rapporte à la fin de chacun ſaut, qui conſiſte, à ſçauoir bien accommoder les deux mouuements du corps, à ſçauoir le ſuperieur, qui eſt depuis la teſte iuſques à la ceinture, & l'inferieur, qui eſt depuis la ceinture en bas, où il eſt en proportion égale; & de cela ne peut-on donner reigle generale: car ſuyuant la diuerſité des ſauts, il faut s'alonger, ou accourcir conformement à la plus grande hauteur, ou petiteſſe du ſaut, pluſtoſt, ou plus tard, pour euiter de tomber, ou trébucher, ou donner du cul en terre selon la diuersité de la volte en tous les sauts eslancez qui s'esleuent auec la courfe, & aufquels le corps s'esleue en haut, & auec plus de violence, qu'il ne faict s'esleuant fans courfe. Que le faut fe face auec la volte en auant, ou en arriere, ou de ferme, & qu'on fe iette de haut, il eft neceffaire de s'eftendre, ce qui n'eft autre chofe que refrener la volte en eflançant en vn mefme temps le mouuement fuperieur du corps en haut, le redreffant droit, allongeant les jambes & les cuiffes en bas vers terre; Que le fauteur aie le iugement de s'en feruir proprement felon la hauteur, afin que voulant euiter vn inconuenient, il ne tombaft en vn autre pour eftre trop diligent & trop prompt; comme il aduiendroit s'il fe trouuoit auoir le corps trop efleué de terre à faire vne volte en auant, s'il s'eftendoit trop toft & qu'il vint à tomber, d'autant que les jambes ne trouuant terre, pour s'eftre eftendu trop violemment, il viendroit à trebucher & à donner de la face en terre: mais il faut qu'il aille compaffant, fuyuant la hauteur du lieu, lors qu'il fe voudra eftendre, & pour parler plus clairement & le mieux donner à entendre; ie diray qu'és fauts, où le corps s'efleue de terre fort haut, on ne fe doit pas fi toft eftendre: car, comme i'ay dict, les pieds ne trouuant terre on viendroit à trebucher; ny s'accourcir auffi trop violemment; & pour fe r'eftendre il faut le faire au commencement fort lentement, & peu à peu, tant pour retenir le corps, de peur qu'il ne tourne, qu'auffi pour prendre temps que le corps tombe, tant que fentant eftre fuffifamment abbaifé, on s'eftende lors tout d'vn coup. Et és fauts qui s'efleuent auec courfe, efquels le corps s'efleue auec violence non trop haut de terre, fi toft que la volte, ou tour eft acheué, on fe doit eftendre: mais qu'on prenne garde toutesfois que felon l'eleuation du corps plus ou moins, qu'on aye le iugement de fçauoir trouuer terre par ligne perpēdiculaire en l'acte de fe vouloir eftendre; car fi on attendoit trop tard, on pourroit donner du cul en terre: & és fauts efleuez de terre ferme il faut au contraire qu'auec les cuiffes & les jambes accourcies, on vienne à s'efleuer, & les ayant ployees on retourne à terre à pieds pairs, & non pairs; & s'eftant mis en auant pour celuy qui fe faict en arriere, & au faut retourné, & aux autres qui ne fe peuuent pas beaucoup esleuer de terre, le temps de faire la volte, ou le tour, les empescheroit; & és sauts tournez en auant y a danger de dõner des fesses en terre, & és sauts tournez en arriere y a danger de donner de la face en terre: mais aucunesfois plus, aucunefois moins en quelques vns, suyuant la plus grande, ou moindre esleuation du saut; ce qui peut aduenir au plus ou moins dispost sauteur. Le maistre doit auoir vn fort grand iugement en cecy à enseigner les deux premiers fondements. Ils seront doncques semblables aux sauts fermes, & le dernier qui consiste à s'estendre est different, ainsi que nous auons dict, à reuenir droict, ou ployé, comme nous dirons en son lieu, en l'instruction de chacun saut. Or puis que nous auons suffisamment discouru de la maniere, mesure, & proportion que l'on doit tenir & obseruer en chacun desdits trois fondements, nous viendrons maintenant à traicter des autres mouuements, qui sont occasion de tout le sousleuement du corps pour faire nostre saut cubistique. A l'eslancement que faict la partie inferieure de terre est suyuant la diuersité du saut aydee tantost de l'accourcissement des genoux, & quelquesfois de l'auancement de la iambe droicte en la leuant: La superieure est semblablement aydee continuellement en s'esleuant du mouuement de la teste & de celuy des bras; il est bien vray que ces quatre susdicts mouuements, de la teste, des bras, de l'accourcissement des genoux, & de l'extension de la iambe, sont entr'eux differents selon l'occurence des sauts; car la teste a quatre mouuements, à sçauoir, s'auancer en auant au premier eslancement du saut en auant, & de celuy qui se faict en arriere, suyuant que l'on donne la volte au corps en auant, & en arriere circulairement: le troisiesme c'est celuy qui se fait par les flãcs, à costé, de hanche, ou autrement: le quatriesme est celuy que l'on fait en se retournant en arriere, ce dernier estant vers le costé senestre ou dextre, suyuant la commodité propre du ieune homme, est entre les sauteurs nommé saut retourné, & cestuy-cy mesme est peu different du commencement de la rouë, n'estant le retourner autre chose que bien faire la rouë en l'air, comme vous entendrez. Mais ceste forme de se mettre en auant & en arriere toutes les fois que continuë le mesme mouuement de la rouë, iufques à ce que la volte ou tour finiffe, eft toufiours caufe de deux effects; à fçauoir, qu'il aide premierement à efleuer le corps au premier fondement, & puis au fecond à le tourner: L'autre qui fe met du cofté gauche, retournant le faut, & par flanc ou cofté, & par le faut de hanche ne fait qu'vn effect. Les bras ont fix mouuements. Le premier, fe mettre eftendu en auant, comme monftre la premiere figure au faut des cercles. Le fecond eft, tenir les poings efleuez & eftendus regardant le Ciel; & c'eft ce qui caufe faire la volte és fauts retournez qui fe font en arriere. Le troifiefme eft en auant en forme courbee, comme vous verrez en fon lieu. Le quatriefme, en arriere eftants raccourcis, comme ie vous monftreray cy apres. Le cinquiefme eft de ceux qui font ployez ayants le cofté feneftre en rouë par flanc, ou pour mieux dire par hanche, le mouuement duquel n'eft neceffaire à nos fauts, excepté à celuy qui fe fait par hanche ; & ce qu'on fe met en auant les bras eftendus fert à efleuer le corps au premier fondement, & auec fort grande promptitude, mefmes en ces fauts en auant qui s'efleuent de courfe, il faut que le corps foit eflãcé par droicte ligne, en la forme qu'il s'eflance au premier fondement à paffer les cercles, ou en quelqu'autre tournant le faut fans fin, ou terme, comme à paffer fur vñ homme, ou autre chofe. Et d'autant qu'on trouue quelques profeffeurs de ceft art qui s'efleuent és fauts en auant auec fort grande violence, & ont de couftume mettre les bras au premier fondement nõ eftenduës, comme i'ay dit cy deffus, mais courbez, ie tiens qu'il ne guide, ny ne foufleue fon corps auec telle vigueur & prõptitude que l'autre pourroit faire, veu que mettre les bras courbez repugne au corps, comme contraire mouuement de fe pouuoir auancer auec cefte facile & prompte agilité qu'il pourroit faire les mettant eftendus; ce que nous enfeigne la nature mefme. Que s'il aduient que quelqu'vn vueille fauter vne efpace, ou fur vne table, pour peu expert qu'il foit, il ne iettera iamais fes bras pour tirer fon corps en longueur, ou pour le foufleuer de terre en haut, en mettant fes bras courbez; mais bien le fera-il les eftendant, comme ie vous ay jà dit de ceux qui s'efleuēt de courfe és fauts qui fe font en auant auec promptitude là où il eft ne-

cessaire s'estendre. La forme de mettre les bras estendus au premier & second fondement pour faire la volte, les tirer en arriere, & les raccourcir, a plus de proprieté pour temperer la volte, de peur qu'on ne vienne à trebucher en auant, ou tomber sur la face: mais bien diray-je que ces sauts qui se font en auant, ou qui se leuent de terre ferme, ou auec petite course, & pour plus faciliter le corps à s'esleuer de terre en haut d'vn temps conuenable, pour luy faire donner ou faire la volte, & mettre ses bras courbez pour le saut non trop haut esleué, sont de plus grand aide & secours, qu'ils ne sont les estendant pour faire tourner le corps auec plus de promptitude; me reseruant toutesfois le saut de ferme à pieds impairs, disioints tourné & retourné, lequel se doit esleuer au premier fondement auec les bras estendus, estant plus propre que l'autre courbé, ainsi que l'experience nous le monstre, & accourcir les genoux és sauts qui se font en arriere, cause des effects; l'vn, ou qu'il aide au premier fondement à leuer le corps de terre, & au second tenant ses genoux accourcis, le corps tousiours se tourne auec plus de facilité, & promptitude, d'autant qu'elles sont en luy vnies & conioinctes, & ne font qu'vn effect au saut retourné en arriere, comme en celuy qui se fait en auant soit au premier, ou au second fondement; la iambe pour esleuer le saut en haut, soit à pieds disioincts, de ferme, ou de course, font effects, à sçauoir, le premier au premier fondement aide le corps à s'esleuer de terre, il fait seulement cela en arriere, s'estant de course eslancé en auant. Et sçachez que la difference qui est entre le saut iustement fait, & auec toute asseurance & bonne grace, & celuy qui est mal propre, peu resolu, & de mauuaise grace, procede du plus & moins docte sauteur, qui est, suyuant l'occurrence de sçauoir regir & conduire son corps és trois fondements auec la proportion iuste & la mesure, que l'on y doit obseruer. Mais d'autant qu'aucuns sauts se font libres, & autres limitez, comme nous auons dit cy dessus, ie ne veux toutesfois laisser d'en donner briefuement vn general aduis, & enseignement; afin que nostre sauteur en ces sauts diuers soit iudicieux pour faire que le saut soit iuste & bien fait. Il y a doncques quelques sauts qui s'esleuent auec la course, & autres sans course; ceux qui
s'esleuent

s'esleuent auec la course, les professeurs de cest art luy donnent le nom de eslancez; les autres qui se font sans l'aide de ceste course, sont nommez sauts de terre, & sont plus forts que les autres, veu que la vistesse qui naist de la course, cause plus de facilité à sourdre le corps de terre, & le faire esleuer en haut auec plus de vigueur, qu'on ne fait à l'esleuer sans elle; veu que c'est chose naturelle, que beaucoup plus aiseement on sautera vne espace de longueur, ou qu'on passera vne table, ou autre chose de hauteur auec l'aide de la course, que l'on ne leuera le corps de ferme: Et afin que l'aduertissement soit mieux en general, & auec plus de facilité entendu de nos sauteurs, nous prendrons pour les sauts qui s'esleuent de ferme deux termes; l'vn sera, que le sauteur esleue vn saut de terre en auant, ou en arriere, & le mesme sur vn treteau qui seroit de hauteur de trois pieds: Le saut qui s'esleue de terre ferme requiert au premier & second fondement vne plus grande vistesse & promptitude qu'il n'est requis à celuy qu'on fait sur vn treteau; car le saut qu'on fait sur vn treteau requiert vn plus lent mouuement: & la difference qui naist du plus grand, & moindre mouuement est cause de la hauteur que porte le treteau, la hauteur duquel rend le corps à l'esleuer & tourner, remply d'vne plus grande vigueur, facilité, & promptitude esdits deux fondements, qu'il ne fait en ce qu'il s'esleue de terre; Pource que quand ie dois faire vn saut esleué de ferme (prenons premierement de terre, & puis nous prendrons le mesme de cy-dessus d'vn treteau) pour faire que le saut que i'esleue de terre sorte effect auec parfaicte proportion, il me conuient, esleuant le corps au premier fondement, vser de grande force & promptitude, afin qu'en le tournant, ceste force & violēce dont i'ay vsé à leuer le corps, cause au second fondemēt que ie me tourne auant que le corps commence à descendre vers son centre au troisiesme fondement: mais au contraire esleuant ce mesme saut dessus le treteau, il viendroit à donner trop grande volte quand il voudroit vser de ceste force & violence dont ie me suis serui en celuy de terre, & lors il viendroit à donner de l'eschine & de la teste en terre au saut en arriere, & de la face en celuy d'en auant. Et afin que nostre ieune homme se rende as-

LE II. DIALOGVE

seuré & vse de ces sauts auec vne entiere & parfaicte practique, auant que de venir à la particularité de chacun saut, ie dis en general, qu'il aduise de ne se mettre iamais à faire vn saut, s'il n'a auparauant iugé en son entendement que ses forces corporelles correspondent pour faire le saut qu'il s'est proposé de faire, estans les forces du corps iournalieres à vn chacun: qui est cause que tel pourra auiourd'huy bien faire vn saut auec toute asseurance, se trouuant les forces suffisantes, qui demain ou vne autre fois ne sera pas si bien disposé, ses forces estans beaucoup plus foibles. Et ceux qui n'obseruent pas cette reigle & preceptes, se mettent en voye d'estre bien souuent renuersez auec la teste, ou auec l'eschine en terre. Que nostre jeune homme aussi prenne garde à chacun saut, auquel on donne la volte en l'air, mesmes és sauts, esquels on se sousleue de terre ferme, d'auoir fait la volte iuste, auant que le corps commence à descendre vers son centre pour se remettre à terre, comme i'ay declaré cy dessus; veu que si le corps descend auāt que la volte soit finie & achéuee, & outre que le saut ne se feroit iuste, ny auec grace, on seroit en danger de cheoir & se faire mal. Et afin que le corps aye force & vigueur de se tourner en ces sauts qui s'esleuent de terre ferme, & d'eslancer le corps au premier sondement, il faut vser de fort grande force, & violence: Et s'il aduenoit d'auenture par debilité de force, ou autre accident, que le corps s'abbaissast vers la terre, auant qu'il eust finy la volte, pour euiter vn grand danger, qu'il tienne tousiours le corps accourcy le plus qu'il pourra, veu que ledict accourcissement donne le temps au corps d'acheuer de se tourner. On doit aussi aduiser en chacun des trois sondements, que les membres, ou mouuements du corps, (s'il les faut ainsi nommer) viennent à s'vnir à ceste temperature qui est propre & conuenable à l'Art; veu que l'vnion & bonne temperature de membres faict reüssir le saut iuste, & de bonne grace: & au contraire l'imparfaict, mal propre & perilleux, cause de se mal faire. Et faut noter que pour faire le saut iuste, & s'esleuer en haut, se tourner & finir le saut, les membres s'accordent & respondent à l'ayde de ce saut en s'vnissant, comme plusieurs lignes tirees circulairement correspondent au centre : mais il faut entre autres choses que nostre sauteur rende son esprit & entendement expert en cestuy nostre saut, afin qu'auec la prudence & addresse d'iceluy il puisse tousiours bien guider & conduire son corps és trois fondemens susdits depuis le commencement iusques à la fin, auec asseurance & bonne proportion de membres qui y est requise & necessaire. Par cest Art de la pratique à l'acte, son saut se fera tousiours auec plus d'asseurance. Or l'esprit & l'entendement que i'ay dict y estre requis s'acquiert par l'examen qu'on doit faire du mouuement propre, & du temps qui est conuenable à chaque saut, mesurant de luymesme ses forces selon que le saut est plus ou moins fort, & que son corps est pesant ou dispost plus vne fois que l'autre ; & en telle sorte la theorique rend la pratique parfaicte, l'esprit & l'entendement par ce moyen examine & reduict en acte. Le dernier aduis que ie veux donner à nostre ieune homme est en cest endroit vniuersel, me reseruant à discourir de l'aduis & precepte particulier en son lieu. Et peut-on vser de cest aduis en deux manieres; à sçauoir, de bien prendre le temps, & y employer la vistesse, & promptitude qui y est necessaire; & la pratique de cest aduis est des plus difficiles & dangereuses à executer, & specialement és sauts limitez. La course, comme nous auons des-jà dict, est vn grand secours, mais perilleux, si on ne s'en sert bien à propos; & là vn iugement certain, ferme & asseuré est fort necessaire à celuy qui saute, qui est, de retenir tousiours vn pied soit le droit, soit le gauche, (comme c'est la coustume des sauteurs) & lors il finira la course au lieu où il aura mesuré les pas en son espace: tellement qu'il faut qu'il prenne garde qu'arriuant au but où il veut prendre le temps pour esleuer le saut, que son pied accoustumé y arriue, de sorte que la continuation du saut l'y conduise, & non pas l'incommodité d'vn pas : car si vne fois par faute de bien prendre le temps il venoit à perdre la vistesse & promptitude requise, il auroit beaucoup de peine à restaurer & reprendre ses esprits, & vnir vaillamment la force de ses muscles pour parfaire son saut ; & en tel cas au milieu d'iceluy le peu expert & discret sauteur, qui ne se peut retenir, se trouue en grand danger, sans qu'il y ayt grande apparence de le pouuoir finir; & c'est cest erreur remar-

T ij

LE II. DIALOGVE

quable que nous auons dict estre en l'eslancement. Or pour auoir asseurance de ne tomber en l'erreur de plusieurs sauteurs, on vse d'vne sorte de course, en laquelle le pied gauche va tousiours le premier deuant, & le droict le va suyuant continuellement, & le chasse presque de la sorte qu'on a de coustume courir la poste; Ce qui semble, (à mon iugement) plus asseuré que la course ordinaire, mais elle n'est pas si prompte pour leuer le saut, toutesfois ie l'approuuerois plus és sauts limitez: car estant arriué au but, dont on doit prendre le temps, la course ordinaire le pourroit auoir conduit d'vn pied incommode pres du lieu, & par ainsi le contraindre à perdre le temps de l'autre, dont il pourroit aduenir tres-grand inconuenient, peril, & danger: mais pour vser de la course prompte & asseuree, où y a grand espace, ie serois d'aduis premierement qu'on courust ordinairement, comme est la coustume des sauteurs; puis estant proche du lieu, sept, ou huict pas, la restraindre à tous sauts, tenant vn pied deuant, & le chassant auec l'autre, le faisant, comme nous auons dict cy-dessus; & où l'espace est petit vser seulement de ceste moindre course auec vn pied deuāt; toutesfois ie le remets au iugement du sauteur, d'autant qu'on en peut trouuer tels qui ont vne si grande cognoissance & pratique du saut, que la mesure de la course ordinaire ne leur faut iamais, ny ne vient à faute. Mais ie veux que nostre sauteur s'estudie en ceste chose auec le pied deuant, le changeant au milieu du cours, afin qu'il s'en puisse seruir plus commodément, & asseurément en l'acte du saut, afin que cela soit moins perilleux & dangereux à nostre ieune homme. Il y a vne autre consideration en la course, c'est que plusieurs sauteurs se font croire qu'en sautant en vn grand espace, & en prenant vne fort grande course, le saut leur doyue estre plus facile & plus prōpt, encores que l'experience leur fasse voir le contraire, ne s'apperceuants pas que d'vne trop grande course aduiennent deux inconuenients, l'vn est, qu'auant que le sauteur arriue au but prefix l'haleine luy faut, laquelle retenant, les forces sont plus gaillardes; l'autre est, que la longueur de la course empesche bien souuent à prendre la iuste proportion du temps du saut, de laquelle proportion de temps, & de la retention de l'halei-

Dv St. Arcangelo Tvccaro. 73

ne, on faict iustement le saut. Ie veux doncques que nostre ieune homme sçache prendre la course, & la borner, veu que de la distance ordonnee & limitee vient la promptitude du saut; de sorte qu'en retenant bien l'haleine, & obseruant la iuste proportion du temps, il le faict en sa perfection; se prenant bien garde qu'il ne soit point trop long pour les inconuenients qui en arriuent, ny aussi si court que le saut n'aye sa iuste promptitude. Or d'autant qu'il me semble auoir suffisamment declaré comment se doit gouuerner nostre sauteur, ie viens maintenant à la narration du temps qu'il faut prendre és sauts où interuient la course, & à sa fin, lequel temps est cause que les esprits & mouuements du corps s'vnissent, & que le saut auec telle vnion s'esleue; car ce seroit chose impossible de faire le saut voltigé en l'air sans prendre ce temps apres la course: mais d'autant que nostre nombre de sauts s'esleuent de terre apres le premier fondement en diuerses sortes, il est necessaire qu'vn tel temps soit pris en quatre manieres differentes, dont la difference des noms est; l'vn se nomme le temps des pieds disjoincts, ou separez: l'autre le temps à pieds joincts: le troisiesme le temps eslancé: & le dernier le temps eslancé auec l'esbranlement: Mais d'autant qu'il me sembleroit chose superfluë & ennuyeuse de redire & repeter la maniere de ces temps en chacun saut, ie declareray le moyen de se seruir de chacun d'iceux, afin que le seul nom suffise de le faire entendre en son lieu. Le temps à pieds disioincts se faict auec deux battements, & l'ordre que l'on y doit tenir est cestuy-cy; le pied dextre doit faire la fin de la course au lieu qu'on a marqué pour prendre le tēps,   C
qui sera cōme à la lettre A. mise en apostille à la marge, & sans
s'arrester nullement au temps que ledict pied dextre est pour   B
finir la course, le senestre auec la iambe bien estenduë passera
en auant se tenant en l'air suspendu, dont le dextre au mesme   A
temps que le senestre passé en auant s'esleuera de la lettre
A. & auec vn petit saut, ou s'il est permis le dire, auec vn cloche-pied, se transportera vn pied plus auant, comme à la lettre B. & le premier battement du temps faict tout cecy, & le dextre finissant le petit saut, le senestre auec la iambe bien estenduë s'abbaissera en terre, se mettant sur la

T iij

LE II. DIALOGVE

lettre C. qui eſt la diſtance d'vn pas mediocre, qui ſe trouue à la fin du tēps du ſecond battemēt que fera le pied ſeneſtre s'arreſtāt à la lettre C. & le corps s'eſleuera en ce meſme tēps en l'air au premier fondement pour faire le ſaut de la volte en auant, & faut bien prendre garde que ſi toſt que le pied ſeneſtre finit le ſecond battement à la lettre C. le dextre ayant en arriere la iambe bien eſtenduë en l'air auec promptitude, & agilité commence le ſaut: Mais ſi c'eſt pour faire la volte en arriere le pied dextre s'arreſte au meſme temps que le ſeneſtre à la lettre C. ayant la iambe bien roide, & pour commencer le ſaut ſe iette deuant en l'air; De ſorte que d'oreſnauant quand nous expoſerons la façon & maniere de laquelle on doit vſer pour eſlancer le ſaut apres la fin du temps limité, nous prendrons pour commencement le moment auquel le pied dextre s'eſleue en l'air ayant la iambe bien eſtenduë en auant ou en arriere, ainſi que nous auons dit, & cela ſe peut mieux practiquer à pieds ioincts qu'autrement, de façon toutefois que le pied ſeneſtre faſſe la fin de la courſe au temps & lieu limité en la lettre A. le dextre ayant la iambe bien eſtenduë auec pareille agilité & promptitude que le ſeneſtre paſſera deuant en l'air, & ſi toſt qu'il ſera paſſé, le ſeneſtre s'eſleuera de terre, & s'ira ioindre promptement auec l'autre, & ainſi vnis & conioincts s'arreſteront à la lettre B. pour faire la fin du temps, s'eſleuant le ſaut au meſme inſtant que les pieds auront finy leur battement, & au meſme temps qu'ils s'eſleuent de terre ſe fait ſemblablemēt vn battement, & le pied dextre fait la fin de la courſe à la lettre A. Et en ce meſme temps que le pied dextre finit ſa courſe, le ſeneſtre eſtant eſleué en l'air paſſera deuant ayant la iambe bien eſtenduë, & finalement s'ira poſer au lieu limité d'où doit prendre le ſaut ſon commencement, & ſe terminer en la lettre B. où finit le battement: Mais au meſme temps que ledit pied ſeneſtre ſe va poſer à ladite lettre B. qui eſt vn pas mediocre du lieu où le pied dextre a finy la courſe eſtant encores en l'air, le dextre s'eſleuera de terre ſe ioignant auec le ſeneſtre, ayant la iambe bien eſtenduë, & roidiſſant les bras paſſera plus auant deuant l'autre, & en ceſte façon ſe doit touſiours commencer le ſaut auec quelque battement de pieds, & le temps limité exactement obserué à la lettre A. puis soudain le pied dextre passera vn pas deuant se posant à la lettre B. où finit le premier battement, cela fait, le senestre se posera soudainement apres le dextre au lieu d'où on doit esleuer le saut, & auec la iambe bien estenduë s'eslancera à la lettre A. comme nous auons dict cy dessus, & faut que l'eslancement soit fort retenu; & pour cōmencer le saut il faudra tenir le mesme ordre qu'on a tenu au precedent, nō pas toutefois auec telle hauteur, agilité, & promptitude, mais bien auec plus d'asseurance, & de force, & aussi auec moins de peril de l'eslancement. Et cela suffit pour le fondement des temps. Reste à dire quel pied finit la course selon le lieu & le temps: Mais pour continuer le propos du saut, il faut noter que le premier saut qu'on doit monstrer à nostre sauteur est le saut qu'on fait auec les deux mains, auquel il faudra garder & obseruer cest ordre.

Le saut qu'on fait auec les deux mains.

Pour faire ce saut on prendra vn petit espace, où il y ayt distance du lieu limité où se doit commencer le saut, puis l'on courra tout à l'aise estant de soy-mesme ce saut fort aisé & facile à faire; & si tost qu'on sera arriué à la fin de la course au lieu où on doit mettre les mains, sans aucune dilation on prendra le temps à pieds disioincts & eslargis, & faut prendre soigneusement garde qu'à l'abaissement que le pied senestre fait en terre, au mesme temps on abbaisse les bras bien roides auec les mains ouuertes & estenduës, & les faut iustement mettre en terre vn pied pres du pied senestre en ceste forme.

LE II. DIALOGVE

Dv Sr. ARCANGELO TVCCARO. 75

A l'inſtant meſme que le pied ſeneſtre aura donné la batture en terre, & finy le temps, le dextre auec la iambe forte & roide ſe retirera promptement en arriere circulairement; puis le pied ſeneſtre ſe leuant de terre (auant que la iambe droicte ſoit arriuee à la ligne perpendiculaire) gaignera le temps pour ſe ioindre auec la dextre; & en cette action il faut touſiours que l'vne des iambes ſoit la premiere eſleuee au commencement du ſaut; & auant qu'elle arriue à la ligne perpendiculaire: l'autre qui demeure la derniere ſe doit ioindre auec la premiere eſleuee; & lors en ce ſaut ſera eſleuee la partie inferieure du corps en haut en ceſte forme.

V

Le II. Dialogve

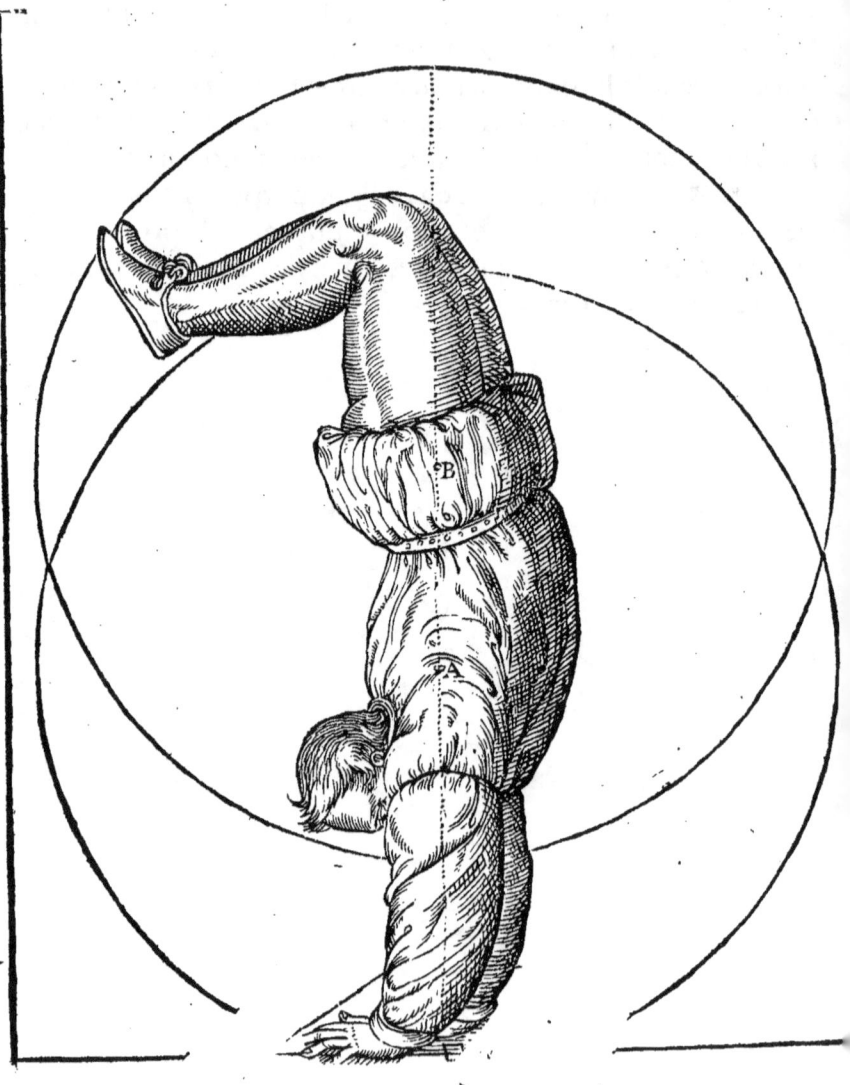

Ce qui est la moitié du saut, auquel saut les jambes ne se doyuent arrester, mais continuer leur mouuement auec promptitude pour faire le tour ou volte; & faut prendre garde que soudain que les genoux auront passé la ligne perpendiculaire, les mains pendront en terre, & auec l'aide de la teste esleueront la partie superieure auec promptitude pour la faire monter en haut, afin qu'au mesme temps en s'abbaissant en terre, il tombe droict sur les pieds.

Et afin que nous ne repetions vne mesme chose plusieurs fois, il est bon de sçauoir qu'és sauts qui se font en auant en touchant des mains en terre, le tour ou la volte se fait au second fondement, & pour faire remõter la partie superieure en haut, la teste se doit tousiours pousser en auant auec telle promptitude & agilité que faire se pourra, ce que les sauteurs appellẽt l'Onde: mais il faut noter qu'en quelques vns elle est plus forte & en d'autres moins, selon le saut qui se fait auec la couche plus ou moins viste; & ceste sorte de course se practique és sauts retournez en arriere; & aussi doit-on prendre en arriere ladite Onde és sauts tournez en arriere, & retournez en auant. Et apres que nostre sauteur sera bien exercé à faire le saut susdict, nous sommes d'aduis qu'il mette en pratique deux petites dexteritez, dont l'vne s'appelle entre les sauteurs *glicement de demy col*, & l'autre, *glicement couché*, lesquelles outre qu'elles sont de belle apparence, sont grandement vtiles & necessaires pour la perfection du saut. Or le glicement du demy col va ainsi.

L'Onde & glicement du demy col.

Premierement il se faut tenir droit tenant les pieds égaux separez l'vn de l'autre trois ou quatre doigts, & les mains aux cuisses en ceste sorte.

Le II. Dialogve

Apres la partie superieure on abbaissera le tour, ou volte en terre, & en l'abbaissant on haussera ses pieds de terre & ses genoux se ployeront ayant les cuisses larges & estenduës, afin que

DV Sr. ARCANGELO TVCCARO. 77

ladicte partie se puisse abbaisser auec plus grande commodité
deuers la terre, & que tout le corps soit soustenu de la poincte
des pieds en ceste forme.

Et apres auoir tant abbaissé ladicte partie, que la teste commence à toucher en terre de la partie de deuant, continuant le
mouuement elle se mettrà en rond, & si tost qu'elle aura tant
tourné qu'on sente qu'elle touche terre du costé de derriere de
la memoire iusques au cōmencement des espaules, ayant per-

V iij

LE II. DIALOGVE

du terre, lors auec promptitude de la partie inferieure elle s'esleuera en haut circulairement auec telle proportion qu'elle se remettra en terre; & en tel eslancement les cuisses & les jambes se viendront vnir, & se tiendront bien estenduës, & au mesme temps que la partie inferieure prend l'eslancement, la teste prendra sa force au terroir, & auec l'onde & glicement susdict esleuera promptement de terre la partie superieure, & la fera remonter en haut, afin que tout le corps soit esleué en ceste forme.

L'Onde, ou glicement qu'on faict estant couché en terre.

La forme de l'onde couchee est ceste-cy: Premierement, il faut estre estendu en terre, ayant l'eschine sur la terre, & tenir le bras senestre estendu auec la main ouuerte & pendante sur la cuisse senestre, & la dextre à la cuisse dextre derriere la partie inferieure, tenant les jambes vn peu larges, s'esleuera en haut au dessus de la teste; de sorte que tout le reste du corps ne sera soustenu que du col, & quelque peu des espaules en ceste forme.

Pour puis apres faire reuenir le corps droit sur ses pieds, on tiendra la mesme forme qu'on a tenuë au precedent, & en fin il viendra droit comme à la precedente figure.

PIN. Il me semble que qui laisse trop abbaisser en ceste onde les espaules auant que l'on prenne l'acte de l'eslancement pour se remettre sur ses pieds, qu'à grād' peine peut-on reuenir droit sur iceux commodément.

BAPT. Il est bien vray, & aduient fort souuent à ceux qui abbaissent trop l'eschine vers terre, faisant quelquefois tomber la partie superieure en arriere comme chacun sçait. Or nostre sauteur ayant bien appris la vertu & la force desdictes deux ondes, ie desire que peu à peu il aille s'exerçant à vne forme d'agilité, promptitude & vistesse, tenant les deux mains pendantes en terre, ce que l'on appelle Pousser, & aduient que quelquefois auec iceluy on leue le saut en arriere, & quelquesfois le saut de singe auec plus de facilité que de le leuer sans luy de ferme terre. Et afin que vous sçachiez encore mieux que c'est que i'appelle poussement, ie le vous veux monstrer par le moyen de l'experience.

Du poussement ou eslancement.

Premierement il faut estre auec les mains en terre, & auec les pieds en haut en ceste sorte.

Dv Sr. Arcangelo Tvccaro. 79

Puis on doit venir droit en ceste forme.

X

LE II. DIALOGVE

Ie doute si vous auez pris garde qu'au mesme temps que les pieds ont commencé à s'abbaiser en bas, à l'instant mesme les mains doyuent estre esleuees de terre, & y doit interuenir vn certain pouffement, ou eflancement, afin que la partie fuperieure s'efleue auec plus de promptitude en haut; & à chacune fois que la partie inferieure s'abbaiffe, au mefme temps la partie fuperieure vient à s'efleuer plus haut; que qui feroit autrement, comme plufieurs ont de couftume faire, auant que les mains fe leuent de terre, d'abbaiffer les jambes & courber les genoux, dont s'enfuiuroit vn eflancement hors de temps, pour auoir perdu vne grāde partie de la promptitude accouftumee pour efleuer le faut: quant au parfaict eflancement il va comme ie vous ay monftré; car à l'abbaiffement des jambes auec les cuiffes bien eftenduës vers la terre, les mains en ce mefme tēps doyuent prendre vn eflancement en terre, & auec vne grande promptitude fe doyuent efleuer, & tirer la partie fuperieure en haut auec l'aide de la tefte.

PIN. Cefte promptitude eft fort notable & vtile, comme a fort bien remarqué le fieur Baptifte, & mefme fort neceffaire pour faire vn iufte pouffement. Car autrement il femble qu'on aye peine à arrefter la perfonne ainfi efmeuë de reuenir fur les pieds, comme ayant defià vn certain eflancement pour vn autre faut, ce que l'on peut voir à l'œil & toucher à la main, qui voudra confiderer fon agilité, & viteffe: car à chaque fois que l'on oftera fes mains de terre, & que l'on pliera les cuiffes en vn inftant pour reuenir droict fus pieds, il eft neceffaire d'vfer d'vne grande promptitude pour cefte partie fuperieure, autrement l'on donneroit de la face en terre: mais fi les pieds viennent à fe mouuoir les premiers, & que les genoux paffent aucunement la ligne perpendiculaire, il eft impoffible de pouuoir faire reuenir droict le corps, ny auec telle agilité, & promptitude que de couftume; & ainfi ceft esbranlement eft hors de temps, & de nul profit aux fauts.

BAPT. Vous auez raifon, & en iugez fainement: Car toute la promptitude qui eft en ceft esbranlement naift & procede pour la plus part de l'agilité & viteffe que les pieds ont pour abbaiffer tout le corps efleué, & qui fe voudroit redreffer; dont il aduient que d'vne fi belle proportiō & mefure au mefme temps que le corps s'abbaiffe, l'autre s'efleuant caufe la viteffe du iufte pouffement comme dit eft. Car chaque fois que l'vne ou l'autre partie du corps manque quelque peu de tẽps audit esbranlement, ne correspondant à la iuste mesure, le poussement ne peut estre iuste, & à proportion du mouuemẽt de tout le corps, de sorte que quand les mains s'esleuent de terre, & que l'extremité de la ligne perpendiculaire remonte en haut circulairement au temps que la teste arriue à l'autre extremité de ladite ligne, l'autre partie inferieure doit mettre les pieds en terre poussee d'vn certain mouuement circulaire, lequel plus il abbaisse ladite partie, plus il se releue en haut; & d'autant que la partie superieure du corps est beaucoup plus pesante que l'inferieure, d'autant la teste prendra elle plustost terre, pour estre plus propre & mieux correspondãte au mouuement de tout le corps. Mais le sauteur doit prendre garde à vne autre chose, c'est que lors que les pieds viennent à terre, il est besoin d'vne certaine proportion & mesure telle qu'ils ne viennent à se poser ny trop pres ny trop loing du lieu d'où il a esleué ses mains; mais il faut qu'il y aye vne grande distance: que si il les posoit en terre trop esloignez d'iceluy, la partie superieure n'auroit dexterité, agilité, ny force pour s'aider à leuer le saut; comme aussi s'il les posoit trop pres dudit mouuement, à l'esleuement que fait la partie superieure du corps, à cause de la vistesse qu'il a en soy pour reuenir en arriere, il viendroit à tomber à l'enuers; ce qui est tres-dangereux à l'esleuement du saut.

P in. Ceste vistesse & promptitude ne me semble si vtile & necessaire que celle de la course.

B a p t. Pardonnez moy, aux sauts où elle entre elle produit vn fort bel effect, & sert de beaucoup: Mais dites moy, ie vous prie, qui fait qu'elle ne vous semble tant vtile & necessaire?

P in. D'autant qu'entre plusieurs notables personnages il a esté resolu que ceste-cy ne peut si bien que l'autre deliurer la personne de la prise des soldats hardis & courageux nommez en bon Venitien *zaffi*, & en bon & fin Toscan *Birri*, c'est à dire Sergents. Il me souuient à ce propos d'vn Norcin qui auec vne gentille astuce trouua l'inuention de s'euader, & eschapper des mains d'vn Sergent. Sçachez qu'encores que ce

Norcin fust bien dispost & bon coureur, le malheur toutefois luy en voulut tant que n'ayant assez bien couru ceste fois, il fut attrappé par le Sergent, auquel pour ses excuses il dit, Si i'eusse eu mes sabots tu ne m'eusses peu attrapper ; & le Sergent respondant en se sousriant, Tu me voudrois volontiers faire croire que tu peusses mieux courir auec des sabots: Dequoy se gaussant le Sergent, delibera de les luy enuoyer querir pour se donner du plaisir, s'asseurant que ses sabots ne l'empescheroyent point qu'il ne fust par luy atteinct & attrappé. Finalement ayant le Norcin fait apporter ses sabots, & faignant de les chausser pour se disposer à courir à l'encôtre du Sergent, luy en donna si grand coup par le visage, qu'il le rendit plus prompt & plus prest à crier, qu'à courir apres luy. Voilà comment le Norcin se deffit accortement de son Sergent.

BAPT. Certes voylà vn traict digne d'vn Sergent.

PIN. L'acte que vous faictes leuant les mains, & ayant les pieds abbaissez comme ie voy, m'a fait souuenir de ce gentil traict du Norcin.

BAPT. Il y a encores vne autre sorte de pousser fort differente de ceste-cy, qui se nomme des sauteurs, à la difference de cestuy-cy, *pousser en auant*, qui n'est autre chose que pousser son corps plus auant, & le tirer hors du lieu où on eslance vn saut en arriere. Or pource que i'espere qu'il viendra plus à propos en son lieu de discourir de ceste seconde espece de pousser, ie n'y insisteray d'auantage. Il y a encores vne autre maniere, ou espece de pousser, non toutesfois si necessaire au sauteur que la precedente, veu qu'elle luy sert plustost de plaisir & passetemps, que de grande ayde & secours à bien sauter. Et ceste sorte de pousser se faict, & consiste en la force des bras, & en la façon & maniere que nous auons dict cy-dessus, hors-mis qu'à esleuer de terre la partie superieure le sauteur se tire en auant, à fin que les pieds à venir en terre se tirent également, pour se mettre au lieu d'où se sont leuees les mains, ou qu'ils passent plus outre. Ayant doncques conduit mon sauteur à se seruir du poussement, ie veux qu'il apprenne le saut du singe, qui n'est autre chose qu'vn poussement redoublé, qui va en ceste forme.

X iij

Le II. Dialogve
Le faut du Singe.

Premierement, il faut eſtre droit auec les pieds ioincts, ſeparez trois ou quatre doigts l'vn de l'autre, & auant qu'eſlancer le ſaut, la partie ſuperieure ſe ployera aucunement en auant, & les bras ſe tireront en arriere auec les mains ſerrees en ceſte ſorte.

Et à fin qu'à l'aduenir il ne nous aduienne de repeter plusieurs fois vne mesme chose, les sauts soit du singe, ou saut en arriere s'esleuent de terre ferme, & auant que de leuer le saut, on vient à ployer la partie superieure en auant, & tirer les bras en arriere: Car le corps s'esleue en auant auec plus de force & vigueur, qu'il ne feroit pas si on obmettoit à le faire en ceste sorte, leuant apres le saut les bras auec les mains ouuertes, hautes, droites, auec tout le corps droict en ceste forme,

Le II. Dialogve

Continuant le mouuement en arriere auec l'aide de la teste le corps se tirera en arriere, & s'y tiendra arresté le plus qu'il sera possible, donnant garde qu'au temps que les mains prennent l'acte pour s'eslancer en terre, les pieds s'esleueront en arriere auec les genoux estendus, & les mains ouuertes & pendantes, se reposant tout le corps, doit estre & demeurer en force de bras en la maniere que vous voyez à la page suyuante.

LE II. DIALOGVE

DV Sr. ARCANGELO TVCCARO. 84

Et cestuy est la moitié du saut & le commencement du poussement dont nous auons parlé cy dessus; & sans perdre le temps on continuëra l'autre moitié, & puis faut reuenir droict.

FERR. Vous voyez maintenant comme ce saut de singe est vn autre demy cercle semblable au saut des deux mains.

COS. L'estime que ce soit vne mesme chose.

FERR. Il n'y a autre difference que d'estre deuant ou derriere; Car le mesme centre, & la mesme description y est obseruee, qu'au saut des deux mains, ainsi qu'vn chacū peut auoir veu & remarqué.

BAPT. Sans doute il est vray, & ainsi l'ay-je souuent practiqué; & entre nous autres sauteurs ce saut est tenu pour difficile à faire iustement & proprement, (bien que de soy il soit assez facile) car il y faut obseruer vne certaine proportion si iuste, que si vne fois on y venoit à manquer ou peu ou trop, il seroit à craindre qu'on ne perdist la force & naiueté du saut, & son commencement mesmes est vne maniere de poussement different du principal.

PIN. L'eschine aucunement longuette donne vn tresgrand aide à ces sauts, & me souuient auoir icy veu le S. Baptiste, qui outre la bonne grace qu'il auoit à sauter, y obseruoit vne proportion si exacte & mesuree, que faisant tenir vne jarretiere à deux tant haut qu'ils la pouuoyent esleuer de terre au bout d'vne salle, où il faisoit tant de sauts de singe, qu'il ne falloit iamais à prendre le temps iuste pour passer la iarretiere, auec le saut en arriere; ce qui apportoit vn fort grand plaisir & contentemēt aux spectateurs: & ce saut ressembloit plustost au tour d'vn moulin à vent quand il tourne, qu'à vn corps humain qui sautast.

BAPT. D'autant que ie sçay que vous aurez agreable de sçauoir la iuste proportiō que ie tiens pour faire vne infinité de sauts de singe, vous deuez entendre que partant d'où on tient la iarretiere pour sauter, & me tirant à l'autre bout de la salle par droicte ligne au lieu où ie veux commencer le premier saut, ie vay contant en moy-mesme, (sans que les assistans s'en apperçoyuent) combien il y a de pas, mettant tousiours deux pas pour vn saut de singe, de sorte que la mesure est telle que ie ne faux point à me trouuer près de la jarretiere pour le passer auec le saut en arriere: Et certes estant curieux des beaux sauts, & principalement de ceux du singe, i'en ay cognu plusieurs qui y ont excellé, mais entre les autres il me semble que vous M. Pin en auez tant de cognoissance, que vous emportez le prix de tous. Parquoy ie vous supplie fauoriser tant ceste honneste compagnie que de luy en faire voir trois ou quatre.

PYN. Fort volontiers.

FERR. Considerez ie vous prie la beauté de ce saut, & comme la vistesse prise de la continuation de ce tour donne grande force & vigueur au dernier, qui est, comme vous auez veu, aërien, & esleué beaucoup plus que les autres.

BAPT. Le dernier se nomme saut en arriere, ainsi nommé pour la difference qui se trouue entre luy & ceux du singe: Mais il y a icy vne consideration qui n'est pas de petite importance, ains est fort necessaire pour la perfection de ce saut. Car ceux qui veulent faire plusieurs sauts de singe, pour donner au dernier, (c'est à dire, à ce saut en arriere que vous auez veu,) vne fort grande hauteur, se doyuent bien garder de faire tant de sauts de singe qu'ils en perdent haleine: Car apres vn certain nombre, tout ainsi qu'entre les premiers l'agilité va croissant, aussi au contraire faudroit-elle aux derniers; & partant les sauteurs qui croyent que le nombre des sauts leur accroist la promptitude au saut en arriere, apres auoir passé vn certain nombre correspondant aux forces de celuy qui saute, se trompent & s'abusent grandement.

COS. Cela est assez aisé à cognoistre: car la defaillance d'haleine affoiblit fort la force des muscles & des nerfs, principalement quand le corps vient à s'eslacer sur la fin pour le saut en arriere.

BAPT. D'autant qu'il me semble que ce seroit chose superfluë de vouloir monstrer l'ordre des sauts qui se doyuent enseigner l'vn apres l'autre à nostre sauteur, ie vous declareray en peu de paroles la forme que l'on y doit tenir; puis ie diray l'ordre qu'il sera besoin d'obseruer pour s'auancer de l'vn à l'autre: Car outre la doctrine, sçauoir & instruction qui y doit estre, il nous faut particulierement auoir esgard à l'inclinatiõ de la nature du ieune homme, lequel nous voulons former à la perfection du saut. Toute la diuision doncques des sauts est reduite en deux poincts, à sçauoir, de ferme & de course eslancee, chacun desquels a plusieurs especes soubs soy, comme au treteau, au siege, au banc, à la table, à la muraille, au sac & autres : Mais d'autant que les premiers sont faciles, nous parlerons premierement des sauts eslancez qui se font auec la course, & autres vitesses, puis des fermes, & suyurons cette forme, & methode à chacune espece de saut.

PIN. Aussi est-il beaucoup meilleur ainsi, d'autant que tout homme qui y aura pris de pres garde, cognoistra par leur facilité, lequel doit estre le premier, & lequel le second.

BAPT. Es sauts eslancez est compris le saut en arriere, apres le saut de singe, qui acquiert son agilité par le poussement redoublé, comme ie vous ay dict cy dessus; qui est necessaire au saut de singe, & à leuer le saut en arriere fort haut de terre, ainsi que vous verrez faire à M. Pin.

PIN. Il y en a quelques-vns, dont ie ne veux declarer le nom, qui ne sçachans bien faire vn saut de singe iustement, se trouuent tousiours malheureux à releuer le saut en arriere, plus que s'ils le faisoyent de ferme.

BAPT. Ie cognois ceux de qui vous voulez parler, & combiẽ ils sont peu dispos, & mal-habiles en leurs affaires, auec fort mauuaise grace; mais sur tout quand ils font ce saut de singe, ils retournent tout pantelãs & lasches; Et neantmoins ils ont fort bõne opinion d'eux mesmes, & pensent biẽ faire vn saut en arriere; bref ils s'estiment les premiers hommes du monde pour bien sauter. Or i'en laisse iuger ceux qui les cognoissent encore mieux que moy. Ie dy doncques qu'il est aisé à cognoistre la raison pour laquelle on void que le saut de singe n'est secouru à son eslancement du saut en l'air, d'autant que le corps doit reuenir droit sur la fin du saut du singe, pour se pouuoir soudain esleuer auec force, & puis se tourner en arriere, & luy faisant mal la forme de l'art, tire les iambes en bas, auant que les mains s'esleuent, & ainsi elles se trouuent ployees au milieu du chemin, qui cause d'esleuer presque toute sa force au saut du singe pour leuer le saut en arriere ; & d'autant que, comme dient les Philosophes, au cõmencement que l'on veut apprendre quelque chose, l'on n'est pas incontinent maistre parfait, ainsi celuy qui leue les pieds de terre du commencement pour faire ledit saut de singe, & tire ses genoux vers le ventre, pert lors la iuste & mesuree proportion du corps, qui luy cause plustost foiblesse & debilité, que force pour esleuer le saut en arriere ; quand cela arriue, on a coustume de luy donner quelqu'ayde pour le soulager & supporter quãd il est estẽdu, dont prouient la force & violence pour leuer le saut en arriere.

PIN. Telles gens sont nais pour faire rire les autres, & principalement ceux qui entendent l'art : Car c'est plus grande honte à ceux qui font profession de sauter, ne sçauoir faire le saut de singe & autres petits commencemẽs de sauts, qu'à d'autres qui ne se vantent pas d'auoir ceste cognoissance. Mais pour venir à la conclusiõ de sçauoir comme on doit faire le saut de singe auec le saut en arriere, ie vous veux monstrer l'ordre qu'il y faut tenir.

Saut de singe auec le saut en arriere.

BAPT. Nostre sauteur premierement se tiendra droit, puis s'esleuera le saut de singe, & estãt arriué à la moitié du saut, fera en ceste sorte.

DV Sr. ARCANGELO TVCCARO.

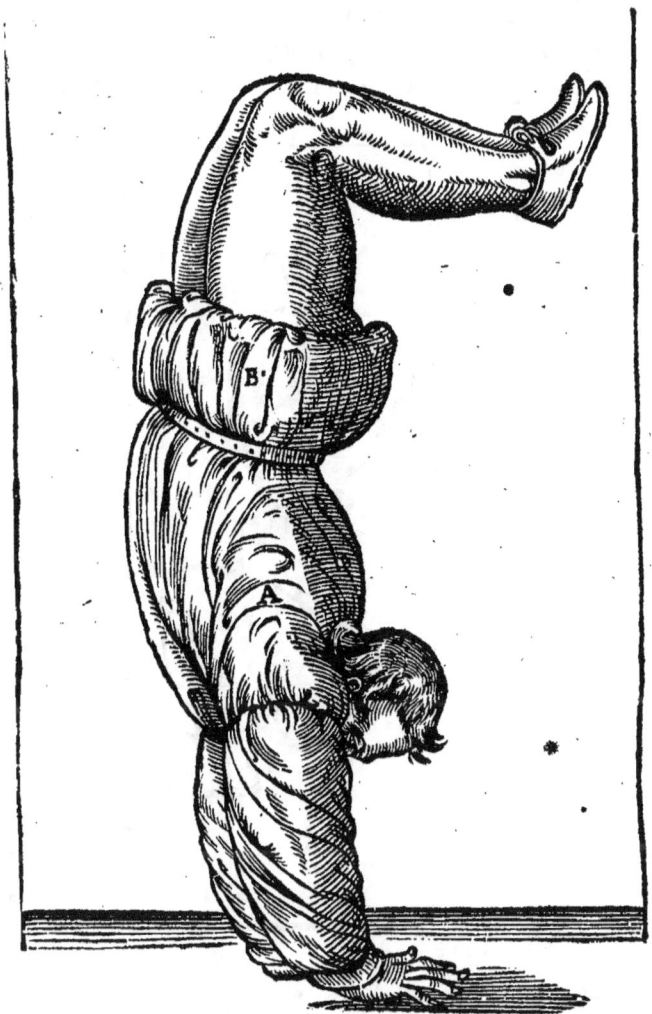

Et sans interualle il continuëra le mouuement auec vne disposition propre à cest exercice, prenant garde qu'au temps que les pieds se doyuent mettre en terre à la fin du saut du singe, estans encores les mains en l'air, auec fort grande agilité

LE II. DIALOGVE

s'eſtant leué de terre, elles s'eſleueront en haut, tirant la partie droicte ſuperieure, & s'eſtant quelque peu renuerſee en arriere au meſme temps que les pieds ſe mettent en terre, ils reuiendront à eux leuer, ayant les genoux racourcis vers le ſein, afin que tout le corps au premier eſlancement ſe monſtre ainſi,

Or s'eſtant le corps ſuffiſamment eſleué, ſans perdre temps on fera le tour, c'eſt à dire, que les bras en ceſte propre maniere ſe mettront en tour auec l'aide de la teſte, & les genoux ſe tiendrõt tãt accourcis que la volte ſoit acheuee, où on mettra peine en aprẹs à s'eſtendre pluſtoſt ou plus tard, fuyuant que le corps
aura

DV Sr. ARCANGELO TVCCARO.
aura esté esleué de terre plus haut ou plus bas ; & sur la fin s'en viendra droit en ceste forme.

Le II. Dialogve

FERR. M. Baptiste, i'auois oublié à vous demander vne doute sur le faict du tour & volte; Car il me semble que vous auez dit cy dessus, que lors qu'on s'efforce trop, on se met en danger de trebucher, cōme à faire vn tour & demy; c'est pourquoy ie desirerois sçauoir s'il est possible, comme plusieurs ont voulu dire, qu'vn sauteur puisse faire deux tours en arriere estāt sur vn lieu haut auant que tomber en terre.

BAP. Il y a eu plusieurs personnes curieuses qui l'ont experimenté de dessus vn pont, voulants redoubler ce tour de volte, & ont cognu que cela ne se pouuoit faire, d'autant que le corps de l'air n'est aucunement ferme pour pouuoir par le moyen du mouuement des membres (apres que le tour est vne fois fait) secourir la pesanteur du corps à la refaire de rechef, & ceux qui ont voulu essayer à la faire, & ont retiré les jambes, & abbaissé la teste, se sont allez frapper par les espaules, & donné du derriere de la teste en l'eau, y estans attirez par la plus pesante partie.

COSME. Ie n'en doute point, encores que i'aye entendu de quelques vns qu'il se pouuoit faire: car bien que la violence d'vn mouuement peust faire descrire plusieurs cercles en vn corps remué, si est-ce qu'vn homme de soy-mesme ne pourra jamais auoir tant de force, comme il seroit bien requis à ceste violence, de se pouuoir tourner en l'air pour faire vne double volte en sautant.

FERR. Combien qu'vn baston, vn poignard, vne espee, ou autre chose semblable face plus d'vn tour estant d'vne main simple jetté en l'air, & que suyuāt la raison Geometrique aucūs veulēt cōclure que la proportion de la violence estāt donnee à la pesāteur du corps humain, il pourroit faire ce mesme effect; Neantmoins la difficulté de cecy procede de la foiblesse de la violence, & non de la forme du corps, lequel puis qu'il fait vn tour en l'air, il en pourroit faire trois ou quatre, s'il trouuoit violence proportionnee à sa pesanteur, cōme la violence d'vne main au mouuement circulaire d'vn poignard. Mais retournons à nostre propos du saut.

BAP. Le saut en arriere prend vne grande force pour s'eslancer fort haut d'vn autre certain mouuement qu'on appelle la rouë, laquelle va en ceste forme.

La roue auec le saut en arriere.

On fera la course auec vne grande vistesse, & promptitude, à la fin de laquelle on prēdra le temps à pieds dis-joincts; mais lors que le pied seneftre s'abbaisse en terre pour finir le temps, au mesme instant les mains ouuertes s'abbaisseront aussi auec les bras fort bien estendus en rond du costé seneftre, tenant la teste haute; & soudain que le seneftre aura fait son battement en terre, le dextre auec la iambe roide se tirera auec promptitude & vistesse en ceste forme.

Z ij

LE II. DIALOGVE

Et si tost que les mains se feront posees en terre de la mesme sorte & maniere qu'elles se monstrent en l'air, ladicte iambe droicte continuant le mouuemēt en haut, iusqu'à tant que tout le corps aye prins force des bras, & se soit retourné à l'opposite d'où s'est prins le temps.

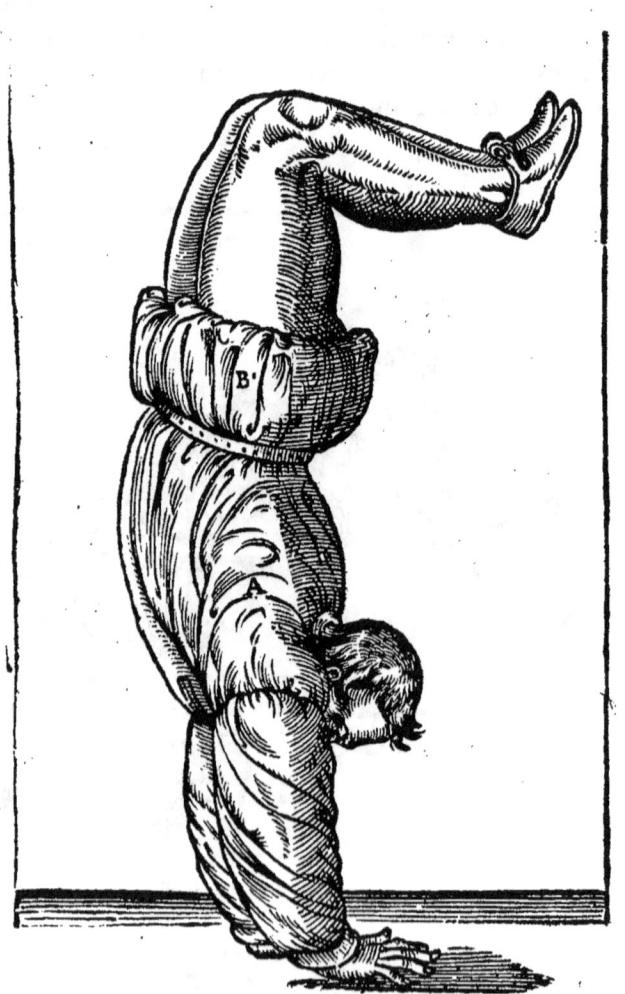

Dv St. Arcangelo Tvccaro. 89

Le tour s'arrestant en cest estat, & continuant le mouuemēt de pousser, estans les mains poussees des pieds, pour l'effect qu'ils font en terre, pour leuer le corps en haut au premier fondement, on tiendra la forme & mesme precepte qu'on a tenu au saut cy-dessus en ceste forme.

Or estant le corps esleué suffisamment pour faire le tour on obserue en cestuy le mesme precepte que l'on a obserué au saut precedent, & si tost que le tour sera fini, on s'estendra beaucoup plus à l'aise qu'au precedent, en esgard que pour cause de la rouë le corps vient à s'eslancer & esleuer beaucoup

LE II. DIALOGVE

plus haut, qu'auec le seul saut de singe, & sur la fin il viendra droict, comme de coustume, en ceste sorte.

Dv Sr. ARCANGELO TVCCARO.

L'effect que le corps produit entre la fin du temps, & l'esleuement du saut, est appellé la roüe. Parquoy quand nous parlerons d'icelle d'oresnauant, il faudra entendre de la faire tousiours en la mesme façon.

PIN. Ie crois bien, sieur Cosme, que vous auez prins garde comme le saut en arriere a plus de force, & de vistesse que la roüe, ny que le saut du singe esleué de pied ferme, dont il procede, & la raison en est toute manifeste.

COSME. Ie le pensois bien ainsi, & me sembloit que ce saut fait par trauers requeroit plus grande violence pour faire retourner le corps à droicte ligne, d'où il auoit leué les mains, laquelle violence eslance le corps auec plus de force & de vistesse ; & par consequent se retournant en arriere, il a plus de promptitude & agilité pour faire le saut en arriere.

BAPT. La consideration en est belle; car ceux qui se comportent lentement en faisant la roüe, donnent moins de promptitude au saut en arriere, que s'ils le faisoyent de ferme : Mais on trouue des sauteurs, qui apres auoir fait ceste roüe tirent les bras en arriere, estimants par là receuoir plus de promptitude & de vistesse, & les lourdauts ne s'apperçoyuent pas que ce retirement de bras qu'ils font en arriere, fait perdre toute l'agilité qu'on auoit prise de la course, & la force qu'apporte le poussement de la roüe, encores que l'experience nous demonstre que le saut est plus bas qu'en ceux là esquels soudain apres la roüe, on hausse les bras, pour tirer par le moyen de ceste agilité le corps en l'air.

PIN. Certes i'en ay veu aucuns en faire ainsi, ce qui est vne grande inconsideration; car ils ne peuuent tirer les bras en arriere, qu'ils ne s'arrestent incontinent tout court, ce qui preiudicie tant à la vistesse, qui luy diminue du tout l'auantage qu'il luy donne : & bien que retirer les bras en arriere aide au saut que l'on leue de pied ferme, & que par consequent on vueille inferer que cest arrest doyue accroistre la vistesse, tant s'en faut, ains fait perdre le temps de s'eslancer, & s'esleuer en haut auec promptitude: Tout cela neantmoins ne les peut excuser, ains l'experience monstre euidemment leur erreur, comme nous auons dit cy-dessus. Nostre sauteur doncques doit bié prendre garde que faisant le saut en arriere auec la rouë, ou le saut de singe, en esleuant ses mains de terre, sur la fin du poussement il tire en mesme temps ses bras estendus en haut : & au contraire au saut en arriere esleué de pied ferme par l'aide du poussement esleuant ses mains de terre apres auoir fini le poussement, estant encores le corps en l'air, il les faut retirer en arriere; & cela d'autant qu'apres que les pieds auront touché la terre, & soudain retournans iceux à s'esleuer pour faire le saut, en ce mesme temps les bras employent toute leur force pour esleuer de terre tout le reste du corps.

BAPT. Lors qu'apres la rouë on fait le saut de singe, alors le saut en arriere est plus eslancé en ceste forme.

La roue auec le saut de singe, & le saut en arriere.

La course se fera auec la vistesse telle qu'elle s'est faicte au precedent, sur la fin de laquelle on prendra le temps à pieds impairs non ioincts, puis on continuera la rouë du mesme ordre tenu cy dessus.

Et au

Et au temps que les pieds s'abbaissent à terre sur la fin de la roüe pour chasser les mains, elles se leuants de terre pour faire le saut de singe le corps se leuera droit en la maniere quis'ensuit,

Aa

Le II. Dialogve

Et continuant le mouuement en arriere pour faire le saut de singe, on gardera le mesme precepte que l'on a gardé au saut de singe esleué de pied ferme auec le saut en arriere, & sur la fin dudict saut s'abbaissants les pieds pour se mettre en terre, les mains s'esleuans auec vne prompte disposition ayās les poings

DV Sr. ARCANGELO TVCCARO. 91

clos en haut, & par l'aide de la teste s'estans eslancez les pieds en
mesme temps de la terre en l'air, & accourcissant ses genoux
vers le sein, le corps au premier eslancement s'esleuera en ceste sorte.

Mais que la partie superieure soit aucunement tiree en arriere des bras & de la teste, & estant à la fin de l'eslancement arriuez au point qu'ils ne se puissent plus esleuer en haut, il fait le
tour, & à la fin d'iceluy il s'estend comme au precedent, & en
fin viendra droict ainsi.

Aa ij

LE II. DIALOGVE

FERR. Certes il semble que la vistesse soit icy beaucoup plus grande, & le saut plein de plus grand air : Mais ie voudroy bien sçauoir si deux sauts de singe donneroyent encores plus de force qu'vn pour esleuer le saut en arriere plus haut.

BAPT. Il n'y a doute que le tour continuel ne fist accroistre la promptitude, mais aussi la pourroit-il bien faire perdre, suruenant quelque defaut, comme nous auons dit cy-dessus. Outre ce, la rouë auec le saut retourné en arriere donnent vn fort grand plaisir & contentement aux spectateurs, lequel saut peu de gens font de bonne grace, & comme il faut, veu qu'il requiert quelques rares & singulieres dexteritez, desquelles peu de personnes sont doüees. Or ce saut se fait en la forme que M. Pin vous fera voir.

Le saut en arriere, [...] de course à pieds disioincts estant [...]sé en auant.

La course sera fort prompte, & le pied dextre la finira, vn pied [...] d'où on a proposé de commencer le saut, & soudain on prendra le temps eslancé, mais au mesme temps que le pied senestre s'abbaisse pour se poser en terre, pour donner fin audit temps, estant encores la jambe droicte en l'air roide, auec grande promptitude s'eslancera en auant, & ayāt les mains fermees, les bras en mesme instant auec l'aide de la teste tireront la partie superieure en auant en ceste forme,

Aa iij

LE II. DIALOGVE

DV Sᵗ. ARCANGELO TVCCARO. 94

Ayant esgard de tirer la partie superieure plus auant que les bras, & que la teste du lieu où le temps a pris fin auec le pied senestre, en la mesme forme que vous verrez en la demonstratiõ qui vous sera faicte du saut en arriere de pied ferme poussé en auant, & le ieune homme sentant que la iambe droicte ne se peut plus pousser en auant, en ceste mesme forme il prendra le mouuemẽt circulaire pour faire le tour, & au mesme tẽps se leuãt le senestre de terre, s'ira ioindre à l'autre auec prõptitude; & puis en mesme tẽps s'accourcirõt, & encores en mesme instant les bras se ioignants auec la teste feront le tour, & estant le tour fini selon l'esleuement du saut plus grand ou moindre, au premier eslancement on reuiendra plus ou moins courbé.

La roue auec le saut revolté en arriere.

La course sera prompte & en fin se prendra le temps à pieds impairs, apres on continuera la rouë, & l'esleuement du corps en l'air au premier fondement, en ceste sorte.

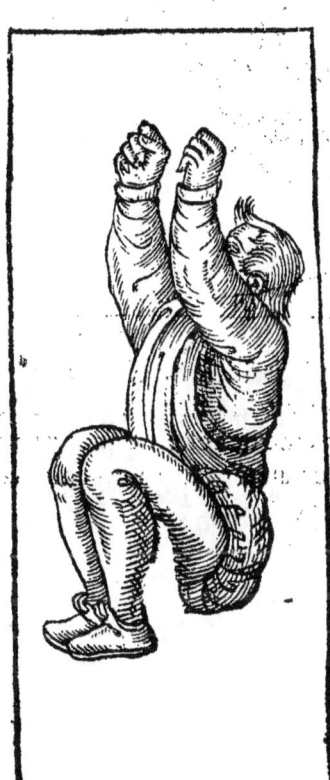

LE II. DIALOGVE

Mais sentant que le corps est suffisamment esleué les bras estans aucunement ployez auec la teste se poseront au costé senestre tenant les genoux accourcis, afin que retournant le corps il soit ainsi au second fondement.

Or ayant les pieds fini le cercle en ouale, & l'eschine estant retournee à l'opposite du lieu d'où on s'est esleué en l'air, soudain on mettra peine de s'estēdre auec promptitude, de crainte de trebucher en auant, & pour venir droict & auec bonne grace sur la fin en ceste forme.

FERR.

Dv Sr. Arcangelo Tvccaro.

FERR. La veue de ce saut, est veritablement fort agreable: & qui a fait croire à plusieurs, comme vous m'auez dit autrefois, qu'elle se faisoit deux fois en l'air, pource que son tour est si subtil qu'il trompe & esblouyt les yeux de ceux qui le regardent, pensans voir ce que de faict ils ne voyent pas ; & cela se doit entendre de ceux qui n'ont aucune cognoissance de ce saut, qui ne se fait à la verité qu'auec vn demy tour en trauers, & non auec deux, comme quelques vns se persuadent.

BAPT. Il est vray & en ay veu de si obstinez, qu'encore qu'on leur monstrast par effect qu'il n'y auoit qu'vne espece de roue en l'air, ou les espaules faisoyent de mesme que sont les mains à la roue en terre, comme nous auons dit cy dessus, si ne le vouloyent-ils pourtant croire, s'arrestans obstinément en leur opinion.

FERR. Ie me faisois croire que ce saut estoit vn demy cercle conduit auec les genoux, & disoit qu'il se faisoit en la mesme forme que les pieds le font en la roue, & ne me suis trompé en mon opinion, pour ce que la grace de ce saut se voit en la iuste mesure qui s'obserue & de pieds & de mains en la practique d'iceluy.

PIN. Ie vay en faire vn retourné le plus iuste que ie pourray, pour voir si l'on y trouuera la reigle & mesure que vous dites.

FER. Il est fort iuste & bien faict suyuãt ce qu'on en a dict, & qui le fera autrement, non seulement il ne sera pas de bonne grace, mais sera en danger de tomber d'vn costé ou d'autre.

BAPT. Vous auez ouy l'ordre que l'on doit tenir auec la vistesse és sauts eslancez en arriere, il nous reste maintenãt pour suyure nostre ordre à descrire les sauts auec la volte en auant auec la course, entre lesquels est le saut en auant à pieds impairs qui est cestuy-cy.

Le saut de course en auant, & de course à pieds desioincts.

En ce saut il se faut seruir d'vne course mediocre, & en fin d'icelle prendre le temps à pieds desioincts, dont soudain que le senestre aura finy le temps, le dextre auec la iambe roidie auec promptitude & agilité se tirant en arriere, attirera la partie inferieure estendüe en haut, & au mesme temps les bras se tirerõt en arriere,& foudain s'eſtans eſtendus auec les mains,ſe mettrōt apres en auant,& auec l'aide de la teſte attireront l'autre partie ſuperieure en haut,& quelque peu en auant, afin que tout le corps ſe trouue au premier fondement en l'air en ceſte forme.

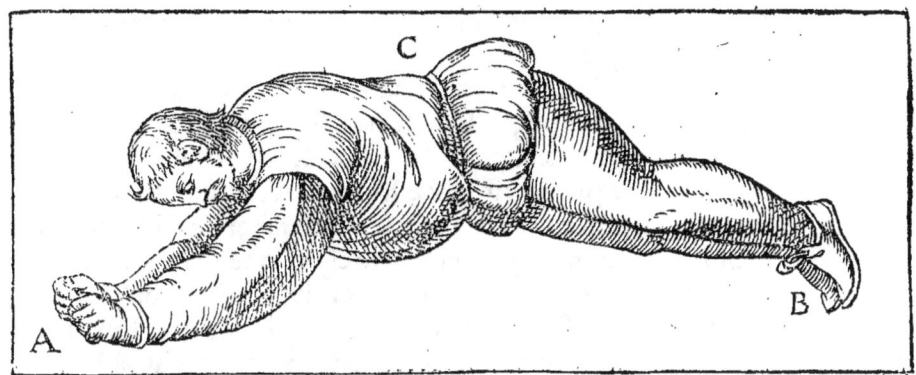

Or eſtant le corps monté à ſuffiſance, la teſte ſe mettra en rond pour faire le tour,& les bras au meſme temps ſe retirerōt accourcis en arriere, auec vn mouuement circulaire, & les genoux ſe retireront vers le ſein,& eſtant le tour de la volte finy, on s'eſtendra auec agilité pour reuenir droit en terre.

PIN. Ce ſaut que ie viens de faire n'eſt autre choſe qu'vn commencement de la volte en auant, d'autant que le mouuement de la iambe droicte rend le ſaut aſſez facile, comme nous voyons au ſaut à deux mains,& s'en ſert-on plus pour accouſtumer vn ieune homme à faire l'exercice de la volte en auant, que pour ce que ce ſaut ſoit autrement beau & agreable.

COS. La facilité de la volte qui cauſe le mouuement de la iambe droicte, comme i'ay accouſtumé de la faire, eſt fort facile, comme l'on peut aiſément voir par la practique d'icelle: Car ce n'eſt autre choſe, comme chacun ſçait, qu'vn ſaut à deux mains ſans les aſſeoir en terre.

BAPT. Vous dites fort bien, mais encore faut-il remarquer qu'en cecy on vſe d'vn raccourciſſement de genoux,& de bras; & le corps ſe mouuant pour faire le ſaut retourné, fait vn effect different, encores qu'il approche de la monstre de la figure & forme circulaire.

PIN. Ie ne voudroy pas du tout approuuer ces Mathematiques, & croy que si Euclide & Vitruue eussent deu enseigner à faire les cercles auec semblables compas, ils auroient ietté leurs liures au feu, & maudit les poincts & les lignes, les angles & centres, mesmes les circonferences auec tous les astrolabes de l'Algebre.

BAPT. Mocquez vous en tant que vous voudrez, si est-ce que la proportion est telle, & les reigles & mesures y sont exactement obseruees. Or est-il que la volte ne se peut faire iustement qu'auec proportion & estroite obseruation de toutes ses mesures, comme vous pourrez cognoistre en la difference du tour long & court, qui n'est autre chose que rompre le temps que la proportion du corps porté en l'air. Mais pour ne confondre nostre discours, & nous esgarer par vne trop longue digression, ie diray que la perfection de ce saut consiste à le leuer en temps à pieds joincts.

Le saut de course en auant à pieds ioincts.

La course sera faicte agilement, & sur la fin on prendra le temps à pieds ioints: mais sur la fin que les pieds s'abbaissent pour se mettre à la fin du temps au lieu d'où on a deliberé commencer le saut, estants iceux encores en l'air, les bras ployez se tireront en arriere pour prendre force à esleuer le saut, lequel s'entendra tousiours de ceux qui s'esleuent en auant, faisant tel acte auant que les pieds finissent le temps à pieds ioints. Ce qui donne grand'vigueur au corps pour s'esleuer au premier eslancement; puis sans s'arrester ils se tireront en auant tous estendus auec les mains clauses promptement, & au mesme temps que les pieds ayants donné la cadence du temps sans aucun interualle se doyuent releuer de terre en accourcissant les genoux; & en ce temps la teste donnera ayde pour esleuer le corps en l'air, qui sera en ceste forme.

Dv Sr. Arcangelo Tvccaro. 97

Estant doncques le corps arriué au but desiré, à l'instant la teste se remuëra en rond, & les bras estants ployez se retireront

Bb iij

en arriere, tenant tousiours les genoux accourcis, iusques à tant que la teste aye auec le reste du corps finy le iuste tour; puis on mettra peine à s'estendre pour venir droit en terre de bonne grace.

Cos. Voylà vn beau saut, & de belle monstre: mais il n'est point different du premier en autre chose qu'en pieds ioints.

Ferr. Vous auez raison, & ne faut icy beaucoup de Philosophie pour prouuer nostre dire.

Cosme. Ie ne sçaurois alleguer tant de raisons: Peu de paroles suffisent pour prouuer la verité à qui la veut receuoir.

Ferr. On pourroit disputer, & proposer des arguments plus subtils & plus preignants pour la confirmation de nostre saut: mais qu'est-il besoin de tant de paroles, veu que celà est tout clair & manifeste? Sçachons seulement lequel est le plus difficile; le saut eslancé en arriere, ou bien le saut eslancé en auant auec la course, veu qu'au saut en arriere auec la rouë, ou le saut de singe, ou l'vn & l'autre ensemble rendent vne grande promptitude, mais non si grande comme la course; neantmoins on y trouue encores vn auantage, qui est que retirer les genoux sert à prendre le tour, & sert à finir, comme plus pesante, la ligne perpendiculaire de ceste volte tirant au centre dressé pour la teste auec peu d'ayde; ce qui n'est au saut en auant: car si tost que la volte est faicte, bien qu'elle soit plus facile beaucoup que le saut en arriere; d'autant que pousser la teste dessoubs sert à retourner le corps, qui n'a le contre-poix des genoux qui l'attire au centre comme dict est: mais la difficulté n'est pas petite de retirer hors la teste, & eslancer ceste partie en auant d'vn corps lourd & pesant à la ligne droicte pour se redresser.

Cos. Certes vous auez raison, & l'onde du demy col le demonstre; d'autāt qu'encores que l'on face la volte aisement, il faut pourtant donner vne grande vistesse & aux iambes, & au col pour se redresser. Mais M. Baptiste, & M. Pin qu'en dites vous?

Bapt. Ces considerations certes sont belles & agreables, & ne pense pas qu'il y aye eu iusques à present aucun sauteur qui aye fait vne plus parfaicte anatomie des parties du saut que ceste-cy: mais encore que vous croyez le saut en auant estre le plus facile; il y a pourtant plusieurs demōstrations qui arguent & monstrent le contraire, & la premiere est celle qui est cy-dessus alleguee, sçauoir est que la fin de tous les sauts en arriere est plus aisee que le commencement, & que le commencement des sauts en auant est fort aysé; & faut icy aduiser qu'il y a plus de force à son cōmencement qu'à la fin, laquelle est cause d'offusquer l'entendement de ceux qui ne sont pas fort asseurez à faire la volte, pour la crainte qu'ils ont du danger où ils peuuent tomber; de sorte que le saut qui aura la fin plus difficile que le commencement, sera aussi sans comparaison plus difficile pour deux raisons; la premiere, pour ce qu'il est plus aysé d'estre instruit à faire le commencement d'vn saut que la fin, à cause de sa promptitude: car les premiers mouuements se mōstrent, & se font sans sauter: mais il faut auoir l'œil bien ouuert pour comprendre les derniers; pour ce que, cōme ie vous ay dict, il est requis au commencement du saut en auant de pousser sa teste dessoubs, & hausser ses bras auec grande force & violence, y demonstrant l'effect sans sauter: mais on n'a peu monstrer comme il faut reuenir sans donner de l'eschine en terre, sinō qu'en sautant; de sorte qu'il faut que le sauteur aye de soy-mesme vn prudent iugement pour sçauoir faire le saut selon les preceptes qu'il aura appris de son maistre pour ne se laisser tomber; la seconde pour la crainte que ie vous ay dicte; de sorte qu'on peut conclure par ces raisons, que si le saut en auant est, comme a dict le S. Cosme, est plus difficile à la fin qu'au commencement, il est par consequent en tout plus difficile que l'autre.

Pin. Nous ne tenons pas que les sauts en auant soyent aucunement plus difficiles sur la fin que les sauts en arriere, (bien que M. Baptiste vous aye allegué l'experience de l'onde du demy col;) d'autant que la vistesse que luy donne la course sert à mettre le corps tout en auant, & à retourner par force en pieds.

Cos. Il faut noter que bien que ce saut en auant soit plus difficile à la fin que le saut en arriere, & encore que les raisons

Le II. Dialogve

du S. Ferrand deuſſent ſuffire pour le confirmer, ſi eſt-ce que ie deſire que maintenant nous en facions la preuue. Vous m'accorderez que la meilleure partie de la volte tant au ſaut en arriere comme au ſaut en auant eſt, quand la teſte eſt perpendiculaire en bas, & les pieds en haut en ceſte forme.

Bapt. Il eſt ainſi.

Cos. Ie vous prie M. Pin' faites nous ceſte faueur de nous tenir les iambes eſleuees, & la teſte en bas comme vous faiſiez.

Pin. Me voilà preſt, ie le veux bien.

Cos.

DV Sr. ARCANGELO TVCCARO. 99

Cos. Dites moy ie vous prie pour nous redresser maintenant comme vous auez fait au saut en arriere, quel ordre il nous faut tenir pour acquerir quelque perfection en cest exercice: Mais il me semble que pour nous bien enseigner il ne faudroit pas ainsi laisser aualler les iambes comme vous faites auec vn

Cc

LE II. DIALOGVE

raccourcissement de genoux, ains plustost hausser la teste, afin que le corps se redresse de soy-mesme.

Pin. Ie l'entens ainsi & en cela ie veux suiure vostre aduis.

Cos. Mais si vous nous voulez redresser ainsi qu'au saut precedent, comment ferez-vous? il faudra donc que ce soit de ceste façon.

PIN. Pour plus commodément faire ce faut, il faut les mains estendues, & les bras roides, leuer la teste, pour donner agilité aux jambes, afin que les forces soyent plus propres à vn tel exercice.

COS. De sorte qu'à vostre dire si vous laissiez aller le corps sans le secourir, vous donneriez de l'eschine en terre.

PIN. Certes il est ainsi.

COS. Redressez vous doncques maintenant comme au saut precedent.

PIN. Me voilà tout prest.

COS. Par le moyen de ceste experience on peut dire que la chaleur directe du saut en arriere soit presque naturelle, & que toute la difficulté d'iceluy consiste au premier mouuement pour attirer la teste à la ligne perpendiculaire, & les iambes en haut, & que par consequent ce saut est plus aisé à faire que le saut en auant qui a besoin de plus grande vistesse sur la fin qu'au commencement: Toutesfois d'autant qu'il est requis plus d'artifice au saut élancé en arriere pour trouuer l'agilité necessaire seulement au commencement, & que la simple course faite auparauant luy donne vne grande vistesse. Nous dirons neantmoins que faisans comparaison de la difficulté de l'vn auec celle de l'autre, le saut fait en auant estant simplement pris comme saut, est estimé beaucoup plus difficile que celuy en arriere.

BAPT. Ie croy certes qu'il soit ainsi; toutesfois ie veux prendre de plus pres garde lors que nous traitterons de l'vn & de l'autre pour les faire fermes sans vistesse, sçachant qu'aller la teste en arriere donne plus d'espouuante à tous les sauteurs, que d'aller la teste en auant, ce qui diminuë beaucoup la facilité de ce saut, auquel il n'y a pas grande vistesse, sinon celle que l'on prend de l'élancement d'vne courageuse resolution.

FERR. Certes la raison de M. Baptiste me semble fort conforme au iugement naturel, & me fay croire que l'on y pourroit cõsiderer plusieurs autres choses, desquelles on pourra paraduenture parler és sauts fermes.

BAPT. Ce saut en auant se fait estãt retourné à pieds impairs, & à pieds pairs ou ioincts, comme le simple saut en auant: mais il y a vne difference à le tourner que vous entendrez cy apres. Or celuy à pieds impairs va ainsi.

Le saut en auant de course à pieds impairs retourné.

On se sert de la course auec la temperature, à la fin de laquelle on prendra le temps à pieds impairs, considerant qu'il faut tenir la mesme forme qu'on a tenuë au saut à pieds impairs tourné en auant circulairement lors qu'on prend le premier eslancement au premier fondement.

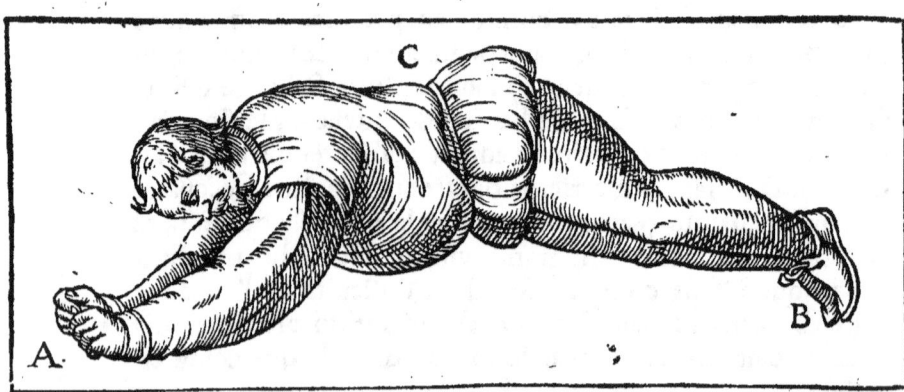

Et estant arriué sur la fin du second fondement, auec soudaine promptitude, on mettra peine à se retourner, c'est à dire, en vn mesme temps les bras estans ployez auec les mains fermees se ietteront du costé droit, auquel costé il faut aussi mettre la teste, & ayant accourcy les genoux, ils formeront le corps en l'air au second fondement en la maniere que voyez.

Dv St. Arcangelo Tvccaro.

Dont s'estant la teste retournee à l'opposite du lieu d'où s'est le saut esleué, ie serois d'aduis que pour euiter quelque inconuenient on reuint sur la fin ainsi courbé.

LE II. DIALOGVE

Cos. Il me semble que ce saut ne soit qu'vne rouë faicte sans l'aide des mains.

Bapt. Il est vray, mais il y a vne grande difference; d'autant qu'au saut retourné comme vous auez veu, il est necessaire que le saut aille d'vne grande vistesse en auant, comme s'il vouloit faire la volte dessus dessous, au lieu de pousser la teste

Dv Sᵗ. ARCANGELO TVCCARO.   102

sous la moitié d'vn costé du corps, & tout le corps reuient par trauers.

PIN. Quant à la difficulté que vous faites plus grande du saut en arriere que du retourné, elle est assez esclaircie ; d'autant que celuy qui ne se tourneroit à temps, pourroit donner de l'eschine en terre, & qui le tourneroit trop trebucheroit ce qui n'aduiendroit à mon iugement au saut retourné en auant.

BAPT. C'est bien dit, car la course au saut en auant donne fort grand aide; D'autant que le corps pour peu qu'il se meuue est conduit au lieu limité: mais le faisant à pieds pairs joints il a beaucoup meilleure grace, lequel se fait ainsi.

Le saut à pieds pairs de course volté.

PIN. La course en ce saut icy se fera auec plus grande violence qu'elle n'a esté faicte au precedent, à la fin de laquelle on prendra le temps à pieds pairs, dont en vn instant venant à leuer les pieds, ce qui se fera tenant les jambes auec les cuisses biē estenduës, & en ce temps les bras auec les mains fermees se tireront en auant auec promptitude, & auec l'aide de la teste leuant aucunement la partie superieure en haut, & quelque peu en auant du lieu d'où le saut s'est eslancé entierement auec le corps esleué en l'air en ceste sorte.

Le II. Dialogve

Et le corps estant esleué suffisamment, on gardera le mesme precepte

precepte pour le saut retourné, que l'on a gardé au precedent en ceste forme.

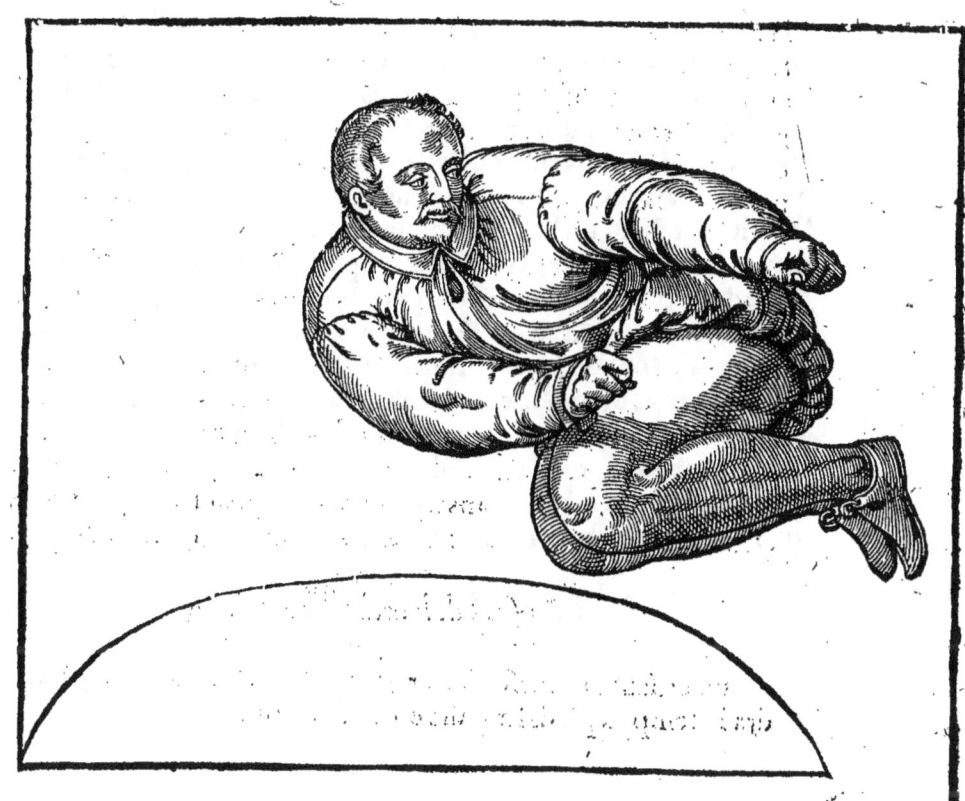

Et ayant retourné la teste à l'opposite du lieu d'où s'est le saut eslancé, lors on commencera à s'estedre vn peu: mais il faut que ce soit auec promptitude, & faut venir plus droit que l'on n'a fait à pieds impairs.

BAPT. Il est ainsi, mais toutesfois il nous faut sçauoir que le dernier saut que l'on fait auec la course par terre, est vn saut qui de nous autres sauteurs est nommé saut *de hanche*, qui mesme se peut faire de pied ferme. Et faut icy considerer qu'il est fort difficile à faire ce saut iuste, & auec telle mesure qu'il seroit bien requis; & se trouue peu de sauteurs, ou parauenture nuls qui iusques à auiourd'huy l'ayent bien fait. Et afin que vous co-

LE II. DIALOGVE

gnoissiez sa perfection, & imperfection, il faut sçauoir, auant que l'on vienne à la maniere de l'enseigner, en quoy consiste en cecy la curiosité de plusieurs, qui ont mis en vsage & practique la forme de se volter en auant & en arriere, & faire les sauts voltez, qui est vne autre espece de tour, eu esgard que ce corps auoit mesme vn mouuement par les flancs, comme par la ligne droicte en auant & en arriere, pour trouuer l'inuention d'vne volte iuste & accomplie de toutes ses mesures, afin qu'il ne demeurast aucune forme de sauter, à laquelle on ne donnast sa volte par flanc, ou hanche; & afin que ceste volte soit d'autāt plus iuste & parfaicte, il faut tourner par flanc dessus dessous en ligne droicte circulairement & perpendiculairement, imitant tout le corps en cest eslargissement des jambes & des bras, tant qu'il se fait vne rouë à la forme d'vn moulin à vent quand il fait sa volte; & bien que ce saut soit fort facile ayant les mains en terre, tellement que les enfans mesmes le peuuent apprendre: Neantmoins qui le considerera de bien pres, il cognoistra qu'il est difficile à faire sans toucher des mains en terre. Et afin que vous sçachiez comme va son mouuement, c'est cestuy-cy.

Le saut de hanche de course.

En ce saut la course sera prompte, & en fin d'icelle on prendra le temps à pieds impairs en ceste façon,

Dv St. Arcangelo Tvccaro. 104

Et soudain que le pied senestre aura finy le temps, le dextre auec la jambe bien estendue s'eslancera promptement en haut,

Dd ij

& au mesme temps le bras droit auec le poing clos,& auec l'aide de la teste, & encores surpassant la teste se mettra en haut, attirant aussi la partie superieure en haut, & estant quelque peu attiré & ployé par flanc, & le bras senestre estant accourci, & ayāt le poing clos, se retirera vers le corps, à sçauoir vers la partie superieure, taschant à la soustenir au premier eslancment le plus qu'il pourra. Or estant le corps suffisamment monté, le bras senestre en ce temps attirera la partie du corps superieure en rond, c'est à dire circulairement, la teste fera le semblable auec la jambe droite roidie, & le bras droict ferme, & renforciront le mouuement du costé d'enhaut, tenāt la jambe senestre esloignee de la dextre tant qu'il sera possible, & si tost que la teste & les bras auront passé la ligne perpendiculaire, & que le bras senestre commence à monter en haut, le bras senestre auec la teste s'efforceront d'esleuer auec la promptitude qu'il sera possible la partie superieure en haut; & lors que le corps abbaisse la volte en terre, il faut faire que le pied dextre soit quelque peu le premier à se mettre en terre que l'autre; & apres que le senestre aura donné le second mouuement, en ce mesme temps la partie superieure doit estre retournee droicte auec tout le corps du costé de la hanche, en ceste sorte.

Dv St. Arcangelo Tvccaro. 105

Si on le veut faire à pied ferme, on tiendra les jambes larges,
& à l'eslancement du saut la teste & les bras se retireront de la

Cc iij

partie droicte par flanc, le ployant, lequel acte on appelle *Onde*, qui sert à esleuer le corps de terre auec plus de vigueur; puis à esleuer le saut on tiendra le mesme ordre que l'on a tenu au precedent.

Cos. Ce saut me semble fort difficile, & deux raisons m'esmeuuēt à dire qu'il est presque impossible de le faire iuste; la premiére est que nous n'auons le mouuement du flanc si fort & si iuste à se ployer par droite ligne, comme il seroit bien à desirer: car si vous voulez d'vne main toucher terre à costé du flāc, il est impossible le faire sans ployer & reculer en arriere, ou d'vn costé contraire à la main vers le genoüil en auant; c'est pourquoy ie dy que ce mouuement n'est tel qu'il puisse attirer tout le corps dessus dessous sans vne tres-grande vistesse; l'autre est que la vistesse se perd en partie quand apres la course il faut tourner le corps par flanc pour eslancer le saut, dont ne pouuāt venir à bout, il se pend auec le pied en auant, & auec la teste à costé, & on recognoist lors à veuë d'œil qu'il n'est plus saut par hanche, ains seulement vne roue estropiee, veu qu'en tous les sauts la droicture du corps se retire à ceste ligne droicte, par laquelle ou doit donner la volte, bien que ce soit ou en auant, ou en arriere, ou par hanche.

Bapt. Certes vous l'auez deuiné, d'autant que quasi tous les sauteurs s'eslançant ne dressent le corps par flanc pour faire le saut par hanche; mais l'eslancent & esleuent auec le pied senestre en auant en ceste mesme forme que le saut volté en auāt à pieds impairs, & est d'vne fort mauuaise monstre à qui n'en a l'experience, l'vsage & la practique: mais encores qui seroit si obstiné de croire que ce saut volté par la hanche fust si iuste que il n'y eust que redire? & pour en faire plus grande preuue, que l'on tienne deux couuertures ou linceux haut esleuez, & le sauteur qui aura parfaite cognoissance de ce saut, les surpassera si iustement, qu'il n'y aura que redire, sans y toucher nullement des pieds: que s'il arriuoit autrement, ce saut ne se pourroit dire asseuré ny iuste par hanche.

Ferr. Ie croy que celuy qui inuenta ce saut de costé, ou de la hanche, estoit fort de loisir, & curieux de nouueauté, d'autant qu'il me semble que l'estude des hommes doit estre principalement en choses vtiles ou delectables, & chacun sçait que ce saut icy par hanche n'est ny vtile, ny delectable.

Cos. Mais quelqu'vn pourra dire qu'il a la mesme fin que les autres, à sçauoir, d'exercer le corps : mais cest exercice estant par trop violent, n'est ny bon, ny proffitable, & estant fort difficile à faire, celuy qui le veut entreprendre, ressemble à celuy, lequel pour monstrer que les autres ne pouuoyent faire comme luy, s'efforçoit de viure de pierres, de fer, ou d'autre chose semblable : mais quiconque est si outre-cuidé cela ne peut estre qu'en risee & moquerie à vn chacun.

Bapt. Or nous voilà arriuez à la conclusion de tous les sauts auec course de terre, & ceux-là sont estimez les plus forts entre nous qui se font de pied ferme: maintenant ie vous veux monstrer l'ordre, & la maniere qu'il faut tenir pour se rendre ces sauts fort familiers, encore qu'il me souuiéne que le S. Cosme croit que la force de ces sauts consiste plus en leur proportion & mesure, qu'en autre chose.

Cos. Si vous auez bonne souuenance de la dispute qui s'est meuë cy-deuant touchant les sauts, vous recognoistrez qu'il n'y a aucune difference entre les raisons qui ont esté alleguees, pour ce que faire vn saut en arriere iustement est vn vray indice d'entēdre l'art de bien sauter, tellemēt que vous faictes de vostre corps ce qu'il vous plaist, & le menez où bō vous sēble, sans crainte de danger, de force violence, ou vistesse extraordinaire, & le sçauez retirer, auancer, ou eslancer à vostre volonté, comme vous feriez vn cheual aydé d'vn bon mords, guidé & conduit d'vne bonne main : Ce que ie vous representeray cy apres encore plus clairement.

Bapt. Le premier des plus forts sauts qui soit entre les pieds de pied ferme est à mon aduis le volté en arriere, bien que plusieurs facent comme aucuns, qui ne font non plus de compte de l'art de bien sauter, que du manquement de force, laquelle toutesfois est plus necessaire en certains autres sauts. Or pour venir au saut volté en arriere de pied ferme, l'ordre que l'on y deura tenir sera cestuy-cy,

LE II. DIALOGVE

Saut volté en arriere de pied ferme.

Auant que leuer le saut, on se tiendra droict en ceste forme.

Et s'esleuants les pieds de terre pour eslancer, il faut tirer auec grande promptitude les genoux accourcis vers le sein, & au mesme temps les bras auec les mains fermees, & auec l'aide de la teste attireront le corps en haut par ligne perpendiculaire, & faut que tout le corps soit formé en l'air, comme vous voyez.

Le II. Dialogve

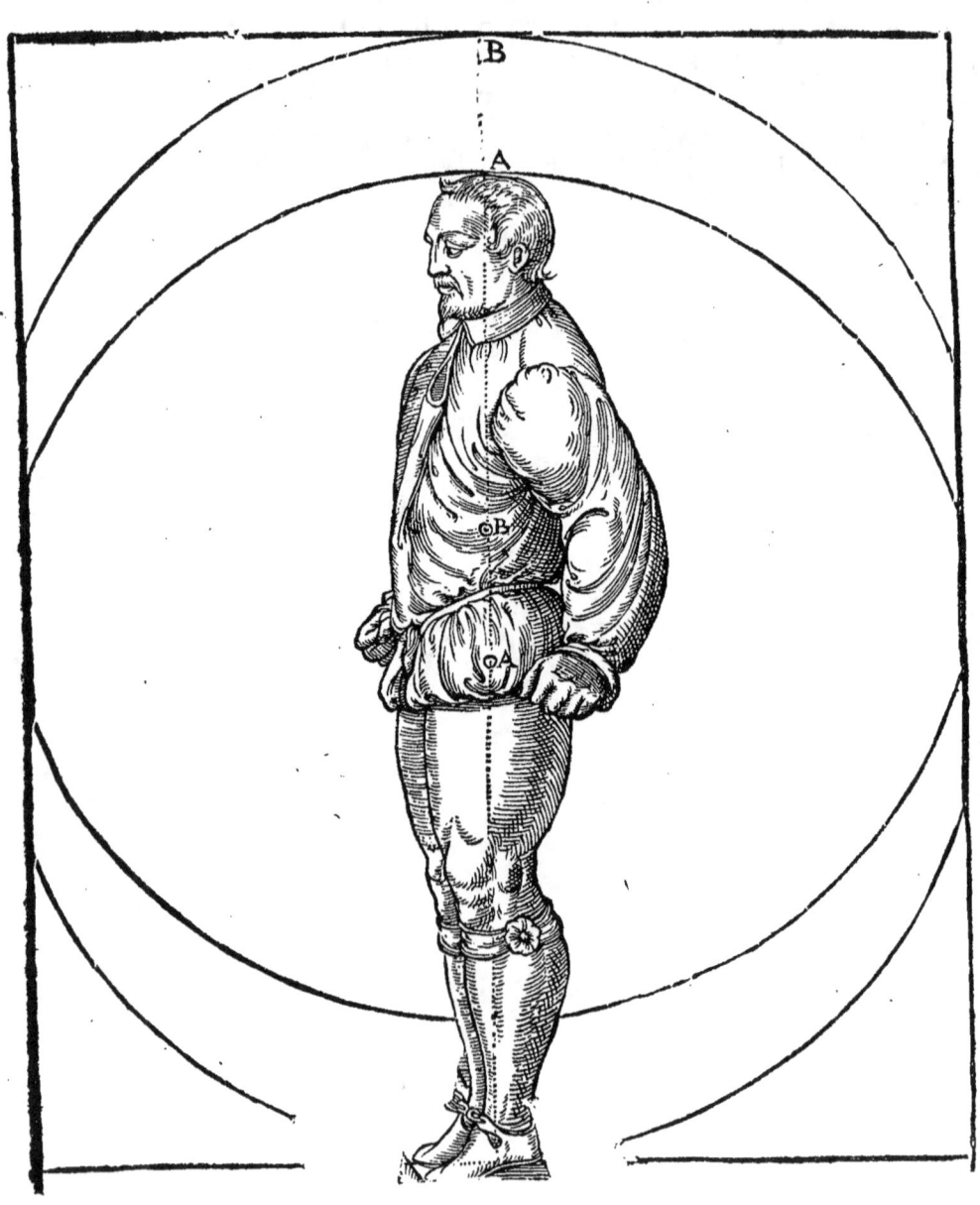

Or estant en ce premier eslancement le corps esleué suffisamment, comme seroit à la lettre B. du second cercle que monstre la premiere figure, les bras à la mesme forme auec l'aide de la teste se mettans en arriere, feront vn tour, prenant garde que la teste faisant la volte n'attire la partie superieure en arriere: Mais que le tour qu'il prend soit fait sur la ligne perpendiculaire, les genoux se tiendront accourcis iusques à ce que la teste ayt finy de faire le tour, & que les pieds ayent leur aspect perpendiculaire au lieu d'où ils se sont leuez, & lors auec promptitude il faudra faire l'extension du corps, & remettre les pieds au lieu d'où ils se sont leuez, puis faut reuenir droit.

Le II. Dialogve

Ferr. Confiderez ie vous prie la beauté & perfection de ce faut, lequel auec les deux extremitez du corps, defcrit & reprefente deux cercles fort parfaits.

Bapt. Ie vous ay defia dit que le pouffement eft vne efpece de viteffe que l'on prend tant pour le faut en arriere, que pour celuy de finge, ce qui accroift la force au fauteur; C'eft pourquoy fi on veut faire vn faut en arriere non retourné auec le pouffement, & auec plus grande facilité, il le faudra faire en cefte forme.

Le faut en arriere auec le pouffement.

On tiendra premierement les mains fur la terre, & les pieds en haut en cefte forte.

Dv Sr. Arcangelo Tvccaro. 109

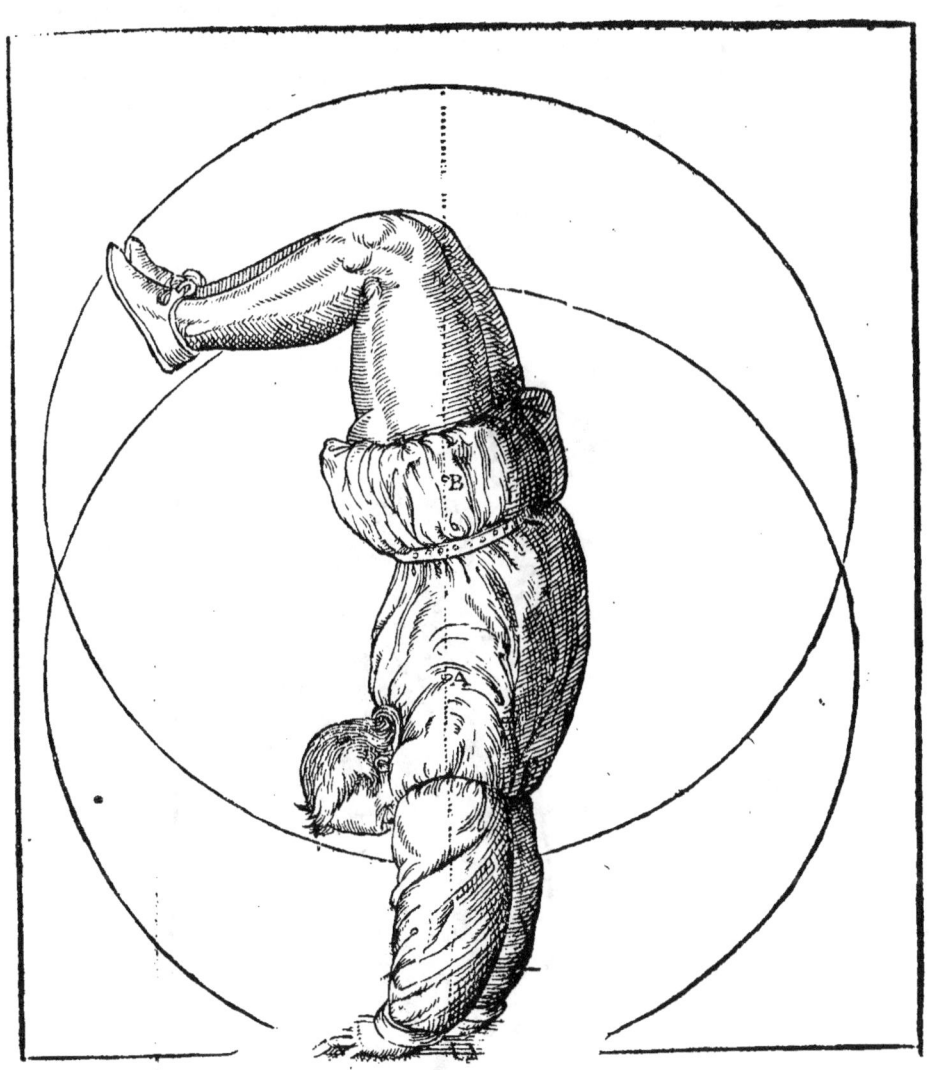

Ee iij

LE II. DIALOGVE

Puis il faut faire le pouſſement ordinaire, ayant eſgard que les mains eſtans eſleuees de terre au temps qu'elles ſont pouſſees des pieds, & eſtans fermees, ſe retireront en arriere auec les bras eſtendus, eſtans encores les pieds en l'air: mais en poſant en terre la teſte tiendra la partie ſuperieure quelque peu ployee en auant ainſi.

Tant pour auoir plus de force pour esleuer le saut de terre, que pour ne tomber ou trebucher en arriere esleuant la partie superieure trop droicte: Mais soudain que les pieds auront touché en terre, au mesme temps ils s'esleueront accourcissant les genoux; & en ce mesme temps les bras auec promptitude se mettront en auant estans estendus, continuans auec agilité le mouuement en haut, & auec l'aide de la teste attireront le corps en haut, & la partie superieure estant quelque peu en arriere, mettant les bras au premier fondement auec la mesme forme & maniere que dessus, & auec l'aide de la teste se porteroet en rond, tenants tousiours les genoux accourcis, tant que l'on sente la volte estre finie; dont soudain en apres l'on mettra peine de s'estendre, & de reuenir droit ainsi qu'il est à la page suiuante.

LE II. DIALOGVE

 Ce saut encores est de plus belle & plus excellente monstre, si on le fait volté, & pour le faire tel, il faut garder cest ordre.

Saut

Saut en arriere volté auec le pouſſement.

On ſera premierement appuyé, & aſſeuré ſur la force des bras, comme au precedent ; puis on trauaillera à pouſſer, prenant garde de mettre les pieds au meſme lieu d'où ſe ſont leuees les mains; & pour le faire auec plus de facilité au temps que les mains s'eſleuent de terre, que la teſte attire premierement la partie ſuperieure, ſe retirant en arriere eſtant quelque peu ployee en auant, afin que les pieds eſtants en l'air ſoyent attirez de ladicte partie pour ſe mettre au lieu d'où ſe ſont leuees les mains, & ſoudain la teſte s'efforcera de redreſſer ladite partie ſuperieure quelque peu en haut : mais principalement que les pieds facent le battement au lieu d'où ſe ſont les mains leuees, en tenant les genoux vn peu ployez, pour correſpondre au contre-poix de la partie ſuperieure qui doit demeurer ployee moyennement, pendant que les pieds finiſſent le pouſſement, & les pieds ayants donné le battement en terre, tenant les genoux fort bien accourcis vers le ſein, au meſme temps les bras ſe ietteront eſtendus en auant, continuant le mouuement en haut, pour y attirer le corps auec l'aide de la teſte au premier eſlancement; & faut prendre garde qu'en ce premier ſouſleuement du corps, la partie ſuperieure ſe doit tenir quelque peu ployee, pour faire le retour des pieds auec plus de facilité, & eſtant le corps eſleué ſuffiſamment, les bras pour s'vnir à la maniere accouſtumee, ſe mettront en rond, tenant les genoux accourcis, & le corps viendra en fin courbé.

LE II. DIALOGVE

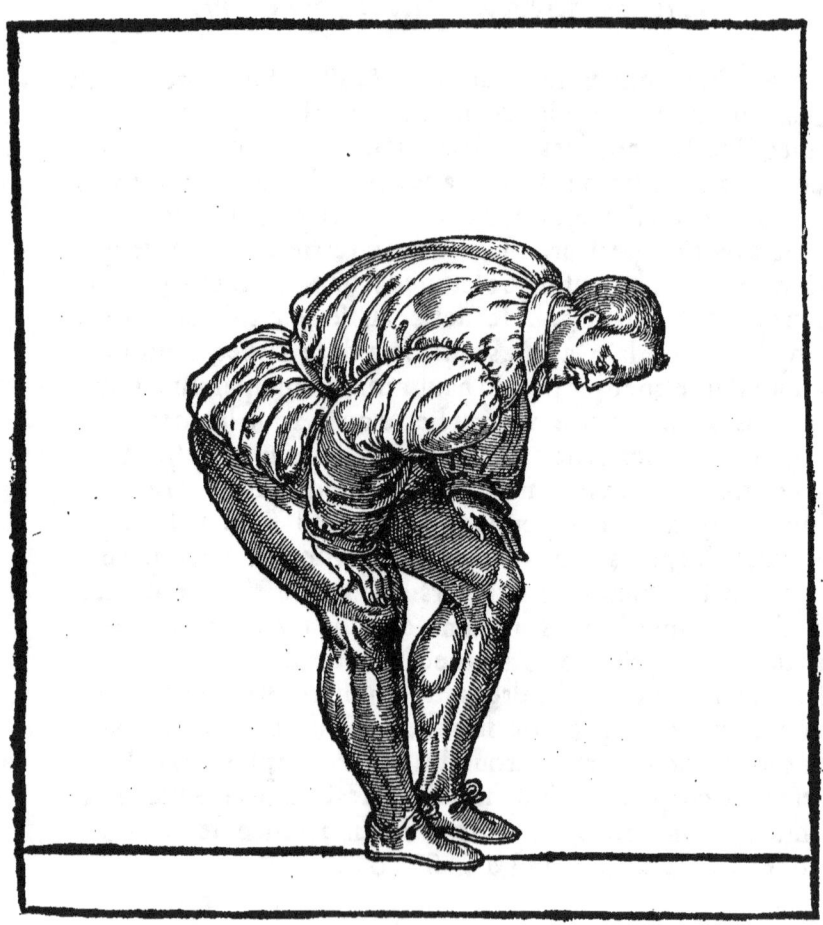

Cos. Certes voilà vn fort beau saut, & d'vne belle proportion, & à mon iugement c'est l'vn des plus forts sauts; d'autant que l'art y a plus de lieu que la nature.

Ferr. Il me semble que ce saut, (puis qu'il est aidé de la vistesse du poussement) doit estre mis au nombre des sauts eslancez.

Bapt. Monsieur vous me pardõnerez, d'autãt que ces deux

voyes de s'esleuer, eslancer de course, ou de pied ferme, font la difference, & le poussement n'y donne que bien peu d'aide, pour esleuer le corps en l'air. D'auantage en plusieurs sauts de pied ferme nous vsons indifferemment de ceste vistesse de pied ferme, que nous nommons ainsi en nostre art. Or si la fin de la roüe, & des sauts de singe est la mesme & semblable, ce retour du corps de l'vn & de l'autre auec la course, & se retirer les mains soudain sur la teste pour venir en terre sur les pieds en fin du poussement, rend la vistesse parfaicte & eslance le corps auec vne fort grande impetuosité, ce qui n'aduient en ce saut, estant necessaire de retirer les bras en arriere, cōme s'il se mouuoit sans estre poussé. Et encor qu'il y ayt des sauteurs qui esleuent le saut en la mesme forme & maniere qu'on fait les eslancez, il ne s'ensuit pas pourtant qu'ils facent bien, d'autant que la vistesse n'est si grande au poussement qu'il puisse tirer le corps sans l'vnion des bras, ou plustost de tout le corps; & partant il est necessaire de retirer les bras en arriere, & vser de la mesme forme & maniere qu'on a tenuë au saut en arriere de pied ferme.

PIN. On peut mieux prouuer cela par l'experience que par la raison ; d'autant que la grande difference qu'il y a de les faire en vne façon ou autre, fait recognoistre la fausseté de mettre sur la teste au poussement, & de les tirer en arriere au saut eslancé, apres auoir fait la roüe, & la proportion qu'on doit garder en l'autre maniere que ie vous ay dite en l'vn & en l'autre. Ie diray plus, c'est que le S. Baptiste & moy, qui auons tenu la forme que vous auez oye és sauts eslācez, disons qu'elle est fort differēte d'vn simple saut poussé, & n'auōs trouué sauteurs, lesquels suyuans d'autres voyes que celles-cy, n'ayent confondu les deux du saut poussé au saut eslancé, faisants en l'vn ce qu'il faut faire en l'autre, c'est à sçauoir, haussant les mains au saut poussé, & les retirāt apres la roüe ou saut de singe ; quant au saut eslancé ils l'ont fait comme le nostre, d'assez bonne grace, duquel au contraire il y a difference comme du iour à la nuict.

BAPT. Il est ainsi; mais il est besoin desormais de laisser cela, & parler d'autre chose. Or combien que ie vous aye dit cy-dessus que ie ne vueille tenir liure de compte de tous les sauts en geñeral qu'ont accouſtumé d'obſeruer les ſauteurs, qui plus, qui moins, ſelon leur force & valeur; Neantmoins d'autant que au nombre des ſauts en arriere il y en a aucuns qui les font d'vne maniere & temps different, les autres d'vne autre, i'ay bien voulu pour ne laiſſer rien en arriere, vous eſclaircir de ce que vous pourriez eſtre encore en doute. Vous deuez doncques ſçauoir qu'il y a eu quelques ſauteurs, qui voulans faire pluſieurs ſauts en arriere, en ont fait d'vne maniere, qu'on nõme *ſauts en arriere auec l'eſlancement*, qui va ainſi.

Saut en arriere fait auec l'eſlancement.

Apres que le ſauteur ſe ſera tenu droict comme de couſtume, l'eſleuement du ſaut ſe fera accourciſſant les genoux, & au meſme temps les bras s'eſtants auec promptitude eſlancez, & eſtendus, auec les mains cloſes, continuëront le mouuement en l'air à l'ordinaire, & auec l'aide de la teſte qui attirera la partie ſuperieure quelque peu abbaiſſee en arriere, eſleueront le corps en l'air, eſtant en ce premier fondement en ceſte forme.

DV Sr. ARCANGELO TVCCARO. 113

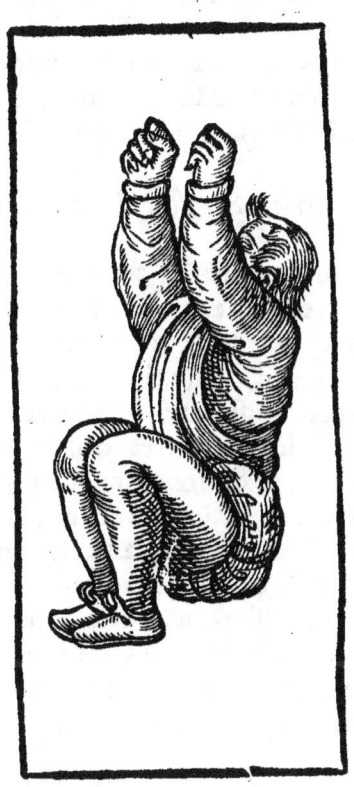

Or le corps ne pouuant plus esleuer les bras auec ceste mesme forme d'vnion auec la teste, se mettront à faire la volte, & les genoux se tiendront accourcis tant que ladicte volte soit finie; & soudain on commencera à s'estendre, prenant garde que la partie superieure soit quelque peu abbaissee en auant; car tousiours on aura de-là plus de force pour esleuer vn autre saut en arriere, que d'auoir trop redressé ladicte partie, & les pieds donneront deux bons pieds en arriere dū lieu d'où ils se sont leuez au commencement du saut, & soudain qu'ils aurōt touché terre, reuiendront à se leuer, & feront vn petit saut en arriere; & au mesme temps que se fera le petit saut, les bras aussi auec les poings se porteront en arriere, dont si tost que les pieds auront donné le battement du petit saut, on viendra à esleuer vn autre saut du mesme ordre que l'on a esleué le premier; & autant de sauts en arriere qu'on voudra refaire de ceste espece, tousiours sur la fin d'vn saut, auant que d'en esleuer vn autre, on fera derechef auparauant le petit saut.

Sauts en arriere arrestez à pieds fermes.

S'estant le sauteur tenu droit, comme cy-dessus, s'eslançant le saut au commencement, en chacun des trois fondements on gardera la reigle, & le precepte qu'on a obserué au precedent: mais sur la fin d'iceluy, si tost que les bras auront assisté le corps, à la fin du troisiesme fondement les pieds prendront tant de pause à se leuer de terre pour faire vn autre saut, que les bras se soyent tirez en arriere auec les mains serrees; & puis en vn instant se venant à tirer en auant, au mesme temps les pieds s'esleueront de terre, pour faire vn nouueau saut en arriere, auquel on tiendra l'ordre du premier; & si on en faisoit d'auantage, les pieds s'arresteront tousiours tant sur la terre sur la fin de chaque saut, que les bras ayent temps de se retirer en arriere pour prendre force, & pouuoir auec plus de vigueur esleuer le corps de terre au premier fondement.

Sauts eslancez en arriere de pied ferme.

On tiendra pour ce saut à l'eslancement, & à la volte le mesme ordre qu'on a tenu au precedent: mais il faut prendre garde en le finissant au troisiesme fondement, de retourner les bras en arriere, comme de coustume, lors que les pieds viennent en terre, estant encores le corps en l'air.

Nostre jeune homme auant qu'eslancer le saut, se tiendra droit, comme i'ay monstré cy-dessus, puis esleuant le saut au premier & second fondement, on obseruera le mesme ordre que l'on a obserué au precedent: mais au troisiesme fondemét on prendra garde qu'à l'abbaissement que les pieds font en terre, se trouuant encores la volte en l'air, d'attirer les bras en arriere ainsi que de coustume, afin qu'au temps que les pieds se mettent en terre pour retourner à se releuer, au mesme instant les bras se doiuent trouuer preparez pour esleuer le corps au premier sousleuement du nouueau saut, gardant l'ordre que l'on a tenu au premier, & continuant plus longuement tousiours au troisiesme fondement, pour en faire iusques au nombre de sept ou huict, & auant que les pieds se posent en terre, les bras se doyuent retirer en arriere aucunement ployez, auec les mains closes, aduisant de laisser la partie superieure quelque peu ployee sur la fin de chaque saut, comme dit est.

P IN. Il faut icy prendre soigneusement garde, & considerer, que l'vsage diuers des sauteurs a faict la diuersité de ces sauts: car de vouloir resoudre quels sont les plus forts, c'est à dire, les plus difficiles à faire, il est presque impossible, d'autant que ceux qui se seront exercez aux eslancez, auront plus de peine à en faire trois arrestez que six d'autres, ayant accoustumé la nature à prendre ceste vistesse, & ce temps que l'eslancement apporte de soy-mesme: s'asseurant que bien que la force de faire la volte leur manquast, ils ne lairroyent pas de faire le saut de singe, & n'y a doute que si le sauteur a le cœur asseuré, qu'il fera aussi facilement les eslancez que les fermes, d'autant qu'apres le premier les autres ont vistesse, & les fermes se vont tousiours affoiblissant auec le nombre, y ayant plus de vistesse au dernier qu'au premier; il est vray qu'auec le petit saut ils sont plus aisez que les arrestez & eslancez; d'autant que ce peu d'eslancement que l'on prend sur la fin d'vn saut, donne beaucoup plus de temps, & de vistesse au saut. Ie trouue aussi qu'il est fort difficile de côiecturer ou deuiner quelle force est la plus grande, celle des fermes, ou des eslancez; les sauteurs tiennent que les eslancez soyent les plus parfaicts, comme ceux qui ont besoin d'vn temps plus subtil, & plus mesuré, ce qui n'aduient pas aux fermes, veu qu'il y en a qui les arrestent plus courts, ou moins longs.

BAPT. Il est d'oresnauant temps de discourir de l'autre forme de poussement qui se nomme entre sauteurs *poussement en auant*, lequel n'est pas seulement de belle apparence, mais vti-

LE II. DIALOGVE

le, necessaire, & mesme admirable, comme M. Pin vous fera voir pendant que discourant ie vous racōteray la maniere que l'on tient à faire ce saut poussé en auant, lequel va ainsi.

Saut en arriere de pied ferme poussé en auant.

Premierement on se tiendra droit de la ligne perpendiculaire à la lettre C. comme il se void à la figure suyuante : comme on a dit plusieurs fois, & en vn moment auant que de leuer les pieds de terre pour esleuer le saut, la teste attirera la partie superieure plus ou moins agile du corps, & au mesme temps les bras roides selon la coustume auec les mains closes se tireront en arriere, & au mesme temps que les bras se doyuent ietter en auant pour esleuer le saut vseront dē fort grande velocité, en ceste sorte.

Les

Dv Sr. Arcangelo Tvccaro.

Gg

LE II. DIALOGVE

Les pieds s'efleueront de terre tirant auec la plus grande promptitude qu'il leur fera poffible, les genoux eftans fort bien raccourcis vers le fein, lefquels foudain qu'ils feront proches du fein, les bras de forme eftenduë, ioincts auec la tefte, fe mettront en rond pour faire la volte, tenant toufiours les genoux accourcis, afin que le corps aye plus de temps pour fe tirer en auant au pouffement, & puis venir fur la fin courbé, en cefte forme.

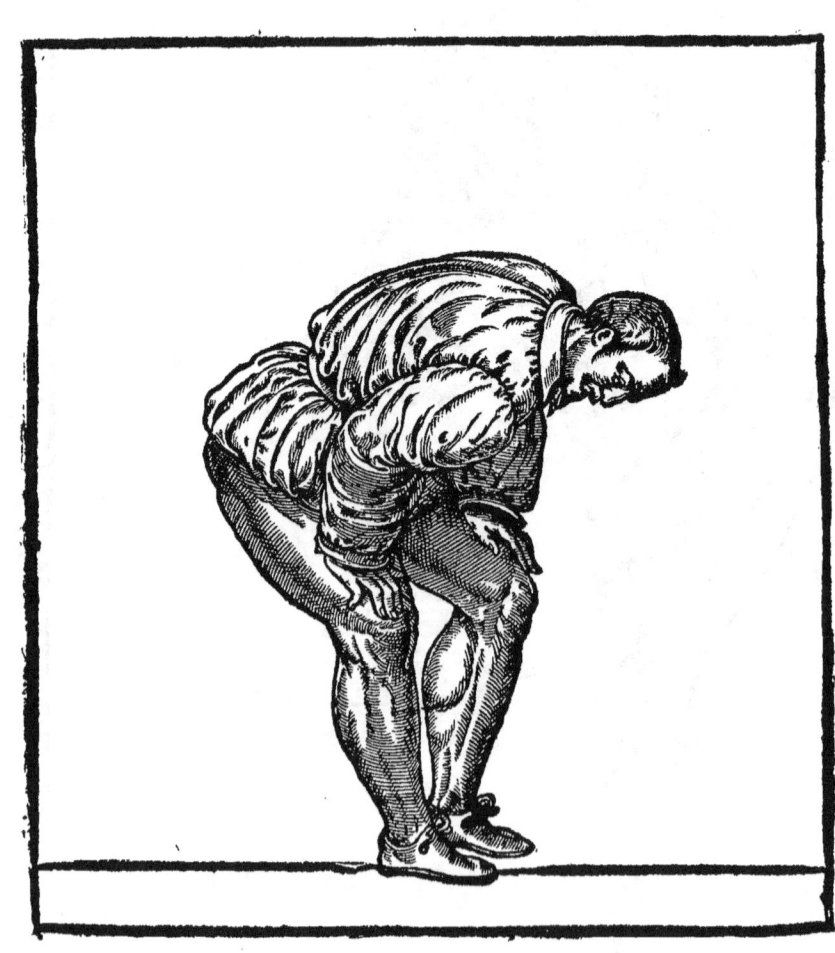

Cos. Auez vous bien pris garde à ce faut.

Ferr. Ouy bien.

Cos. Et vous M. Pin, vous semble-il que cestuy-cy soit plus fort, & plus beau que le retourné.

Pin. Qui en doute.

Bapt. Nous l'estimons plus fort sans comparaison.

Cos. Vous autres sauteurs, vous auez, comme plusieurs autres, en vostre art quelques opinions qui sont plustost fausses qu'autrement: car considerez seulement l'effect au saut, & laissez la cause à part, c'est auoir la matiere sans la forme. Or ce saut, comme ie vous auois promis le monstrer, estant consideré sans course, & auec course, est sans comparaison beaucoup plus difficile que le saut en arriere: Mais il nous faut laisser finir M. Baptiste, cependant qu'on viendra sur le saut en auant.

Bapt. La mesme faute s'obserue qu'au saut en arriere, volté, & au saut poussé, qui est telle; quand le sauteur se veut volter, ou pousser le saut, & qu'il manque & en l'vn & en l'autre de la proportion du temps requise à esleuer le corps de terre, il vient à faire la volte plus en arriere qu'il n'est requis pour se retourner ou eslancer selon le saut qu'il veut faire, & reuenant à terre, il iette ses jambes deuant, de sorte qu'il est comme contraint à donner des fesses en terre, ce qui est non seulement laid à voir, mais aussi contre l'obseruatiõ des reigles de l'art, veu que en l'vn & en l'autre de ces sauts la volte y est requise, & la proportion, à ce que les jambes & le corps viennent à tomber iustement au lieu destiné, ou pour se retourner, ou pour s'eslancer.

Cos. Ces raisons sont à la verité considerables en vn parfaict sauteur.

Bapt. Il y a vne autre improprieté qui n'est pas de petite importance, qui procede, ou de ne sçauoir pas prendre la proportion du temps à l'esleuement du saut, ou pour se sentir trop foible à faire la volte, & le plus souuent d'vne coustume qu'aura le sauteur de n'auoir pas recherché à donner grace aux sauts. Voilà ce qui priue le sauteur des susdictes raisons, quand il a conduit le corps où il doit faire la volte, & ayant

Gg ij

pris ses cuisses auec les mains, il s'aide à s'esleuer en auant.

Pin. C'est vne chose fort deshonneste entre bons sauteurs de faire telles fautes.

Ferr. Ie croy que ce que vous auez dit de l'esleuement auec la proportion du temps sert de beaucoup à faire la volte.

Pin. Il est certain; mais cela pourtant ne peut venir & proceder que d'ignorāce de ne se sçauoir pas tourner à propos, & au temps qu'il est requis, ou plustost, ou plus tard; & cela est digne de mesme blasme entre sauteurs, qu'vn soldat qui estant attaqué d'vn autre s'enfuyoit pour chercher vne rondache ou autre sorte d'armes offensiues ou deffensiues, s'excusant sur ce que son maistre luy auroit ainsi enseigné à combattre.

Bapt. Or vous voyez que nous vous auons fait voir tous les sauts qu'on tourne en arriere circulairement, il me reste maintenant à vous declarer & faire cognoistre le volté qu'on fait de pied ferme, qui est tenu pour l'vn des plus forts sauts entre les bons sauteurs, qui se fait ainsi,

Saut en arriere à pied ferme volté.

Il se tiendra comme dict est au precedent, à sçauoir tout droict, & s'esleuant le saut apres le premier eslancement ce sera auec l'ordre qu'on a fait en arriere de pied ferme ainsi.

DV Sr. ARCANGELO TVCCARO.

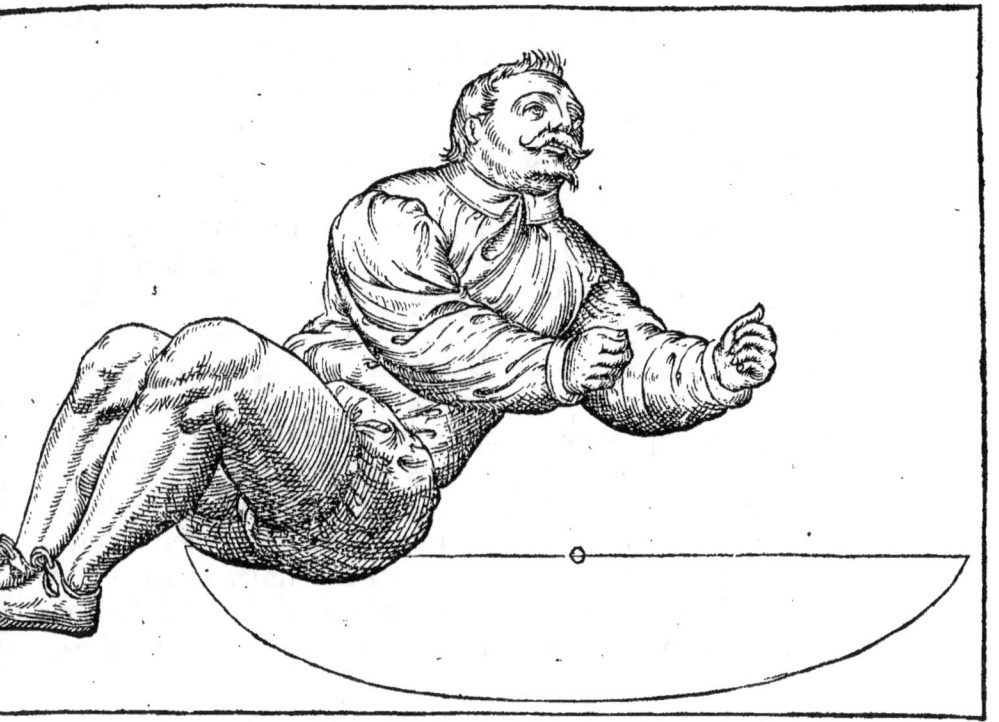

 Il faut que lors la teste & les bras attirent la partie superieure quelque peu en arriere, dont estant le corps esleué assez haut, soudain on se retournera à la forme & reigle que l'on s'est retourné au saut en arriere esleué auec la rouë.

 Mais il faudra faire le retour auec plus de promptitude, à cause que le corps est moins esleué de terre estant retourné, l'eschine sera à l'opposite du lieu d'où on a esleué le saut, lors la teste s'efforcera auec grande promptitude de se leuer en auant, pour sçauoir faire l'onde, comme nous auons dit cy-dessus, afin que la partie superieure reuienne droite tenant les genoux accourcis, & puis venir sur la fin courbé.

LE II. DIALOGVE

Cos. Ce faut ne me femble different de celuy de la courfe, que du commencement du temps.

Bapt. Il eſt vray; & d'autant que nous ſommes venus à la fin des fauts en arriere de pied ferme, il nous eſt maintenãt licite de difcourir, fi vous voulez dire quelque chofe: car nous ſommes arriuez aux fauts de pied ferme en auant.

Cos. Ie vous ay dit & repliqué pluſieurs fois que ie tenois pour fort ce faut qui eſtoit fi viſte qu'vn autre ne l'auroit peu mieux faire, & que ceſt honneur appartient au faut retourné, ou en auant, ou en arriere à pieds impairs; car vn autre ne le pourroit mieux faire; & ceſte proportion vient de manier l'art ainſi qu'il faut, & en doit-on faire beaucoup plus d'eſtime que de ceux à qui la force naturelle donne vn grand auantage; car il eſt plus difficile de paruenir à ceſte proportion, que s'il n'y eſtoit point requis vne fi grand' force de corps, & croy à ceſte occaſion que les fauts en arriere ne ſont fi forts que le volté, & m'aſſeure que vous meſmes ne les tenez pour tels, & à ces fauts concurrent l'eſlancé, le retourné & le volté en arriere, entre leſquels vous autres fauteurs donnez le premier lieu au volté de pied ferme, le ſecond à l'eſlancé pouſſé, le troiſieſme au volté, comme ie vous l'ay pluſieurs fois ouy dire, n'eſt il pas ainſi?

Bapt. C'eſt l'opinion de tous les fauteurs.

Cos. D'autant que i'eſtime que vous ayez memoire de pluſieurs autres raiſons alleguees à ce propos, ſpecialement quand on demonſtroit que l'eſlancé pouſſé deuoit eſtre eſtimé imparfait, ſelon la belle preuue que nous auons faite cy-deſſus du treſteau; cela eſtant aſſez clair, ie n'ay que faire de le repliquer: mais outre les raiſons deſduites cy-deſſus, il faut encores conſiderer plus particulierement la perfection du faut volté, & que l'eſlancé pouſſé ſe fait auec vn peu plus de peine que les autres, lequel n'ayant encores bien veu pratiquer, ie n'en ay telle cognoiſſance & experience que ie deſirerois bien. C'eſt dõcques vne choſe neceſſaire, comme vous dites, de retourner par ligne perpendiculaire au lieu où on a finy de s'eſlancer, à la difference du faux eſlancement qui n'a aucun bon effect. Or il eſt beſoin qu'au iuſte faut on eſleue preſque tout le corps au lieu où on veut tomber, & la volte se doit faire directement à ceste ligne, autrement il seroit impossible que le sauteur ne donnast de la face en terre, comme vous mesmes auez assez recognu quand vous auez parlé d'esleuer le corps pour faire le saut en auant.

Pin. Il est tres-certain, & l'experience du saut en arriere le demonstre assez: car si le corps ne s'esleuoit en auant deuāt que faire la volte, on heurteroit des pieds contre la muraille, en danger d'y donner de la teste.

Bapt. Vrayement il est ainsi, & ce saut a la mesme forme que celle du poussé eslancé, & celuy qui fait bien l'vn, faict bien l'autre aussi; & ceux qui veulent esprouuer de le faire à la muraille, donnent volontiers de la teste en terre, & des jambes à la muraille, dont peut aduenir vn grand danger & inconuenient à celuy qui le hazarde.

Cos. Tout beau ie vous prie, si la volte se fait au lieu où on tōbe, ce saut retourné n'est different que d'vne petite plieure de corps.

Bapt. Pardonnez moy, car il y est requis plus de force & plus de promptitude.

Cos. Ie le veux bien; mais ceste forme & promptitude que vous luy attribuez, est plus de la nature, que de l'art, comme ie diray cy-apres: car entre deux sauteurs égaux en science, le plus fort l'eslancera mieux que le plus foible, & n'y a terme si prefix, & determiné, & que l'on puisse tenir si certain, ny saut si parfait, qu'vn autre ne le puisse auancer; bref il n'y a chose si parfaite au monde, à laquelle on ne trouue quelque chose à adiouster.

Pin. Tout cela est vray; & encores que quelques vns tiennent qu'vn petit homme fera mieux qu'vn grād le saut poussé, eslancé & volté, si ne s'ensuit-il pas pourtant que le saut poussé eslancé ne soit plus fort & plus difficile.

Cos. Il me semble qu'en l'art du saut on ne doit point considerer la force naturelle, mais plustost la perfection de l'œuure, ainsi qu'en la peinture & sculpture, la beauté des couleurs n'est pas tant consideree par les hommes de iugement, comme la perfection du pourtrait. Mais concluons que le saut *volté*, & le *poussé eslancé*, se font plustost par curiosité, qu'autrement, veu qu'ils ne sont pas gueres beaux, & par consequent agreables.

BAPT. Mais que dites vous du saut volté en arriere, qui est l'vn des plus forts & plus difficiles sauts qui soyent, pour lequel bien faire il est necessaire d'auoir vn bon iugement, & vne memoire pour le retourner, & si le iugement se perd tant soit peu, l'on se met en beaucoup plus grand danger & hasard, qu'en toute autre sorte de saut.

COS. Ie ne nie pas que ce saut ne soit fort beau, plaisant, & fort subtil; mais à mon iugement il n'est pas à comparer à la perfection de l'autre volte; pource qu'en effet le saut ne se tourne pas en cestuy-cy que par trauers, & bien peu; & bien que le temps en soit fort difficile, si ne semble-il que ce soit vn saut pour en faire compte & comparaison de la volte en auant & en arriere.

BAPT. Au contraire il est tenu entre nous pour l'vn des plus beaux, & dispos sauts qui se facent point.

COS. Ie ne le nie pas absolument: mais puis que ce n'est pas vne volte, on n'en doit pas autrement disputer auec ceux qui la font parfaictement; car cestui-cy est vne autre forme de saut different.

BAPT. Ie vous veux doncques representer les autres sauts qui se font sur terre sans l'aide du tresteau & autres instrumens, comme ceux desquels nous auons dit cy dessus.

LE PIN. Et ie le vous monstreray par effect.

BAPT. Le saut de pied ferme en auant se faict à pieds impairs, & à pieds pairs voltez, comme on le faict de course, ny ayant autre difference que le temps, & la facilité de l'vn plus que de l'autre. Celuy qui se faict à pieds impairs va ainsi.

Le saut de pied ferme à pieds impairs.

Premierement on se tiendra droit, & auant que d'esleuer le saut, la iambe droicte estenduë se tirera en auant, comme ferōt les bras auec les mains fermees ainsi.

Mais

Mais ainsi qu'on veut esleuer le saut au premier fondement, ladicte iambe droicte se tirera en arriere auec promptitude, s'estant esleuee circulairement en haut de telle sorte que toute la partie superieure se vienne à former en l'air en droicte ligne, & au mesme temps les bras accourcis se ietteront en arriere auec grande violence, & la teste abbaissera la partie superieure en auant, à ce que tout le corps se trouue en l'air au premier eslancement.

De là estant le corps venu au terme de ne pouuoir plus s'esleuer, les genoux sans perdre temps s'accourciront, & les bras de la mesme façon continueront le mouuement en rondvolté, & la teste se poussant en auant se mettra en volte, & finissant il viendra courbé à l'accoustumé.

Le saut de pied ferme à pieds pairs.

En ce saut on se tiendra droict ayant les pieds ioincts en ceste sorte.

Dv Sr. ARCANGELO TVCCARO. 120

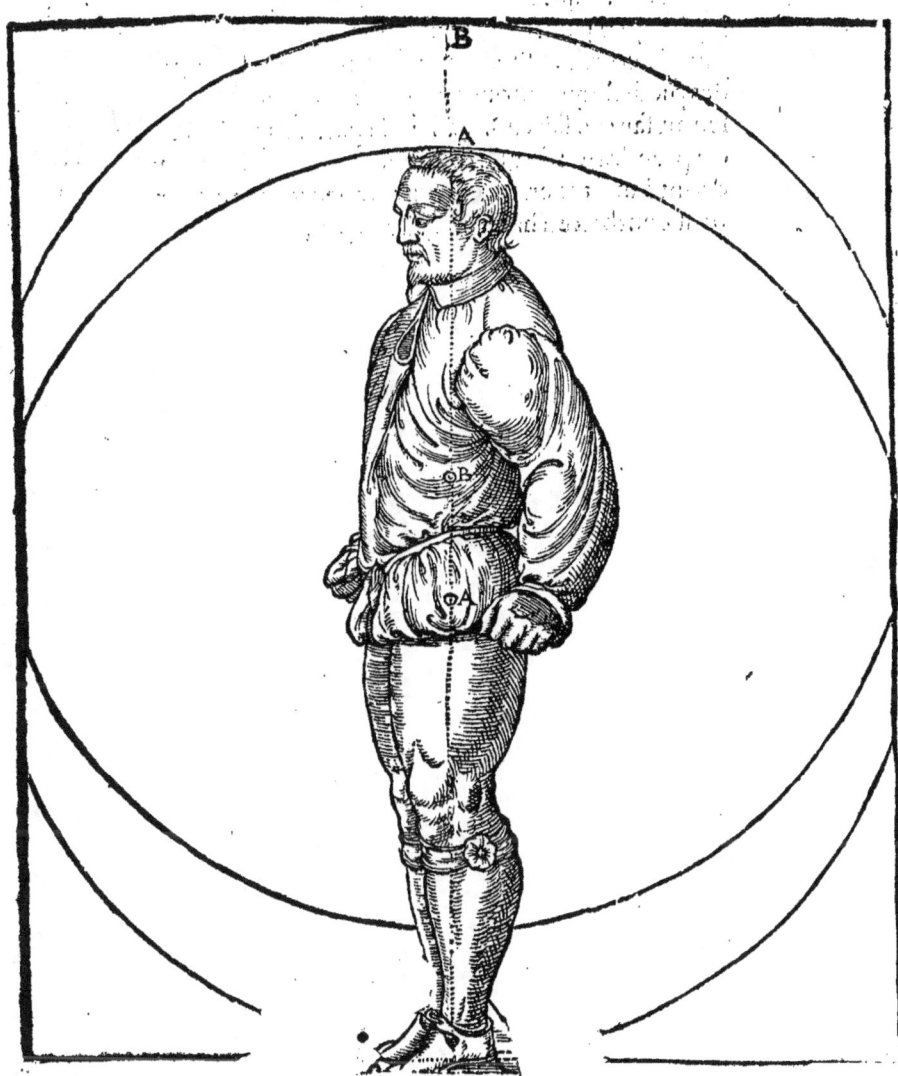

Hh ij

LE II. DIALOGVE

Et auant que leuer le corps de terre, nostre sauteur tiendra le plus qu'il pourra la partie superieure en arriere, & pour auoir plus de commodité, il leuera de terre quelque peu les pointes des pieds, lequel mouuement donne plus d'aide, que si on s'esleuoit sans le faire. Or venant la partie superieure à se retourner on prendra garde que soudain que les pointes des pieds se viendront à mettre en terre, les bras auec les mains serrees s'esleueront courbez en haut en ceste façon,

Le II. Dialogve

Apres les pieds s'esleueront soudainement de terre, tirants les genoux auec promptitude vers le sein, & les bras, ainsi qu'ils se trouueront, se ietterõt au mesme temps en haut, & auec l'aide de la teste ils attireront la partie superieure abaissee en auãt, & soudain qu'on sent que le corps ne se peut plus hausser, les bras auec l'aide de la teste se mettront en rond de la mesme maniere, & ayant finy on reuiendra courbé.

Le saut en auant de pied ferme à pieds impairs volté.

Premierement on se tiendra droict, & puis de ceste façon.

DV Sr. ARCANGELO TVCCARO. 122

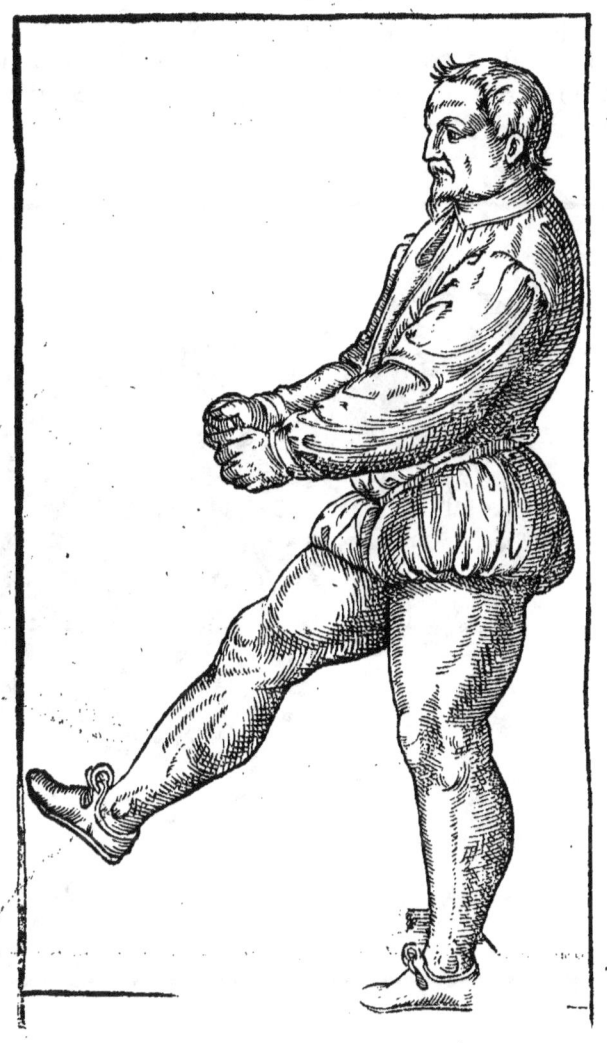

LE II. DIALOGVE

A l'eslancement que l'on fera apres le saut au premier fondement on gardera la propre forme qu'on a gardee au saut en auant, volté de pied ferme à pieds impairs, & au second fondement, apres que le corps sera esleué suffisamment, on gardera le precepte de la mesme façon qu'on a fait au saut en auant de course volté à pieds impairs.

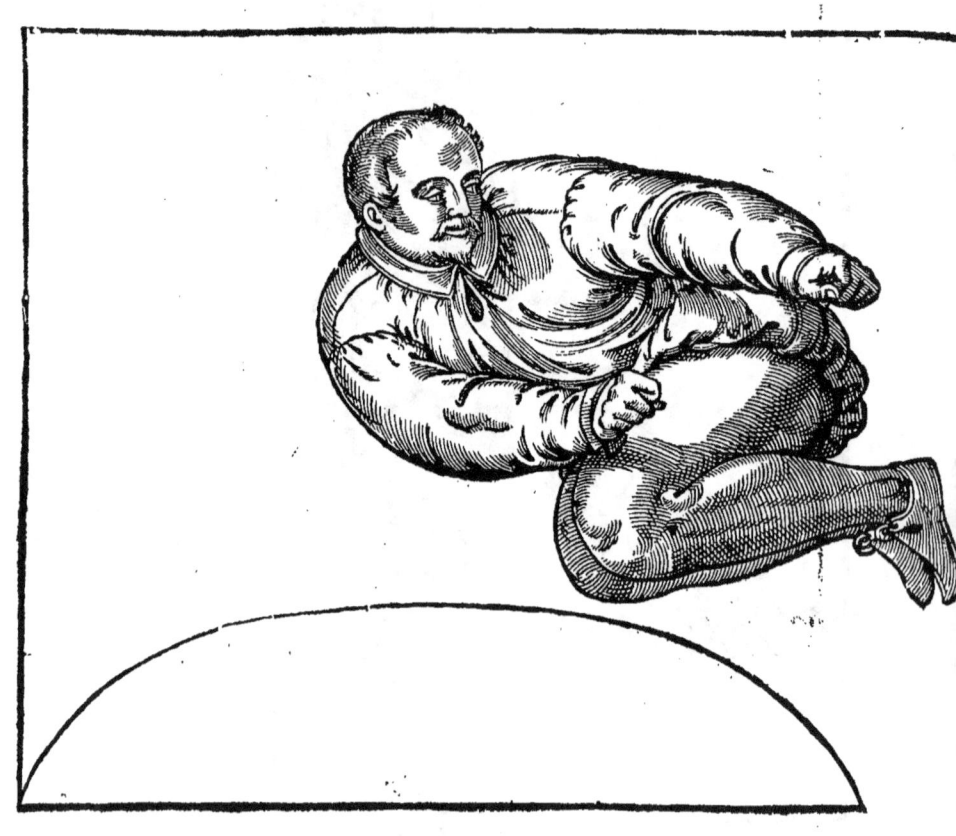

Mais on le fera retourner auec plus grande promptitude, & si tost que la teste sera retournee au contraire d'où on a esleué le saut, en fin on reuiendra courbé en ceste sorte.

Il y en a bien peu qui soyent arriuez au but de tourner vn saut en auant, comme ie vous ay dit cy-dessus, & neantmoins on en a veu infinis qui ont bien faict le saut en arriere.

Cos. Ie vous puis asseurer que ce saut, & le saut volté à pieds impairs en auant sont parfaits entre tous les autres sauts, & ne s'est point encores veu personne qui aye faict ce saut de pieds ferme à pieds impairs en auant, auec plus de grace & propor-

Le II. Dialogve

tion, que noſtre S. Baptiſte, & le S. Archange.

BAPT. Il eſt temps de paſſer plus outre pour diſcourir des autres ſauts; c'eſt pourquoy ie dy que le treſteau, & le trampelin, & autres inſtrumens qui en dependent ſont les vrayes marques, lignes & parangons, comme vne pierre de touche, pour récognoiſtre s'ils ſont aſſeurez ou non en leurs ſauts. Et encore qu'il y ayt des ſauteurs qui facent des ſauts fort differents de ceux de terre; toutesfois ſi eſt-il beſoin d'vn certain aduis particulier pour en bien iuger. Pour commencer donc à ceux qui ſe font ſur le treſteau, ie dy que quant à la hauteur, elle pourra ſeruir tāt au grand qu'au petit ſauteur, qui ſera de hauteur enuiron de trois pieds, & de largeur d'vn pied quatre doigts, lequel ſera tenu par deux perſonnes eſtans aſſis en terre, tenant les jambes entortillees à ſoy, & le tenant bien fort ſur la fin des bords à ce qu'il ne varie, & que le ſauteur en eſleuant le ſaut trouue force aux pieds, & aſſeurance aux bras, puis noſtre ſauteur s'eſleuera d'vne gentille dexterité ſur le treſteau, & s'eſtant monſtré deſſus quelque peu, ſe tiendra tout droict.

Le ſaut à deux mains ſur le treſteau.

Premierement noſtre ſauteur ſe mettra ſur le treſteau droict à pieds ioincts, puis auant que leuer le ſaut, il s'arreſtera, comme vous voyez.

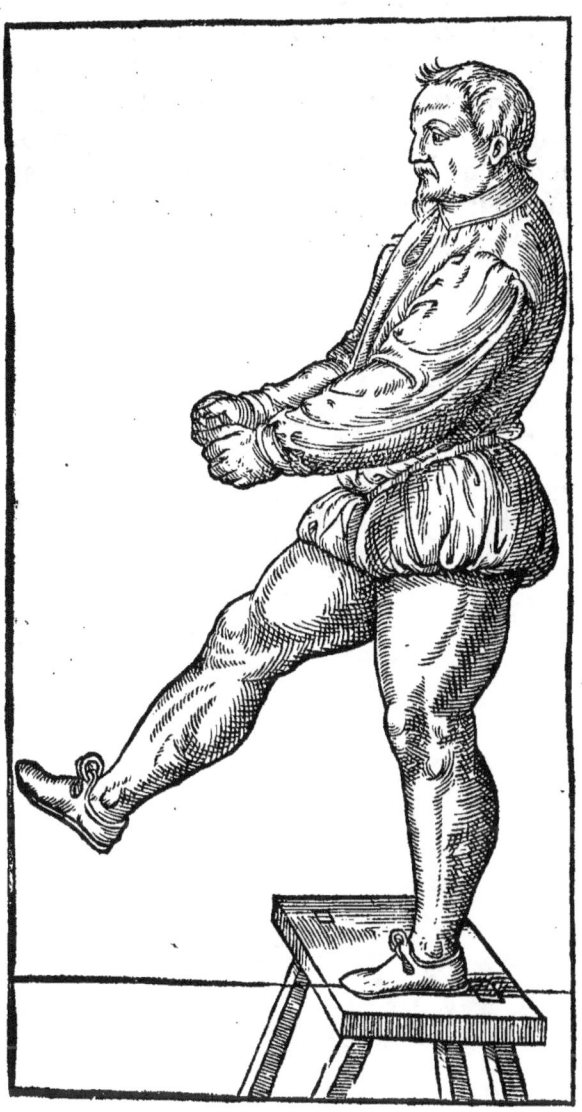

LE II. DIALOGVE

Puis esleuant le saut, la jambe droicte ainsi estenduë, se iettera en arriere doucement, attirant le reste de la partie inferieure en haut circulairement, & au mesme temps les bras vnis auec la teste reculeront tant la partie superieure en arriere de la volte du tresteau, que la teste soit perpendiculaire sur luy, dont les mains d'vne prompte vistesse auec les bras bien estendus & forts, viendront à se poser sur luy, tellement que lors que les mains se mettent sur le tresteau, tout le corps doit estre au dessus d'iceluy en ceste forme.

Dv S.t Arcangelo Tvccaro. 125

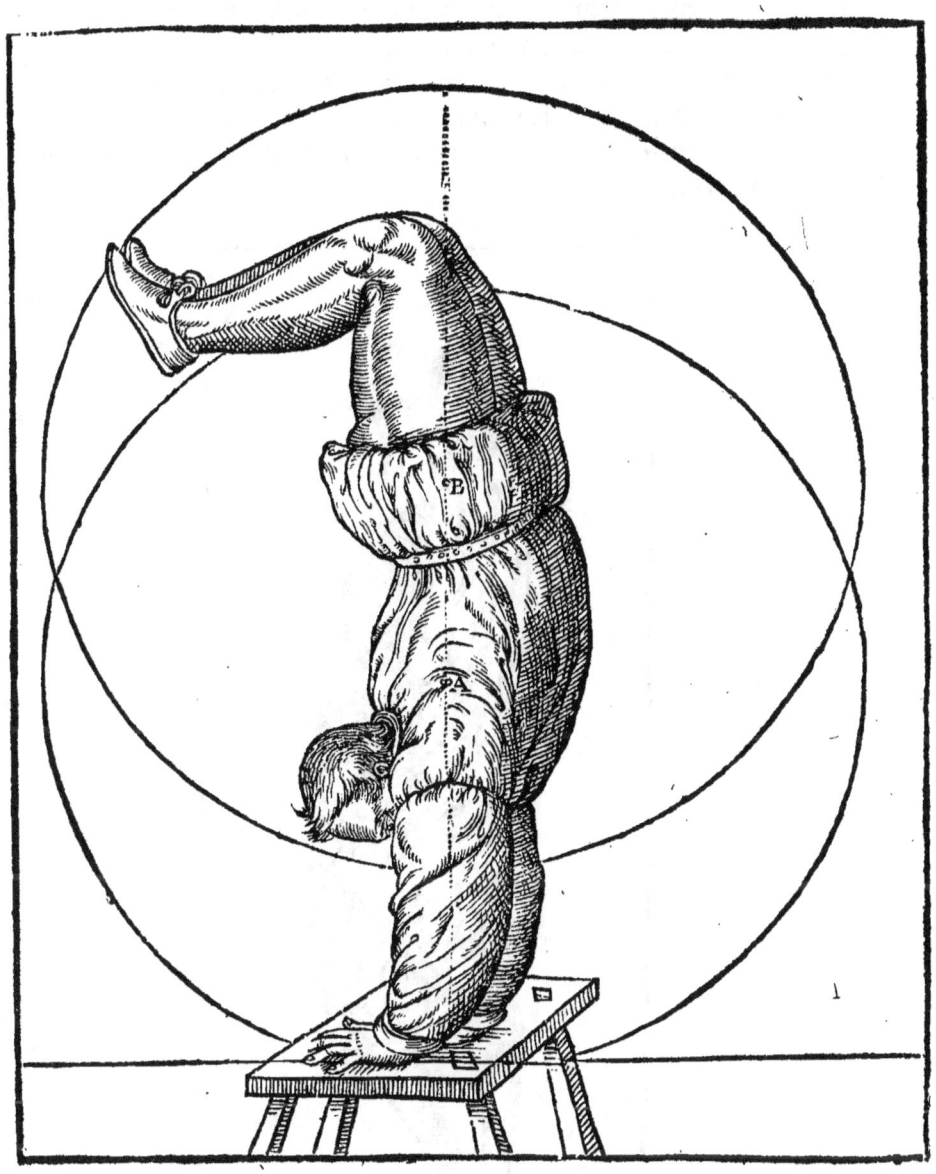

Ii iij

LE II. DIALOGVE

Et lors continuant la partie inferieure le mouuement vers terre si tost que les cuisses auront passé la ligne perpendiculaire, & que le corps commencera à s'abbaisser à terre, lors les mains prendrōt vn eslancement sur le tresteau, & à la faueur de la teste leueront la partie superieure si haut, que se mettants les pieds en terre, le corps viendra en fin droit & de bonne grace en ceste sorte.

FERR. Le commencement de ce saut est vn eslancemēt ou poussement de mains contraire à l'ordinaire, & a besoing d'vn temps fort subtil à mon iugement.

PIN. Il est ainsi ; mais au reste il n'est point different du saut des deux mains que l'on fait par terre.

BAPT. On fait aussi sur le tresteau le saut en auant à pieds impairs, & à pieds pairs, qui ne sont fort differents de ceux qui se font de terre au saut à pieds desioincts, & pour le faire on tiendra cest ordre.

Le saut en auant à pieds desioincts ou impairs au dessus du tresteau.

Apres que nostre sauteur se sera monstré droict à l'accoustumé, premier que faire le saut il se tiendra en la forme & maniere qui s'ensuit : Eslançant le saut il tiendra l'ordre & la voye qu'il a tenuë au saut cy-dessus en auāt à pieds desioincts de pied ferme esleué de terre au premier & second fondement : mais eu esgard à la hauteur que porte le tresteau, le mouuement sera moindre & plus lent à eslācer & tourner le corps ; & lors que l'on aura finy la volte on commencera à s'estendre pour venir sur la fin droict en terre, comme nous auons dit cy dessus.

Pour celuy à pieds pairs ou ioincts l'on tiendra cest ordre.

Le saut en auant à pieds ioincts sur le tresteau.

Premierement nostre sauteur s'arrestera droict sur le tresteau, auant que d'esleuer le saut de dessus, puis s'esleuant en l'air, les pieds tireront les genoux les accourcissant doucement vers le sein, & au mesme temps les bras se lanceront courbez en ceste façon.

Le II. Dialogve

Et à la faueur de la teste ils attireront le corps en haut, & la partie superieure estant quelque peu esloignee du tresteau de distance d'vn pas, & le corps ne pouuant plus s'esleuer, les bras vnis de la mesme façon auec la teste, se mettront en rond pour faire la volte; mais ce sera doucement à cause de la hauteur du tresteau, pour n'estre en danger de tresbucher, tenant tousiours les genoux accourcis, iusques à ce que la volte soit finie, lors soudain on mettra peine de s'estendre.

C o s. Or ie desire sçauoir de vous autres sauteurs quel iugement vous faites du saut *en auant & en arriere*, & lequel vous tenez pour le plus difficile celuy qui se fait sur le tresteau, ou celuy qui ne s'y fait pas.

P i n. Il n'y a nulle doute que le saut en auant qu'on fait sur le tresteau ne soit plus difficile que le saut qui se fait en arriere.

C o s. Ie m'esmerueille doncques comme il est possible qu'vn saut en auant de course soit plus difficile qu'vn saut en arriere: mais pour ne repeter vne mesme chose, nous conclurons que l'experience que nous auons de la volte prouue assez, & monstre euidemmēt par ses effects qu'elle est plus difficile que celle que l'on fait en arriere.

B a p t. Certes vous auez raison, mais c'est contre l'opiniō de plusieurs sauteurs, qui ne sont à la verité si curieux de rechercher toutes choses: mais venant au saut en arriere que l'on fait sur le tresteau, il me semble qu'il est presque semblable à celuy qu'on fait à terre, & est beaucoup plus facile que celuy qui se fait en auant; toutesfois encore faut-il declarer la forme que l'on y tient, afin que nostre sauteur puisse tousiours plus hardiment s'asseurer, pour puis apres auec le temps venir aux plus difficiles.

Le saut en arriere sur le tresteau.

Apres que nostre ieune homme se sera monstré droict, esleuant en apres le saut, on gardera le mesme ordre & chemin que l'on a gardé à celuy de pied ferme eslancé de terre non retourné, ayant esgard toutesfois d'attirer le corps quelque peu plus en arriere au premier eslancement, & les mouuements de l'es-

LE II. DIALOGVE

lancement, & de la volte, se feront auec plus de promptitude & facilité; & en fin en s'estendant on viendra droict à l'accoustumee cy dessus.

Le saut en arriere retourné esleué sur les deux tresteaux.

Il faut mettre sur le grand tresteau vn autre petit tresteau d'vn pied & demy de hauteur, d'vn pied de largeur, & de deux pieds de longueur, qui sera fort legier, à ce que plus aisément on le puisse leuer, & sera tenu par les pieds de deux personnes qui seront droicts, dont l'vn sera à vn bout, & l'autre à l'autre bout. Et le grand tresteau sur lequel on met le petit, doit estre de largeur vn bon pied quatre doigts, & de hauteur trois bons pieds, que deux hommes assis ayants l'vne & l'autre iambe au trauers du tresteau, tiendront par les pieds, & puis apres nostre jeune homme au dessus du petit tresteau, & auant que d'esleuer le saut se monstrera droict en ceste sorte,

Le II. Dialogve

Puis esleuant le saut, il obseruera la maniere & le precepte que l'on a obserué au saut en arriere retourné leué de pied ferme; toutesfois en ce saut nostre jeune homme ne doit point esleuer le corps trop haut; cela estāt la volte se fera auec vn mouuement beaucoup plus agile, & plus prompt, à cause de la hauteur du petit tresteau, veu que si on faisoit la volte auec la violence qu'on a faite à celuy de terre, il causeroit l'eslancement en auant, & non le retour, auisant les deux qui tiennent le petit tresteau d'estre bien adroicts, experts & aduisez, & de tenir les yeux aux pieds de nostre sauteur; afin que si tost qu'ils le verrōt eslancé de dessus, leuant ensemble le petit tresteau de dessus le grand, ils le portēt hors de là, afin qu'estant la volte finie nostre ieune homme puisse reuenir sur le grand en ceste forme,

Dv Sr. Arcangelo Tvccaro

Kk iij

LE II. DIALOGVE
Le saut eslancé en arriere sur le tresteau est tel.

Le saut en arriere eslancé sur le tresteau.

Premierement on se tiendra droit sur le tresteau, & vn moment auant que d'esleuer le saut, on prendra cest eslancement à la faueur de la teste vn peu plus pour attirer la partie superieure en ceste sorte.

Dv S.t Arcangelo Tvccaro. 126

Le II. Dialogve

Et esleuant le saut au premier & second fondement, on tiendra la mesme voye, & forme que l'on á tenuë à celuy qu'on fait à terre, mais auec vn plus lent mouuement, & estant la volte finie, on commencera à s'estendre.

Le saut en auant retourné de dessus le tresteau est tel.

Le saut en auant volté sur le tresteau.

Premierement le sauteur se tiendra droict sur le tresteau, puis il se tiendra de ceste autre façon,

Puis

DV Sr. ARCANGELO TVCCARO.

LI

Le II. Dialogve

Puis s'esleuant du tresteau au premier fondemēt, se retournant il sera ainsi.

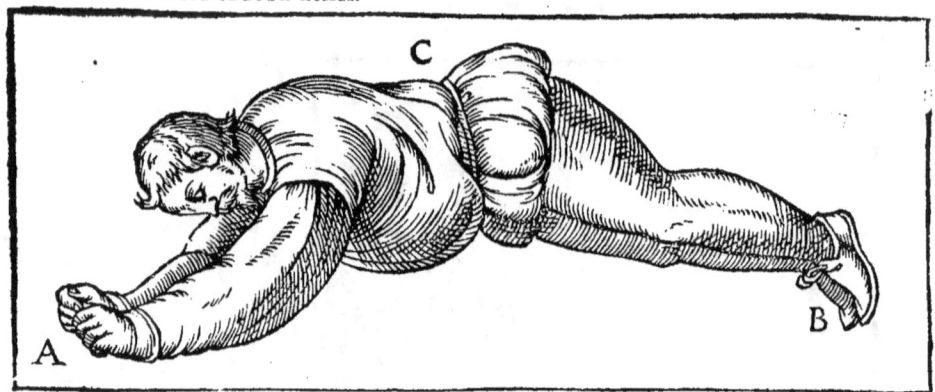

Puis sans interualle il se tournera en ceste maniere.

DV Sr. ARCANGELO TVCCARO. 130

On obseruera le mesme precepte qu'on a obserué au mesme saut leué à pied ferme impair de terre, mais auec vn plus lent mouuement; & si tost que la teste sera esleuee au dessus du tresteau, à l'opposite on commencera à s'estendre.

Le saut en arriere retourné de dessus le tresteau.

En ce saut apres qu'on se sera tenu droict, on esleuera le corps au premier fondement, tel qu'il a esté esleué au precedēt fait en arriere de dessus le tresteau, & puis le faut retourner en ceste façon.

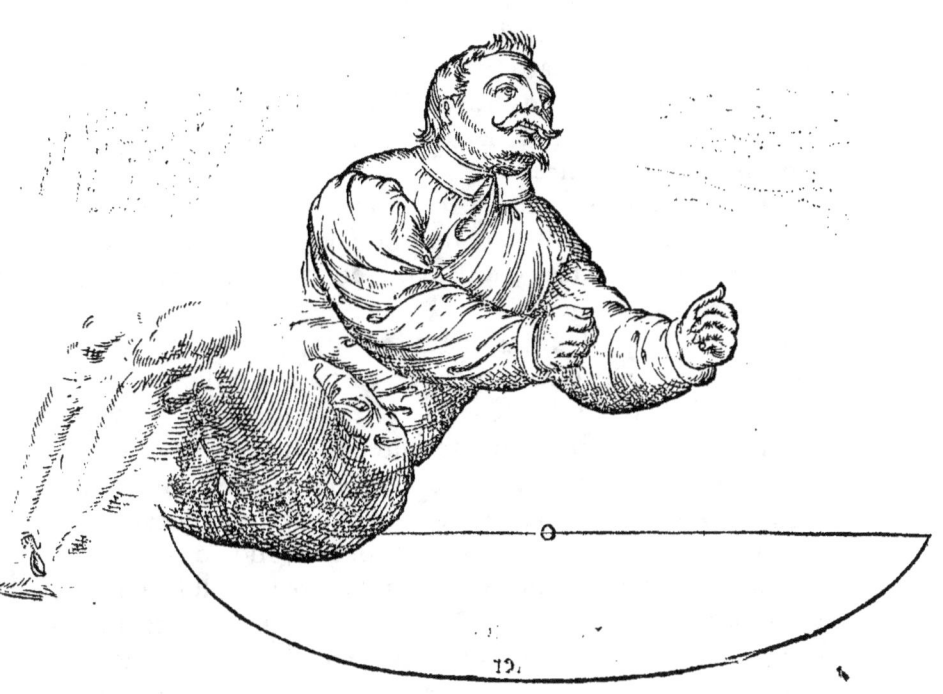

Et icy faut obseruer la mesme forme, maniere & precepte

Ll ij

que l'on a tenu à retourner le saut en arriere de pied ferme: mais il faudra qu'en cestuy-cy le mouuement soit moindre & plus lent, & si tost que l'eschine sera retournee au contraire du tresteau, on mettra peine à s'estendre promptement pour venir droit en terre.

Vous auez ouy (messieurs) iusques à present tous les sauts qui meritent d'estre recitez qui se font de pied ferme, tant par terre que de dessus le tresteau, encoresque l'on puisse faire beaucoup d'autres petites dexteritez & petits sauts, auec des entrechats en changeant de sauts, tenant les mains à terre, ou aux oreilles pour faire vn saut en arriere, ayant les jambes enlacees, & les bras joincts pour retourner vn saut sur le tresteau, & faire le saut en arriere eslancé en auant, tenant l'eschine à la muraille, & vne infinité de telles curiositez que l'on a de coustume de rechercher, selon la gaillarde nature, & dexterité du sauteur: mais d'autant que nous n'auons entrepris de raconter toutes ces choses par le menu, ne recherchans point tant l'artifice que la nature, nous passerons outre.

Cos. Ie m'esmerueille seulement d'vne chose, qu'estãs les sauts sur le tresteau beaucoup plus faciles que ceux de terre, estant presque la mesme chose, vous en ayez neantmoins fait vne mention particuliere.

Bapt. Il y a deux raisons qui m'ont poussé à cela, la premiere, pource qu'ordinairement en certains sauts comme sont le volté, & l'eslancé, la hauteur du tresteau engendre vne crainte particuliere, & espouuante le sauteur, & le temps ne s'y peut pas tousiours prendre bien à propos, ce qui n'est pas de peu d'importance pour les raisons que vous auez entenduës en chacun saut. L'autre, comme vous entendrez quand nous parlerõs de l'ordre de sauter, est que le sauteur s'exerce en plusieurs sauts auant que les faire par terre. On fait aussi plusieurs autres sortes de sauts, comme les sauts, *au siege, au banc, à la table*: mais premierement nous parlerons de ceux qui se font *à la chaire & au banc*, le siege qu'on doit mettre pour faire le saut du chat, sera sans appuy, les selles qui sont toutes de bois sont les plus propres qui s'ouurent, & se ferment, dont on se sert en la plus grande partie d'Italie, & ce bāc, ou siege sera large d'vn pied, & de lōgueur vn pas & demy, ou deux au plus, & sera tenu de deux personnes qui seront assis à terre fort & ferme, & sera esloigné trois grands pas du siege, plus ou moins, selon la plus grande ou moindre disposition du sauteur.

Le saut dit saut du chat qu'on fait au siege & au banc.

Il faudra faire la course auec beaucoup de violence, & à vn demy pas du siege on prendra le temps à pieds impairs, prenāt garde que le pied senestre fait la fin du temps, les mains estants ouuertes auec les bras estēdus se poserōt sur le haut bord du siege de maniere que la figure, & forme de ce saut sera paroistre la susdite façon plus au dessous, & au mesme temps que le pied senestre finit le battement du temps, le droict ayant la jambe roide se retirera en arriere promptement, leuant en haut la partie superieure à demy air, prenant garde que lors que le pied senestre se leue de terre pour s'aller vnir à l'autre comme dict est, il prendra vn sousleuement en terre, & au mesme temps les bras se leuants du siege en promptitude, & ioincts auec la teste soudainement s'ostants du banc meneront tout le corps, ce qui demonstre la seconde figure des cercles, & estants les mains arriuees à l'opposite du banc, auec les bras roidis, se mettront dessus tenans la teste haute, & soudain qu'ils s'y seront mis, les genoux se retireront quelque peu vers le sein, & ce afin que toute la partie inferieure se tire vers le banc, dont sans perdre temps les jambes s'esleueront en haut, afin que tout le corps demeure en force de bras en ceste façon.

Le II. Dialogue

Et continuant le mouuement, si tost que les genoux auront

passé la ligne perpendiculaire, & que l'on sente que presque tout le corps se laisse aller du banc vers terre, les mains soudain auec promptitude prenans vn sousleuement au banc à l'aide de la teste attireront droit en haut la partie superieure, afin que les pieds touchant en terre, tout le corps retourne droit de bonne grace.

Le saut du Lyon.

La course sera plus prompte qu'au precedent, & le sauteur estant esloigné vn grand pas du siege, prendra le temps à pieds ioincts, & finira son saut vn grand pied loing du siege, & au tēps que les pieds donnent le battement en terre, les bras s'esleuerōt en haut en ceste sorte.

Le II. Dialogve

Et sans toucher le siege se tireront vers le banc, & à vn instant à la faueur de la teste attireront tout le corps estendu vers ledit banc, comme dit est cy-dessus; & les pieds s'accourcissans se doyuent esleuer de terre, au temps que les bras auec la teste esleuent la volte vers le banc, & estans les mains arriuees à l'opposite du banc, elles se reposeront auec les bras bien fermes; & pour acheuer le saut, ils tiendront le precepte & la forme qui s'est tenuë au precedent.

Le saut en auant pour passer le siege & le banc.

En ce saut la course sera fort prompte, & sur la fin d'icelle, estant vn pied & demy esloigné du siege, on prendra le temps à pieds joincts, le finissant à vn grand pied & demy loing du siege, aduisant qu'au temps que les pieds tombent pour faire le battement en terre, & pour faire la fin du temps, les bras se trouuans encores en l'air auec les mains fermees se retireront en arriere de ceste façon.

Mm

Le II. Dialogue

Et sans perdre temps les pieds venant à s'esleuer pour faire le saut, au mesme temps les bras se mettront estendus en auant auec grande promptitude, & auec l'aide de la teste attireront tout le corps estendu, comme mõstre la figure qui est au milieu des cercles; & arriué que sera le sauteur à la volte du banc, la teste vn pied pres du banc se mettra en rond pour faire la volte: & au mesme temps les bras accourcis auec le coude, se retireront en arriere en rond, & les genoux se retireront vers le sein. Or estant la volte finie, on mettra peine à s'estendre pour venir droit à terre. Et bien que l'on peust encores parler de quelques autres petits sauts, & forces de bras, qu'on a accoustumé faire auec le siege, parce qu'il conuient expedier autre matiere, i'ay voulu seulement raconter les susdits trois sauts, lesquels sont les plus beaux sauts que l'on puisse dire & faire; & le premier saut que nostre sauteur doit apprendre au trampellin sera le pied en auant à pieds impairs, & la forme & maniere de ce saut doit estre de la façon que vous verrez tantost; la longueur sera de deux pieds & demy, & la hauteur du costé de deuant sera d'vn grand pied, puis on luy mettra vn oreiller picqué de grosseur de trois doigts, afin que ceux qui tiendront le trampellin, puissent tenir ledit oreiller auec les mains par les bords de peur qu'il ne glisse, & ne coule en tombant dessus. On y mettra vn ais de deux ou trois pieds au trauers d'iceluy, afin qu'on le tienne fort du costé de deuant, & de l'autre il y faut faire asseoir vn d'vn costé, & l'autre de l'autre, & qu'vn chacun d'eux le tienne d'vne main, & l'oreiller de l'autre; afin que le sauteur donnant des pieds dessus, il ne vienne à glisser en auant, comme i'ay dit cy dessus.

Le saut en auant de course à pieds impairs au trampellin.

En ce saut la course sera mediocre, & la fin sera demy pas proche du trampellin, & au temps que le pied senestre finit le temps, le pied droict auec la iambe bien roide se tirera en arriere, esleuant le reste de la partie inferieure estenduë en l'air, la

LE II. DIALOGVE

formant au demy air par droicte ligne, & les bras estendus auec les mains fermes se ietteront en auant auec force attirant à la faueur de la teste tout le corps en l'air en ceste sorte.

Et si tost que le corps sera au terme de ne pouuoir monter plus haut, lors la teste se mettant en rond fera la volte, se tirant les bras accourcis auec promptitude vers le sein, les tenant en tel estat tant que la volte soit finie, & incontinent apres on mettra peine à s'estendre.

Le saut en auant de course à pieds impairs au trampellin.

La course sera plus prompte en ce saut qu'elle n'a esté au precedent, & vn pas loing du trampellin se prendra le temps à pieds pairs, qui determinera la maniere & façon comme se doit finir ce saut sur le trampellin, en prenāt garde que tous les deux pieds (qui sont encore en l'air) viendrōt à tōber sur ledit trāpellin que les bras raccourcis reuiennent en arriere, cōme cy-dessus a esté monstré. Et si tost que les pieds seront arriuez sur le trampellin, les bras se ietteront estendus auecque force & violence en auant & en l'air, à la forme qui s'ensuit.

M m iij

Le II. Dialogve

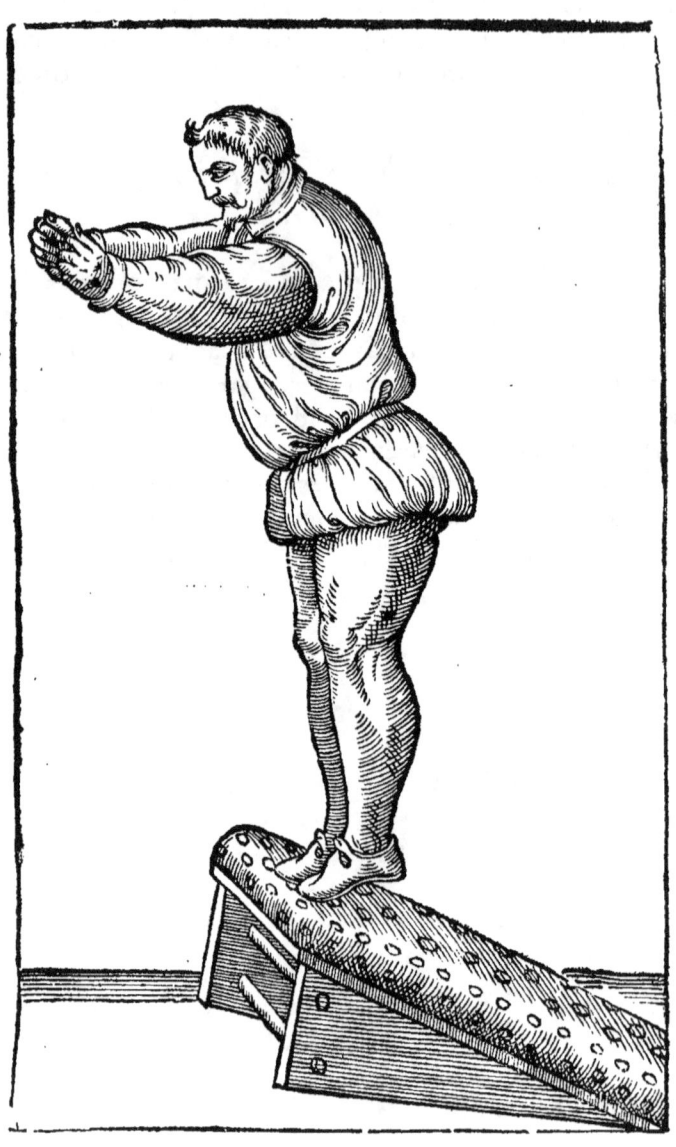

En mesme temps les pieds soustenus du trampelin en raccourcissant les genoux, representeront le corps en l'air en ceste sorte.

Dv Sr. Arcangelo Tvccaro. 138

Le II. Dialogve

Puis esleuant le corps suffisamment le sauteur se retournera à la mode de la figure precedente, & quand le tour de la volte sera fini, il s'estendra, retournant droict sur ses pieds.

Ce saut est des plus beaux pour la proportion iuste qu'il a, & la disposition le rend beaucoup plus plaisant; & pour s'en seruir on tiendra cest ordre; premierement on fera tenir droict vn homme de stature grande auec les pieds ioincts vn demy pas plus auant que le trampellin, apres nostre jeune homme prendra vne course fort prompte, & à la fin d'icelle il prendra le temps à pieds ioincts, & le finira au trãpellin, eslançant le corps en l'air au premier fondement.

On se seruira du mesme precepte que l'on a tenu au precedent, prenant garde de faire monter le corps droit vers la teste de celuy qui fait & termine le saut; & si tost que la teste de nostre sauteur sera au cercle entre A. & B. il fera la volte sur la teste du terme ou limite, gardant l'ordre qu'on a tenu au precedent, les espaules s'estants vn peu abbaissees à terre pour mieux faire la volte, lors les bras mettront peine à s'estendre auec l'aide de la teste, mais lentement du commencement, comme la figure cy apres le demonstrera.

Estant

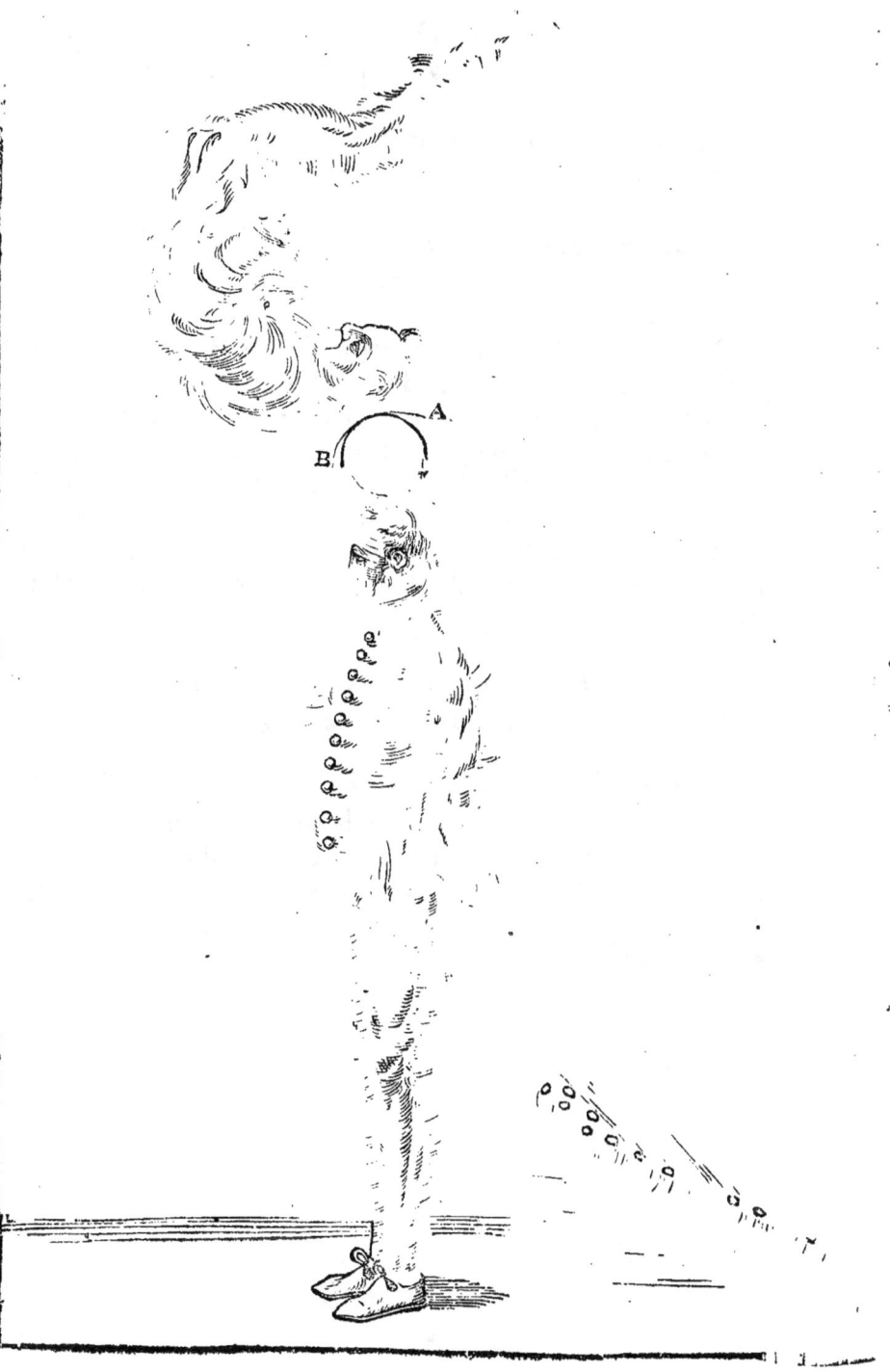

Le II. Dialogve

Estant le corps arriué à vne iuste mesure esloigné de terre, on commencera à s'estendre, & venir droict.

On fait encores ce saut à pieds pairs, & à pieds impairs retourné en auant.

Le saut en auant de course à pieds impairs volté au trampellin.

La course se fera auec promptitude en ce saut, & à demy pas du trampellin, là où on la doit finir on prendra le temps à pieds impairs & le pied senestre fera la fin du temps sur le trampellin, & au premier eslancement du premier fondement, & au second on tiendra l'ordre à esleuer & retourner le cotps de la mesme forme & maniere qu'on a tenuë à pieds impairs de course esleué de terre retourné: Mais le mouuement du retour sera fort lent en cestui-cy, & estant le corps retourné on se seruira de l'extension.

Le saut en auant de course à pieds pairs retourné au trampellin.

La course sera plus prompte en cestui-cy qu'elle n'a esté au precedent, & on la finira vn pas loing du trampellin, & esleuant le saut soudain on tiendra l'ordre en cestui-cy au premier fondement, comme on a fait cy dessus à pieds pairs au trampellin, formant au premier eslancement tout le corps en l'air en ceste façon.

Dv Sr. ARCANGELO TVCCARO. 140

Mais estant le corps esleué à suffisance, il retournera ainsi.

Nn ij

LE II. DIALOGVE

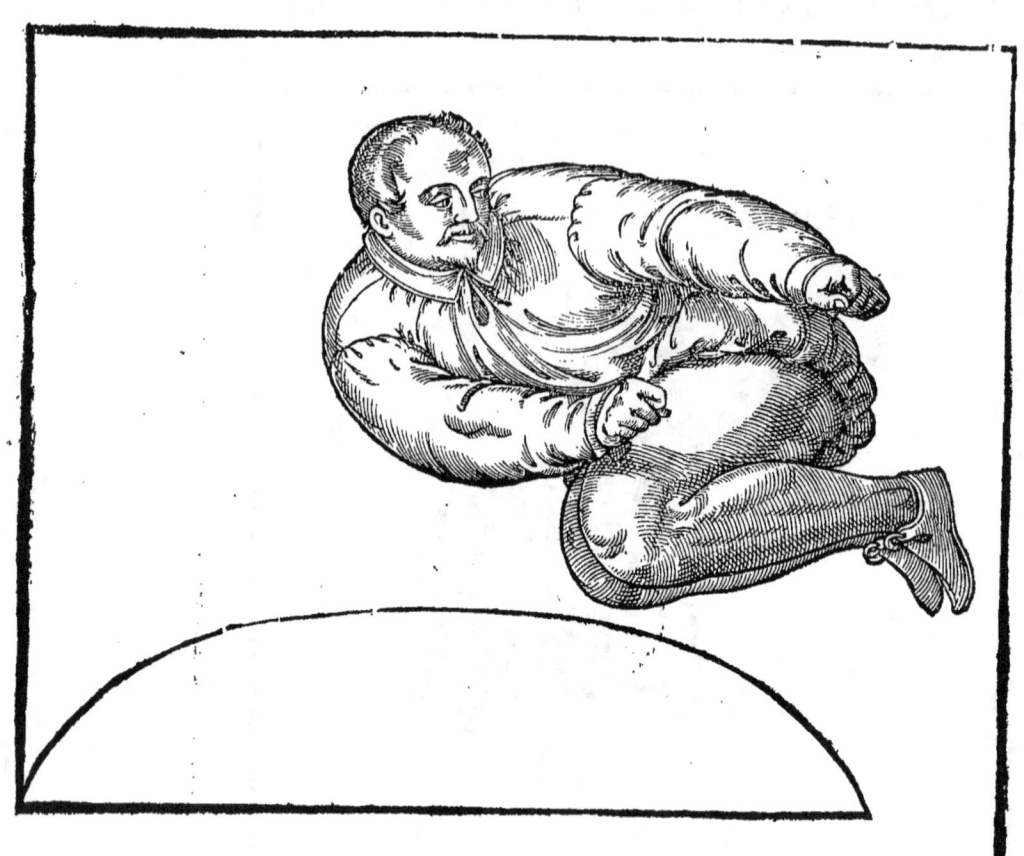

De la mesme maniere qu'il s'est tourné à pieds pairs estant esleué de terre à la course, & si tost que le corps sera tourné, on commencera à s'estendre & venir sur ses pieds.

Le saut en arriere de course eslancé en auant au trampellin à pieds impairs.

La course sera fort prompte, & la fin d'icelle sera à vn pas loing du trampellin, là où en vn instant on prendra le temps eslancé, & le pied senestre le finira au trampellin, dont on tiendra au premier & secōd fondement le mesme chemin que l'on a tenu au saut esleué de terre auec course à pieds impairs: Mais d'autant que ce saut s'esleue plus haut à cause du trampellin, l'eslancement que prend la teste, attirant en auant la partie superieure, sera plus grand, pour rendre l'esleuement vn pas & demy ou deux plus auant que le trampellin, & estant la volte acheuee on se doit estendre.

Le saut en arriere tourné estant assis sur le trampellin.

Auant que de s'asseoir pour faire le saut, le cuissin sera tiré du costé de deuant vn demy pied plus auant que le trampellin, abbaissant le costé du cuissin qui surpasse le trampellin, & serrant les dernieres parties fort & ferme, à ce que reuenant sur la fin du saut il soit assis auec beaucoup plus grande commodité: apres nostre sauteur s'asseera sur le seul costé qu'on a tiré en auāt, & faut que tout le corps soit soustenu de la pointe des pieds, & que la partie superieure se tienne quelque peu abbaissee en auāt en ceste forme.

LE II. DIALOGVE

    Puis esleuant le saut on y tiendra la reigle & precepte que on a tenu au saut retourné esleué de pied ferme ; mais en cela la volte doit estre basse & plustost tournee, prenant garde qu'estāt la volte finie, s'abbaissant le corps à terre, le ieune homme eslargira les jambes auec les cuisses, veu qu'en ceste façon on reuient plus aisément que si on les tenoit serrees, & vient en fin assis ayant les cuisses ouuertes, comme i'ay dit, en ceste sorte,

Le saut de course fait en auant à pieds pairs de-
dans les cercles.

Il faut que la hauteur du diametre du cercle soit si haute que elle arriue au nez du sauteur, apres on prendra dix personnes, en mettant cinq d'vne part, & cinq de l'autre, viz à viz l'vn de l'autre, & l'vn d'vn costé, & l'autre de l'autre tiendront deux grands cercles distans vn grand pied l'vn de l'autre, & que les-

LE II. DIALOGVE

dits dix hommes tiennent les jambes larges, si que les vns touchent les pieds aux autres, afin que le corps soit assez fort & biẽ posé pour tenir les cercles auec proportion, & que la hauteur de la circonference desdits cercles se leue si haut qu'elle arriue au bout du nez de nostre ieune homme, sauf que le premier & second où le saut s'esleue, & les deux derniers où il finit, doyuẽt estre quelque peu plus baissez que les autres, les deux premiers pour n'y donner des bras en y entrant, & les derniers, de peur de donner des fesses, ou de l'eschine en terre à la sortie : & doit estre le premier cercle eslongné du trampellin, vn demy pas, afin que nostre ieune homme s'eslançant aux cercles n'y touche des bras: apres nostre sauteur prendra vn bon espace, pour auoir moyen de faire vne course fort prompte, & à la fin d'icelle estant esloigné vn pas du trampellin, il prendra le temps à pieds pairs, faisant la fin sur le trampellin; puis en vn instant les pieds se releuants du trampellin en l'air, les bras bien estendus auec les mains bien serrées menées d'vne grande promptitude se ietteront dans les cercles, comme monstre la premiere figure, & à la faueur de la teste attireront tout le corps estendu par le milieu des cercles; ainsi que monstre la seconde figure qui est en ces cercles; & soudain que la teste sera arriuee au septiesme cercle on fera le tour, à sçauoir, au mesme temps que la teste se mettra à faire la volte, & les bras aussi se ietteront estans en arriere accourcis à la volte, & les genoux aussi accourcis se tireront vers le sein; & si tost que le corps aura finy de se tourner, estant la partie inferieure sortie du dernier cercle, on s'estendra promptement pour retenir la violence que porte le corps en ce saut; & pour reuenir droit en terre, la figure suiuante nous demonstre l'entrée des cercles, & comme le corps se doit retirer du milieu d'iceux, & le temps auquel se doit estendre le sauteur.

Cos.

Cos. Il me souuient outre les choses susdites de la volte & des cercles, lesquels Alexandre de Naples nomme *Petauristiques*, suyuant vn vers qui se trouue en Lucilius Poëte fort ancien, lequel voulant signifier quelque chose par le moyen de la comparaison *du saut Petauristique*, dit ainsi,

Sicuti mæchanichi alto exiluère Petauro.

Car le mot Latin *exilio, exilis*, signifie proprement l'acte du saut qu'on fait de quelque lieu haut, comme de ces cercles, ou autre telle chose aussi haute: Car on ne pourroit dire qu'on eust sauté dehors que premierement on n'eust entré dedans ; & ne faut penser que Lucilius n'aye bien entendu cela, ayant esté tousiours tenu & reputé pour homme docte, & de fort bon iugement, comme a fait Quintilian, Horace, & plusieurs autres anciens autheurs, & les modernes mesmes, comme nostre Scaliger.

Ferr. Certes vous auez trouué la plus grande raison que l'on pourroit iamais trouuer à ce propos, & m'en resiouys infiniment auec vous, d'autant plus qu'elle est accompagnee de l'authorité de ce tres-ancien Poëte, estant certain que puis qu'il faut que le sauteur sorte hors du Petaure, il falloit que le Petaure fust vne machine de bois plustost ronde qu'autrement, & semblable en tout, ou en partie, à la disposition des cercles, lesquels sont accommodez en saut de la forme qu'estoit le Petaure, suyuant ce que dit le Poëte, que le Petaure estoit mesmes haut; qui monstre clairement que ceste machine estoit vne rouë & non autre chose.

Cos. Soit ce qu'il pourra, puis que Lucilius vouloit moyēnant la comparaison du saut hors du Petaure signifier vne autre chose, il falloit quoy que ce soit qu'il y fust entré en sautant, pour en pouuoir aussi sortir en sautant ; & d'autant que ce saut ne se seroit peu faire sinon que presque en volant, comme si vn homme auoit des aisles comme vn oiseau, ie tiens pour certain que le nom de *Petaure* a esté attribué à vne telle machine, suyuant ce que i'en ay demonstré plus amplement au commencement de ce Dialogue.

Ferr. Ie croy que vous vous en soyez aduisé en partie, pour en auoir veu icy representer l'acte admirable tel que pres-

Pp

que volant dans les cercles, on y fait tourner le corps auant que d'en sortir sans les toucher, auec merueilleuse dexterité & agilité, fuyant en l'air le mouuement d'vn mesme saut continué: Mais i'ay opinion qu'on pouuoit trouuer anciennement vne machine qui eust seruy de rouë, & de cercles ensemble, à la semblance de ceux-cy: mais qui sera celuy qui nous pourra mieux esclaircir de la verité, que le temps de tant de siecles passez?

Cos. Certes, il n'y en a point qui la puisse mieux faire cognoistre que l'antiquité fondée sur la verité, & sur la vraye recherche des choses, voire les plus douteuses & difficiles. Que si nous auions les escrits de tous les autheurs anciens qui ont traitté de l'art de sauter, nous ne serions reduits auiourd'huy à diminuer la douteuse signification du *Petaure*, ny de la *volte*, ny d'aucune autre chose appartenante aux exercices de l'art du saut: Toutesfois i'oserois affermer que ce saut du cercle en la forme qu'on le void maintenant, est l'vn des plus beaux, & admirables sauts que l'on ayt peut estre iamais veu.

Ferr. Certainement on peut dire que si les anciens ont iamais representé vn seblable saut, nous nouspouuōs asseurer q̃ le nostre ne luy cede, ny en force, ny en agilité, ny en iuste proportion & volte admirable, & tant digne qu'on ne peut remarquer vn acte en luy, pour lequel il doyue ceder à aucun saut de ceux qui se sont iamais veus & practiquez anciennement.

Bapt. Ie ne desirerois pas d'auantage sortir d'vn fascheux procés, que ie voudrois auoir entendu le progres de ces sauts *Petauristiques*, lesquels sont d'autant plus estimez, qu'ils sont fort antiques & fondez sur vn art fort authentique. Parquoy poursuiuant le discours de ces sauts que l'on a fait à la table dignes d'estre veus & admirez, ie dis qu'il faut que la table soit de six pieds de long, & trois pieds de large, & faudra qu'vn la tienne tousiours d'vne main d'vn costé, & de l'autre main l'autre costé, comme on verra par exemple, & la faudra tenir à la volōté du sauteur fort & ferme, selon qu'on leue le saut vn pied plus haut que l'autre; par ainsi il faut hausser ou abbaisser la table auec proportion, & le premier saut que le sauteur y fera, sera vn pas, pour lequel faire on gardera cest ordre.

Pin. Ie vous prie M. Baptiste auant que passiez plus outre

d'attẽdre que ces meſſieurs les Philoſophes nous dient s'ils ont cogneu rien de beau ſur le ſaut des cercles, & quelle difference & difficulté ils trouuent plus en ceſtui-cy qu'à celuy qui ſe fait ſans cercles, pource que pluſieurs ſauteurs aueuglez de leur ignorance veulent que ce ſoit vne meſme choſe de faire le ſaut en auant auec cercles ou ſans cercles.

FERR. Certes ie n'en ſçaurois que dire, veu que le ſaut de dedans les cercles a eu ſon principe & commencement du paſſage que le corps fait à la fin de ces cercles, encores que quelques vns dient qu'il y doit auoir de la difficulté en l'vn plus que en l'autre; il s'enſuit que celuy qui n'a l'intelligence de ceſt art, ne peut pas donner les raiſons, & reſoudre de ce qu'il faut ſçauoir pour diſcerner & cognoiſtre la cauſe & difficulté qu'il y a entre l'vn & l'autre.

PIN. Dites M. Baptiſte ie vous prie ce qu'autresfois nous auons diſcouru enſemble ſur ceſte matiere.

BAPT. Ie n'vſeray pas de long diſcours pour vous faire cognoiſtre que ceux ſe trompent qui tiennent ceſte opinion, que le ſaut qu'on fait aux cercles ſoit auec telle difficulté que celuy que l'on fait ſans cercles; & auſſi l'on ne peut dire auec verité qu'il aye telle proportion en ſoy: Car on peut au premier eſlancement ietter le corps à la diſcretion & volonté du ſauteur, à ſçauoir plus haut & plus bas, ou plus ou moins long par droicte ligne, ou moins droicte : mais quant au ſaut qu'on fait dans les cercles, le ſauteur eſt tenu à l'obſeruation de plus grande proportion, laquelle de neceſſité porte quelque limitation, ſçauoir eſt, s'eſlançant le ſauteur és cercles, iette ſon corps dans iceux à cõtrepois auec telle meſure que le corps ſe puiſſe tourner ſans les toucher aucunement : il faut auſſi qu'il ſe porte au plus iuſte terme que faire ſe pourra à l'endroit où il doit faire la volte, & là ſe poſe tout doucement lors de l'impetuoſité que le corps prend pour y entrer proportionnément, & auſſi en ſortir auec aſſeurance & bonne grace; ce qui a beaucoup plus de difficulté en ſoy, que de le faire librement ſans cercles.

Pp ij

Le II. Dialogve

Le faut de courſe à vn pas de la table.

Il faut prendre l'eſpace pour faire vne courſe temperee, & le pied dextre fera la fin à la lettre A. qui ſera à vn demy pas de la table, & le pied dextre eſtant encores en l'air, & s'abbaiſſant pour acheuer la courſe, les bras auec les mains) ſerrees à l'ordinaire ſe tireront en arriere ; puis ſoudain on prendra le temps eſlancé, ſçauoir eſt que le pied ſeneſtre ayant la jambe roide s'ira poſer à la lettre B. & comme le ſeneſtre s'eſlance, les bras ſe ietteront deuant, & à la faueur de la teſte attireront le reſte du corps en haut vers la table ; mais eſtant la partie ſuperieure abbaiſſee en arriere, comme le pied ſeneſtre s'eſleue au B. le pied dextre s'eſleuant de terre demeurera en arriere ayant la iambe eſtendue à l'eſleuement que le pied fera ſur la table ; l'autre ſe leuant de terre ſe tiendra la iambe roide, comme dit eſt cy deſſus, & lors que le pied ſeneſtre fait la batture à la lettre B. le pied dextre ſe tirera auant auec la iambe eſtendue, ſe tenant en l'air, formant tout le corps en ce premier eſlancement de la façon & maniere que vous voyez la demonſtration cy deſſous.

Dv Sr. Arcangelo Tvccaro.

Pp iij

Le II. Dialogve

Mais ne pouuant plus la jambe droicte s'esleuer sans s'arrester, se mettra à la volte en la mesme sorte & maniere : mais s'estant la iambe senestre esleuee de B. & conioincte auec la dextre, comme elle doit tousiours faire, on s'accourcira doucemẽt, & lors les bras à la faueur de la teste ferõt la volte, laquelle estãt finie le sauteur s'estendra.

Le saut auec la courſe à deux pas de la table.

La courſe ſera vn peu plus prompte qu'elle n'a eſté au precedent, & le pied ſeneſtre s'arreſtera à la lettre A, & ſoudain apres ſans interualle de temps, le dextre à l'inſtant meſme s'en ira poſer à la lettre B. tenant la jambe bien roide en la meſme ſorte & maniere qu'on a fait au precedent, prenant bien garde touſiours qu'à chaque fois qu'vn pied s'auance pour monter les bras auec la teſte, au meſme temps ils eſleueront le corps en l'air, comme dit eſt au precedent; & s'eſtant le ſeneſtre poſé à la lettre C. le dextre paſſant en auant en l'air pour finir le ſaut, on tiendra la meſme reigle & precepte qu'on a tenu au precedent; mais il faut que la volte ſoit plus lente quelque peu.

Le ſaut de courſe à deux pieds de la table, & à vn pied de la muraille.

La courſe ſera fort prompte en ce ſaut, & le pied dextre la finira à la lettre A. & le ſeneſtre incontinent s'ira poſer à la lettre B. auec le temps eſlancé, puis ſans perdre temps le dextre paſſera, & ſe poſera à la lettre C. puis le ſeneſtre à la lettre D. ſe poſera à la muraille d'vn pas proportionné qui ne ſoit pas trop long, ne trop court, & s'eſtant poſé le ſeneſtre, le dextre s'eſleuant de la lettre D. de la meſme façon & maniere que les precedents, ſe tirera deuant l'autre, ayant la jambe bien eſtenduë en l'air; & comme le dextre va pour paſſer deuant l'autre, le ſeneſtre ſe leuera de la muraille, y prenant vn eſlancemẽt pour eſleuer le corps en haut au premier eſlancement, & pour reculer de la table, lors les bras à la faueur de la teſte s'eſleuerõt en haut pour eſleuer auſſi le corps au premier fondement, & attireront

Dv Sr. Arcangelo Tvccaro. 146

la partie superieure quelque peu en arrierere abbaissee, dont ne pouuant le corps plus s'esleuer, on s'accourcira doucemēt pour faire la volte, & les bras aussi s'y employeront estans accourcis, mais lentement, & estant la volte finie, il ne faut s'estendre soudainement, mais doucement au commencement, dont estant le corps arriué à iuste mesure proche de terre, il faut finir le saut.

Le saut de course à pieds ioincts à vn pas de la table.

On prendra vne course mediocre pour faire ce saut, & le pied dextre le finira à la lettre A. puis sans perdre temps le pied senestre d'vn mesme temps eslancé s'ira poser à la lettre B. de la mesme reigle, maniere, & precepte, dict cy-dessus; & en vn instant on prendra le temps à pieds ioints, & le finira-on à la lettre D. & faut qu'il y tombe pour faire la batture, & estant encores en l'air, les bras viendront à se mettre en arriere, afin que le reste du corps aye plus de force & de vigueur à monter sur la table à pieds ioints, se reiettant les bras en auant ; & doit-on prendre garde que lors que les pieds s'abaissent à eux poser sur la fin dudict temps à pieds ioints à la lettre D. les bras se retourneront derechef à mettre en arriere, & les pieds ayants donné fin à la lettre D. au mesme instant ayant pris vn eslancement sur la table, s'esleueront accourcissant doucement les genoux, & au mesme temps les bras se ietteront en auant en ceste sorte.

LE II. DIALOGVE

DV Sʳ. ARCANGELO TVCCARO. 147

Et à l'aide de la teste le corps s'esleuera en haut, & estant la partie superieure quelque peu separee de la table, estant le corps monté à suffisance pour faire la volte, les bras à la faueur de la teste feront la volte comme dict est, & les genoux se tiendront tant accourcis que la volte soit finie, puis on s'estendra incontinent.

Le saut du chat de course sur la table.

La course sera agile en ce saut, & le pied senestre fera la fin, estant vn grand pas esloigné de la table, & de peur de perdre l'occasion, on prendra le temps à pieds pairs, & la fin d'iceluy sera à la lettre A. & les pieds soudain se viendront à leuer accourcissant les genoux, & au mesme temps les bras estendus auec les mains ouuertes, & à la faueur de la teste s'esleueront promptement en haut vers la table, tirant le reste du corps en l'air, dont se trouuant les mains à l'opposite de la lettre D. s'y mettront en vn instant, & quelque peu apres les pieds se mettront vn pied loing des mains en ceste forme.

Q q

LE II. DIALOGVE

Or ayant les pieds donné la batture en vn instant, les bras & mains serrees & estenduës à la faueur de la teste attireront le reste du corps estendu en haut, estant la partie superieure quelque peu renuersee en arriere, en ceste façon.

DV Sr. ARCANGELO TVCCARO. 148

Et lors soudain en ceste mesme forme d'vnion feront la volte en ceste sorte, prenant lors les pieds vn eslancement sur la table s'esleueront tenant les genoux tousiours retirez pres du sein tant que la volte soit finie, puis on s'estendra.

Le saut de course en arriere tourné à vn pas de la table.

On courra legierement & le pied dextre fera la fin de la course à la lettre A. apres le senestre auec le temps eslancé s'en ira poser à la lettre B. où bon luy semblera auec le temps redoublé; En apres on esleuera le corps au premier fondement de la mesme sorte & maniere que l'on a tenu au saut en arriere à vn pas de la table, dont ne se pouuant le corps plus esleuer, il se retournera, mettant en vn mesme temps les bras ployez auec les mains fermees du costé droit auec la teste en ceste façon.

DV S^t. ARCANGELO TVCCARO. 146

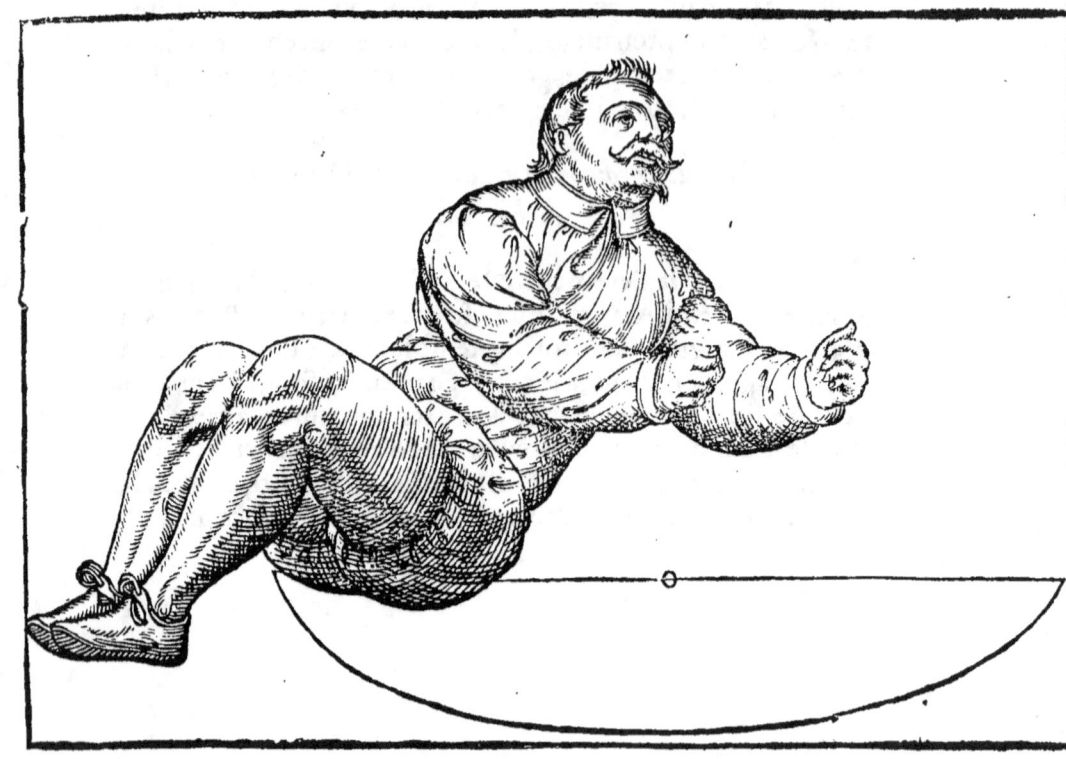

Et les genoux se tiendront tant accourcis que l'eschine soit à l'opposite de la table, & lors on s'estendra.

Le saut de course à deux mains sur la table.

La course sera en ce saut temperee, & le pied dextre la finira à la lettre A. puis le senestre de mesme façon s'eslancera à la lettre B. lors le dextre se mettra à la lettre C. & ayant fait la batture à la lettre C. le senestre s'en ira mettre proche de luy vn bō pied du costé senestre; où s'estant posé le senestre, le pied dextre auec le genoüil quelque peu plié retournera du costé senestre la poincte la part où il auoit le talon; & au mesme temps les bras auec les mains fermees vnies auec la teste retourneront aussi du

Q q iij

costé seneftre la partie superieure auec proportion du pied, & estant le pied dextre retourné, & ayant donné la batture, le seneftre se remuant comme le dextre, retournera semblablemēt la poincte où il auoit le talon & les bras auec la teste retourneront la face du tout vers terre, & l'eschine à l'opposite de la teste. Or reuenant le seneftre ayant finy la batture sur la table, les bras bien estendus & la teste haute s'abbaisseront pour se reposer sur la table en ceste maniere.

Dv Sr. Arcangelo Tvccaro

Le II. Dialogve

Il faut aduiser qu'au temps que les mains vont à s'abbaisser pour se poser en terre de dessus la table, le genoüil de la jambe senestre se ployera quelque peu, & au temps que les mains s'abbaissent, le pied dextre auec la jambe droicte se leuera en haut promptement auec tout le corps en force de bras, tenant la teste haute, & continuant le mouuement, les genouils ayants passé la ligne perpendiculaire, les mains prendront vn eslancement sur la table, & sousleueront à la faueur de la teste la partie superieure dressee en haut au temps que la partie inferieure abbaisse la volte de terre, afin que donnant les pieds en terre tout le corps remonte droit.

Le saut en auant à pieds ioints de course à la table.

La course qu'on prendra par terre pour ce saut auec le temps eslancé, & le mouuement sur la table, & le retour du corps, & des pieds sera semblable au precedent, prenant garde qu'estant tout le corps retourné vers la terre, ayant le pied senestre finy la batture, le dextre auec vne prompte vistesse se iettera en arriere leuant la partie superieure en l'air, comme par droicte ligne; & au mesme temps ils se mettront estendus en auant ayant les poings serrez, & ensemble auec la teste attireront la partie superieure en auant loin de la table, pour respondre à l'autre par droite ligne. Or estant le corps esleué à suffisance on fera la volte, c'est à dire, que les genouils se tireront ployez vers le sein, & les bras se retireront accourcis en volte, & la teste donnera en rond, dont estant la volte finie selon la commodité de l'esleuation plus haut, ou plus bas on pourra venir estendu, ou courbé.

Le saut de course en auant tourné à pieds impairs sur la table.

En ce saut la course sera semblable qu'on fera par terre apres le temps eslancé, à la course sur la table qui se faict par le retour

Dv Sr. Arcangelo Tvccaro. 151

retour du corps, & l'eslancement d'iceluy à la premiere esleuation de la mesme forme qu'on a vsé au precedent : mais si tost que le corps aura finy son cours au premier eslancement où se retournera, mettant en vn mesme temps les bras ployez auec la teste du costé senestre, & les genouils s'accourciront formant le corps en ceste maniere, comme de coustume.

Et estant la teste retournee à l'opposite de la table, il sera meilleur qu'il reuienne sur la fin courbé.

LE II. DIALOGVE

Entre bons sauteurs si tost qu'on a couru deux pas à la table, on a de coustume faire vne rouë à la muraille, ce qui a vne fort belle apparence; & bien que ceste rouë ne soit au nombre des sauts, si ne veux-je laisser pour cela d'en donner la reigle.

Le saut à deux pas de la table, & la roue à la muraille.

La courſe ſera fort prompte, & le pied ſeneſtre fera la fin à la lettre A. puis le dextre s'eſlancera à la lettre B. & s'eſtant le ſeneſtre poſé, le dextre paſſera & ira à ſe poſer au bout de la table, faiſant à la faueur ordinaire monter le corps, cōme nous auons dict és ſauts cy-deſſus, & s'eſtant le ſeneſtre poſé, le dextre auec la jambe eſtenduë ſe tirera en arriere, & ſoudain les bras eſtendus auec les mains ouuertes au meſme temps à la faueur de la teſte tireront le corps du coſté ſeneſtre loin de la table de deux bōs pieds, & faut faire la volte de la muraille quelque peu en haut, & ne pouuant tirer le corps plus haut à l'aide de la teſte en forme de rouë les mains ſe poſeront à la muraille en ceſte façon.

Le II. Dialogve

De sorte qu'au temps que les bras & la teste tirent le corps, & que les mains v.ont pour se reposer sur la muraille, le pied senestre prendra vn eslancement sur la table, & s'estant vny à l'autre il se faudra accourcir, & au mesme temps les mains se mettront en rouë sur la muraille, comme nous auons dit, s'estant les mains posees, la teste auec promptitude se iettera en rouë du costé senestre pour faire retourner le reste du corps: & estant la rouë du corps finie, & les pieds regardants la terre par ligne perpendiculaire, les genouils s'estendront, & tout le corps tombera droit en terre, estant esloigné deux ou trois pieds de la table.

On a encore accoustumé de faire le saut retourné ou volté en derriere contre la muraille à vn ou à deux pas auec la rouë, tout ainsi & de mesme que se faict le saut sur la table à vn ou à deux pas: or mis qu'il faut prendre garde de ne faire pas les pas trop longs, & que le retour soit faict plus promptement, & auec plus grãde vistesse, à cause de la muraille laquelle se trouue fort droicte; & toutesfois & quantes que l'on met les pieds, soit à la muraille ou à ladicte table, que ce soit sur la pointe tenuë droicte & ferme, & le talon aucunement hauffé, c'est à dire, ny trop haut ny trop bas, ains auec hauteur & mesure proportionnee, parce que ne les hauffant pas assez, à l'esleuement du corps qui se feroit trop droit ils pourroyent glicer, & les hauffant aussi par trop, cela pourroit causer moindre force au corps qu'il luy conuient auoir pour se hauffer. Partant le retour au volte qui se faict à vn ou à deux pas se fera promptement & fort viste, selon la grande ou moindre eleuation du saut.

P IN. Voilà tous les sauts qui iamais furent practiquez iusques à maintenant entre les meilleurs sauteurs, cõme vous les auez non seulement veus auiourd'huy, mais aussi examinez de l'antiquité; ainsi en pourrez-vous à l'aduenir voir d'autres qui feront les mesmes sauts, entre lesquels il n'y a point telle contrarieté, qu'ils puissent estre differents en la parfaite proportion de chacun saut, depuis le commencement iusques à la fin, & encore quelques autres obseruations que le sauteur est tenu garder pendant qu'il saute.

Le II. Dialogve

Cos. Il n'y a doute qu'il n'y en ayt eu plusieurs si excellens en leurs sauts qu'ils ont esté en admiration à tous ceux qui en ont seulement ouy parler, comme vous & M. Baptiste auez auiourd'huy fait fort excellemment: mais que pour cela tous ceux qui se meslent de sauter, meritent le tiltre de tres-bons & parfaits sauteurs, la consequence n'en est pas bonne & vallable, encores mesmes qu'ils obseruassent la mesme forme & reigle que les bons sauteurs: d'autant qu'il y a bien difference eutre imiter les maistres en leur art, & estre maistre soy-mesme; entre ensuiure les bons sauteurs, & estre bon & parfait sauteur. Car qui est celuy qui ne sçache qu'il y en a plusieurs qui peuuent bien faire vn saut auec la volte, pour s'y estre estudiez & employé leur temps, qui toutesfois ignoreront les reigles de la iuste proportion & perfection de l'art du saut.

Pin. C'est pourquoy ie disois quand on commençoit à discourir des principes de l'art de sauter, qu'il estoit necessaire que le sauteur eust vn bon iugement, accompagné d'vn cœur fort vif & courageux, autrement il seroit impossible qu'il peust comprendre les reigles, mesures & proportiõs de chaque saut, puis qu'il est notoire que la seule practique & experience, sans la cognoissance de l'art, ne le pourroit rendre parfait sauteur; & ne sçay qui le pourroit nier, & aller au contraire.

Cos. Ie ne vous le nie pas, comme estant chose necessaire, s'il vous en souuient bien; mais comme n'estant principe de l'art du saut: Car combien qu'vn esprit subtil soit apte & propre à comprendre non seulement l'art du saut, mais aussi toute autre science, la vertu & l'acte de l'entendement est bien veritablement le commencement de sçauoir entendre & apprendre auec l'aide, ou sans l'aide d'autruy vn art; comme pour exemple celuy de sauter; non que l'entendement soit tousiours le principe vniuersel de tous les sauts, mesme de celuy qu'vn parfait sauteur fera excellemment; que si nous constituyons l'entendement du sauteur pour l'vn des principes du saut; qui plus est, si le parfait entendement du sauteur estoit necessairement le vray principe de l'art du saut, tous ceux qui en seroyent doüez, (comme on en void vne infinité qui ont vn fort bon entendement) auroyent la science des principes du saut, ce qui est aussi faux, comme il n'eſt veritable que tous les ſauteurs, bien qu'ils ſoyent ignorants de l'art, dont ils ont la practique, ſoyent priuez d'vn bon iugement & d'vn meilleur entendement : Car il n'y a doute qu'entre tous ceux qui ſautent il ne s'en trouue pluſieurs qui ont l'entendement bon & ſubtil, qui neantmoins n'entendent non ſeulement les principes de l'Art, mais meſme ſe mocquent de ceux qui en veulent diſcourir, aſſeurants que la longue pratique, exercice, & experience ſont le ſeul, vray, & neceſſaire principe de la ſcience de ceſt Art du ſaut, pluſtoſt que tant de reſueries que pluſieurs fantaſtiques ont voulu inuenter, & imaginer.

BAPT. Certes le ſieur Coſme a la plus grande raiſon du monde; car il me ſouuient en auoir veu vne infinité, leſquels i'ay frequenté, & recognu d'ailleurs eſtre fort bons ſauteurs, & doüez d'vn fort bon iugement, & excellent eſprit, qui ſe mocquoyent de moy quand quelquefois ie leur diſcourois des reigles de ceſt Art, diſants que ce n'eſtoyent que reſueries que toutes ces ſpeculations, & qu'il n'y eſtoit requis autre choſe qu'vn corps prompt & agile, pour eſtre & deuenir en ſautant, ſans tant de ſophiſtiquerie, le meilleur ſauteur du monde comme noſtre Archange le pourroit mieux dire que moy, quand il en voudroit parler comme il ſçait bien faire, & beaucoup mieux que nous autres, qui ne ſommes que ſes diſciples, duquel auons appris que ceſt Art ſe doit gouuerner par reigles, meſures, & preceptes, pour paruenir à l'action iuſte, & parfait de noſtre Art du ſaut.

COS. Ceux qui iamais n'eurent que la ſeule pratique du ſaut, & n'ont ſçeu aucune autre choſe, ſont le plus ſouuent les plus arrogants, & remplis de vaine gloire, ſeulement pour ce qu'ils eſtiment ne pouuoir ſçauoir rien plus que la ſeule pratique de ceſt Art, s'amourachants eux meſmes de leur diſpoſition : mais s'ils prenoyent bien garde que faire & ſçauoir ſont deux choſes differentes, & que ſçauoir bien faire vne choſe ou non, depend non ſeulement de la faire, mais auſſi de la ſçauoir bien faire, ſans doute changeants d'opinion ils viendroyent à confeſſer qu'ils ſe trompent du tout, n'eſtant la choſe telle qu'il leur ſembloit : mais qui ne ſçait que la ſcience eſt vn particulier don de Dieu faict à noſtre intellect, & l'acte n'eſt qu'vn ſimple œuure du corps, lequel venant à faire quelque choſe, s'il n'eſt gouuerné de l'artificielle conduite de l'intellect, il peut quelquefois auſſi toſt aduenir que l'acte ſoit imparfait, comme parfait, ce qui n'aduient à celuy qui faict auec reigle certaine ce qu'il entreprend; & s'il arriuoit quelquefois que cela vint à faillir, l'on peut dire que c'eſt ou l'ignorance de l'Art, ou bien quelques autres accidēts qui ſeroyent ſuruenus qui en ſeroient cauſe, & ces accidents ne dependent pas de la ſcience humaine, mais bien de la fortune. Pour exemple on pourroit amener vne infinité de tels accidents; comme la coulpe d'auoir failly, ne ſe peut, ny ne ſe doit attribuer au ſauteur; mais bien cela luy pourroit eſtre imputé, quand ſans aucun accident il manque de iuſte proportion, & perfection au ſaut, pour ne ſçauoir, entendre, ny obſeruer les reigles & conſiderations qui ſont neceſſaires à celuy qui doit ſauter, pluſtoſt qu'au corps qui pratique le ſaut. D'auantage bien que l'on accorde qu'aucun euſt failly, comme il peut aduenir, pour auoir mal obſerué les preceptes de l'Art en ſautant, non pour quelque accident extrauaguant; pour cela ne s'enſuit-il pas qu'il ſoit à parangonner & comparer à l'erreur de celuy qui n'y cognoiſt rien que la ſeule pratique; car bien que l'vn & l'autre aye failly, neantmoins le praticien demeure deſpouillé de la cognoiſſance ſpeculatiue, eſtant encores ſujet à errer par ceſte meſme voye, ne luy eſtāt poſſible de ſçauoir iuger incontinent pourquoy, d'où, ny comment eſt aduenuë vne telle faute. Ce qui n'aduiendra pas à l'autre; car il ne recognoiſtra ſeulement auoir failly comme l'autre, mais il ſçaura bien toſt pourquoy il eſt tombé en ceſt erreur. Parquoy ceux qui blaſmeront les raiſons de l'Art, que quelques vns appellent pedanteries, (puis que les reigles & preceptes de toutes ſciences ſont ainſi nommees d'aucuns) ils ſont & ſeront touſiours tant qu'ils auront ceſte opinion, appellez des ſçauants, & experimentez en l'Art, lourdaux & ignorants. Et certes c'eſt vne grande ignorance, & indigne d'vn hōme ſur toutes les autres, d'eſtimer ne pouuoir paruenir à la cognoiſſance d'vn Art que pluſieurs autres ſçauent, pour en auoir vne plus parfaite intelligence & experience.

FERR.

FERR. Voylà l'vne des choses qui me faict plus que tout autre estonner grandement de l'outrecuidance des hommes, veu qu'il y en a qui sont si aueuglez & obstinez en leur ame, qu'ils se persuadent, & se font à croire, que ce dont ils n'ont la cognoissance, & dont ils ne peuuent apprendre la verité, est vne chose impossible, & qui n'est point ainsi comme plusieurs l'affermen'; & maintiennent cela auec vne telle asseurance, & arrogance, que l'on est contraint leur ceder, pour ne pouuoir gaigner le dessus à cause de leur force & authorité, & entant qu'en eux est, obscurcissent tellement la verité par leur raisons vrayement desraisonnables, & leur babil, que l'on perd mesme la cognoissance de ce qu'on recherchoit; & ce qui est de plus mauuais, bien souuent l'on vient des paroles aux mains, aux haines & inimitiez immortelles, & irreconciliables. Ce qui ne procede que de la folle presomption que l'ignorant a de soy-mesme, estant fort mauuais iuge des actions d'autruy, ne pensant pas qu'il y ayt rien de bien faict, ou de bien dict, que ce qu'il a faict ou dict. Et pour mieux asseurer & maintenir son opinion erronee, il se targue & se veut preualoir de l'exemple de quelque ignorant comme luy, qui n'aura le plus souuent, ny cognoissance, ny experience de ce dont il veut disputer; & lequel seulemēt sera, peut estre, doüé de quelque peu de science, mais bien remply de beaucoup d'arrogance & vaine presomption de soy-mesme; & neantmoins il voudra asseurer que c'est vn personnage le plus accomply du monde, bien qu'il soit le plus imparfait, & mal habille homme qui se trouue. Et le iugement que l'on en peut faire est, en ce qu'il mesprise toutes choses pour bien dictes, ou faictes qu'elles soyent, estimant les siennes seules estre parfaictes: Contre lesquels il se faudroit escrier, ô ignorance infinie des hommes? Mais reuenant à nostre propos, il me semble à vous voir ioyeux, que soyez arriuez auec vn grand contentement au dernier but de tous les sauts, que le S. Tetti auoit promis faire voir à toute ceste noble compagnie, par le moyen que nous deuions conduire & rapporter de la Gymnasiarchie de nostre Archange.

TETTI. Ie vous prie de ne passer plus outre; & cependant que l'on appareille le souper, & que l'on dresse les tables, discourir, pour contenter ces Seigneurs, auec le S. Cosme des choses qui sont à l'exposition, & explication de ces paroles, art, science & practique, & ne pensez pas vous en pouuoir excuser.

Cos. Ie prendray volontiers ceste charge, aussi que nous ne sommes encores paruenus au dernier but de tout ce qui appartient à l'art du saut, bien que les sauts soyent de fait finis, & qu'vn chacun d'iceux aye esté fait proportionnement, & parfaictement par les vrais maistres & professeurs de l'art.

Ferr. Ie ne sçay comme diroit vn naturel Espagnol: mais pour cela ie ne voulois conclurre suyuant son opinion vn *valete & plaudite*: Mais venons à parler de l'art, & quelle est sa vraye signification.

Cos. Pourquoy n'auez vous commencé à en discourir plustost, ou pourquoy vous estes vous reserué à en parler apres les autres, ceste question s'estant desià meuë, & ayant esté agitee plusieurs fois entre les maistres de l'art.

Ferr. Vous me voulez faire à croire que ie prens plaisir à differer ceste dispute: mais au contraire ie ne desire rien plus, & s'il n'eust tenu qu'à moy, ie vous puis asseurer qu'elle fust desià finie. Poursuiuons doncques sans plus dilayer, puisque ces Gentils-hommes se proposent mesme, desirans d'en voir la fin, de souper plus tard à ceste occasion que de coustume.

Cos. Il n'est pas encore si tard qu'il vous semble; mais pour cela ie ne veux pas que nous perdions temps, de peur que ces Seigneurs, le S. Tetti, & tous les autres ne s'ennuyent d'vne trop longue attente.

Tetti. Il me semble qu'il n'est pas raisonnable, que pour complaire du tout à la compagnie, vous discouriez si briefuement, & comme seulement en passant, de ces choses, veu qu'elles sont de si grande importance, qu'elles meritent biē d'estre traittees au long; de peur mesme qu'estant trop brief, vous ne vous rendiez obscur, & par consequent n'en donniez pas vne si claire interpretation qu'il seroit bien à desirer, pour satisfaire & contenter toute ceste noble assistance.

Cos. I'estendray doncques tres-volontiers mō discours

plus auant, & commenceray mon propos par les choses qui appartiennent aux conceptions de la vraye & naïfue signification vniuerselle de l'art de la science & de la practique, si tost que M. Pin nous aura declaré entierement toutes les autres considerations, aduis & resolutions qu'il faut prendre sur ceste matiere, & qui sont necessaires pour la parfaite intelligence, & cognoissance de l'art du saut; d'autant que par ce moyen nous entendrons tout ce que peuuent dire & faire sur ce suiet les maistres de l'art; puis nous pourrons le sieur Ferrand & moy auec plus de satisfaction & contentement d'vn chacun, discourir de cest art, science & practique d'iceluy, vsant mesme des mots de la profession du saut, pour nous faire mieux entendre de tous generalement.

PIN. Bien que, ô sieur Cosme, i'aye dit cy-dessus qu'il faut instruire nostre sauteur de quelques autres aduis & resolutions, si ne me suis-ie obligé pour cela de passer plus auant pour en discourir, comme si i'y estois tenu d'vne necessaire consequence, selon les termes de la Philosophie. Que le sieur Baptiste doncques ne laisse pas de poursuiure cette matiere; car de moy i'en ay dit ce qu'il m'en sembloit, ie ne laisseray pourtant de me ioindre auec nostre chery Archange, & le sieur Baptiste, lequel lors de ce propos ne seit qu'vn peu entamer ceste matiere, qui merite bien d'estre discouruë, & traittee plus amplement.

BAPT. Vous vous excusez, S. Pin, de ce que vous deuiez volontiers entreprendre sans vous faire prier, & ce d'autant que ie vous auois esbauché la matiere pour luy donner sa forme: mais à ce que ie voy, vous voulez demeurer, comme l'on dit, en beau chemin, & puis que vous vous lassez de bien faire, ie ne vous presseray pas d'auantage, ains suis d'aduis que vous vous reposiez. Or pour satisfaire à ces messieurs, & à vous aussi qui m'honorez de ceste charge, ie commenceray par l'ordre qui doit estre estably en la conduite du saut : Car nous ne sommes pas seulement icy appellez pour sauter, mais principalement pour declarer l'ordre que l'on doit tenir pour bien sauter, afin d'instruire mieux vn chacun de tout ce qui appartient à la cognoissance & parfaite intelligēce de l'art du saut. Et pource que le commencement de noſtre intention a eſté de monſtrer la forme & conſideration de chaque ſaut, & comment il ſe doit faire, ie reprendray maintenant le fil de noſtre diſcours, laiſſant en arriere tout ce qui ne fait point à propos de noſtre ſuiet. Ie veux doncques monſtrer premierement pourquoy nous auons pluſtoſt fait vn ſaut qu'vn autre, & pourquoy nous l'auons mis en auant: mais premier que paſſer plus outre, il faut que nous reprenions le ſaut à deux mains, auquel noſtre ieune homme, comme nous auons dit, ſe ſera exercé. Nous auons diſcouru cy deſſus (ſi i'ay bonne memoire) comment noſtre ſauteur deuoit eſtre induſtrieuſement inſtruit à voltiger de l'eſchine, il ſera bon maintenant que nous racontions ce qu'il faut faire ſur ce ſaut pour deuenir bon ſauteur, de peur que par la faute du maiſtre qui ne le ſçauroit pas bien inſtruire, il ne demeuraſt imparfaict, & au milieu de ſa courſe, ou qu'il ne fuſt ſur la fin auſſi peu aſſeuré de l'art du ſaut, comme il eſtoit au commencement; & lors que le ieune homme ſe ſera rendu aſſez expert & aſſeuré du ſaut à deux mains, le maiſtre le ſera exercer ſeulemēt au meſme ſaut que l'on fait à vne ſeule main en terre, puis il ſera bon qu'il s'exerce à faire l'onde du demy col, & faire ſemblablement la roue en terre, & à ſe ſçauoir bien pouſſer & eſlancer de terre en haut; Car toutes ces choſes ſont fort aiſees & fort correſpondātes à l'aage & force de noſtre ieune homme: Puis il luy faudra monſtrer le moyen & practique de faire le ſaut de ſinge, & cōme il le pourra bien faire & iuſtement ſelon l'art, & ainſi il cōtinnera à eu faire vn, deux, trois, l'vn apres l'autre, & de main en main, ſelon la force & complexion de ſa nature: Car la practique & aſſeurāce de ce ſaut de ſinge, outre ce qu'il ſert beaucoup à faciliter & diſpoſer le corps d'vn ieune enfant, pour luy fortifier ſes membres, il luy aſſeure auſſi fort la teſte pour faire la volte qui eſt tant neceſſaire, & le ſaut en arriere que tous ont auiourd'huy veu faire, auquel il ſe doit exercer inceſſamment & continuellement, s'eſprouuant à le faire quelquefois auec la roue, autresfois auec la courſe, & en apres s'exercera à auoir l'art de le ſçauoir eſlancer en auant, afin que par vn continuel exercice il vienne peu à peu à s'aſſeurer de faire la volte en l'air ſans appuyer ſes mains en terre en aucune maniere; puis il ſera inſtruit

par le maiſtre à ſçauoir faire induſtrieuſement le ſaut en auant
à pieds impairs auec la courſe, afin qu'y eſtant ja bien inſtruit, &
aſſeuré, on vienne en apres à luy enſeigner la practique du ſaut
en arriere fait deſſus le treſteau, & aucuneſois à vn pas ſur la table: mais il ne faut pas que le maiſtre ſauteur l'abandonne de
loin, ains qu'il ſoit touſiours pres de luy, pour donner l'ayde &
le ſecours neceſſaire aux occurrences qui pourront ſuruenir: &
quand l'on verra que le ieune homme aura acquis auec le iugement courage, force & diſpoſition, il ſera bon l'inſtruire à
faire le ſaut de l'eſlancement en arriere auec la rouë, ou bien
auec la rouë, & ſaut de ſinge, le venant quelquefois à eſleuer
auec vn ou deux ſauts de ſinge eſlancez de pied ferme, & le
plus ſouuent auec le ſeul pouſſement; & puis il faudra qu'il s'a-
uance continuellement en l'Art, & vienne à le pratiquer, pour
ſe ſçauoir retourner, ſautant premierement en ceſte maniere,
c'eſt à dire, qu'il retournera le ſaut en arriere auec la rouë, ou
bien auec la rouë & le ſaut de ſinge, & venant au ſaut qu'on fait
en auant, il s'aſſeurera à le faire à pieds deſioints à la courſe, &
puis à celuy qu'on fait à pieds ioints, lors cognoiſſant ſes forces
plus diſpoſtes & fermes, il ſe pourra mettre à l'eſpreuue du ſaut
en arriere de pied ferme, & ainſi de main en main ſelon la proportion des forces: mais pour continuer ce ſaut qu'il tienne le
chemin des eſlācez, pour eſtre ceſte façon-là tenuë la plus parfaicte de toutes les autres; & eſtant par la continuation arriué à
ce but, il ſe pourra auancer auec l'exercice à faire le ſaut en arriere retourné de pied ferme, & voyant le maiſtre qu'il s'en ac-
quite bien, & auec vne certaine & prudente induſtrie de l'Art
du ſaut, il luy pourra dire ainſi: Mon cher diſciple, ie t'ay touſ-
jours guidé & conduit en mon Art ſelon la capacité de ton eſprit & de tes forces, le mieux qu'il m'a eſté poſſible iuſques à
l'exercice meſme des plus difficiles ſauts, ſelon les reigles que
tu en as ouyes, & appriſes de l'Art. Or puis que ie te vois maintenant aſſez fort & puiſſant pour pouuoir auec la pratique executer les enſeignements neceſſaires pour la cognoiſſance &
vraye intelligence de ceſt Art du ſaut, ie te laiſſeray d'oreſnauant le libre gouuernement de toy-meſme, pour t'y exercer
ainſi que bon te ſemblera, afin que tu puiſſes paruenir à la per-

fection que l'on pourroit exercer d'vn tel exercice. Tu ne manques ny de force, ny de iugement, ny mesme d'experience ; va t'en maintenant par le monde exerçant & pratiquant les sauts qui te seront plus agreables. Pren tousiours bien garde aux preceptes que ie t'ay appris & enseigné, pour bien sçauoir auec asseurance prendre le temps proportionné sur le tresteau, le trebuchet, trampellin, & ailleurs, comme à la table, & ainsi des autres ; t'aduisant que tous les sauts qui se font sur terre, qui se font aussi sur le tresteau quelquefois, il les faut premierement auoir pratiqué auec beaucoup de iugement & d'asseurance, comme nous auons dit, selon nostre premiere instruction par terre. Tu ne dois aussi laisser aucun saut en arriere, grand ou petit, fort ou foible, auquel tu ne t'exerces tous les iours, de peur d'oublier aysément, & en peu de temps, ce que tu aurois appris auec beaucoup de peine & de trauail, & mesmes auec vn long temps. Tu dois aussi continuer cest exercice, afin que tu puisses acquerir, auec les reigles de l'Art que tu en as appris, la promptitude qui y est requise : mais principalement que tu t'employes en la continuation de l'exercice des sauts qu'on faict par terre, veu que d'iceux depend la proportion & perfection de tout l'exercice du saut.

PIN. Bien que ie me sois teu iusques icy, & que ie n'aye rien repliqué à tout ce que vous auez proposé, si me semble-il que le mouuement des sauts qui s'esleuent sur le trampellin, & autres instruments, n'est si fort, ny si difficile que ceux qui se font par terre, desquels l'exercice est beaucoup plus fort & violent, comme se faisant presque contre la nature de l'homme ; Tellement qu'il me semble, selon que i'ay tousiours ouy dire, que l'on doit apprendre du commencement aux disciples les choses plus aisées de l'Art, l'auançant en apres peu à peu, de main en main, és autres qui se trouuent plus difficiles Vous au contraire auez contre les ordres de l'eschole commune des sages, commencé par les sauts plus mal-aysez, forts & difficiles qui soyent en toute la Gymnastique.

BAPT. Sçachez qu'il y a vne fort grande difference entre les exercices de tous les sauts, comme i'ay appris des maistres, & ne s'ensuit pas tousiours que ce que vous auez dit soit necesfaireṁt obserué en tous les sauts; & vous suffise à present ceste raison, qu'où il y a plus de difficulté, là il faut employer plus de temps, de peine & de trauail, & la pratique aussi en est beaucoup plus difficile; & pource vn sauteur qui sauteroit tousiours de haut en bas, ne se trouueroit pas dispost à sauter de terre en haut en s'eslançant, dont i'ay dict à ce propos, qu'il faut vn long exercice aux sauts qui sont les plus difficiles; c'est pourquoy bien que les autres soyent plus prompts, & s'il m'est permis dire, plus dignes en apparence, & de plus grande admiration vulgaire, la pratique d'iceux en est d'autant plus requise pour l'excellence de leur exercice, au sauteur qui se les veut rendre familiers, s'il s'est bien asseuré à faire premierement ceux qui s'esleuent de terre, ce qui n'aduient à ceux qui se sont exercez à des sauts contraires; de là vient que plusieurs ieunes hommes n'ont iamais peu paruenir à l'excellence de sçauoir bien promptement sauter, ayants esté nourris, & esleuez en cest Art par des sauteurs, qui n'en auoyent vne seule reigle, ny precepte digne de cognoissance; outre l'auarice, l'impatience, & autres tels vices qui auec l'ignorance les perd, faisants perdre le temps à l'enfant par le moyen des demonstrations confuses de tant de sauts qu'ils luy font apprendre sans autre distinction; & specialement ceux qui sont les plus aysez & faciles, ne s'auisants pas qu'il seroit beaucoup meilleur de les faire exercer continuellement à faire les plus difficiles, afin que par ce moyen ils prinssent vne habitude de se fortifier les membres de plus en plus au commencement, bien que ie ne vueille affermer que l'vsage trop continuel & particulier és sauts de terre, ne soit au long aller pour oster la perfection aux sauts faits auec plus de promptitude d'vn plus haut lieu, si on ne s'y exerçoit nullement; car outre l'espouuante que le sauteur y prendroit s'y voulant employer, sur la fin il viendroit à manquer de la grace & asseurance qui y est requise, dont on pourroit inferer que le disciple deuroit se seruir tant des vns que des autres, se proposant de faire le saut en arriere retourné de pied ferme auec proportion, mesure & reigle certaine.

F E R R. Ie ne doute point que n'ayez la doctrine correspondante à vos beaux exercices & enseignements que vous dõ-

nez, qui sont necessaires à ceux qui font profession de sauter a-
uec la proportion du temps, de la mesure, reigle & mouuemēt;
& de sçauoir aussi enseigner & traitter de l'art, auec tous les moyens qui se pourroyent rechercher par vn fascheux Aristarque.
Vous auez parlé de plusieurs choses belles & bōnes: mais vous
n'auez encore fait aucune mention de la maniere d'aider, & accroistre le corps & courage du ieune homme, qui s'exerçât peu
à peu à sauter, se doit auancer par l'instruction de son maistre és
sauts où il faut que la volte soit faicte & refaicte en l'air continuellement, veu qu'il est impossible que sans l'asseurance & appuy de quelque ayde l'enfant s'y puisse de soy-mesme introdui-
re, moins s'y rendre asseuré aucunement.

BAPT. Quant à l'ayde dont on a accoustumé d'vser à l'apprendre, sans faire autre mention de ce que nous auons jà suffisamment monstré au tour de l'eschine, ie dy qu'en trois manieres le disciple peut estre aidé par le mesme sauteur qui luy apprend son art. La premiere & plus graue est de lier le ieune homme par la ceinture auec quelque chose forte; & cela se fait ainsi, afin qu'au lien on tienne vne main pour le soustenir, l'aidant
auec la volte, tant pour le souleuement de terre, comme pour
se retourner à l'aise par apres; ce qui se doit practiquer en l'vne
& l'autre volte par le maistre, c'est à sçauoir, és sauts en auant,
tant de pied ferme, comme de course, & aussi de ceux qui se font
en arriere de pied ferme. La secōde est moindre que la premiere, car on n'y employe qu'vne main seulement à tenir le lien,
pour soustenir le corps. La troisiesme & derniere est de le sçauoir aider seulement d'vne main : mais on vse de ces deux premiers aides selon la necessité esdites deux voltes, asseurant le
jeune homme és sauts qu'il va commençant à faire peu à peu, a-
fin qu'il en acquiere vne asseuree & certaine practique: mais on
se sert de la troisiesme en ces sauts que le jeune homme a appris
pour s'y estre peu à peu assez bien asseuré, comme il est requis
en tels exercices à la fin des enseignements d'iceux. Et ne faut
que le maistre de l'art abandonne son disciple; ains doit tousiours estre pres de luy pour le secourir en temps & lieu, s'accommodant à la capacité de l'esprit & entendement de son jeune homme, pour le rendre en fin digne & capable de la perfection

ction de tous les sauts, auec vne telle disposition qu'il se rende agreable à tous. Ie ne veux oublier à dire qu'és sauts retournez on peut donner quelqu'aide au premier esleuement auec vne main, & suis d'opinion que cela sert plustost d'empeschement que d'aide & secours. Or nostre sauteur doit au commencement auoir cognoissance des lieux où il se veut exercer, afin qu'il se puisse garentir de tous les accidents qui luy pourroient suruenir. Que s'il aduient qu'il encoure quelque danger, il craint vne autresfois d'y retomber. Comme il y en a plusieurs, qui pour s'estre estonnez & espouuantez d'vn tel accident suruenu en vn saut, ils n'y veulent puis apres iamais retourner. Il n'est pas besoing de m'estendre plus auant en discours pour aider le corps de nostre nouueau sauteur, estant chose tres-aisee & facile à faire, moyennant les aduis precedents. Et faut que celuy qui veut enseigner l'art de bien sauter à vn autre, le sçache fort bien; & pour ce faire, ne doit manquer du iugement, & experience qu'vn parfait maistre doit auoir: Mais d'autant qu'il aduient souuent qu'aucuns veulent chãger de propos en sautãt en l'air, ils produisent en ce saut vn autre effect que celuy qu'ils auoyent entrepris & resolu de faire au premier commencemẽt. Nostre sauteur se doit bien donner garde d'entreprendre quelqu'autre saut, que premieremen il n'ait resolu & mis à fin celuy qu'il auoit deliberé de faire en son esprit; de sorte que par le moyen de l'idee qu'il auoit conceuë en son entendement, il puisse bien gouuerner le mouuement de son corps, qui est requis à vn tel saut: Car il n'est pas possible, comme nous auons remarqué, que tout saut se face biẽ, sinõ qu'auec la iuste proportion des reigles & mesures qui sont conuenables & necessaires à vn chacun saut en particulier; & la principale difference qu'il y a entre eux vient de ce que les reigles de l'vn ne correspondẽt pas à celles de l'autre, pour le commencer, continuer, & poursuiure iusques à ce qu'il soit finy; & partant se doit-il bien garder d'outre-passer les reigles & mesures qui luy ont esté prescriptes, il doit aussi mesurer ses forces & se garder de vouloir faire le vaillant, & l'experimenté en l'exercice principalemẽt des sauts forts, ésquels la nature nous peut plus seruir que l'art; car aucuns sont tombez en grand danger par faute d'auoir bien obserué

Tt

toutes ces reigles, proportions, & mesures; mesmes ceux qui poussez de temerité outrecuidee, ne cognoissans bien leurs forces, ayants entrepris de faire tels sauts sans iugement, ny discretion aucune ont esté payez du loyer digne de leur presomptiõ; comme il aduint n'agueres à vn qui sautoit à trois pas à la table, lequel pour n'auoir bien compassé & mesuré le lieu où il deuoit sauter, donna sur la fin des greues contre vne grosse poutre, qui estoit là de trauers. Il y en a d'autres, qui pour n'auoir obserué & mesuré la longueur de l'espace en sautant, apres plusieurs sauts de singes, se sõt, sur le dernier saut que l'on fait en arriere, heurtez contre la muraille; ce qui leur aduient, cõme beaucoup d'autres inconueniencs du peu de iugemẽt qu'ils ont, & de leur trop grande arrogance accompagnee d'vne aueuglee ignorance qui les fait tomber en des precipices, d'où ils ne se peuuent releuer aisément. Et se doit mesme nostre sauteur garder le plus diligemment qu'il pourra, de glisser, ny heurter peu ou beaucoup à aucune chose haute ou basse; ce qui luy sera aisé d'obseruer & preuoir si auant que de commencer les sauts qu'il a entrepris & resolu de faire, il a bien pris garde & recognu les aduenuës & empeschements des lieux, où il a deliberé de sauter, s'asseurant de la disposition & bonté de ses instruments, comme sont le tresteau, la table, le siege, & le banc, les compassant auec vne deuë proportion & distance, que ses forces pourront embrasser, prenant aussi bien garde que la force luy croisse plustost, & augmente, qu'elle diminuë & vienne à defaillir, surmontant par ce moyen le mouuement naturel, de peur qu'il ne vienne à tomber en quelque dangereux accident, comme il aduiendroit par necessité, si la vehemence & force du saut dominoit la disposition du sauteur, ce qui importe beaucoup & sert grandement pour se munir de iugement conuenable en l'exercice de tous les sauts qu'il entreprendra à faire, & se guidera à la forme d'vn timon & gouuernail de nauire, pour sçauoir bien conduire son corps & le guinder en l'air, afin que toutes les mesures, reigles & proportions estant diligemment, & fidelement obseruees, il face ses sauts en toute perfection: puis il sera necessaire qu'il face la volte, pour s'y accoustumer de bonne heure: Car comme vn nauire ou galere ne pourroit estre conduit par le pilote ou gouuerneur, sans la force & bon gouuernement du timon ou gouuerhail; ainsi ne seroit-il pas possible qu'vn sauteur se peust bien iustement gouuerner & conduire en l'air, pour bien retourner en terre, s'il n'vse d'vn bon gouuernement & iugement, auec l'vsage & experience du saut qu'il voudra entreprendre de faire. Or combien que toutes ces choses soyent vrayement celles qui peuuent beaucoup aider & seruir vn rare & singulier sauteur, si faut-il qu'en chaque sien saut & action il face paroistre quel est son esprit & iugement, se monstrant tousiours gaillard, dispost, plaisant & agreable en tout ce qu'il fait, tant en general qu'en particulier: non comme aucuns qui sont tellement melancoliques ou pensifs, qu'ils s'espouuantent de la moindre chose qui se presente à leurs yeux, & en ce faisant, tout ce qu'ils entreprennent est sans grace & sans plaisir. Ie ne veux aussi pour cela que nostre sauteur tombe en l'autre extremité de plaisanter & bouffonner, sortant des bornes & limites de la modestie, qui doit reluire en toutes les actions d'vn honeste hõme. Or à l'esleuement du saut il ne faut pas incõtinẽt mõstrer quelque nouuelle admiratiõ auec les yeux, faisãt paroistre qu'il y ayt de la force & contrainte: mais encor que ce soiẽt des actes difficiles de leurs corps, si faut-il neantmoins qu'ils se facent auec promptitude, agilité, facilité, beauté & de bonne grace, pour se rendre agreable à toute l'assistance; & ainsi tous les sauts doyuent ensuiure l'vn l'autre de bien en mieux, afin aussi qu'ils en soyent d'autant plus plaisants & agreables. Or pour finir ce propos, i'adiousteray seulement que sçauoir baller dispostement & de bonne grace, rend d'autant plus recommandable le sauteur, qu'il est doüé des parties propres & requises à vn si bel exercice: Car auant qu'il commence à sauter il est de besoin, voire necessaire, qu'il s'exerce premierement, afin qu'il soit plus dispost pour bien faire le saut, où le bal qu'il entreprẽdra, & qu'il en sorte auec plus de plaisir & contentement, & auec vne belle disposition & dexterité, il sera paroistre combien il est bon & parfait sauteur, & esleuant son saut en haut auec grace & beauté se rend à toute heure plus agreable, accompagnant la fin de chacun de ses sauts de quelque capriole, y entremeslant quelque entrichat, & autre gentillesse, comme les fleurets & autres diuers passages, & passetemps, qui le rendent plus admirable en ses sauts, & digne de plus grande loüange. Et cela veritablement peut rendre nostre sauteur bien venu & recommandable en toutes bonnes compagnies, pour la perfection, rarité & singularité de son art. D'auantage non seulement il apporte plaisir & recreation à ceux qui le regardent, mais aussi il conserue sa santé par vn tel exercice, contentāt aussi & ses yeux & son esprit, qui est la fin & le poinct principal, où tendent auiourd'huy toutes les actions des hommes.

FERR. Il me semble maintenant que soyez arriuez au but qu'à bon droict vous pouuiez esperer, suyuant la practique de vostre art, & me resiouis de voir que le S. Cosme se pourmene en meditant vos discours, pour entrer à l'exposition du reste de vos raisons. Il reste que M. Baptiste, & M. Pin poursuiuent leur propos, touchant la disposition de leur art.

PIN. Au discours que n'agueres faisoit M. Baptiste entre les autres aduis & resolutions qu'il a donnees à nostre saut, il veut qu'auec le mouuement & action le sauteur y introduise, & entremette aussi la grace à sauter & baller, ce qui sert de grand ornement & parement pour le saut & le bal; & me semble que si vn sautoit ou balloit dispostement, & auec vne grande dexterité, & neantmoins feist quelqu'autre chose de mauuaise grace, ce seroit ne plus ne moins qu'à vn festin où il y auroit toutes sortes de bonnes & delicates viandes, où toutesfois le vin sust fort mauuais; l'on diroit que comme pour rendre le festin honorable & accomply, il n'y doit auoir que toutes choses bonnes & honnestes; aussi le saut & le bal doyuent estre accompagnez de toutes choses belles & gracieuses: Mais à ce propos de la grace, pour n'auoir iamais ouy dire quelle est la vraye definition d'icelle, ie vous prierois volontiers S. Cosme, ou bien vous Seigneur Ferrant, qu'il vous pleust nous declarer quelle est la vraye definition de la grace, afin que nous en puissions sçauoir quelque chose.

FERR. A ce que i'ay peu coniecturer par les paroles du S. Pin, desquelles peut estre, vous autres Seigneurs ne vous estes pas apperçeu en son discours; il a faict comme l'escrimeur, qui porte à la teste pour donner aux pieds; ainsi nostre M. Pin pour sçauoir que c'eſt que la grace, & que le ſauteur, qui n'a bonne grace, eſt comme vn feſtin, où il n'y auroit pas de bon vin; il a voulu auec ceſte comparaiſon entendre par ces paroles celuy qui a la charge des bouteilles que vous voyez en ce coin, lequel attend paraduenture que finiſſions noſtre diſcours pour nous faire ſoupper, qu'il ſe ſouuienne ſeulement de nous donner de bon vin, & puis nous parlerons de la bonne grace: car i'ay pris garde que parlant de bon vin, le Pin a regardé incontinent le ſommelier. Certes luy meſme a eu bonne grace de l'aduertir de cela pour complaire à toute la compagnie, & pour ſe donner du plaiſir; car auſſi eſt-ce à luy de rendre noſtre ſouper gracieux: mais quoy que ce ſoit, apres que le S. Coſme aura donné fin à ce que nous attendons ouyr de luy, il prendra auſſi la peine, s'il luy plaiſt de nous ſatisfaire en ce que nous deſirons ſçauoir, ſi M. Pin a dict cela pluſtoſt pour entendre que c'eſt que grace, que pour auoir ſignifié & donné le mot au ſommelier de faire prouiſion de bon vin.

Cos. Vous me voulez donner la charge de ce que vous ſçauez mieux que moy: mais c'eſt voſtre couſtume de me donner touſiours la peine de commencer, & faut que ie vous obeiſſe pour vous contenter. Or ie dy qu'il y a trois choſes plus importantes & principales, entre toutes celles que M. Baptiſte a fort bien diuiſees, leſquelles i'ay remarquees ſans ſortir du propos de ſauter. La premiere eſt que le ſauteur ſans ſe flatter cognoiſſe ſes forces & ſa puiſſance; la ſeconde, qu'il les ſçache obſeruer & s'en ſeruir à propos en tout ſaut, iuſques à ce qu'il l'aye finy du tout; & en ce ſaut, comme auſſi en tous les autres, il obſeruera vn mouuement reiglé de ſon corps qui y eſt neceſſaire, ſe gardant bien de changer en l'air la premiere deliberation de ſon ſaut commencé: la troiſieſme eſt de ſçauoir cognoiſtre quelle proportion de temps eſt neceſſaire à chacun ſaut, & ne faut douter que ceſte cognoiſſance du temps eſt celle qui conduit le corps iuſtement par tout le paſſage qu'on fait depuis l'eſleuement du ſaut, qui eſt le point du premier but, iuſques à l'autre point du retour que le corps faict à terre, comme il aduient; car eſtant le mouuement continuel depuis le commencement du ſaut iuſques à la fin, il faut que le ſauteur y ſçache accommoder la proportion du temps par tout, sans lequel il ne pourroit iamais s'acquerir ceste disposition, qui est la vraye fin & perfection d'vn chacun saut; lesquelles trois choses ie dirois plustost estre les principes de nostre Art du saut, que ce que vous auez nommé cy-dessus les fondements de l'Art, à sçauoir, l'eslancement, le tour & retour à terre à la fin du saut : car encor' qu'ils semblent estre les fondemens communs de tous vos sauts, puis que necessairement ils s'y recherchent; si est-ce que tous ces trois ensemble ne sont qu'vn mouuement continuel du corps sautant; outre que l'acte de l'eslancement du tour, & de la fin du saut auec proportion depend de sçauoir entendre bien ou mal les reigles de l'Art, & de les obseruer auec iugement, & non simplement de l'acte corporel se mouuant en l'air; & ne faut croire que chaque saut soit composé de l'eslancement de la volte, & fin d'icelle, comme il faudroit qu'il fust, si ces actes estoyent ses principes, puis que necessairement toutes choses sont composees, & dependent de commencemens, autrement les principes ne se pourroyent nommer vrayement principes.

BAPT. I'en ay parlé selon la meilleure intelligence, cognoissance & pratique que i'en ay peu auoir toute ma vie, rapportant à ce propos tout ce que M. Pin en a discouru cy dessus, & luy & moy nous estans acquittez de nostre deuoir, & satisfait à ce que l'on pouuoit esperer & desirer de nous. Ie voudrois pourtant M. Pin, que nous declarassiez vn peu plus amplement ce qui appartient à nostre art, outre ce que nous auōs commencé à proposer, diuiser & discourir.

PIN. Ie desirerois fort entendre dequoy est donc composé le saut, si l'eslancement, la volte & leur fin ne le rendent plus accomply & parfaict.

Cos. Ie vous y satisferay incontinent, & espere vous rendre contant, si de main en main, & de poinct en poinct vous me respondez aux choses que ie vous demanderay.

PIN. Ie ne faudray à vous faire responce le mieux que ie pourray.

Cos. Dites moy doncques si vous pensez qu'il n'aye autre forme que celle que le mouuement du corps nous fait voir en l'air du lieu d'où il part, iusques à son contraire, où le saut s'arreste estant finy; puis qu'entre ces deux termes, estant tousiours le mouuement continuel, il va formant en l'air la figure qui fait estre, & necessairement paroistre la forme du saut tel qu'il est.

Pin. Ie ne pourrois penser, ny imaginer qu'vn autre que vous nous peutt faire voir & representer la figure, maniere, ou forme du saut autre que ledit mouuement.

Cos. Il s'ensuit que la cause formelle du saut n'est autre chose que le mouuement necessaire du corps estant finy.

Pin. Ie ne puis nier qu'il ne soit ainsi.

Cos. Or puis que l'on trouue que le corps est la cause materielle du saut, il nous faut sçauoir quel est celuy qui en effect va faisant ce saut par le moyen du mouuement, & de ladicte matiere, qu'il va receuant du corps depuis le commencement iusques à la fin, que vous semble que puisse estre cela, sinon vne idee ou conception qui est imprimee en l'entendement du sauteur, pour en sçauoir bien iustement gouuerner les forces qui poussent & font passer ledit corps par l'air.

Pin. Ie sçay bien qu'auant que ie face le saut, il me semble tousiours en mon esprit me voir en l'air, pensant & meditant cōme ie dois faire ce saut, tant que i'en aye le modelle, & le patron imprimé en mon entendement.

Cos. Ce que vous nommez à ce propos modelle, c'est ce qu'on peut appeller idee, laquelle comme elle est en vostre entendement pour mettre en practique vn chacun saut; ainsi est elle par le moyen de l'ame, la cause que l'on peut dire agente, ou faisante le saut, quant au corps, laquelle les Philosophes nomment cause efficiente. Or puis que nous auons trouué la forme, la matiere, & la cause de faire le saut, maintenant autre chose ne nous peut manquer pour auoir parfaicte & entiere cognoissance de sa derniere fin & intention, qui guide & gouuerne en chacun saut l'entendement du sauteur; Car il me semble que ce ne soit autre chose que la seule proportion qu'il pretēd auoir auec la perfection de bien sauter, comme vous nous auez auiourd'huy fait voir.

Pin. C'est celle-là mesme qu'il vous plaist de vostre grace, annexer & conioindre à la loüange de mes fauts; toutesfois refpondant à voftre demande derniere, ie dy que fans controuerfe il eft certain que la derniere intention de quelque fauteur que ce foit, en tout faut, eft feulement celle de finir le faut auec vne iufte proportion, & non pour autre confideration que celle-là, y employe-on le mieux que l'on peut l'ame, le corps, le temps, & la peine enfemble.

Cos. On ne peut donc dire que la caufe finale de quelque faut que ce foit, foit autre que la iufte proportion que l'on y peut defirer dés le commencement iufques à la fin.

Pin. Cela eft plus que raifonnable, & ne croy point que Ariftote mefme le niaft, fe trouuant beaucoup de ceux qui fautent, & ne laiffent d'efleuer, tourner & finir le faut; Mais c'eft fans aucune mefure & proportion limitee.

Cosme. Qu'en dites vous S. Ferrand?

Ferr. Ie me trouue plus prompt à admirer cefte voftre contemplation demonftratiue fi haute & fi docte, que propre aucunement à vous en pouuoir dire ce qu'il m'en femble, le plaifir & contentement que i'ay de vos beaux difcours; Car vous auez non feulement cherché & trouué les quatre principales caufes du faut, tirees du fein de la Philofophie: mais ce qui importe le plus, vous les auez efprouuees auec vn tel ordre & maniere de recherche, que fi les fauteurs la peuuent bien entendre, il eft impoffible que d'artifans ils ne deuiennent vrais Philofophes de leur art. En fomme pour conclurre ce difcours, il eft tref-certain que la caufe materielle du faut c'eft le corps; & la caufe formelle, c'eft le mouuement du faut finy; & la caufe efficiente eft l'idee qui fe trouue en l'efprit de fçauoir bien gouuerner fes forces corporelles; & la caufe finale eft la vraye proportion que l'on pretend en ce faut, & la perfection que tout bon fauteur doit rechercher en ceft exercice: il eft impoffible que la nature les peuft mieux & plus iuftemēt diuifer. Que fi quelqu'autre en auoit voulu traitter, ie ne penfe pas qu'il l'euft fait plus heureufement & plus doctement, me reprefentant les raifons que vous auez alleguees parlant des principes humains naturellement, laiffant à part les fauts des animaux irraifonnables; penfez vous que la cognoiffance des trois chofes que vous auez alleguees

guees cy-deſſus, du temps, du mouuement & des forces, ſoyent les vrais principes de l'art? Or pource qu'il y en a beaucoup d'autres que l'on pourroit mettre en auant, ie vous prie que nous les expedions le plus ſommairement, & briefuement que faire ſe pourra, de peur qu'eſtans trop longs nous ne ſoyõs ennuyeux à toute ceſte noble compagnie.

Cosme. Si nous voulons prendre que l'art ne ſoit autre choſe, comme pluſieurs afferment, qu'vne cognoiſſance raiſonnable & certitude des choſes que nous deuons faire ou mettre en œuure, l'on peut dire que les trois cognoiſſances ſuſdites ſoyent le vray fondement de tous les principes, ou pluſtoſt les meſmes principes de l'art du ſaut. Mais ſi nous voulons eſtre de l'opinion de Galien, que l'art ſoit vne certaine intelligence ſecrette, remplie de pluſieurs preceptes, qui eſtans recueillis & vnis tous enſemble, ſe reduiſent & appartiennẽt à vn ſeul principe, & à vne ſeule fin; & ſi ne peut-on vrayement dire que la cognoiſſance du temps, du mouuemẽt & des forces, ſoyent les ſeuls & principaux principes de l'art du ſaut, puis qu'il ne ſe trouue ſeulement d'eux compoſé, mais auſſi eſt muny de pluſieurs aduis, reigles & preceptes, qui y ſont tous compris auec la proportion, & perfection qui y eſt requiſe, pour l'entiere cognoiſſance & intelligence d'vn ſi bel exercice.

Ferr. Il me ſemble que pour commencer & finir le ſaut, qui ne peut naiſtre que de la cognoiſſance certaine des forces, il faut que le mouuement du corps y interuienne, pour le faire iuſte & auec proportion: & l'on ne peut nier que ces trois choſes ne ſoyent les vniuerſels & tref-certains principes de l'art du ſaut; puiſque toutes les reigles ou preceptes en dependent, & ſont compriſes pluſtoſt en tout qu'en partie. Qu'en dites vous M. Baptiſte, & vous M. Pin?

Bapt. Vn chacun de vous eſtant attiré de ceſte ſi nouuelle & douce ſpeculation de noſtre art, alloit diſant à ſon compagnon, ſelon ſon opinion, comme il luy ſembloit mieux adapter les trois dites cognoiſſances à la maiſtriſe de l'art artificiel du ſaut; & à ce propos noſtre Archange me diſoit qu'à ſon opinion de la cognoiſſance du temps, naiſt la vraye obſeruation de la proportion & de la cognoiſſance du mouuement, le moyen

V v

LE II. DIALOGVE

& la forme de faire le faut, & de la cognoiſſance des forces la determination & aſſeurance de le deuoir & pouuoir cõmencer & finir.

Cos. Certes ie me reſiouys, ſeigneur Ferrãd, de voir que la relation & comparaiſon faite de noſtre Gymnaſtique ne ſoit aucunement inferieure à la voſtre. Mais vous S. Baptiſte comment l'alliez vous accommodant?

Bapt. Ie ne puis, ſi ie ne veux errer & m'eſloigner du tout de la raiſon, auoir autre opinion que vous ; Toutesfois il me ſemble que de l'aſſeurance des forces le ſauteur ne peut douter & faire difficulté de finir le ſaut, ny de l'aſſeurance de cognoiſtre le mouuement du ſaut: il ne peut meſmes douter de le pouuoir faire, ny de l'aſſeurance de comprendre la quantité & proportion du temps, il ne peut aduenir qu'il faille, pour ne l'auoir fait ainſi que le S. Pin a fort bien diſcouru cy deſſus.

Pin. Vous auiez aſſez de raiſons, ſans qu'il fuſt beſoin de vous propoſer ma lourde Philoſophie; & ayant de ſi hautes & ſi belles conſiderations, que voulez vous que ie vous die ; voulez vous qu'en vain ie perde des paroles, pour n'auoir ny la grace ny le ſçauoir de ſi bien dire que vous: ie diray toutesfois que du mouuement, de l'agilité, & proportion naiſt la perfection de l'art du ſaut, qui ſe doit faire en telle forme que le temps & le lieu le requierent.

Tetti. Ie vous aſſeure que ceſte reſponſe eſt braue ; & digne d'vn galand homme, pour eſtre pleine d'vne infinité de belles & doctes conſiderations.

Ferr. Certes le diſcours de M. Pin a eſté d'vn gouſt ſi ſauoureux qu'il pourroit bien ſeruir de ſauſſe à vn banquet : mais ne vous voulant eſloigner, ny nous de noſtre propos, ie dy que tout ainſi que l'art ne ſe peut voir ny diſcerner, que par le moyẽ de l'artifice des choſes faites en iceluy; ainſi ſans alterer nos deux autres definitions, l'on ne peut cognoiſtre la diuiſion & difference des arts, que par le moyen de la fin de leurs œuures, & actions: Tellement que voulant ſçauoir de quelle qualité & degré eſt ceſt art du ſaut, il faut cõſiderer la fin ſuſdite : Car on trouue beaucoup d'arts qui ne ſe iugent que par la fin de l'œuure, comme l'art d'Architecture & de peinture, qui ne ſe peuuent entierement voir, sinon apres la fabrique de l'Architecte & dernier trait du peintre fait par le pinceau. Il y a toutesfois d'autres arts, esquels on voit ce qui se fait : mais on ne le peut voir apres qu'il est fait du tout, & entierement accomply, comme seroit la musique des instrumens ou chansons, ou la luicte, le saut, le bal, & autres telles choses : & non pour autre raison les arts de ceste seconde operation furent appellez actifs, & ceux que nous auōs alleguez cy dessus factifs : Pour laquelle chose il me semble que encor que l'art du saut ne soit si noble que sont les autres arts, lesquels s'arrestent seulement sur la speculation, & rendent leur fin derniere digne de perfection, sans autre curiosité d'operer, & de faire aucune chose; neantmoins selon les termes accoustumez de la vertu, on peut affermer pour certain que cest art est beaucoup plus noble que tout autre que ce soit des factifs. Il est bien vray qu'il n'appartient à vne seule science de discourir, ou traitter particulierement des effects du saut; puis qu'il n'y a doute que le Philosophe naturel qui gouuerne la Republique, & finalement le Gymnaste, ou Gymnasiarque, selon la dignité de ces anciens gouuerneurs & maistres des exercices Gymnastiques, ne pourroyent tous quatre ensemble discourir, & en faire & prononcer vn assez different iugement & sentence chacun à part soy, pour plusieurs raisons & diuerses considerations, les quatre professions sus alleguees n'ayants vne mesme fin en leur art; Car le Philosophe naturel considere le mouuement au saut, & non autre chose, en disputant s'il est selon la nature, ou bien violent, ou s'il est l'vn & l'autre ensemble; puis le Medecin parlera du saut, le considerant seulemēt comme exercice, pour voir & contempler selon ses coniectures, s'il est, ou pourroit estre necessaire ou conuenable à aucun pour restituer ou conseruer la santé humaine : Car la medecine va considerant presque tous les mouuements & agitations tant de l'esprit que du corps, sous le tiltre & forme d'exercice pour l'enseigner aux hommes à le suiure, & s'y accoustumer selon la qualité & particuliere complexion d'vn chacun : Tellemēt que quant à ce que vous me distes hier, que ce seroit folie de penser qu'vn Medecin pour guarir vn malade, luy deust ordonner qu'il allast dancer ou baller, bien que les mouuements du bal & de la dance, se

V v ij

nomment exercices, ie vous laiſſe à iuger, & à toute ceſte noble compagnie, ſi ce ne ſeroit pas beaucoup plus grande folie ſans comparaiſon de conſeiller à vn malade qu'il allaſt ſauter, & faire la volte en l'air. Ce que ie ne dy pas pour blaſmer l'art de medecine, lequel eſt aſſez de luy recommandable, honorable, & digne de loüange, voire meſmes neceſſaire, ſelon les diuerſes choſes que l'on en pourroit dire d'auantage que nous n'auons fait. Ie ne puis pourtant vous accorder que ces exercices violents ſoyent propres pour conſeruer la ſanté, tant s'en faut qu'ils la peuſſent reſtituer à qui l'auroit perduë, & ſi vous n'alleguez d'autres raiſons que celles que vous propoſez à preſent ie ne le crois point. Or retournant à mes autres raiſons que i'ay intermiſes par ceſte petite digreſſion, ie dy que le Philoſophe politicque ou moral, qui doit vertueuſement gouuerner la Republique, en parlera ſeulemẽt pour iuger & diſcerner ſi c'eſt choſe digne de loüange ou de blaſme, vne action vicieuſe ou vertueuſe, neceſſaire, ou non neceſſaire pour la guerre, pour la paix, pour le plaiſir, pour le proffit, conuenable ou non, tant en general qu'en particulier, ſans ſe ſoucier ſi c'eſt vn mouuement, ou que c'eſt que mouuement, comme le Philoſophe naturel, ny s'il eſt violent ou non, ny ſi le malade guairira en ſautant, ou ſi le ſain faiſant des ſauts de ſinge pourra bien conſeruer ſa ſanté, comme pourroit faire le Medecin, & en prononcer la ſentence; n'eſtant autre l'office & ſoing du politicque que permettre & defendre ſelon la diuerſe conſideration de pluſieurs raiſons, vſage & experience des choſes qui ſemblent bonnes ou mauuaiſes, pour mieux ſçauoir ainſi faiſant maintenir & defendre la ſocieté commune des hommes, laiſſant à part le iugement, & conſideration des choſes qui appartiennent à toutes Republiques & à la iuſtice; car il n'eſt à propos d'en parler maintenant.

BAPT. Or ie vous prie, S. Ferrant, faites nous toſt ſçauoir ce que le ſauteur peut ou doit dire du ſaut, puis que de ſi grands docteurs ſelon vos raiſons n'en peuuent pas preſque diſcourir & parler, ny meſme les Iuriſconſultes nous iuger & faire noſtre procés, & en donner ſentence diffinitiue. Car quant à moy il me ſemble qu'il faudra quoy que ce ſoit que ces grands profeſfeurs viennent aux maiftres de l'art, s'ils ne fe veulent d'auenture contenter du sçauoir naturel de fauter fans art, comme font les animaux.

PIN. Ouy bien en defpit de Galien, lequel, comme nous auons dit cy deffus, s'eftant gafté vne efpaule à la Paleftre, ie ne pourrois inferer que cela luy fuft aduenu d'ailleurs, finon que fe confiant en fes fciences & arguments, il penfoit fçauoir bien fauter & luicter contre ceux qui le feirent trembler en l'art depuis la tefte iufques aux pieds, auec l'eftonnement des os de fon efpaule dont il fe plaint.

FERR. Certes ce grand docteur en Medecine ne voulut dire pour fon honneur tout l'affront qu'il auoit reçeu à la Paleftre en fautant, & luictant auec les Paleftrites, pour ne fçauoir leur Art: car il eft à prefumer qu'il en reçeut bien d'autres dont il ne fe vante pas; tellement que l'on peut voir icy que la theorie & la pratique font bien differentes l'vne de l'autre. Certes, M. Pin, vous fçauez gentiment par vne docte refponce, comme on dict à l'Italienne, vous esbattre; ce que laiffant à part auec toutes les rifees correfpondantes à la demande de M. Baptifte, ie me ferois defià acquitté de la promeffe que ie vous ay faicte cy deffus, & dont i'auoy commencé à difcourir. Parquoy retournant à mon propos, il vous faut fçauoir que les profeffeurs de l'Art du faut, qui anciennement en enfeignoyent l'exercice par reigles és lieux deftinez par le Gymnafte, comme à la Paleftre, & autres lieux & places pour plufieurs autres exercices, lors qu'ils venoyent à parler du faut, ils n'en pouuoyent iuger, ny dire autre chofe que ce qui appartenoit aux reigles, aux preceptes & autres confiderations neceffaires pour bien fauter: Et en ces reigles, mefures & proportions auec le mouuement du corps confifte tout l'Art du faut. Ce qu'il faut diligemment obferuer, de peur que nous ne tombions au mefme danger que nous auons veu auiourd'huy auec vn affez notable exemple. Ce que nous euiterons, fi nous confiderons attentiuement les raifons, & l'experience enfemble par le moyen de la difpofition & bon iugement de M. Pin, & le S. Baptifte fon compagnon.

COS. On ne peut nier que vous n'ayez bonne raifon de

Vv iij

vouloir accourcir le discours de tant de cõsiderations de l'Art du saut que nous auons alleguees; d'autant qu'il me semble que nous en auons tantost faict assez ample mention, & à ce propos vous vous estes fort bien souuenu de l'ordõnance des Medecins que i'alleguay hier sans y penser, & l'auez ramentuë en continuant le discours de ces exercices, pour lesquels traicter ainsi qu'il faut, vn iour tout entier ne suffiroit encores. Combien pensez vous qu'il y ayt eu de Philosophes & Medecins qui en ont escrit, & toutesfois ils se iugent plustost par la pratique & experience, que par la theorique. Non pas qu'il n'appartienne bien aux Philosophes, & Medecins de parler des exercices qui appartiennent à la santé de l'homme, & qui concernent la conseruation d'icelle; & mesmes ceste cognoissance est vtile & necessaire à toutes sortes de personnes, de quelque sexe, aage, qualité & condition qu'elles soyent, puis qu'ils regardent directement ou la santé, ou la maladie, pour en bien vser, ou abuser. Voylà pourquoy les exercices estants si necessaires pour la conseruation de la santé, vous n'auez point eu de iuste subiet de calomnier le bal & la dance, comme vous auez faict cy-dessus, estant vn exercice louable & honneste, & digne de toute bonne compagnie. Et aussi vous ayant proposé mes raisons vous les auez en fin admises, & n'y auez pas d'auantage insisté. Qui faict que ie n'en diray autre chose pour ceste heure, en ayant, ce me semble, assez discouru en son lieu. Or n'estoit que le soupper appelle ces Messieurs, reprenant le fil de mon propos, i'eusse continué à traicter ce que nous auons commencé de la pratique, de la science, & de telles autres choses appartenantes à l'Art du saut, auec la responce que ie desire faire à vos dernieres raisons alleguees sur ce suiet. Allez vous donc mettre sur vos gardes & defenses.

TETTI. Vous voulez faire croire que vous soyez quelque grand escrimeur, & determiné soldat, ou quelque vaillant champion pour nous liurer vn si dur combat : mais à bien assailly bien defendu. Toute ceste noble compagnie & moy employerons plustost toute la nuict, que nous ne contentions entierement nos esprits de ces belles armes dont vous faictes tant de monstre. Et ne desirons pas seulement que vous discouriez de ces exercices en general, mais aussi en particulier, puis que vous nous auez faict entendre que la cognoissance d'iceux est de si grande consequence, qu'elle concerne toute la santé, & bonne disposition des hommes. Vous sçauez qu'il ne seroit ny seant ny honneste d'auoir commencé à parler de quelque belle matiere, si on ne vient à la finir. Voylà pourquoy ie vous prie de conclure le plus briefuement que vous pourrez toutes les raisons cy-dessus alleguees. Mais ie voy icy vn seruiteur de la maison de Monseigneur de Fontaines qui a tiré à part M. Pin, lequel selon mon iugement, nous fait signe qu'il faut aller souper, pour demener les mains, comme nous auons fait auiourd'huy la bouche en nos discours. Qu'en dites vous M. Pin, n'est-il pas ainsi que ie le dis?

    PIN. Messieurs, ce seruiteur m'a prié de vous dire au nom de son maistre, que vous ayez, s'il vous plaist, patience pour demie heure seulement, pour aller soupper, estant suruenu vn empeschement de plusieurs Seigneurs estrangers qui ne font que d'arriuer, pour faire la reuerence à sa Maiesté, où il faut que ie sois employé pour les accommoder de tout ce qui leur sera necessaire. Partant, S. Cosme, ne laissez de continuer, (pourueu que vous ne soyez pas trop long) à discourir que c'est que la grace, & en quoy cōsiste sa definition, selon ce que nous auons proposé cy-dessus.

    COS. Ie vous veux obeyr en tout ce que vous desirerez de moy, & croyez que l'on ne sera plustost prest de m'ouyr, que moy prompt & appareillé pour m'acquitter de ce qui appartient à la matiere que vous desirez sçauoir. Et pour ne vous tenir long temps, ie dis qu'encores que la grace soit de tous desiree, & recherchee : il y en a toutesfois bien peu qui se puissent vanter de sçauoir que c'est : car aucuns ont creu que c'estoit vne espece de beauté, qui a fait que les Poëtes feignent qu'il y auoit trois sortes de graces qui estoyent seruantes de Venus, & afferment qu'elles se lauent en la fontaine, *Occidalion*, qui est en Archomede, ville de la Boëtie, & cheminent nuës, deux d'icelles tiennent leurs faces tournees vers nous, & la troisiesme le dos ; qui ne vouloit inferer autre chose, que se seruant des graces à vne bonne fin, à bon droict les dit-on filles de Iuppiter ; &

d'autant qu'elles seruent à Venus, c'est pour vouloir conclure que la grace est la cause de la conionction qui est attribuee à Venus. Car nous voyons ordinairement que par le moyen de la bonne grace on gaigne l'amitié d'vn chacun; c'est pourquoy Pasitea qui est la premiere des graces, s'interprete attrayante; car en quelque chose que nous nous emploions, nous sommes cõduits par le desir qui naist en nous de quelque chose. La secõde nommee Egiale, s'interprete delectante, si ce que nous auons desiré ne nous delectoit, en peu de temps l'amitié se romproit. La troisiesme se nomme Eufrosyne qui veut dire autant que retenante, afin qu'on cognoisse qu'en vain nous serions guidez à la delectation de quelque chose, & conduits vainement à cela nous delecterions nous, si vn chacun n'entendoit par son trauail ce qui l'auroit induit & poussé à ce plaisir: Mais quant à ce qu'on dit qu'elles se baignent en l'Occidalion, qui en Grec signifie pensee; Cela veut inferer que pendant que nous desirons & nous delectons de quelque chose, nous sommes agitez de diuerses pensees. Et ce qu'elles vont nuës est pour donner à entendre que pendant que nous desirõs gaigner l'amitié de quelqu'vn, il ne faut point qu'il y ayt de dissimulation. Les Poëtes ont feint tout cela de la grace, & neantmoins ie ne suis point satisfait en ce que ie desirois sçauoir de ceste grace ou vertu, qui communément plaist & est agreable à vn chacun. Et ce que Ciceron escrit de la nature des Dieux d'icelle, ne me contente nõ plus, & ne me fait cognoistre comment il se peut faire que la Grace soit née d'Erebe & de la Nuit. D'auantage ceux qui ont creu que la grace fust vne espece de beauté, confondent en fin l'vne auec l'autre, & la reputent generale & particuliere: Mais il y en a d'autres, qui non seulement ne sont pas de ceste opinion, mais separent du tout la grace de la beauté, & amenẽt pour raison, qu'encor qu'il n'y ayt beauté apparente en quelque sujet, si ne laisse-elle d'engendrer souuent le mesme desir & amour que les choses belles ont accoustumé de faire: Car il y en a qui ont ie ne sçay quoy d'aimable, encore qu'ils ne soyent si beaux, ny autrement de bonne grace, toutesfois si n'ont-ils pas vne façon du tout si desagreable, qu'ils n'ayent quelque attrait qui les rend aimables. Il est vray que le plus souuent l'amour qui est attribué

à la

grace deuſt eſtre reféré à vne autre choſe, comme diſent les Phi-loſophes & Phyſiciens à vne conformité & reſſemblance d'hu-meurs, & d'autres encores plus ſubtils à vne influence celeſte. Mais ſans parler de ceſt Amour, que les ſages nomment paſ-ſion, quelques-vns referent à la grace, ce que l'on doit attribuer à quelque cauſe occulte & cachee. Et d'ailleurs l'on voit bien ſouuent que la beauté ſans bonne grace n'eſt point agreable. Comme les femmes, encore qu'elles ſoyent belles, ſi la bonne grace n'accompagne ceſte beauté, elles n'en ſont point ſi aima-bles. Qui voudra donc auoir vne excellente & parfaicte beauté, il faut qu'elle ſoit enrichie de toutes les graces: car ce qui eſt ſans grace eſt ſans amour. Or de dire que la grace ſoit vne partie de la beauté, il s'enſuiuroit qu'il n'y auroit que les beaux qui feroiẽt de bonne grace, ce que l'on voit tout au contraire: car l'on en void qui ne ſont pas beaux, mais de bonne grace, leſquels ſont plus aimables que s'ils eſtoyent beaux & de mauuaiſe grace: & faut conclurre auec le Poëte que la grace eſt vne vertu attrayan-te qui force à aimer ceux eſquels elle eſt; & qui en demanderoit la raiſon, l'on ne pourroit dire autre choſe, ſinõ qu'il y a vn cer-tain inſtinc qui nous force d'aymer. Et d'autãt qu'il y a pluſieurs ſuiets où la grace reſide, il s'enſuiuroit qu'il y auroit autant de graces que de perſonnes aymees. Et l'on en void encores qui ſont aymez des vns que d'autres hayſſent; ce que l'on doit im-puter à l'ignorance, pluſtoſt qu'à vne cognoiſſance de la ver-tu. Et ne plus ne moins qu'en la peinture les pourtraits, quel-ques bien tirés qu'ils ſoyent, ne ſont pas ſi beaux ſi les couleurs n'y ſont appliquees; ainſi eſt-il de la beauté du corps, laquelle ſi elle n'eſt accompagnee de la bonne grace, eſt fade, & mal agrea-ble. Mais ce ſeroit interpreter trop eſtroittement l'eſſence de la grace, de la vouloir reſtraindre à la beauté des couleurs & ſuper-ficie des lignes de la peinture; c'eſt pourquoy il me ſemble que il n'eſt pas mal ſeant d'auoir pluſtoſt eſgard aux cauſes de l'affe-ction, ſoyent generales ou particulieres, conſideré que la beau-té en toutes ſes parties n'eſt la ſeule & principale cauſe de l'ami-tié. Il ne ſera donc pas mal-ſeant de dire que la grace eſt vne per-fection de ſçauoir faire toutes choſes auec plaiſir & contente-ment d'vn chacun; comme en particulier à celuy qui ayme la

Xx

musique, vn bon chantre; à celuy qui aime la peinture, vn bon peintre; & en general ce qui est bien fait à l'humeur d'vn chacun & conioint à l'amour de son naturel. Or ceux qui iugent de la beauté sans la considerer en toutes ses parties, monstrent qu'ils sont ignorants, & font comme les aueugles des couleurs, d'autant que ce n'est pas proprement la beauté qui rend la personne aimable; mais les actes vertueux qui donnent lustre & splendeur à la beauté. Vous ne verrez iamais vne Dame, quelque belle que elle soit, qui n'encherisse ceste beauté de quelques attraits de bonne grace, afin qu'elle paroisse tousiours plus belle; elle y adioustera mesme tous les artifices dōt elle se pourra aduiser pour se rendre plus agreable. Le beau discours la rend aussi plus recommandable; bref vne infinité d'autres gentillesses font qu'elle est bien venuë en toutes sortes de bonnes compagnies; & ces belles parties là luy seruent comme d'vn voile pour couurir les imperfections qu'elle pourroit auoir. Or la grace est naturelle en quelques-vns, en d'autres elle s'acquiert par art & exercice, & en frequentant les bonnes compagnies, où il se trouue vne infinité de personnes de fort bonne grace, qui fait que l'on tasche de se conformer & composer à leur façon. Il y en a encores d'autres qui sont si gentils en toutes leurs actions, que mesmes ils sont estimez de bonne grace, en representant la mauuaise grace d'autruy. Ce qui n'aduiendroit si la grace estoit quelque chose particuliere, & non ce qui c'est dit ; Car il n'est possible d'accorder deux contraires en vn mesme suiet, comme seroit si la mauuaise grace & la grace estoyent ensemble. Il n'y a nul de vous qui n'aye veu faire le Zani, le Franquatrippe, le Badin, & autres personnages mal-gracieux en la Comedie, qui n'aye aussi incontinent consideré que ceux qui ont honte de telles folies ne peuuent representer ces personnages auec telle grace qu'il seroit à desirer, & pensans faire des sages ils gastent tout, & recherchans quelque grace artificiellement, ils la perdent entierement. Car c'est autre chose de representer vn homme graue & sage, & autre de contrefaire le plaisant & le bouffon. Et d'autre part celuy plaist fort naturellement qui imite bien le personnage qu'il veut representer ; & neantmoins sçachez que les actions naturelles de tels hommes en la Comedie sont desplaisantes & mal-gracieuses du tout. La grace doncques qu'à celuy qui represente quelqu'vn en la Comedie, n'est autre chose que sçauoir bien faire le mal-gracieux ; de sorte que nous conclurons, que la grace n'est autre chose qu'vne perfection de bien operer, & comme a desià dit M. Baptiste, nostre sauteur se doit efforcer de representer toutes choses gracieusement & pour le pouuoir faire, il faut qu'il l'ait parfaictement appris.

FERR. Leuons nous & prenons l'air par le jardin, iusqu'à tant que le soupper soit sur la table.

Fin du second Dialogue.

LE III. DIALOGVE

LE TROISIESME
DIALOGVE.

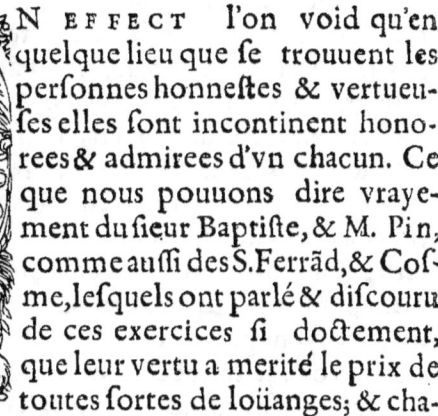EN EFFECT l'on void qu'en quelque lieu que se trouuent les personnes honnestes & vertueuses elles sont incontinent honorees & admirees d'vn chacun. Ce que nous pouuons dire vrayement du sieur Baptiste, & M. Pin, comme aussi des S. Ferrād, & Cosme, lesquels ont parlé & discouru de ces exercices si doctement, que leur vertu a merité le prix de toutes sortes de loüanges; & chacun a apporté tant de raisons pour la preuue de son dire, qu'il est impossible de mieux. Or entre les autres vertus que l'on admiroit en ces messieurs, l'on exaltoit principalement la grande disposition, force & agilité du S. Pin, chacun l'estimant le plus dispost, & le plus fort qui fust entre to⁹ les sauteurs. Bref l'ō ne laissa rien en arriere de ce que l'on pensoit appartenir à la perfection du saut. Vne infinité de ces Seigneurs furent rauis d'admiration, quand ils virent vn corps humain en l'air auec vne si grande disposition qu'il sembloit qu'il eust des aisles pour voler. Ils s'estonnoient aussi de voir que sur vn seul suiet du saut, il s'estoit presenté occasion de discourir de tant de choses & differentes l'vne de l'autre, & auoit-on rapporté tant de belles & notables considerations, auec vn plaisir singulier de tous ceux qui s'estoient trouuez en tels discours, qu'il est impossible de plus. C'est pourquoy apres qu'on eut souppé, chacun voulut enten-

dre comme auparauant, la continuation du discours des choses qui appartenoyent aux exercices de l'art du saut, comme ils pourront entendre plus amplement en ce troisiesme dialogue, lequel suyuant les beaux discours qui y sont contenus, a esté le plus estimé & loüé d'vn chacun, tant pour estre le plus necessaire à la vie & conseruation de la santé des hommes, côme pour ce qu'on y traitte plusieurs choses appartenantes tant à la Philosophie qu'à la Medecine: mais sur toute autre chose d'importance, la cognoissance & vsage des exercices, qui est si necessaire à toutes sortes de personnes saines ou malades, sera sans doute d'autant plus agreable à toute ceste noble assistance, qu'elle appartient à tous en general, & à chacun en particulier, dont les plus grands, mesmes les Princes & les Roys deuoyēt estre plus studieux & amateurs soit en paix, soit en guerre, que tous les autres hommes. Et encores que l'on en ayt discouru fort amplement au Dialogue precedent, Neantmoins pource que la plus part de ces messieurs desirent encores d'ouyr quelques particularitez sur ce suiet, pour les contenter nous dirons tout ce que nous pensons faire à ce propos. Et pource qu'en souppant ils discouroyent particulierement de la nature, & du mouuemēt dont procede tout cest exercice & disposition de l'homme, traittant mesme de la vertu & valeur de nos ancestres, lesquels pour n'auoir esté si addonnez que ceux d'auiourd'huy aux plumes paresseuses, ont laissé à leurs successeurs plustost vn exemple comme ils se deuoient gouuerner, qu'vne memoire bien reiglee de leurs institutions: & doit-on plustost imputer ces fautes au siecle corrompu des hommes, que de la reietter sur les plus fameux & sages Philosophes, Historiens & gouuerneurs de leurs Republiques. Or pendant que chacun en disoit sa ratelee, auec ioye & plaisir, le S. Tetti s'estant retourné vers moy au milieu du soupper, me dist, sçachez qu'il desplaist fort à toute ceste honnorable compagnie, que vous ne vous soyez trouué du commencement auec M. Pin, & M. Baptiste, pour prendre la charge à nostre priere de discourir des choses appartenantes à cest exercice de l'art du saut; Car elle estime que vous nous auriez peu faire entendre plusieurs autres raisons, par le moyen desquelles, ioinctes auec celles que nous auons ouyes pour l'in-

X x iij

struction du sauteur, nous aurions plus claire intelligence de la perfection du saut illustré & amplifié selon les merites d'vne belle disposition, promptitude & agilité. C'est pourquoy aucuns de ces Seigneurs voudroyent mesmes entendre d'où peut venir la certitude & asseurance de tant de sauts que fait vn bon sauteur, mesmes de ceux qui se pourroyent nommer presque mortels, pour estre tres-dangereux. Car bien qu'il semble que de la continuelle practique, ou bien ordinaire exercice, on en acquiere la promptitude qui y est requise; Neantmoins nous desirons ouyr de vous, qui vous estes estudié de tout vostre pouuoir d'amplifier la derniere definition de nostre art, quelle doit estre la disposition & asseurance de tout bon sauteur, & en quoy il doit exceller principalement pour l'execution de chacũ saut. Ie dy qu'il en faut parler auec la distinction que l'on faisoit aux discours auant soupper, puis que l'on y peut recognoistre l'asseurance qui est requise en cest exercice, comme procedee seulement de la longue practique du saut, & de la cognoissance de l'art bien entendu; pource que la premiere qui naist dudit exercice ne se peut de vray nommer asseurance entiere, & s'il m'est permis le dire, asseuree; d'autant que le sauteur manquant de la cognoissance de l'art, ne peut qu'estre suiet à toute sorte d'accident, ne sçachant vser d'aucune proportion, reigle & mesure, pour acquerir quelque perfection en l'art; ce qui n'aduient, ny ne procede de l'asseurance qui naist non seulement de la practique, mais aussi de l'intelligẽce des reigles de l'art; Car estãt le sauteur fortifié de ces deux choses, va esquiuant, euitant en partie, & dominant tous ces accidents qui le peuuent faire faillir, seulement pour auoir tousiours iustement fait auec reigle, & art le saut en son entendement auant que le corps contre la nature de pesanteur se remuë, obseruant au plus secret lieu de son ame, tous les moyens de pouuoir bien par reigles necessaires gouuerner la materielle pesanteur de sondit corps, auec aussi toutes les circonstances qui sont requises à le faire bien sauter asseurémẽt mesmes les moindres qu'il doit auec toute consideration & art premediter. Il n'y a nulle doute, respond le S. Ferrand, que celuy seul est vray Architecte, lequel auant que se disposer à fabriquer vn palais materiel, l'a fait en son entendement du tout immateriel; c'est pourquoy Aristote dit en plusieurs lieux, que de la maison qui n'est materielle, se fait la materielle, autrement l'Architecte tomberoit auec la maison faicte la part où la fortune le conduiroit, sans aucun aduis ou prouidence de son art. Or afin que nous ne sortions hors de propos du saut, on peut à bon droict dire auec le S. Archange, que du saut non encorés fait, mais bien conçeu & engendré auec proportion & art en l'entendement, il est necessaire qu'on face le saut du corps, qui se doit monstrer en l'air en toute asseurance; & à cela se cognoist le bon & parfait sauteur; & pour deuenir tel, il ne faut oublier & obmettre toutes les choses que nous auons auiourd'huy ouyes & entendués discourir sur ce suiet : Mais d'autant qu'il me souuient d'vne certaine consideration de laquelle nous auons discouru cy deuant parlant des principes ou causes principales du saut, ie vous en veux dire quatre mots presentemẽt, en la presence du S. Cosme, pour sçauoir ce qui luy en semble. De moy ie seroy d'aduis auec l'opinion des Philosophes, ou plustost comme la nature nous enseigne que les principes se pouuants diuiser des choses, ou considerer comme internes ou externes de celles qui sont pour vne plus grande preuue du saut, on luy pourroit faire entẽdre d'vne certaine façon, afin qu'il en deuint plus resolu & asseuré, luy enseignant quels sont les principes internes & externes de toute sorte de saut que ce soit qu'il puisse faire; dont s'ensuit que pour estre les principes internes des choses premieres, & plus necessaires qui se trouuent, les forces & proportions sont aussi les causes principales du saut, qui y sont necessairement requises, encores que quand l'on commẽce & finit le saut selon l'art, apres que l'on a recherché les causes & principes de toute chose, l'on y adiouste les principales parties, qui sont la disposition, proportion & mesure que l'on y doit obseruer pour la perfection du saut; ainsi aussi pourroit-on dire du saut, que les causes ou principes externes sont le mouuement du corps ensemble auec le temps que produit la proportion; car ces deux choses ne se voyent point apres que le saut est finy, encores que de necessité il fallust qu'elles s'y trouuassent : Mais on me pourroit dire qu'en telle distinctiõ de principes ie n'ay pas obserué l'ordre demonstratif que le sieur Cosme comme vn vray Peripateticien nous a auiourd'huy enseigné quand nous recherchions la vraye & determinee nature du saut. A cela ie respons, que la disposition naturelle, la promptitude & agilité, auec la proportion, reigles & mesures sont les vrais principes internes & causes principales du saut; & quiconque est douë de ces parties la, se peut dire auoir acquis la perfection de l'art du saut. Au contraire celuy qui manque de l'vne de ces parties, ne peut pas atteindre au sommet de la perfectiõ, ains le plus souuent demeure court au milieu de sa course, & perd auec le temps le fruict & la peine ensemble. Parquoy il fera meilleur ce me semble, suiuant l'occasion de la pratique que le S. Archange a alleguee, que i'expedie en peu de paroles tout ce qu'on peut dire auiourd'huy de la science & de la practique ensemble.   Or il faut noter que ce mot de practique vient du mot Latin *Praxis*, qui signifie proprement l'action, l'operation ou pour mieux dire faction ou negoce de quelque chose telle qu'elle soit. Partant en voulant parler ainsi qu'il faut auec ceste significatiue proprieté, laissant à part ceste commune interpretation, qui nous fait seulement sçauoir que c'est vn vsage, & coustume operatiue, ou bien actiue des choses qu'on peut monstrer ou en acte ou en faict.

Ie dy que la practique est necessairement entenduë de deux sortes; c'est pourquoy la practique, comme practique se doit distinguer en practique parfaicte & practique imparfaicte, la parfaicte n'est autre chose qu'vne promptitude que l'on acquiert moyennant la multitude de plusieurs actes & operatiõs de pouuoir faire ou monstrer quelque chose en acte: & l'imparfaite est celle qui des Philosophes est recognuë pour vne prompte & certaine cognoissance de la chose que nous auons conçeuë en nostre ame, appartenant tant à l'esprit qu'au corps, reputee & entenduë auec la proportion de l'vsage, qui en effect est reduict en acte, qu'il a par plusieurs fois confirmé en nous, & asseuré amplement; laquelle practique estant entenduë de ceste sorte, engendre la derniere perfection en l'homme, qu'on peut naturellement desirer en ceste vie. Voilà la seconde vraye practique de l'asseurance que dernierement vous nous monstrates auec le S. Archange, selon les paroles, & intelligence de sa conception

ception fort differente de toutes ces choses, laquelle on trouue estre la vraye & patfaicte science, puis que sa fin ne consiste que au seul contentement & felicité de sçauoir. Or ce sçauoir ne produit en nous autre chose que la certitude de cognoistre & entendre ce que nous desirons, & le sçachant le mettre en pratique, autrement on le deuroit plustost appeller sciëce, qu'art; d'autant que la nature de la science ou art ne depend pas de l'intention de celuy qui l'a voulu apprendre; mais bien seulement de la fin derniere, à laquelle se rapportent toutes les choses qui y sont comprinses: c'est pourquoy si celuy qui entend la medecine ne la veut mettre en practique, encore qu'il entende bien la science, ne sera dit pourtant estre Medecin, ains seulement auoir estudié en medecine; car la practique est la fin derniere de la medecine, sans laquelle practique & experience le Medecin ne peut bien restituer la santé aux hommes. Or i'aduouë que ie ne deusse pas auoir tant discouru de ces choses, cela appartenāt plustost au S. Ferrand, lequel, à voir sa contenance, me semble ne desirer autre chose. Lors vn chacun admirant la grande prudence & doctrine du S. Roger, incontinent le Seigneur Ferrand prenant le propos, dist, Ie ne m'estonne pas si vous voulez que l'on vous prie de discourir des choses que vous sçauez importer grandement, puis que vous recognoissez que vous estes celuy qui en peut parler en meilleurs termes, & plus pertinemmēt que nul autre: Mais encore qu'il fust ainsi, si est-ce que pour cela vous n'en estes pas plus agreable; d'autant que ce qui s'obtient auec tant de prieres s'achette assez cherement. Et puis il me semble, que comme la chandelle n'est pas allumee pour estre mise sous vn boisseau, ains dans le chandelier, pour esclairer toute la compagnie; ainsi l'homme sçauant doit departir son sçauoir à ceux qui en ont moins que luy, & qui desirent apprendre; & le plus sçauant mesme en enseignant apprend tousiours quelque chose. Or n'est-il pas possible que nous puissions estre dit sçauans, si l'on ne sçait que nous soyons tels, & pour le sçauoir il le faut auoir monstré & fait apparoistre; & me plaist fort que ne faites autre difference du sçauoir, de l'art, & de la science, qui est celle qui seulement depend de la derniere fin & intention de sçauoir, n'y ayant doute que l'vne aussi bien que

Yy

l'autre n'ayt ses reigles, ses raisons, principes & preceptes soubs vne mesme certitude & forme inuentee & disposee aux actiōs de la vertu & actes de l'entendement humain. Et qui ne sçait que sçauoir l'art entre les vrais Philosophes se pourroit nommer science, si la fin de ce sçauoir ne s'y rapportoit & n'eust esté inuenté pour demonstrer quelque chose faicte en acte, ou en autre œuure; ce qui ne peut aduenir en la science comme vraye science, puis que la derniere intention & fin de son sçauoir ne peut en nous engendrer autre chose que le seul plaisir & contentement d'entendre que nous sçauons. Ce que nous pouuōs dire que nous possedons, quand nous sommes asseurez qu'il ne se pourroit autrement demonstrer ny estre pour le bien entendre, que moyennant la cognoissance de tous les principes, raisons, reigles & preceptes, suyuant la demonstration des choses qui y sont necessaires: Et me semble que cela seroit bien en ceste maniere. Or faut-il noter, afin que nous puissions incontinent discourir des exercices, que la Dialectique n'est du nombre de ces arts, lesquels distinguant cy-deuant selon la fin de leurs œuures, nous auons nommez actifs & passifs, puisque la Dialectique ne prescrit rien touchant les actes materiels, comme la peinture, la sculpture, lesquelles auec plusieurs autres sont factiues, comme l'art du saut, du chant, de la luicte & autres que nous auons nommees actiues; d'autant que le seul artifice de la Dialectique est la seule fabrique ou composition des syllogismes, ou bien formes d'argumenter, auec autres choses necessaires à l'inuention, à la preuue, & autres tels enseignements de pouuoir sans erreur tant enseigner qu'apprendre la verité des choses diuines & humaines telles qu'elles sont, ce qui n'est autrement œuure materielle, mais bien sans matiere, puisque la fabrique de toute la Dialectique n'appartient en aucune chose à la matiere, & encore moins tous les artifices, n'estans lesdicts artifices autres que certains instruments immateriaux de la puissance raisonnable de nostre ame, dont la derniere fin & vnique repos en toutes choses n'est que la seule cognoissance de la verité, parlant tousiours de ce qu'elle entend appartenir au desir naturel de sçauoir. Or la Rhetorique est aussi vn art, mais non pas actif, ny factif, ains qui consiste seulement en raisons & arguments pour monstrer & prouuer ses intentions, comme la Dialectique, dont aussi les instruments sont dits raisonnables; d'autant que tout ce que la Rhetorique fabrique est pour raisonner & rechercher la verité de ses arguments & pretentions, qu'elle se propose trouuer par le moyen de la cognoissance de ses secrets, & l'ayant trouuee, la raison la pousse à faire vne exacte recherche des causes de toutes choses pour en sçauoir discourir; & apres ceste cognoissance des causes, nous venons aux effects, qui est la theorique & la practique ensemble, qui nous fait finalement acquerir par vne certaine force & vertu, l'entiere & parfaicte cognoissance de toutes les choses du monde, & non seulement pour les sçauoir, mais aussi pour les mettre en practique. Et c'est là où gist la perfection de l'art. Et est chose certaine que l'on ne pourroit bien guider ceste force & vertu de l'ame, ny autres, à l'inuestigation & recherche de la verité, si premier elle n'est instruicte en cest art, qui sert à la raison, laquelle non seulement gist en la contemplation, mais aussi en l'action, qui est de fabriquer les moyens qui la peuuent asseurer de paruenir non seulement des effects à la cognoissance de leurs causes, mais aussi de la speculation & indagation des causes à l'inuestigation des choses, desquelles elles peuuent estre, & non d'autres, les vrayes causes. Et pource les meilleurs Philosophes n'ont pour autre raison dict que la Dialectique & Rhethorique forge l'instrument de la raison; Parquoy puis que la fin des instruments est l'œuure, & que la Dialectique & Rhetorique gisent seulement en la contemplation & non en l'actiō, il s'ensuit que l'on les doit nommer art & non science. Et voilà la difference qu'il y a en l'art & la science; l'art gist en theorique, & la science en practique. Or d'autant que leurs artifices ne sont de chose materielle, mais vuide de toute matiere, seruants seulement à la raison, les plus subtils Philosophes ne les ont aussi nommees actiues, ny factiues, mais raisonnables, puisque leur œuure ne se peut monstrer en acte, ny en faict autre que pour le seruice de la raison. Et ne faut que ie m'arreste d'auantage à dire la faute que commettent plusieurs aux curieuses recherches & obseruations de la Grammaire, de la Rhetorique & Logique, y employans la pluspart de leur temps, & se rompent la teste aux disputes de la Logique & Dialectique, les voulans distinguer à leur façon en mille manieres: ny mesmes comme aucuns font, lesquels compilent, & font vn grand amas d'arguments sans iamais en resoudre, ny finir vn seul, estans tous confus en leurs disputes, & le procés qui est entre-eux demeure immortel. Il nous suffit de sçauoir seulement que les arts & sciences doyuent auoir vne fin certaine, qui est l'action, autrement les arts & sciences sont vaines & mortes, ne produisants point de fruict. Or l'œuure qu'elles peuuent produire est ou materielle, ou immaterielle, & les arts dont la fin est de produire quelque œuure immaterielle, se nomment raisonnables, comme sont la Grammaire, la Rhethorique, & la Dialectique, & ceux qui produisent l'œuure materielle sont diuisez en actiue & factiue, suyuant la distinction que nous auons alleguee cy-dessus. Parquoy ie ne veux ayant ainsi conclu finir mes raisons sans vous aduertir que il me semble vous auoir ouy dire en la distinction que vous auez faicte de la practique & definition d'icelle, que ceste practique a esté premierement conceuë en nostre entendement, puis apres vient à produire ses effects: & cela importe la nature & l'habitude de nostre esprit, qui est cette practique dont parloit n'agueres le sieur Tetti, selon la demande qu'il faisoit à nostre trescher Archange. Vous m'auez, respondit incontinent le non moins docte que prudent S. Cosme, faict vn singulier plaisir, d'auoir si briéuement & auec telle asseurance & verité discouru des choses qui appartiennent à la distinction des arts & sciences, ensemble leur signification. Voilà ce que i'ay peu recueillir des sentences & plus graues propos des Philosophes, & entre autres de Platon & d'Aristote grand rechercheur de la nature, & ne me suis amusé à esplucher & examiner les raisons d'vne infinité de petits docteurs, qui veulent neantmoins paroistre plus iustes & plus seueres censeurs qu'Aristarque, Aristide, ny Catō. Il s'en est trouué quelques-vns qui ont voulu nommer les arts & sciences au lieu de raisonnables, sermocinales, ou bien logicales, comme la Grammaire, la Rhetorique, & Dialectique ou Logique, ce qui est contraire à la cognoissance que nous en auons, disans que en λόγος Grec importe la force & vertu de l'intellect & entendement, que vous auez nommé raison, de laquelle depend & la parole, & le discours, lequel acte est en langue Latine nommé *sermo*, c'est à dire la parole, discours & sermon mesmes. Parquoy pourueu que l'on entende la verité de la chose, il n'importe qu'ils appellẽt les arts & sciences sermocinales, ou bien logicales, que vous auez nommé raisonnables, n'y ayant aucune difference entre la raison, qu'on nomme *ratio* en Latin, & en Grec λόγῳ & aussi *sermo*, pour faire que l'efficace de la verité soit esloigné de sa force & vertu. Et quant à la consequence que voudroyent tirer plusieurs de ces equiuoques, nous disons que c'est trop curieusement rechercher les mots pour laisser la substance de la verité, selon les raisons que nous auons alleguees cy dessus. Qu'il nous souuienne de ce que nous auons dit dés le commencement, que la practique prise selon le vulgaire & commune signification, n'importoit autre chose que l'action, exercitation, ou bien l'operation des choses, que l'on pourroit demonstrer en acte, ou en fait. Mais d'autant qu'il est impossible que ceste seule practique puisse engendrer en l'homme l'asseurance de laquelle auoit cõmencé à discourir nostre tref-cher Archange, respondant au sieur Terti en la demande qu'il faisoit, sçauoir, si la personne auec la seule practique ne peut pas bien auoir la vraye cognoissance de l'art; ne me souciant des raisons de ceux qui maintiennent ie ne sçay quelle fantastique & imaginaire practique, fantasiant des imaginations en l'air, sans iamais produire aucuns effects de leurs conceptions. Or la vraye practique & l'vsage sont de mesme nature, & ne peuuent estre l'vne sans l'autre, & c'est ce que vous auez cy-dessus nommé coustume ou habitude des choses. Or l'on peut beaucoup mieux apprendre ceste practique & vsage des experts en l'art que des Philosophes mesmes, lesquels le plus souuent en sont ignorants. Il faut donc dire que puisque l'asseurance du saut qui est requise au sauteur, ne peut venir que d'vn long vsage, practique & experience de sauter, qui en fin donne la parfaicte cognoissance de l'art, il s'ensuit qu'il faut rechercher les maistres de l'art, qui peuuent apprendre & la theorique & la practique tout ensemble de bien sauter. Il y en a toutesfois qui confondẽt tellement ce mot de practique qu'ils le separent de l'vsage, & disent que la practique est des choses immaterielles,& l'vsage des materielles; attribuans à la practique les choses qui appartiënent à l'esprit, & à l'vsage celles qui concernent l'exercice du corps seulement : mais elle se nomme plustost habitude comme vous auez dit : & bien que ie l'ignore & ne m'y estudie à le sçauoir, si ne veux-ie pour cela, comme dit l'Arioste qu'vn autre se soucie de ce que ie m'en trauaille, il me suffist que vous entendiez bien la verité du faict, confessant bien, qu'entre personnes doctes, la pratique, l'vsage, l'exercice & habitude signifient ordinairement vne mesme chose: Lors voyant le sieur Tetti qu'vn chacun d'eux se taisoit, dit; Il est donc temps de nous apprester pour ouyr & remarquer vos discours que nous auez promis faire, touchāt les exercices, puisqu'à mon iugement vous ne voulez plus parler ny de la practique, ny de la sciēce, ny de l'art, dont se resiouyssent tous ces Gentils-hommes, tant ils desirent à present ouyr ce qui concerne la santé: pour autant que cela est d'importance, comme nous l'auez dit: non pas que n'ayons receu vne grande satisfaction, de ce qu'auez traicté iusques à present, ayant, comme on dict, plus appris de Philosophie auiourd'huy sans contraincte, qu'vn autre ne feroit auec les pedants en dix ans : parquoy ie vous prie l'vn & l'autre de dire ce que vous pouuez & sçauez des exercices, à ce que receuions de vous l'instruction & la cognoissance que nous esperons, & laquelle ardemment nous desirons, & vous asseurez que nul de nous ne dira vne seule parole, iusques à ce que soyez venu à la conclusion de vos discours: car autrement ne pourriez vous arriuer à la fin de ce qui concerne les exercices, si vn autre se vouloit entremettre d'en parler, soit pour vous aduertir ou requerir de quelque chose; voilà la volōté de toute ceste illustre compagnie, laquelle vous voyez vous prier & iurer le semblable.

Lors le sieur Cosme & le sieur Ferrand voyans qu'vn chacun auoit finy son discours tant d'vne part que d'autre, commēcerent eux deux à discourir de la nature, de l'vtilité & vsage necessaire des exercices.

Cos. Tout ainsi que sans le mouuement toute la nature periroit, qui se conserue auec luy, comme font toutes les generations & corruptions alternatiues, des choses que nous voyons en cefte machine inferieure ; nous faifant par le mouuement, non feulement voir, fentir & cognoiftre ce qui a mouuement, mais auſſi comprendre & fçauoir la vertu & la caufe mouuante, materielle, ou fans matiere telle qu'elle eft; ainfi peut-on s'affeurer que fans l'exercice, la fanté non feulement des hommes, mais auffi de tous autres animaux periroit auec leur vie, & fe perdant peu à peu en partie, leur cauferoit vne vie mal-heureufe, s'ils ne s'exerçoient fuiuant la proprieté du mouuement qui eft en nous iufques à la mort, pour la conferuation de toute perfonne de quelque fexe qu'elle foit; & n'eft befoin que ie face plus long difcours pour prouuer combien eft l'exercice neceffaire, l'accomparant au mouuement; n'ayant nature peu faire chofe moindre qu'iceluy, veu qu'il eft tres-certain que fi nous oftons de l'efprit ou du corps l'exercice, on n'y peut rien laiffer en fon lieu ; on n'y peut fubftituer, mettre ou faire de neceffité fucceder autre chofe que la feule oifiueté de tous reputee abominable, mefchante & mal-heureufe du tout, veu que l'oifiueté de l'efprit qui deuroit s'exercer és chofes qui appartiennent à la fapience, & à la contemplation, côtraint peu à peu les hommes à fe rendre negligens, pareffeux, ignorans, poltrons, s'oublians eux-mefmes, ne fe foucians de rien, priuez de iugement, de confeil, & de toute autre vertu, ou gouuernement qu'on deuroit rechercher en eux, ou defirer d'eux. L'oifiueté du corps peu à peu rend la perfonne pleine d'humeurs, enuieufe, gourmande, adonnee à la panfe, & à la gueule, foible, luy engendrant aux entrailles, aux veines, & autres membres principaux, plufieurs fubiets de maladies diuerfes, auec la perte de la couleur naturelle, y adiouſtāt fur tout autre chofe, l'humeur flegmatique, les catarres, la pituite, la colere & melancolie qui ont de couftume eftouffer en vn inftant les perfonnes, ou leur eftroppier les iointures par le moyen de la goutte, de la chiragrhe, chiragie, podagrie, & autres tels maux, dont tant les Philofophes, Medecins, que les Theologiens, ont tant efcrit, deteftans & abominans la vie qui pour ne s'employer à aucun exercice va fe fubmergeant au mortel abyfme d'oifiueté. Il fera bon laiffant à part les morales confiderations, auec tous les opinions & iugemens de l'adminiſtration œconomique & politique,& tous les preceptes de la ſacree Theologie Chreſtienne,que diſcourions briefuement ſans aucune digreſſion de l'exercice appartenant ſeulement à la conſeruation de la ſanté: car ſi nous voulions en diſcourir & diſputer autrement, outre que ce ſeroit ſans propos, tous ces Seigneurs s'ennuiroient, & nous auſſi, pour n'auoir employé noſtre temps apres le ſoupper à vn exercice vtile & delectable. Or ayant à diſcourir en toute briefueté & promptitude, de ceſt exercice; il me ſemble qu'on peut reduire & reſtraindre en peu de mots tout ce qu'on pourroit eſperer de belle reſolution, en quatre choſes, qui ſont les plus neceſſaires à noſtre entrepriſe, ſi nous voulons que tous ceux qui nous entendent s'en puiſſent ſeruir & ayder à leur contentement de nos diſcours; la premiere deſquelles declare ce que c'eſt qu'exercice, & demonſtre en vn inſtant la nature de ſes principalles differences, les diſtinguant l'vne de l'autre; la ſeconde expoſe la maniere, ordre meſure & temps de chacune difference d'exercice, ſelon ſa particularité; la troiſieſme eſt celle qui traicte de chacune difference particuliere des ſuſdicts exercices, & à quelles complexions elle eſt bonne, conuenable, ou non, enſeignant le vray moyen & le plus aſſeuré de pouuoir ſoy-meſme cognoiſtre & iuger de quelle nature & complexion on eſt, afin qu'on ſçache ſoudain cognoiſtre & eſlire l'exercice qu'on iugera eſtre à ſoy plus conuenable & neceſſaire; la quatrieſme & derniere, ou ſelon l'opinion d'aucuns,la premiere enſeigne ce qu'il conuient obſeruer & garder en l'aage de la perſonne qui voudroit s'exercer pour la conſeruation de ſa ſanté: Icelle auſſi nous apprendà cognoiſtre la qualité, le temps, la meſure, l'ordre & la nature particuliere de chacun des ſuſdicts exercices: car c'eſt ſans doute que comme tous exercices eſtans differents les vns des autres, ne peuuent eſtre propres à la ſanté, ny en aucune maniere proffitables à toute complexion, ſans quelque diſtinction: ainſi vn meſme exercice ne pourra eſtre touſiours propre à vne meſme perſonne, en tout le temps de ſa vie, & d'autant qu'auec vn long eſtude, & auec grande felicité de noſtre naturelle inclination auez par vne continuelle experience vaqué à l'eſtude de la Medecine, ie vous en laiſſe la principale

charge

charge d'en difcourir, nous promettant toutesfois feconder l'ordre de vos raifons le mieux que ie pourray, fi le defaut de la memoire, ou le fommeil ne font caufe de me faire tomber en quelque oubliance.

FERR. Bien que foyez doüé d'vn fçauoir, & pouuoir admirable, fi eft-ce que toufiours vous voulez paroiftre, comme fi en vous il y auoit moins de puiffance & de fcience, vous cõportant de cefte façon, pour mieux nous affeurer du fçauoir d'autruy, & du voftre. Or puis que c'eft voftre plaifir ie ne vous en veux dire mot, mais feulement vous obeyr, pour ne perdre le temps en paroles proferees mal à propos. Ie vous dis donc qu'on ne fçauroit mieux commencer pour propofer & declarer à toute perfonne la neceffité de l'exercice, foit du corps, foit de l'efprit, que de la deteftable nature de fon contraire, qui eft l'oifiueté, en laquelle il eft neceffaire qu'vn chacun tombe s'il ne s'emploie à quelque exercice continuellement ; C'eft pourquoy Fulgence dict en fes œuuures, que l'exercice principalement du corps, n'eft feulement la faine conferuation de la vie humaine, mais eft auffi le gaing du temps, & le mortel ennemy de l'oifiueté (laquelle eft la feule fource de tous les vices) le comble & l'entier refueil de la chaleur naturelle, la fortification de toute la faculté & vertu vitale, le vray remede, la medecine parfaicte de tous les excrements de la fuperfluité du corps, eft le vray deuoir & office de la jeuneffe, la feule joye & repos de vieilleffe : & fur la fin i'adioufteray que celuy fe doit abftenir & fuir de l'exercice, lequel ne fe foucie du threfor ny des richeffes, de fa propre vie & fanté. Le premier pere & pontife general de tout l'art de la Medecine, Hippocras grand Philofophe & Aftrologien, voulant monftrer combien eft l'exercice neceffaire à la cõferuation de la fanté, dict en plufieurs endroits de fes œuures, mefmes au fixiefme des Epidimies, & au cinquiefme des Aphorifmes, qu'il nous faut vfer de l'agitation du mouuement, ou l'exercice de noftre corps, du manger, du boire, du dormir, & de la conionction naturelle, auec vne modeftie reiglee, tant pour maintenir & prolonger la vie, que pour la conferuation de la fanté ; difpofant toutesfois de toutes ces chofes, en forte que l'vne fuccede à l'autre, al-

Z z

ternatiuement, ainsi que l'ordre & le besoin le requierent, obseruant, gardant tousiours la necessité, le lieu & le temps, afin que le proffit & l'vtilité que nous en esperons s'en ensuiue. On peut clairement voir par ces prudentes paroles d'Hippocras, comme par ses liures il nous conseille, que la conseruation de santé se doit commencer, & tousiours continuer du mouuement, qui se trouue en chaque exercice & agitation du corps, y obseruant la vraye proportion conuenable au temps & au lieu; & cela s'entend auant que la personne boiue, mange, dorme, ou vse de la conionction; lesquelles choses doiuent estre pratiquees apres l'exercice, l'vne apres l'autre, moyennant l'ordre qu'on peut aisément tirer de ces parolles que ie viens de reciter; veu qu'à la proposition qu'il faict des choses qui conseruent la santé, il faict que l'exercice est le premier, puis luy succede le boire & manger, & puis le sommeil; dont enfin s'ensuit la conionction. Ce que Galien mesmes a confirmé en plusieurs lieux de ses œuures, auec la raison & certitude de l'experience, disant iceluy particulierement, en son cinquiesme liure, de la maniere de conseruer & deffendre la santé; que si le corps pour sa conseruation s'exerce modestement il en reçoit vn grand soulagement; comme au contraire il deuient fort maladif, par le repos, & par l'extreme vice de l'oisiueté, n'estant chose qu'on puisse trouuer plus dommageable, & contraire, que le repos d'vne paresseuse oisiueté; adioustant apres la raison & reigle de l'exercice, il conclud que iamais personne ne seroit malade s'il se sçauoit garder de tomber en la generation des cruditez, & autres mauuaises humeurs, & de ne s'exercer violemment apres le repas : car tout ainsi que l'exercice qu'on faict auant le repas, est conseruatif de la bonne santé, apportant mille commoditez pour bien se maintenir: ainsi au contraire toutes sortes d'exercices & agitations violentes du corps, qu'on faict apres le repas, sont dommageables à la santé : il en dict la raison, qui est, que l'aliment du repas prins, descend de l'estomac auant que la digestion naturelle soit faite, qui est tousiours requise & necessaire auant tout exercice, & de là estant la viande ainsi à demy cuitte, ains plustost cruë, & nullement digeree, la nature tirant cest aliment du ventre, le va distribuant à plusieurs parties & membres interieurs de nostre corps; se formant par telle maniere dedans nos veines, tousjours vne grande quantité d'humeurs cruës, qui ordinairement sont cause d'infinies maladies, ne pouuant la nature faire moins, d'autant qu'à ce nous l'excitons incontinent apres le repas, au lieu qu'elle deuroit peu à peu digerer par le moyen de la chaleur naturelle : mais accroissant ceste chaleur par la violence de tel exercice, nous destournons sa vertu digestiue de l'estomac, ensemble toutes autres facultez des membres circonuoisins, comme sont le foye, le cœur, le poulmon, & les entrailles; excitant par le moyen de la vehemence de l'exercice, le doux mouuement interieur de la digestion naturelle, qui se faict en nous : Pour laquelle chose si l'homme ne purgeoit & ne faisoit resoudre par exercices plus conuenables l'abondance de tels excrements, ou que ces cruditez ne paruinssent par la force & vertu naturelle du foye, & des veines, à vne bonne concoction & digestion, se conuertissans en bon sang, il est sans doute que la personne necessairement tomberoit de mal en pis, se trouuant mal disposé, & tousiours subiecte à vne infinité de maladies. Il ne faut pas pour cecy penser qu'aucun excellent Philosophe, ou Medecin fort expert aye iamais blasmé les exercices, ny l'vsage d'iceux, soit pour le regard de la santé, ou pour le respect de la Police inuentee & receuë par les hommes. Nous lisons qu'Auicene grand Philosophe, tres-subtil Metaphisicien & Medecin excellent, afferme que sçauoir s'exercer à propos est vn remede excellent & secret, de grande importance, pour se bien conseruer, sain & gaillard : D'autant que ceux qui s'estudient à faire exercice en temps propre & conuenable, peuuent s'asseurer de n'auoir iamais besoin de Medecin, ny de Medecine, veu que les superfluitez de toutes les humeurs & autres matieres contraires à la santé viennent tousiours à se dissiper par le moyen de l'agitation du mouuement corporel. Le mesme Autheur en plusieurs lieux en raconte plusieurs autres belles choses : Mais puis que i'ay parlé d'Auicene Arabe, i'ay memoire que de la mesme secte & nation, ce bon vieillard docte & tres-expert Haliablas parlant des exercices, preuue l'vsa-

Zz ij

ge d'iceux estre bon & necessaire pour trois principales vtilitez qui en prouiennent. La premiere est, que de l'exercice conuenable s'accroist, se fortifie & renaist en nous la chaleur naturelle, laquelle estant ainsi bien disposee & confortee, reçoit, cuit & digere mieux les viandes, distribuant leurs allimens nutritifs à tous les membres du corps plus idoynes, plus purifiez & plus salubres. La seconde est, d'autant qu'il va conseruant les conduicts des porres de toutes personnes en estat de laisser escouler les superfluitez du corps qui viennent à sortir par le moyen de l'agitation du mouuement de l'exercice auec resolution de plusieurs autres excremens nuisibles. La troisiesme est d'autant que par le moyen de l'exercice toutes personnes deuiennent plus forts, & par la continuation d'iceluy plus impassibles, & moins subiects aux choses qui luy pourroient apporter quelque incommodité casuelle ou alteration de nature, outre la promptitude que la personne en acquiert, pour s'en seruir & aider en ses actions. Que diray-ie d'auantage? Ce grand Arabe & esprit inestimable Auerrois ne dit-il pas que le propre mouuement des exercices est vne cause certaine pour se pouuoir conseruer sain & dispos? Parquoy reuenant aux Grecs, qui ne sçait, comme dit Hippocras & cõme plusieurs autres veulent, qu'il est impossible que l'hõme qui mange viue sain, s'il ne fait quelque exercice? n'estant l'exercice moins necessaire pour conseruer la santé que sont le boire, manger & dormir, pour se pouuoir seulement maintenir en vie. Mais ie ne puis que ie ne mette encor en auant la graue authorité d'Hyppocras, lequel en quatre parolles dignes d'estre escriptes en lettres d'or, dit : Qu'en deux choses seules consistoit toute la conseruation de la vie humaine. La premiere est de se sçauoir tousiours bien garder de faire excez au boire & au manger. La seconde est de sçauoir exercer son corps conuenablement. Or si nous voulons comme vous auez commencé à dire (laissant à part les authoritez) parler de l'exercice le comparant au mouuement tant necessaire à la nature, nous voyons qu'elle mesme le nous enseigne dés nostre premiere & plus tendre ieunesse, quand estans encor enfans vn chacun va recherchant le plus qu'il peut le mouuement de l'exercice du corps, y estant excité par vne inclination naturelle qui les y prouoque,si tost qu'ils ont beu ou mangé: & c'est cecy qui plus les peut faire croistre & se conseruer, sans que neantmoins nous cognoissions quelle est l'operation;estant ainsi, que le petit enfant se sentant plus dispos & gaillard apres telle refectiō, s'accommode de soy-mesme à cheminer sans qu'aucun l'enseigne à ce faire, appuyant ses mains à terre presque à la façon d'vne beste, à quatre pieds, ne cessant iamais de se mouuoir & agiter deçà & delà, se trainant, se haussant, & s'appuyant d'vne maniere & d'autre: De façon que c'est vne merueille quand on considere la continuelle agitation d'vn tel enfant qui ne s'en lasse, ny retire iusques à ce qu'il soit contraint par le sommeil à dormir & reposer, tant il desire acquerir la perfection du mouuement, lequel la nature en l'excitant en fin recherche les moyens de le pouuoir trouuer petit à petit: comme quand il commence à se pouuoir soustenir droict vn peu plus fermement & à cheminer debout sur ses pieds, s'efforçant d'auātage à faire de petits sauts, courant plus violemment en auant & en arriere, se tournant de tous costez en rond & de trauers, tant qu'on le pourroit lors comparer aux cheureaux, aux petits agneaux & autres tels animaux, lesquels poussez de la nature croissent auec le mesme instinc de se preparer à l'exercice (s'il m'est permis d'ainsi le dire) le recherchant auec la mesme vtilité & plaisante agitation, sans en sçauoir entendre la cause, car lors l'enfant n'en reçoit autre fruict, selon son foible iugement que le seul contentement: Et comme cecy n'est en nous d'ailleurs que par la seule nature, ainsi par le moyen de la prouidence d'icelle, ceste inclination se trouue en chaque corps de toutes especes d'animaux suffisante pour tousiours leur faire desirer, distinguer & rechercher ce qui leur est plus necessaire, tant pour la conseruation de leur vie, que de leur propre santé: lesquelles deux choses ioinctes auec deux autres selon que nature sage nous enseigne nous deuōs conteruer & maintenir suyuant les parolles d'Hippocras cy-dessus alleguees, à sçauoir, l'vsage moderé des viandes en beuuant & mangeant, & la continuation alternatiue d'vn exercice conuenable, lequel pour ne se pouuoir acquerir sinon par le moyen du mouuement du corps; pour ceste cause en la definition de l'exercice, le mouuement y est necessairement comprins, comme estant le premier & principal fondement vniuersel de tous les exercices, non sans grand mystere de toute la nature, laquelle nous celebrons si hautemẽt: puis qu'il ne se trouue autre chose que la mesme nature qui soit le mesme principe & cause qui se meut premierement, & puis se repose en la chose où elle se trouue estre premierement de soy-mesme, & non par accident. Parquoy comme tous les sages d'vn accord afferment que toute chose se conserue mieux, moyennant l'exercice & la continuation de la chose qui l'a principalement produicte ; ainsi est-il impossible qu'il s'ensuyue que la nature se puisse conseruer ny l'homme s'aduancer à acquerir & conseruer sa santé sans l'ayde du mouuement, cause vniuerselle & fondement principal de toutes les actions de la mesme nature susdicte ; & de là naist ceste si estroitte & necessaire societé, compagnie, vnion ou necessité d'exercice enuers tous animaux, & principalement en l'hõme, lequel dés son plus tendre aage, comme i'ay desia dit, ne s'arreste iamais en vn lieu, specialement quand il est vn peu grandet de l'aage de huict ans, le foüet, les menasses de luy faire pis ne sont suffisantes, ny mesme l'enfermer en vne chambre, de luy faire quitter l'exercice de courir & sauter par tout auec mille autres inuentions qu'il va inuentant en s'exerçãt par le moyẽ de l'agitation de tous ses membres, auec presque vn infiny changement du differend mouuement de son corps. Mais qui pourra auec sain iugement nier, que puisque tout mouuement est cause de produire & accroistre la chaleur, & qu'il n'y a vie aucune qui soit priuee de mouuement de chaleur, seroit-il iamais possible qu'on peut en ceste vie, bien conseruer la santé, sans faire exercice qui nous conserue & tousiours augmente par le moyen du mouuement, & auec la chaleur vitale de la nature, tant corporelle qu'animale: Aussi est-il certain que tous ont besoin d'exercice pour la conseruation de la santé, iusques aux enfans qui sont au ventre de leur mere ; dont de là on void que les femmes grosses, si elles ne font quelque exercice, ou pour ne le pouuoir faire, ou pour ne le sçauoir faire, comme plusieurs qui tousiours demeurent assises pour coudre ou trauailler en soye, tapisserie, ou autre œuure, gangnans leur pain pour la necessité de leur vie, sont coustumieres d'engendrer des enfans boſſus, ou foibles, ou demy eſtropias, & d'vne telle nature ſi mal faicts, qu'ils ne viuent beaucoup, ou s'ils viuent, ils ne viennent iamais que rarement à eſtre de grande complexion, pour n'auoir peu eſtants aux entrailles de la mere eſtre ſecourus par l'ayde ſalubre & neceſſaire des exercices, leſquels il ne pouuoit (eſtant là dedans reſerré) aucunement faire, ſi la mere pour ſon bien ne le recherchoit, auec la modeſtie qui eſt requiſe à vne femme groſſe, ſelon les reigles & preceptes des plus excellens Medecins qui en ont eſcrit : outre que ſouuent il aduient que les femmes qui n'ont faict exercice aucun, du moins par l'eſpace de quinze ou de vingt iours auant leurs geſines, deuiennent plus foibles & craintiues; & pour ceſte otieuſe pareſſe, tombent en milles perils de leur propre vie & ſalut: laquelle il faut qu'auec promptitude elle ſe trouue lors plus que iamais aydee d'vne diſpoſition du mouuement forcé, & agitation des eſprits & des facultez vitales & naturelles de tous ces membres: mais pour ne prolonger le diſcours de ce qui appartient à l'vſage des exercices, pour l'vtilité particulier d'vn chacun, puis qu'ils ſont de neceſſité requis pour acquerir & conſeruer la ſanté, tant des hommes comme des femmes, il me ſemble que bien qu'ayez reſtrainct l'argument & matiere d'exercice en quatre chefs, auec l'vſage d'iceluy, ſi pourroit-on diſpoſer le diſcours dudict exercice en vne autre maniere, & proceder en ceſte façon, laquelle paraduenture ne vous deſplaira à ouyr & entendre: & voudrois premierement qu'ayant definy ce que c'eſt proprement d'exercice apres la diſtinction faicte de l'eſprit & du corps, ſeparer l'exercice du corps en deux parties differentes: la premiere ſera de diſcourir de l'exercice generallement ſelon les plus vniuerſelles conditions d'iceluy, comme pour exemple, la cognoiſſance & iugement de la qualité, de la quantité, de l'ordre, de l'aage, meſmes de l'accouſtumance & de la complexion ; leſquelles cinq ou ſix choſes eſtant en la premiere partie de l'exercice declaré en general, la ſeconde s'enſuiuroit en eſpece ſelon la particularité, de la maniere que nous voudrions nous exercer, à ſçauoir de nous meſmes le faiſant ſans l'interuention d'aucun ſecours exterieur, ſans eſtre aydez, pouſſez, ou portez, ou dedans vn coche, ou dedans vne litiere, ou dedans vne barque, ou à cheual, ou par autres telles manieres dont ie parleray plus à propos, veu qu'eſtans en ceſte maniere les choſes qui appartiennent à l'exercice & à l'vſage d'iceluy, diſtinctes & declarees, nous aurons entierement embraſſé & accomply tout ce qu'on en pourroit dire & eſperer: c'eſt pourquoy ie deſirerois auant que d'entrer en la diffinition de l'exercice, ſçauoir de vous, cōme vous voulez que nous nous gouuernions, ou quel ordre nous tenions pour nous en declarer en bref.

Co s. Certes voſtre ordre me plaiſt fort, car vous auez diſtingué toute la conſideration qu'on ſçauroit prendre de l'exercice auec les cōceptiōs d'iceluy, ſoit en genre ſoit en eſpece, donnāt en ce faiſant moyen d'entrer par apres de main en main, ſur la difference, proprieté & accident de tout ce qu'on pourroit cōprendre d'iceluy. D'auantage ſans la cognoiſſance des choſes generalles, la particuliere narration & ſpeculation de l'exercice ne ſeruiroit de beaucoup: Si voudrois ie neātmoins qu'auāt toutes autres choſes nous parlaſſions des complexions, & de leurs parties, moyennant leſquelles chacun (s'exerçant ſelon icelles) pourroit cognoiſtre la qualité & propre nature de ſa complexion: car bien que vous l'ayez mis au ſixieſme lieu des choſes comprinſes vniuerſellement au diſcours que vous en auez fait generalemēt, ſi n'altererez vous pas pour cela tout ce qui a eſté auant vous & ſera apres vous: Mais puis qu'il faut diffinir l'exercice, auant toutes choſes, ie voudrois que nous prinſſions reſolution ſur deux choſes qui me ſont tombees en la memoire, d'autant qu'elles ſont de grande importance. La premiere eſt, que ſi l'exercice, moyennant le mouuement accroiſt la chaleur naturelle, & luy ayde (eſtant ainſi augmentee) à eſtre plus viue, il ſemble par conſequent que ce n'eſt bien fait de deffendre l'augmentation de la chaleur par le moyen de l'exercice, puis que de la plus viue & prompte chaleur, la digeſtion touſiours eſt meilleure, ce que preuue fort bien Plutarque au liure de la conſeruation de la ſanté, ou il allegue l'authorité du dictateur des ſciences, Ariſtote, à ſçauoir qu'apres diſné le mouuement qui procede de l'exercice eſt fort conuenable à la ſanté; adiouſtant la raiſon que la chaleur par le mouuement eſtant lors augmētee, cuit
& di-

& digere plus aifément la viande qu'on a pris.

   FERR. Dictes donc la feconde des deux chofes que vous auiez en memoire, afin que fans perdre temps ie puiffe refpondre plus promptement & à propos à tous deux.

   Cos. La feconde doncques n'eft autre chofe que de fçauoir fi la fanté fe peut conferuer par le moyen des mefmes chofes qui nous la font recouurer quand nous l'auons perduë, & fi ainfi eftoit, le repos nous feroit pluftoft neceffaire à la conferuation de noftre vie & fanté que l'exercice. Ce que ie ne vous veux maintenant prouuer auec beaucoup d'argumens : mais feulement attendre & ouyr premierement ce que vous en femble. Ne penfez pas que ie vous face ces obiections pour aucun vouloir que i'aye de reuoquer en doute la neceffaire & proffitable verité des raifons cy deffus alleguees.

   FERR. Il ne falloit point que vous m'aduertiffiez que ie deuffe penfer cela de vous, car ie cognois & entens fort bien auec voftre valleur, l'intention pour laquelle vous l'auez faict, veu qu'il vous plaift que nous confirmions plus amplement cefte tant celebre & importante vtilité des exercices, puis qu'il n'y a aucun doute (felon la fentence latine) que d'autant que l'on combat & difpute contre la verité, d'autant plus eft elle efclarcie, & mieux cognuë & entenduë d'vn chacun : c'eft pourquoy ie vous refpons qu'il eft fort aifé que la fanté prefente fe puiffe conferuer par les mefmes chofes qui la font recouurir, eftant perdues : & n'eft auffi veritable que le feul repos, fans aucune efpece d'exercice, foit neceffaire à tous malades, pour les guarir. Et qui ne fçait que la diette, les Medecins, les vnguens, les emplaftres, les clifteres, & autres telles chofes par le moyen defquelles les malades recouurent leur fanté, font chofes non feulement contraires, mais quelquesfois mortelles, comme elles le feroyent à la conferuation de la fanté de ceux qui la poffedent fans aucune apparence de maladie? Que fi on me difoit que le repos continuel & abftinence de boire & de manger par trois ou quatre iours, peuuent guarir toutes fortes de maladies felon l'opinion d'Afclepiade & d'Erafiftrade, qui ne vouloyent feulement conceder que la feignee fuft bonne & neceffaire aux hommes : Ie viendrois à vous refpondre, fi cela

Aaa

n'eſtoit faux, comme il eſt pour le certain, qu'vn chacun ſçait qu'vne telle diette gaſteroit pluſtoſt la ſanté de celuy qui l'auroit, qu'elle ne la conſerueroit : ainſi que le tres-docte Mercurial a auec vn grand iugement & doctrine exquiſe, dict & demonſtré, au quatrieſme & cinquieſme liure de ſa Gymnaſtique, confutant ſuiuant la plus ancienne doctrine d'Hippocras, Galien, & Auicenne, tous les erreurs faux, raiſons & argumens de ceux qui ſuiuoient & embraſſoient ceſte fauce opinion, laquelle eut pour ſes fauteurs principaux, ledict Aſclepiades & Eraſiſtrate, leſquels d'ailleurs, comme vous ſçauez, furent hōmes doüez d'vn grand entendement, & ſçauoir en toutes choſes, hors mis qu'ils ſe perſuadoient que le repos, & non l'exercice eſtoit bon & neceſſaire à la conſeruation de la ſanté, blaſmant le plus qu'ils peurent l'vſage de tout exercice : contre laquelle fauce opinion, bien que le ſuſdict Docteur, Hieroſme Mercurial, aye ſuffiſamment reſpondu, ſi vous voudrois-ie toutesfois plus briefuement auec la reſponce ſuiuante, monſtrer la vraye & derniere reſolution de ceſte diſpute, en ceſte maniere, que n'eſtant ny le repos, & encor moins le mouuement de l'exercice contraire à la nature de l'homme, puis qu'ils ſe trouuent en luy auec la force & principe de ſe pouuoir mouuoir & repoſer; on ne peut abſolument arreſter que le repos ou le mouuement ſoit l'vn plus que l'autre neceſſaire à la conſeruatiō de la ſanté humaine: car puis que la nature nous a generalement doüez, tant de la force & puiſſance du repos, cōme de mouuoir le corps, Il faut cōclure que l'vne & l'autre eſt neceſſaire à la cōſeruation de noſtre ſanté, biē qu'ils ny ſoient touſiours propres, n'eſtant la conſequence neceſſaire que ce qui eſt neceſſaire, ſoit touſiours propre : que ſi ces Philoſophes & autres qui ont ſuiui leurs opinions, euſſent bien conſideré cela ; ils ne fuſſent pas tombez en ceſte ignorante oubliance, de ſouſtenir contre la nature, que le mouuement qu'ils ont d'elle receu, n'eſt neceſſaire pour pouuoir s'en ſeruir & ayder, auec iugement, ſelon les accidens qui ſe preſentent, y obſeruant touſiours le temps, la qualité, la quantité, & le lieu & le ſubiet pour lequel il eſt requis le faire, deſquelles obſeruations conſiderables, pour ne s'en eſtre iceux apperceus ne ſceurent iamais cognoiſtre, ny la verité, & moins l'vſage de pluſieurs choſes; d'autant qu'ils nauigerent ſans clairté, ou cognoiſſance de la verité, comme on peut voir particulierement, au traicté du mouuement & agitation prouenant de l'exercice, qui eſt autant neceſſaire à l'homme qui deſire ſe conſeruer ſain, comme eſt le repas, & non le repos ſeulement ; mais non pas en la ſorte que comme ces choſes ſoyent neceſſaires, icelles ſoyent touſiours conuenables; car ſi aucun ne peut nier que le manger ne ſoit neceſſaire, ſi pourra-il bien nier qu'il n'eſt conuenable, ny en quantité, ny en qualité, ny en lieu lors qu'il n'en eſt point de beſoin. Or laiſſant ces diſciples Eraſiſtratiens & Aſclepiadiens, nous dirons que le repos comme repos, & exercice comme exercice, ſont neceſſaires autant l'vn que l'autre, à la ſanté humaine: mais non que touſiours ſuiuant les raiſons ſuſdictes, il s'en ſaille ſeruir : c'eſt pourquoy retournant à voſtre premiere propoſition, ie vous dis que le meilleur diſciple & principal ſucceſſeur de l'eſcole d'Ariſtote, ayant dict & appris de luy que la digeſtion du repas qui ſe faict en l'eſtomac, eſt empeſchee par le mouuement. Il n'eſt vray ſemblable, ny par conſequence croyable, que le meſme precepteur ſecretaire de la nature Ariſtote, aye iamais creu, ny eſté d'opinion, que l'exercice qui accroiſt par le moien d'vn mouuement violent la chaleur naturelle, ſoit propre ou neceſſaire pour rendre la digeſtion parfaicte; puis qu'il eſt tres-certain que la raiſon iointe à l'authorité, & experience nous enſeigne le contraire ; bien qu'on concedaſt qu'Ariſtote ſuiuant l'authorité de Plutarque, euſt ſouſtenu que le mouuement eſt neceſſaire apres le repas, pour mieux le digerer, on peut de meſmes receuoir la reſponce au lieu où il dict que la pourmenade qu'on faict apres ſoupper ſert de beaucoup pour mieux pouuoir digerer les viandes, afin qu'elles n'aillent au deſſus de l'eſtomac, preſque voguants, & ſe ſuffoquans. D'autant qu'il y a pluſieurs perſonnes qui ont l'eſtomac ſi foible de nature, que difficilement les viandes & liqueurs qu'ils ont receu, en beuuant & en mangeant, ſi peuuent accommoder: mais ſont ſecourus par le modeſte mouuement qu'ils font en ſe pourmenant ; laquelle raiſon auec pluſieurs autres, peuuent ſeruir de iuſtification à la dignité de noſtre

Prince Peripateticien; & n'a pas dict (si vous auez bonne memoire) que nul mouuement, mais bien que l'exercice n'estoit bon, ny propre pour le secours & aduancemēt de la digestion, quand on le faisoit incontinent apres auoir prins son repas: car ie ne pense point que tout mouuement du corps se puisse nommer vray exercice, sinon celuy qui selon l'opinion de Galien, peut arriuer à ce but d'alterer peu ou beaucoup le foye de la personne, bien qu'il y en aye d'autres qui ont baillé vne autre diffinition de l'exercice.

Cos. Si on ne doit nommer tout mouuement du corps vray exercice, pourquoy donc les Medecins ont ils appellez exercice, cheminer, se faire frotter, mesmes lire, & parler haut, & autres telles actions de l'homme? Il seroit besoin le declarer, à ce qu'vn chacun demeurast satisfaict de ces choses, qu'autres luy pourroient opposer. D'auantage bien que ie ne puisse non admirer vostre subtile & vraie raison, si ne puis-ie que ie ne vous die encores mon opinion, que Gallien n'a pas bien deffiny proprement ce que c'est d'exercice; & ne vous doit paroistre telle chose estrange, veu qu'il y a vn fameux Docteur que nous auons quelquefois nommé, qui en a faict vne longue examination, ne pardonnant ny à Auicenne, ny à Auerroes, lesquels furent de luy ensemble reprins: à la fin il nous propose la parfaicte deffinition de l'exercice par luy composee en ceste forme, à sçauoir, L'exercice (duquel il appartient proprement au Medecin d'en parler) est vn mouuement vehement & volontaire du corps humain, alteré par l'aleine, faict, ou pour garder, ou conseruer la santé, ou bien pour acquerir le bon estat d'icelle: laquelle deffinition, qui comprend en general toutes les causes selon les preceptes de la Philosophie conuient iustement auec la chose definie, ce que la deffinition de Galien, ny celle d'Auicene, ny celle du grand Arabe Auerroës, ne faict & ne vous en veux icy dire autre chose, sinon que vous laisser à vostre iugement la deffence de Gallien, duquel vous vous monstrez si affectionné; car ie voudrois que nous parlassions des complexions, si tost que nous aurons finy, ou bien accordé ceste petite dispute controuerse, qui se trouue entre les Autheurs, sur la deffinition de l'exercice.

FERR. Puis que ne pouuez que ne m'admiriez, encores que ie ne sois à admirer, ie vous laisse à penser s'il est possible que ie ne m'esmerueille d'aucuns qui n'ont pas honte, ny aucune crainte de reprendre librement vn Galien, vn Aristote, vn Hipocras, estant les trois principales lumieres de toute la Philosophie & Medecine. I'ay dit librement pour signifier leur audace, lesquels estans accompagnez d'vn desir & gloire de paroistre plus sçauans se laissent eschapper sans aucune exception, telles paroles qu'ils font imprimer, disant Aristote s'est abusé, Galien a erré, il ne dit pas bien, & autres telles choses : que si au moins ils disoient : c'est mon opiniõ & iugemẽt: on pourroit paradueture remedier en ceste maniere, pour mieux dire: encores voudrois-ie les excusans laisser l'admiration & louer le desir & le iugement de s'estre parauenture apperceu de quelque chose de beau. Ce que ne s'estant trouué en aucune maniere, en ceste nouuelle deffinition de l'exercice, cecy est cause de me faire plus grandement alterer l'aleine sans exercice, vous voulant couurir contre ma volonté & contre mon naturel, sa diffinition mal faicte & mal entenduë, n'estoit le zele de la verité, & l'honneur & respect que nous deuons tousiours porter à la memoire & dignité des trois susdicts flambleaux anciens de tout nostre sçauoir humain. Premierement vous sçauez bien qu'il est vray que toute deffinition pour estre parfaicte ne doit necessairement comprendre tous les genres des causes, comme fait la sienne : car si cela estoit veritable il faudroit que la plus grand part des deffinitions donnees & receuës iusques à present par tous les Philosophes de plusieurs choses appartenant à la Philosophie & Medecine, fussent ou du tout fausses, ou du tout imparfaictes, ce que ne pouuant iceluy nier, ie voudrois qu'il me monstrast en quel liure de la Philosophie, il trouua iamais que les parolles de la deffinition doyuent soustenir ou nier que la chose par elles signifiee, soit, ou ne soit, se face, ou ne se face, ou bien soit faite, ou non presente, passee, ou à venir, comme on voit en sa deffinition contre les reigles & preceptes de bien deffinir les choses, selon qu'on voit és liures Analitiques d'Aristote, & en plusieurs autres siennes œuures, & aux comments de tous les Philosophes : mais il faut que ie rie, quand i'entends dire que

Aaa iij

pour eſtre exercice il faut que celuy qui ſe ſera alteré l'aleine en ſe mouuant aye eu intention de conſeruer ſa ſanté, ou biē d'acquerir le bon eſtre d'icelle, & qu'il appartiēt au ſeul Medecin de parler de ceſt exercice.

Cos. Ouy mais il faut que vous ſçachiez que pluſieurs ſe peuuent mouuoir & alterer l'aleine & reſpiration volontairement deſquels on ne peut dire qu'ils ayent proprement fait exercice, comme les ſeruiteurs eſclaues & autres qui vōt faiſant ce qui leur eſt commandé, comme auſſi ceux qui vont fuyant & ſouſtenant l'impetuoſité de l'ennemy qui les pourſuit pour les offencer, ou pour cauſe d'autres tels accidents ils viennent à s'alterer l'aleine violemment par le moyen de l'agitation & mouuement du corps, dont s'enſuit pour cela que l'on puiſſe ny doyue dire qu'ils ſe ſoyent exercez, ne l'ayant fait pour faire exercice, mais pour auoir eſté à ce contrainds; on pourroit plus toſt dire qu'ils euſſent trauaillé que fait exercice. Vous vous en riez pourtant.

Ferr. Il ne ſeroit poſſible qu'on nen riſt, comme fait le S. Charles de telles plaiſantes raiſons que ce nouueau deffiniteur d'exercices va cherchant pour pouuoir enrichir & engraiſſer ſa nouuelle deffinition par ces paraboles de l'intention qu'il demande pour conſeruer & acquerir vn bon eſtat de ſanté auec vne volontaire affection de ſe mouuoir le corps, ſi on veut que l'on die aucun auoir fait exercice, comme ſi le mouuement du corps fait auec alteration de l'aleine, pour eſtre dit veritablement exercice, auoit beſoin de la volonté de celuy qui ainſi ſe mouue auec intention d'acquerir & maintenir vne bonne & parfaicte diſpoſition de ſanté: Il me ſouuiēt ſans que i'euſſe volonté de m'alterer l'aleine, ny aucune intention ou eſperance de me guarir vne douleur de ratte qui me trauailloit exceſſiuement, s'augmentant dés l'aage de douze ans, que par conſeil d'vn mien pere Medecin, ie fus contrainct par force de faire exercice chacune matinee par l'eſpace de trois mois montant & deſcendant pluſieurs fois quelques degrez, & quelquefois montant ſur certaines montagnes qui eſtoyent proches de la ville, & m'ayant auparauant fait frotter l'endroict de la douleur de la ratte, & fait boire d'vne decoction: & apres l'exercice fait, me faifoit oindre la moitié feneftre du ventre, depuis le haut iufques en bas, y comprenant la rate, fans toutesfois toucher à l'eftomach, dont ie me trouuay ainfi faifant & m'exerçant peu à peu du tout guary fur la fin de l'efté, & faifois ceft exercice par force, comme i'ay dict, fans intention de guarir, que fi voftre autheur fufdit me vouloit dire que la volonté & intention du pere eftoit caufe de me faire faire exercice, ie luy demanderois volontiers, luy concedant cela pour vray fi la feule intention de mon pere ou bien le mouuement de mon corps que ie faifois le plus fouuent en pleurant, contre ma volonté, alterant l'aleine de ma refpiration, faifoyent l'exercice pour moy.

    Cos. Il eft certain que nous vous concederons que voftre propre mouuement du corps auec l'alteration de l'aleine, voulant, ou ne voulant, par force de bon vouloir, auec intention de guarir ou non, eftoit le fondement principal de l'exercice que vous faifiez, & non la volonté ou intention du pere, car fans luy vous l'auriez peu mefmes cafuellement, fans fçauoir, ny pourquoy, ny comme, mais luy ne l'auroit peu faire, pour vous, fans vous.

    Ferr. Doncques il s'enfuit, que pour pouuoir toute forte de mouuement du corps s'appeller exercice, il fuffit qu'iceluy en fe mouuant arriue au but, auquel il s'altere l'aleine de fa refpiration, fans chercher fi la volonté ou intention de celuy qui fe remuë, eft pour acquerir ou conferuer vn bon eftat de fanté, ou non, & non pour autre chofe que celle-cy. Gallien fouftient, que le mouuement doit eftre volontaire, fans auoir intention d'obtenir cefte chofe-cy, ou celle-là: d'autant que fans doute l'exercice eftant fimplement confideré, comme eftant exercice, il n'y refte autre chofe de plus, ny de moins que le feul mouuement du corps, qui peut alterer l'aleine; que s'il aduenoit que le feul mouuement ne fuft volontaire, il ne laiffera pourtant d'eftre exercice, eftant ladicte aleine alteree par la refpiration, & ne s'enfuiura que la complexion & nature de l'homme ne s'en reffente fe trouuant mieux ou pis de telle agitatiõ & mouuemẽt du corps, foit qu'il aie ou qu'il n'aye l'intention ou bon vouloir de s'exercer, car cela n'importe à la complexion de la perfonne, ny à l'effence & fondement de l'exercice pour eſtre ainſi fait,ou non:Parquoy il ſera bien conuenable que ie vous recite à ce propos les paroles de Galien, parlant de l'exercice,leſquelles ſont celles-cy,comme on les pourra bien voir & lire au ſecond liure,de garder & conſeruer la ſanté,& icelles ſont telles:car des choſes leſquelles ſe peuuent dire eſtre cauſe d'vne autre que de celle par laquelle elles ſe voyĕt eſtre ainſi faites,on trouue le degré de plus grande ou moindre violence, de là peut-il aduenir qu'vn meſme mouuement ſert à vn exercice & non à vn autre;qu'on oſte doncques du terme de vehemence, l'alteration de l'aleine:car en tous les mouuemĕts où ne s'enſuit quelque apparence alteratiue de ladicte reſpiration,nous ne nommons tels mouuemens exercices,l'vn plus ou moins,pluſtoſt,ou plus tard, ou plus ſouuent, ſe trouuera auoir jà alteré la reſpiration par ſon mouuement corporel: lors pourra-on dire aſſeurément qu'vne telle quantité de mouuement,ſoit exercice.Chacũ de nous, & tout autre, peut & pourra bien voir par ces doctes parolles de Galien, comme il a clairement declaré la vraye deffinition de l'exercice, qui conſiſte ſeulement au violent mouuement du corps qui arriue au but d'alterer l'aleine, ne ſe ſouciant ſi aucun plus ou moins qu'vn autre,pluſtoſt, ou plus tard,ou plus ſouuent,le voulant, ou nõ, y ſoit arriué, ou l'aye fait:Parquoy comme le genre de l'animalité & l'eſpece raiſonnable ſont les ſeules eſſentielles choſes qui forment & conſtituent la deffinition de l'homme,demonſtrant qu'il eſt vn animal raiſonnable, ſans qu'il ſoit beſoin pour le deffinir,declarer,pourquoy,ny de quelle maniere,ny quand,ny auec quelle intention il aye eſté fait,engendré ou produict; ainſi le ſeul mouuement du corps qui ſert de genre, & le terme de la vehemence alteratiue qui ſert d'eſpece,ſont les choſes qui en eſſence & non autre,font faire l'exercice ; lequel, encores qu'il ſoit faict contre la volonté de celuy qui par ſon mouuement ſera arriué au but d'alterer ſa reſpiration,ſe nõmera toutesfois exercice,ſans adiouſter ce mot de mouuemĕt volõtaire: mais ſi bien par force, ou par contrainte, & non volontairement; & encores qu'il ſemble n'auoir eſté faict auec intention d'acquerir ou maintenir vn bon eſtat de ſanté, ſi ne laiſſera-il pour cela, moyennant le mouuement du corps d'eſtre exercice, ce, & d'auoir causé selon la nature & complexion du mouuant, le secours ou perte qui s'en pouuoit ensuiure pour le recouurement, ou pour la conseruation de sa santé : Ie voudrois sçauoir d'auantage de ce maistre Docteur, qui ose reprendre Gallien, en quel escolle il a appris qu'il n'appartient au Medecin traicter d'autre exercice, que de celuy qu'on faict volontairement, en se mouuant auec alteration, ou extension de l'aleine, & pour conseruer & acquerir ceste santé, que nous auons tant de fois nommee. Quel Autheur Grec, Latin, ou Arabe a iamais dit, pensé, ou escrit vne telle chose ? n'est-ce l'office & deuoir d'vn parfaict Medecin, de non seulement traicter, mais aussi de discerner & iuger, & en fin declarer l'ordre, le moyen, & la qualité de tous les mouuemens & exercices du corps, qui diuersement y peuuent produire diuers effects, tant bons que mauuais, pour la santé de l'homme ? Si on me disoit qu'il ne voulust traicter que de l'exercice volontaire qui se faict auec sa deffinie intention; & que pour ceste cause il auoit ainsi deffiny : ie voudrois que cestuy-la me respondit, pourquoy doncques ie repren Gallien, qui a comme vn precepteur vniuersel, traicté en general tous les exercices, duquel luy mesmes a tiré le principal fondement de son œuure ? Pourquoy proposant vne deffinition qu'il a particulierement inuentee à sa fantasie, d'vn exercice borné, il veut que les Medecins doiuent discourir d'iceluy seul, & non d'autres, pour le seruice & instruction des hommes, qui se voudroiẽ tayder de l'art de la Medecine, pour sçauoir que c'est exercice, & non exercice.

Cos. Vous estes asseurément le grand vengeur des iniures faites aux anciens Autheurs, & ne le pardonneriez pas mesmes au pere qui vous a engendré; & combien que ce-cy pour le zele que nous deuons porter auec tout honneur & respect de la verité, aux anciens, soit assez bien faict, afin que le sçauoir public des hommes ne soit deceu par les escrits d'autruy, en luy persuadãt l'ombrage de la fauceté, au lieu de la chose vraie; si le pourroit-on toutesfois fort bien faire, sans tant s'alterer, comme vous auez faict : c'est pourquoy en quatre paroles, ie vous veux faire ouyr, & à toute ceste compagnie vne plaisanterie, qui est la plus propre du monde à ce propos, comme elle

Bbb

me fut d'vn mien cher amy, n'agueres racomptee ; me difant qu'il auoit cognu en la grande Eglife de l'Archeuefché de Tolete, vn fort riche Chanoine, lequel guarit vn efclaue, qui luy auoit coufté trois cents efcus, luy faifant faire vn exercice que les Medecins luy auoient monftré, d'autant que le Chanoine aymoit fort l'efclaue, tant pour ce qu'il eftoit vn bon Muficien, que pource qu'il auoit vne voix la plus excellente de toutes les autres qui eftoient en la ville de Tolete : parquoy voyant qu'il s'en alloit peu à peu malade, ne luy fçachant plus que faire, apres quelques medecines, les Medecins confeillerent au Chanoine de le faire trauailler, & que fans doute la continuation de l'exercice eftoit plus que toutes autres chofes fuffifante, à le remettre au premier eftat de fa fanté: Or ledict Chanoine ne voulant à ce contraindre l'efclaue, s'aduifa d'vne fineffe, par le moyen de laquelle l'efclaue feroit ceft exercice, fans contrainte, d'autāt qu'il voioit qu'il s'addonnoit mal-volontiers à courir, cheminer, & fauter, pour faire exercice conuenable : cefte rufe fut qu'il promit à l'efclaue de le marier auec vne belle fille de fa maifon, laquelle il aymoit vniquement, pourueu que durant toute l'annee prefente ledict efclaue euft à chacune matinee, de bonne heure, & à chacune foiree auant le foupper, à apporter deux ou trois grands feaux d'eau, depuis le fleuue de Tago, iufques à fon logis : Icy faut-il noter que depuis ledict fleuue de Tago, iufques au logis du Chanoine, il y auoit bien demie lieuë de chemin, & pour mieux affeurer Balthafar, (ainfi fe nommoit l'efclaue) de fon mariage, & luy faire croiftre d'auantage les ardentes flammes d'amour, és chaudes, ou pluftoft bruflantes entrailles de fon corps Ethiopien, il fit que ladicte belle fille luy prefenta auec vn doux baifer, vn anneau, comme pour arre & figne tres-certain de ce que tant il defiroit : parquoy le pauure Balthafar s'en alloit totalement amoureux, faifant foir & matin le voyage requis, de telle forte qu'il luy failloit fuër, pour eftre le chemin de Tolete audict Tago, comme eft celuy du fommet d'vne montagne au bas de fon plain, y defcendant pour amplir fes feilles ; puis s'en retournoit le mieux qu'il pouuoit, montant la montagne à la faueur principalle de l'amour, auquel fans autre penfee, il auoit fa volonté fichee, ensemble le seul pensement de toute son intention, & ne se soucioit, ny de guarir, ny du trauail qu'il prenoit, s'exerçant contre sa volonté, si ce n'estoit en consideration du beau visage de la fille, & non d'aucune autre chose, ne voulant faillir (iusques à ce que l'Esté fust passé) à tousiours porter les seilles plaines d'eau, afin de iouyr du fruict de son amoureux mariage, lequel on luy auoit promis: mais il luy aduint tout autrement, parce que la nature de son corps qui estoit deuenu paresseux, & qui auoit les veines, les membres, & les iointures remplies de beaucoup d'extremes nuisibles, par le moyen de la force & vertu du mouuement qui le reschauffoit, & faisoit suër & digerer mieux les viandes, luy purgeant sans qu'il s'en apperceust les superfluitez de son corps paresseux, se vint peu à peu à trouuer dispose, saine & gaillarde sur la fin dudict Esté, apres que son maistre l'eust encores vne fois fait purger. Si est-ce que iamais l'esperance qu'il auoit en cest amour n'eust aucun effect, pour lequel il auoit sans aucun desplaisir prins tant de trauail, allant iusques à la riuiere, suant à grosses gouttes, & retournant presque sans aleine, à demy mort, auec ses seaux pleins d'eau.

FERR. En effect, il nous falloit encores ce plaisant compte du More amoureux pour nous faire à tous resiouyr les esprits: Certes vous auez prins au poil ce pauure esclaue qui ne fit cest exercice auec autre intention que de se pouuoir marier puis que n'ayant aucune volonté de se remuer, moins alterer son aleine, il y alloit tous les iours, selon l'opinion & deffinition de nostre moderne autheur, il faudroit dire qu'il n'auroit fait aucun exercice, & qu'il n'appartiendroit au Medecin de traicter d'vn tel exercice, puis que la volonté & intention de trouuer ladicte santé, n'estoit point en cest amoureux Balthasar: mais il sera meilleur que laissant maintenant cela, ie responde à vostre premiere proposition; ie vous dis donc qu'encore qu'on ne peust proprement appeller exercice, quand on marche modestement, en se pourmenant, puis que selon sa deffinition, il y est requis vne telle quantité d'vn violent mouuement du corps, qu'elle soit suffisante à pouuoir alterer l'aleine: ce neantmoins d'autant que tel marcher est vn mouuement de la personne, qui est le fondement principal de l'exercice: on ne peut nier que l'homme marchant, ne paticipe à l'exercice, bien qu'il ne vienne à alterer sa respiration : mais la predication, la lecture, la parole, nous pourroit sans doute alterer l'aleine, si nous lisions ou parlassiōs auec affection & vehemence, l'espace de trois bōnes heures, plus ou moins, selō les particulieres cōplexions d'vn chacun: & bien que l'exercice n'assubiettisse tous les membres du corps en general, si ne laisse pour cela la nature de l'homme de se ressentir de l'vtilité & incommodité qui en peut aduenir. D'auantage les frottemens seruent d'exercice aucunement à celuy qui ne le pourroit pas de soy faire, pour ce que par le moyen d'vn tel frottement on luy excite peu à peu la chaleur naturelle à la disposition des conduicts des porres du corps, & à la resolution de plusieurs vapeurs & superfluitez que par leur moyen sortent hors de la personne. Cecy estant vne des principales vtilitez qu'on peut esperer de quelque vtilité que ce soit. Non sans raison les Medecins ont comprins lesdicts frottemens sous la signification generalle du nom d'exercice, encores que le mouuement du corps ne cause tousiours l'alteration de l'aleine & respiration de l'homme, comme i'ay dict cy-deuant. C'est pourquoy nous ferons pour nous rendre plus intelligibles quatre differences de la qualité, de l'exercice corporel : Ie dis de la qualité & non d'autre, pour sçauoir distinguer quel est l'exercice qu'on doit appeller foible, & quel celuy qu'on doit nommer temperé, & quel est celuy qu'on appelle robuste. L'exercice foible ou tardif & lent est cet exercice, le mouuement duquel ne fait ny suer, ny autrement alterer la personne qui le fait : & cest exercice n'attendrit, dissipe, diminue, consomme, purge, ny ne resoult les humeurs & superfluitez du corps humain, parce que trop peu & trop lentement peut-il exciter ou accroistre la challeur naturelle. La seconde differēce de l'exercice est celuy qui est temperé, lequel on doit entendre estre celuy duquel le mouuemēt va sans aucune fureur, & auquel toute l'extreme force & valeur du corps ne s'employe, faisant suer la personne peu à peu, luy excitant & accroissant la chaleur naturelle iusques à ce qu'elle arriue à vne alteration mediocre de l'aleine: & cestuy est l'exercice tant necessaire à la prolongation & conseruatiō de la vie &

santé des hommes: c'est celuy qui accroist la force, & dispositiõ de tous les membres: c'est celuy qui maintiët la nature, qui la descharge & purge de toutes les superfluitez qui luy peuuent empescher l'office de gouuerner auec vne saine proportion, la complexion de l'homme: c'est finablement celuy qui rẽd peu souuent les personnes subiectes au Medecin & aux Medecines: C'est celuy qui attendrist les humeurs; qui resoud leurs excremens, qui nous fait bien digerer le boire & le manger, qui nous fait bien dormir, & nous conserue iusques à la mort, sans comparaison plus sains & dispos estant fait auec obseruation que nous declarerõs cy apres. La tierce differẽce est celle de l'exercice furieux, qui est celuy duquel la vehemẽce du mouuemẽt change & altere la respiration & l'aleine auec fureur & promptitude, sans la sueur ou auec la sueur de la personne qui le fait, & sans la moderation du temps, auquel il faudroit peu à peu aller augmentant la vehemence & force du mouuement, cõme i'ay dict cy-dessus, parlant de l'exercice moderé de l'espece precedente. Les effects de ceste tierce difference d'exercice, sont pour enflammer le sang extraordinairement, pour troubler les humeurs, & consommer en partie la chaleur naturelle qui s'en va presque par la furieuse agitation en l'ardeur d'vne flamme enflammant la nature du cœur, & de tous les autres membres de la personne: & pource ne s'ensuit qu'il purge, qu'il attendrisse, ny qu'il resolue les excremens ou nuisibles superfluitez du corps humain. La quatriesme & derniere difference est de l'exercice robuste, fort & dispos, qui doit estre celuy, le mouuement corporel duquel se fait auec la plus-grande force de la personne, laquelle on y employe sans y espargner aucunement la disposition & force des membres, iusques à alterer fort violemment l'aleine: mais non pas auec la fureur & promptitude que i'ay declaré, discourant de la tierce espece ou difference d'exercice. Au contraire les effects de l'exercice fort & robuste font resoudre & attenuër toutes sortes d'humeurs, d'excremens & telles choses lesquelles sont ou seroyent causes du deffaut de la santé, ou de sa bonne conseruation, bien que le corps ne soit pour s'en engraisser beaucoup, le continuant souuent; d'autant qu'il participe presque beaucoup plus de la nature, du trauail, & de la fatigue qu'il ne fait de l'exercice, encores qu'on ne passe le but & terme de ladicte violence alteratiue de l'aleine, veu qu'il est certain qu'employant toutes nos forces à faire quelque exercice, sans auoir esgard à la force & disposition de tout nostre corps, on peut dire que la nature estant agitee sans aucune conuenable proportion reçoit vne certaine peine & tranail plustost qu'vn exercice secourable commode & gracieux.

Cos. Vous ne voulez pas donc que la vehemence du mouuement corporel, afin qu'elle puisse estre proprement nommee exercice, passe la reigle de ceste qualité, qui peut sans fureur, & sans employer toutes les plus gaillardes forces du corps alterer la respiration de l'aleine, contraignant la personne à suer, luy excitant la chaleur & les esprits, tant vitaux que naturels; & que ce soit de mesme de tout tel autre mouuement qu'on voudra, qui en ceste sorte arriue au but de l'alteration de l'esprit, & de l'aleine de l'homme, estant fait à propos, ou pour expressement s'exercer, ou pour non s'exercer, pourueu qu'il ne passe ce but : & pource que la qualité de paruenir à ce but peut aduenir en diuerses manieres, les quatre differences du mouuement (qu'on peut nommer exercice) cy-dessus exposez, se doiuent remarquer, encores qu'iceluy ne soit prins en vne mesme maniere, selon celuy qui peut arriuer par vne façon desdictes qualitez, lesquelles neantmoins toutes ensemble n'outrepassent la vehemence quantitatiue (s'il faut ainsi parler) requise à pouuoir suffisamment alterer l'aleine : Donc il me semble que selon vostre distinction methodique : Toutes les fois que la personne qui faict quelque exercice, si le continuant il surpasse la force du mouuement & vehemence qui luy peut alterer la respiration beaucoup, ou vn peu plus que ne souffre la definition de l'exercice; on doit en tel cas dire qu'vne telle personne s'est trauaillee, & non simplement exercee.

Ferr. Voilà ce que l'on peut moyennant le iugement de la raison, auec l'experience & authorité de Galien, proposer generalement de la deffinition & qualité de l'exercice, gardant & obseruant encores les particulieres considerations, selon la reigle & ordre que nous auons proposee, dont voulant en venir toſt afin, ſans entrer d'auantage en autre diſpute, ie voudrois qu'il vous pleuſt diſcourir des complexions, de l'indice, & des ſignes, moyennant leſquels chacun pourroit facilement, & aſſeurement cognoiſtre la nature de ſa complexion ; tant pource que ie ſçay que vous eſtes fort bon amy de ce grand Philoſophe, & tres-excellent medecin, nommé Leuinius Lemnius, lequel auant qu'il imprimaſt ſon œuure tres-digne, intitulé des Complexions, par luy nommees en latin Temperamens, vous les auoit (comme i'ay autrefois de vous entendu) communiquez, afin que pendant que vous en diſcourerez i'aille en ma memoire recherchant abbreger la narration des particularitez que nous auons alleguees, ſans obmettre toutefois ce tant neceſſaire & ſingulier contentement qu'on attend des exercices, & de leurs vſages.

Cos. Si i'ay cognu fort familierement le tres-doćte Lemnius qui a ſingulierement eſcrit des complexions, vous au contraire auez conuerſé auec le doćte & tres-ſubtil eſprit du S. Iaques Tabora, lequel auoit propoſé de finir ſon volume, qu'il a faićt de tous les animaux nutritifs, ſeruans à l'homme, auec la declaration partituliere de toutes ſortes de complexions : œuure digne d'vn tel doćteur, & qui eſt ſans comparaiſon plus que tous autres proffitable au gente humain : c'eſt pourquoy il ne falloit point chercher le moyen de me faire pluſtoſt que vous meſmes diſcourir des complexions, par le moyen de l'amitié contraćtee auec Leuinius : mais puis que vous le voulez, pendant que m'aduiſeray de vous preparer la memoire pour incontinent apres traićter en bref des obſeruations particulieres, jà propoſees ; ie vous deſchargeray volontiers de ceſte charge, & penſee; & pour cela preparez vous à nous ſatisfaire promptement pour le reſte: ne penſez que ie ſois icy pour dire, traićter, ou diſputer des complexions, comme les meilleurs Medecins & Philoſophes pourroient faire : car outre que ce ſeroit ſans propos, la nuićt auant que nous en euſſions dićt la moitié, ſeroit toute paſſee entierement ; parquoy il m'en faut abreger le diſcours, le plus briefuement qu'il me ſera poſſible, embraſſant ſeulement ce que ie recognoiſtray eſtre plus neceſſaire pour paruenir à la cognoiſſance deſdićtes complexions.

LE III. DIALOGVE

FERR. Sans doute ce seroit se vouloir rendre maintenant expressement enuieux, se destournant de nostre propos, des exercices: il suffit seulement que vous declariez les plus communs & certains termes des complexions, pour les pouuoir distinguer & cognoistre generalement.

COS. Il est tres-certain, comme vous sçauez fort bien, qu'vne grãde partie de toute la medecine se gouuerne, moyennant le iugement & raison d'vne reigle & coniecture qui nous conduict souuent à la cognoissance de la verité, des choses desquelles nous ignorõs l'estat certain; comme seroit pour exemple la science certaine de la nature & qualité du degré particulier d'vn si grand nombre, & si diuerses & differentes complexions, lesquelles encores qu'on les puisse deffinir, proposer & considerer en neuf sortes & manieres, apres leur premiere generale deffinition, nous suiuant ce qui faict à nostre propos, declarerons les choses, moyennant lesquelles chacun pourra cognoistre quel est celuy qui est de complexion sanguine, c'est à dire, chaude & humide, & quel est celuy qui est de complexion cholerique, c'est à dire, chaude & seiche, & celuy qui est de complexion flematique, c'est à dire, froide & humide, & celuy qui est de complexion melancolique, c'est à dire, froide & seiche: car outre que ces quatre sont les plus vsitees entre les Medecins, quand on traicte de la conseruation ou restitution de la santé, elles sont aussi comme composees, & non simples, plus visibles & traictables entre toutes les autres complexions de l'humaine nature: or les signes de ladicte complexion sanguine, chaude & humide, sont (si i'ay bonne memoire) les cheueux noirs, & quelquefois presque roux, ou à present de chastaigne: les veines des yeux apparentes, la barbe de couleur noire, ou de chastaigne, le corps charnu, & non fort dur, moyennement chargé de poil, la couleur de la face & de tout le corps blanche, tirant vn peu vers le roux, l'homme subiect à fiebures, & autres infirmitez causees de chaleur, le poulx grãd, frequent & agile, l'esprit prompt aux actions, subiect à l'air, & non gueres à la cruauté, la voix plustost grande & haute que petite & effeminee, de bon appetit & digestion, de veines grandes par tout son corps, & d'vne telle nature que les choses

chaudes

chaudes luy nuisent fort, & les choses moyennement froides & seiches, auec le temps, luy sont plus proffitables que les choses d'autre qualité: & les hommes qui sont de ceste complexion, ne se gastent point par la conionction venerienne, pourueu qu'elle ne soit trop immoderee, estant de nature doüez, de force, de promptitude, de puissance, & de quantité de la science qui est tousiours requise à l'acte venerien : l'indice de la complexion cholerique, chaude & seiche, se prend des cheueux noirs & poils durs, aspres & crespez: les yeux roux, le corps fort peu blanc & chaud, au touchement, dur, sec, & plustost maigre qu'autrement; la teste souuent petite, ronde, & aigre, comme vn pain de succre, d'vne imagination furieuse, & prompte temerité: le sein ample & large, & fort pelu; le poulx fort prompt & grand; la voix fort mal sonante & agreable; l'appetit de chien; le cœur fier & fort cruel; l'esprit implacable, fantasque & fascheux; le corps subiect à plusieurs infirmitez, presque toutes procedãtes des humeurs choleriques, & d'vne telle nature, que de la moindre chose chaude & seiche, il est incontinent offencé, & au contraire aydé par les qualitez froides & humides: & non fort suffisant à l'acte venerien, encores qu'il en aye tousiours le vouloir & le desir fort ardãt; pour cela ne faut-il pas conclure que quiconques n'aura toutes ces qualitez en luy, ou les precedentes se puisse exempter, de n'estre de complexion sanguine, ou cholerique; mais pour n'en pouuoir icy parler, sinon en general on dira que celuy est plustost de complexion chaude & humide, ou chaude & seiche, qui participera à la plus grande partie des signes, qui appartiennent plus à vne complexion qu'à l'autre.

FERR. . Poursuyuez ie vous prie la declaration des signes de la complexion flegmatique & melancolique. Et parce qu'il seroit à present impossible d'en discourir particulierement, nous nous contentons que vous en discouriez generallement pour seulement en receuoir vne cognoissance generalle.

C.os. Certes si nous voulions particulierement traitter d'aucuns qui estant de complexion sanguine, & non du tout cholerique, semblent toutesfois estre choleriques, pour auoir

C cc

Le III. Dialogve

la teste ou le cœur ou le foye dominez & maistrisez plustost par ceste qualité bilieuse que d'aucune autre que ce soit, & côme souuent il aduient que l'estomach ou la teste soyent de cõtraire complexion, & d'vne qualité differente à la particuliere composition des membres principaux du corps humain, il y faudroit employer, côme on dit cõmunémẽt, vn Caresme pour en faire vn entier discours. Et si ces Seigneurs vouloyent à plain entendre la nature & parfaicte cognoissance de ces cõplexions mieux que ie ne pourrois le dire à present, ils pourrõt receuoir contentement de leur desir, lisant l'œuure fort docte qu'en a fait le rare & excellent esprit dudict Docteur Leuinius Lemnius. Donc passant outre pour declarer les signes de la complexion flegmatique qui est froide & humide, Ie dis que les signes d'icelle, sont d'auoir les cheueux de la couleur qu'ont les espics estans meurs, quelquefois tirant vn peu vers le clair, roux, & d'auoir le corps denué de poil, & la chair de couleur blanchatre, tirant presque à demy à ceste couleur qu'ont les taches des meurtrisseures de la personne, estant naturellement plustost maigre que fort charnuë ou grasse, & d'auoir le touchemẽt mol & maniable, sans aucune fermeté entre cuir & chair, laquelle on recognoist en fin estre subiecte au froid: ceux qui sont de ceste complexion sont d'vne imagination, deliberation & pensee tardifue, mais d'vne memoire assez stable & ferme, fort subiects à dormir, & n'ont la parolle fort prompte, & ne deuiennent point chauues en leur vieillesse, ils ont le mouuement tardif & paresseux, les yeux blanchatres, non fort vifs, subiects auec le nez & les oreilles à beaucoup d'humidité & excremẽs, ont le poulx petit, mol & lent, peu choleres, & faciles à appaiser, ont l'estomach subiect aux flegmes & humiditez, ont la voix basse, non fort prompte ny libre, si en parlant ils ne s'eschauffent, de veines non fort apparentes, ny grandes, & finalemẽt subiects à vne indisposition pituiteuse & flegmatique, s'offençans fort de toute chose froide & humide, & au contraire leur sert ce qui est chauld & sec, ils sont fort peu addonnez, & ne sont prompts ou disposez à la conionction naturelle : mais sur tout, ont ils de coustume en toutes leurs actions d'estre le plus souuent sans resolution. Les signes de la quatriesme & derniere desdictes complexions, que nous auons appellez melancoliques, font d'auoir les cheueux à couleur d'or, enflammés, ou bien à couleur de paille, rougiffant à demy, d'auoir le corps tout nerueux, maigre, fans poil, dur & froid au touchement, de fanté inftable & incertaine, les yeux & toute la chair tirant fur la couleur liuide ou brun blanchaftre, n'eftans fort plaifans, ils ont la tefte en leur vielleffe, ny chauue, ny blanche, & leurfdicts yeux à demy enfoncez au front, pluftoft petits qu'autrement; le poulx ny fort prompt, ny fort grand, ils n'ont le cœur grandement enclin à courroux, mais y eftant prouoqué, peu à peu il y peut eftre conduit, ils font d'vne cholere qu'on ne peut appaifer, & d'vne vengeance implacable & eternelle, d'vne belle voix claire & delicate, les veines apparentes & non fort grandes, & d'vne nature affez prompte & fubtile en leurs actions; d'vn entendement, iugement, memoire, & imagination fort bonne & excellente, iufques en l'aage de quarāte ans; & depuis il commencent fouuent, mefmes auparauant ceft aage, à eftre chagrins & fubiects à mille foucis & penfees melancoliques, & à toutes autres fantafies, remplies de trifteffe, de crainte & folicitude brutale, telles perfonnes de cefte complexion font peu enclins à la conionction venerienne, & peu fouuent les voit-on rire & fe delecter des ioyes communes, & parmy les compagnies; & ne vous puis dire autre chofe, pour n'auoir en memoire à prefent ce qui faict à propos des plus communs fignes defdictes quatres complexions, de la qualité humide & chaude, de la chaude & feiche, de la froide & humide, & de l'humide & feiche : & faut remarquer que ce font celles mefmes qui fe trouuent en la compofition des qualitez elemētaires de toutes chofes compofees naturellement, & qui entre les quantitez proportionnales qu'ils reçoiuent font plus dominees, bien que ie die cecy à ceux qui le fçauent mieux que moy, comme vous.

 FERR. Plufieurs laiffans le mieux, fe contenteroient feulement de le fçauoir bien : mais il eft neceffaire que ie m'expedie fuccinctement, touchant des particularitez qu'on doit confiderer entre l'vfage des exercices : Parquoy ie vous dis que iamais vne perfonne de complexion cholerique, à fçauoir,

Ccc ij

chaude & seiche, ne se trouuera bien, si elle vse souuent d'vn exercice temperé, ou peu, ou beaucoup, & de l'exercice furieux, ou de celuy qui est fort robuste & gaillard ; d'autant que tel exercice luy dissiperoit l'humidité radicale, & le contraindroit en agitant & accroissant la chaleur, encourir plusieurs estranges accidens : c'est pourquoy la qualité foible de l'exercice de la susdicte premiere difference luy est propre & conuenable, estant tardiue & lente, n'alterant aucunement la respiration de l'aleine, & non pour autre raison, ny pour autre cause. Hali au liure de sa pratique, a dict que Galien auoit conserué la vie & santé d'vne personne qui estoit malade tous les ans, luy deffendant seulement l'exercice, sans autre ordonnance: comme Hippocras mesme commande que les hommes qui sont de nature fort chaude, se doiuent garder de toutes sortes d'exercice & trauail, par lequel est agité, le sang, les humeurs, & la chaleur naturelle : mais ceux qui au contraire sont de complexion froide & humide, sçauoir est, flegmatique, se trouueront sans doute tousiours plus sains, & de bien en mieux, d'autant plus qu'ils vseront de la susdite seconde difference, & aussi souuent de la quatriesme, & aucunefois de la troisiesme, de laquelle il faut que celuy qui est de complexion melancolique, à sçauoir, froide & seiche, ou bien sanguine, c'est à dire, chaude & humide, se garde. Si ne voudrois-ie que la personne de complexion sanguine s'exerçast beaucoup, ny souuent, selon la quantité de ladicte quatriesme difference, forte & robuste, mais qu'elle se contentast seulement de l'exercice temperé, & quelquefois de l'exercice foible & lent, selon que peut porter sa nature, & ainsi qu'il a de coustume, comme ie diray cy-apres plus particulierement, traictant de la quantité du temps, de l'ordre, de l'aage, & des autres considerations de l'exercice jà proposees, veu que ce que nous auons iusques icy dict, se peut entendre vniuersellement : & pource retournant à la complexion de qualité froide & seiche, ie dis que ny l'exercice robuste, ny le fort, ny le furieux ne peuuent estre propres à sa santé, mais seulement l'exercice temperé de la seconde difference. Or puis que nous auons suffisamment traicté de la qualité de l'exercice propre à toutes complexions, il me semble qu'ayant à parler de la quantité des exercices, il ne nous reste à dire beaucoup de choses de nouueau, puis que desdictes quattre differences on en peut tirer le iugement & consideration qu'on en doit auoir; & diray seulement que la quantité de toutes sortes d'exercices peut estre moderee ou immoderee: la moderee est celle qui peu à peu selon la proportion des forces du corps enflamme, & presque enfle par son agitation toute la personne, iusques à ce qu'il aye la couleur rouge, & que la sueur luy sorte chaude & gratieuse, par le moyen des mouuemens prompts, & faicts par mesure, par ce que tous les membres du corps, pourueu qu'il ne passe ces termes, deuiennent par cest exercice plus forts, plus dispos, plus robustes à soustenir le trauail; la chaleur qui conforte la vie s'en accroist, & fortifie la vertu naturelle, qui est pour attirer, digerer & nourrir, s'augmente & se conserue mieux par ce moyen, & se rend plus facilement parfaicte. Les excremens estant par cest exercice amollis, se resoluent, & les petits conduicts des porres du corps se maintiennent, purgez & prompts ainsi qu'il leur est necessaire, selon le deuoir de nature : & l'homme en fin en deuient plus sain, plus frais, plus leger, plus gras, & plus dispos: mais si la quantité de l'exercice est immoderé, on peut penser que ceste immoderation procede tant de l'excés, comme du deffaut, c'est à sçauoir, en pechant tant à le faire trop peu du moins qu'il appartient, comme en le faisant beaucoup trop du plus qu'il est besoin. Parquoy si la quantité immoderee de l'exercice aduient pour estre tombé en vn vehement excés, obstiné, long, furieux & robuste, l'homme en seiche & en amaigrist, & en deuient temeraire, subiect à la cholere, aux fieures, & quelquefois à la frenaisie & autres maladies ardentes, & quelquefois à l'erisipile, & autres telles passions & accidens qui peuuent proceder de l'inflammation de la chaleur, & de tous autres humeurs agitez: mais si la quantité immoderee de l'exercice procede pour auoir peché en defectuosité d'vn mouuement petit, lent, paresseux, court, sans aucune vigueur ou agitation de chaleur naturelle, la personne en deuiet peu à peu flegmatique, c'est à dire, subiecte aux maladies, de qualité froide & humide, & quelquefois aux melancolies, aux gouttes, grauelles,

& autres telles infirmitez, on obserue la consideratiõ du temps de l'exercice, ou par l'an, ou par le iour: Par l'an, au temps d'Esté, il faut que l'exercice soit moins fort, moins long, & non tousiours cõtinué: Au temps d'hyuer, on le peut faire en consideration de la santé, vehement, long, fort à part soy, & en compagnie, en sautant, en courant ou luictant, ou faisant autrement: Au temps des autres deux saisons opposites, qui sont le printemps & l'automne, on obseruera la moderation & reigle de la mediocrité: & quant au iour, on separe le temps auant ou apres le disner: Au temps doncques de deuant le disner & principallement de la matinee, iusques à neuf heures, trois heures auant midy, ledict exercice sera fort propre, sain & conuenable à toutes sortes de personnes, & ne faut entendre que mon intention soit qu'on se leue de bonne heure au matin, & qu'on s'en aille continuant l'exercice iusques à neuf ou dix heures; mais bien i'entends que depuis neuf heures iusques à midy, pour estre le temps plus propre & conuenable aux exercices, chacun se puisse disposer à en faire sa part; d'autãt que le corps se doit exercer quand la viande est descenduë en l'estomach, & que la digestion est faicte parfaictement au foye: Les signes de la digestion parfaicte seront, si on sent son estomach allegé, ne le sentant chargé d'aucune chose, & ne prouenant aucune odeur des viandes, ny du vin, ny de toutes autres choses qu'on aye mangé ou beu, s'excitant ou poussant hors la bouche des vapeurs violentes, & sentant que l'on a faim & appetit plustost qu'autremẽt: & si l'on voit que la couleur de l'vrine est moyēnement pasle, ou bien de couleur d'or, c'est vn signe que la digestiõ est faicte; parce que ou la couleur de l'vrine estoit plustost blanche que d'autre couleur, c'est vn signe certain que le suc de l'aliment du repos nutritif, se trouue encores aux veines, & n'est bien cuit, & digeré comme il faut, mais à demy cru. La couleur rougeastre est aussi signe que la parfaicte digestion du suc de la viande qu'on a prinse s'en va desià, & s'aduance fort és veines susdictes. D'auantage il faut prendre garde que non seulement au temps d'auant disner, mais aussi selon qu'il se presentera l'occasion en tout autre temps: il ne faut iamais que la personne commence aucun exercice, qu'elle n'aye auparauant allegy le ventre, en le purgeant des excremens, & la veſſie auſſi par l'vrine, & la teſte ſemblablement, la peignant comme de couſtume, crachant, touſſant, mouchant, & nettoyant ſes oreilles: par le moyen deſquelles choſes & autres telles diligences, s'eſtant la nature du corps deſchargee & nettoyee de toutes les ſuperfluitez qui luy peuuent nuire à toute heure, à tout moment; & qui de iour à autre ſe vont multipliant, & font ſortir la perſonne le plus qu'elles peuuent hors de la nature, l'homme ſe trouue plus diſpos & plus apte au mouuement & à l'agitatiõ qui ſe font par l'exercice: Ce qui eſt auſſi neceſſaire, de peur que les excremens qui ne ſont purgez ne ſe reſchauffent dedans le corps, & deuiennent plus corrompus & pourris, & de peur auſſi qu'ils ne ſoyent cauſe de gaſter & corrompre les autres humeurs, alterant la nature qui eſt chargee & tourmentee de leur maligne qualité, pour ne s'en auoir peu l'homme allegir & nettoyer.

Cos. Certes ceſt aduis ſecõde la raiſon des plus fameux autheurs, & eſt neceſſaire tant à ceux qui veulẽt s'exercer, comme à toutes autres ſortes de perſonnes que ce ſoit; n'eſtant aucun doute que les excremens du corps eſtans retenus ou empeſchez au dedans, peuuent eſtre cauſe de pluſieurs & diuers accidents nuiſibles à la ſanté humaine. Parquoy ſelon que ſouuenteſfois me ſouloit dire le fort docte Lemnius, Il faut que comme nous voulons que les ſeruiteurs ou ſeruantes ſoyẽt chacune matinee diligents à ballier & nettoyer noſtre chambre, noſtre ſalle, & noſtre maiſon, afin que toutes choſes durent & ſoyent plus belles, & ſemblent plus dignes de nous, & de noſtre habitation, qu'ainſi ſi nous voulons nous conſeruer plus ſains, plus forts, plus gaillards & moins valetudinaires à chacune matinee, nous nettoyons la chambre, la ſalle, & en fin toute l'habitation de noſtre ame, qui eſt le corps, les allegiſſant & purgeant touſiours de toutes les ſuperfluitez & excremens, qui ordinairement y ſont & y croiſſent, afin que la nature ne s'en puiſſe reſſentir, n'en eſtant aucunement chargee, empeſchee, ny alteree, mais eſtant touſiours allegie, nette & diſpoſte à conſeruer en eſtat ſa vertu, touſiours prompte & gaillarde, d'où naiſt & procede la continuelle ſanté & longueur de vie.

LE III. DIALOGVE

FERR. Ie dois apres voſtre digreſſion fort breſue & vtile traitter du temps qui s'enſuit apres le diſner, lequel, comme nous auons dict, eſt fort incommode, mal propre & conuenable à la perſonne qui ſe voudroit exercer, d'autant que l'eſtomach & le foye n'ayant encores digeré les viandes, ſont empeſchez en la vertu attractiue, defectiue, & diſtributiue de l'aliment nutritif: parquoy de tels exercices faicts hors le temps, la vertu qui digeſtiue eſt empeſchee & deſtournee de ſon office & action, & eſt cauſe que le corps ſe remplit & abonde en general de pluſieurs cruditez & de toutes autres ſortes d'humeurs ſuperflues, indigeſtes & confuſes: Dont s'en enſuit par apres vne infinité de maladies & autres paſſions & ſemblables accidents contraires à la ſanté. Or diſcourant de l'ordre qu'on doit obſeruer en s'exerçant, il eſt neceſſaire ſçauoir qu'auant l'exercice, & apres iceluy, doyuent preceder & ſuyure quelques agitations, mouuemens, & autres telles choſes qui maintiennent la nature du corps plus prompte apte, & diſpoſte à l'exercice. C'eſt pourquoy il faut noter qu'anciennement auant que les hõmes commençaſſent à luicter, à courir, à combattre à coups de poing, & à s'esbattre auec pluſieurs autres plus forts, plus furieux & plus robuſtes exercices, ils ſe faiſoyent frotter & oindre auec vne certaine compoſition faicte d'huille & de terre qui eſtoit aucunement blanche, ſubtile & delicate, & la conſeruoyent auec vn grand ſoing & diligence: d'autant que tels frottemens ſeruent de beaucoup à la nature de celuy qui s'exerce, luy rendant les nerfs, les muſcles, les ioinctures, & tous les membres plus fermes, plus diſpos, plus agiles, plus aptes, & plus prompts & vifs à l'office & exercice de toutes ſortes de mouuemens, ce qui eſtoit neceſſaire à quelque exercice qu'on euſt voulu faire: mais principalement pour l'exercice violent, long, obſtiné & robuſte, comme celuy que faiſoyent les Athletes ſi gaillards & fameux entre tous les autres: lequel exercice y a fort long temps qu'il ne ſe practique és publics exercices. Et n'y a aucun doute que ſi aucun vouloit ſans autre preparatiõ à l'impourueu, faire ou reiterer vn long exercice vehement & furieux, n'ayant auparauant prins garde à la nature, ne s'eſtãt frotté les membres, ny rendu leurs mouuemens faciles, ny ſubtilié

tilié & allegy la pesanteur, l'estourdissement ou estonnement de toutes les parties de son corps, ouurant & preparant les cõduicts des porres & humeurs d'iceluy pour le preparer à vne autre plus grande agitation & mouuement, iceluy pourroit le plus souuẽt tomber en peril de se briser ou disloquer quelques membres, ou bien de se rompre du tout, oultre que tous les excremens & superfluitez du corps s'esmouuans & reschauffans totalement, moyennant l'ardente & furieuse agitation des esprits naturels, vitaux, & animaux, seroyent occasion que la personne pour ne s'estre mieux preparee aux exercices s'en trouueroit fort mal, & plus encores mal disposee à les faire. Or il y a deux choses qu'on doit obseruer au frottement, à sçauoir, la qualité & quantité: la quantité, parce qu'au commencement les membres vn peu auant l'exercice doyuent estre en toute diligence frottez doucement, à loisir, auec frottoirs de toille deliee, & se doit le frottement continuer peu à peu, auec douceur & legiereté, iusques à ce que le corps soit reschauffé: apres se doyuent peu à peu faire les frottemens plus forts & gaillards, adioustant en fin si besoin estoit de l'huille, en laissant le frottoir de toile, & vsant d'vn tel frottement & fait en ceste sorte, iceluy ne resould les forces, mais les conforte & rend plus dispostes, fortes & promptes, excitant & fortifiant la nature & mouuement des nerfs, des muscles & des ioinctures de tout le corps humain qui en deuient plus agile, plus souple, plus prõpt & dispos pour toute action & mouuement requis à l'exercice: que si au contraire on n'obseruoit l'ordre de ceste quantité de frottement, l'effect contraire s'ensuyuroit, le sang s'enflammeroit, les humeurs se confondroient, la disposition & santé du corps s'altereroit; ce que bien qu'il n'apparoisse si tost, ny qu'on s'en apperçoiue & ressente si promptement, si est ce que la personne vient peu à peu à s'en trouuer toute indisposee & fort mal: combien qu'à present nous n'vsions plus de tels frottemens, & qu'iceux ne soyent fort necessaires, puisque l'vsage de ces exercices, forts, vehemens & furieux ne se trouue qu'entre les barbares de la Cour du Turc. C'est pourquoy passant à la qualité du frottement on lit qu'on le doit premierement faire de long & estendu de haut en bas, puis apres de trauers, le frot-

Ddd

teur fera les frottemens à la forme d'vne demie croix obliquement & de trauers, les continuans en ceste maniere, & en autre peu à peu, selon les differences des lieux par où le frottoir passera, d'vn costé & d'autre ; ce qui aduiendra auec vn chatoüillement plaisant & gratieux: car on ne sçauroit croire combien profite à la nature de tous les membres ces caresses reiglees, accroissant leurs forces sur la moytié de ces frottemens, non pas trop, mais auec vne douce disposition, finissant ces frottemēts auec les mains oinctes d'huille, les passant sur les membres legerement sans fort les appesantir ny presser dessus, en sorte que tel frottement ne contraigne, ny contourne la personne, parce que faisant autrement on feroit plustost retirer les nerfs en offençant les ioinctures & les muscles, que de les rendre comme il est requis, soupples, disposts & prompts à tous mouuemens qui sont requis à l'exercice. Quant aux frottemens qui se doyuent faire apres les exercices, chacun sçait qu'ils sont necessaires, tant pour s'essuyer & nettoyer la sueur & crasse, comme pour la recreation repos & soulas des membres, & de toute leur nature, vsant pour cet effect de frottoirs de toile delicate, plustost chaulds que froids, chauffez au feu, & faut ce faire en vn lieu temperé, & selon la saison en s'approchant du feu, comme on void que font auiourd'huy les plus aduisez apres auoir joué à la balle & autres tels exercices qui font suër la personne. Et parce qu'il n'est besoin que ie discoure plus amplement de ceste particularité, attendu que l'vsage public des exercices, tāt estimé anciennement, est aboly entre nous, & que si par curiosité aucun en vouloit entendre l'entiere practique, tant en general qu'en particulier, il pourroit en receuoir vn parfaict contentement, lisant les belles œuures qu'en a faict l'excellent Docteur Mercuriale, intitulez Gymnastique. Ie dis pour entrer au traictement particulier de l'aage de l'homme, requis aux exercices, qu'il ne faut estimer que les enfans des leurs premiere & plus tendre enfance, succant encores le laict de la nourrice, puissent de leur nature supporter auec entiere santé, l'agitation, mouuement, ou reuirade, que leurs folles nourrices & mal aduisez peres leurs font, manians indiscretement les foibles membres de leurs petis enfans, pour rire & s'esbattre auec eux, sans aucun iugement, estant les iointures encores fort foibles, & à la forme d'vn formage caillé fort mol & delicat; il ne faut les frotter, manier, ny en aucune maniere les efforcer follement: mais en ceste premiere aage laisser faire nature d'elle mesme, ce qu'elle sçait mieux que nous estre necessaire pour la conseruation & aduancement de son indiuidu. Nous voyons suyuant ce que nous auons dict cy-dessus, que, si tost que l'enfant se peut vn peu ressentir de bien en mieux, croissant plus gaillard, il ne va tout le iour cherchant autre chose que le moyen de s'exercer, courant, sautant, cheminant, ou faisant autrement, sans qu'aucun luy enseigne; mais aussi tost qu'ils sont arriuez à l'aage de sept, huict, ou neuf ans, comme tous les meilleurs Medecins & Philosophes ont dict, escrit, & conseillé; il sera bon que les enfans aucunefois s'exercent à l'escrime, & quelquefois à manier des cheuaux, autrefois sautant, courrans & esprouuans en eux-mesmes, tous les exercices que leur nature pourra mieux supporter, tant pour la conseruation de la santé, cõme pour la disposition, promptitude, force, agilité, veille & diligence qui s'en ensuiuẽt; & que l'hõme & chacun de ses membres peut acquerir: lequel en la ieunesse, qui est l'aage la plus agile, dispstoe & gaillarde, & entre toutes les autres la meilleure, se trouue plus apte pour suporter & endurer aisément toute sorte d'exercice & trauail vehement, fort long, fascheux, ainsi qui luy vient à l'entendement, ou à la fantasie, tantost pour vne chose, tantost pour autre: mais il est bon besoin qu'vn chacun soit aduerty par sur tout qu'autant qu'il s'approchera de la vieillesse, en declinant son aage, d'autant moins il employe la plus grande partie de ses forces, vsant follement des agitations & mouuemens de ses membres: mais que plustost il s'abstienne tousiours de tout exercice vehement, furieux, fort & penible, & autres semblables. I'ay seulement dict qu'il se doit abstenir de ces exercices violans, mais non pas de tout autre, car il faut que l'aage & nature, tant de la vieillesse que de la ieunesse, s'exerce; estant à vn chacun d'eux, requis le mouuement de quelque exercice, pour-

Ddd ij

ce qu'autrement la chaleur naturelle des vielles perſonnes viẽ-
droit pluſtoſt à defaillir & s'anichiler, & s'eſteindre, pour n'e-
ſtre aydee de l'exercice conuenable, qui eſt ſi propre aux viel-
lards, que le meſme Hippocras, entrant en telle conſideration,
a dict que pluſieurs perſonnes en leur ieune aage, n'ont pas
grand beſoin d'exercice pour ſe conſeruer; mais qu'on ne trouue, ny ne trouuera-on iamais aucun viellard qui ſe puiſſe longuement maintenir en ſanté auec vne longue & ioyeuſe delectation de ſa vie, s'il ne fait & continuë quelque exercice. Il eſt
bien vray, que comme leur chaleur naturelle ſe conſole fort,
& ſe confirme en l'excitant, & preſque la renflammant par le
moyen d'vn doux & plaiſant mouuement, ainſi au contraire
elle ſe perderoit du tout, ſi l'agitation & mouuement eſtoit vehement, long ou furieux. Et ſi on le practiquoit autant & plus
habillement qu'il eſt faſcheux & penible, meſmement ſi tels
vieillards ſe vouloyent exercer, comme pluſieurs font, és choſes qu'ils n'ont appriſes en leur ieune aage, dançans immoderé-
ment, luictant, ou bien maniant auec trop grande opiniaſtreté
vn cheual, n'ayans auparauant iamais accouſtumé leur corps à
vn tel exercice. Eſtant neceſſaire que la vieilleſſe face ſeulemẽt
les exercices deſquels elle a la cognoiſſance & l'vſage, ſoit ou
pour les auoir autresfois appriſes & continuees, ou ſoit pour
s'y eſtre peu à peu accouſtumee, prenant garde de laiſſer à part
leur trop longue vehemence & continuation, & n'oubliant
auſſi à s'y exercer trop, ſi toſt qu'ils ſent mouuoir les membres
leſquels il recognoiſt eſtre les plus forts & gaillards de tout ſon
corps, car les autres parties de la vie s'en ſeruent, & s'en maintiennent mieux les excitant de leur eſtourdiſſement & laſcheté.
Cecy eſt tout ce qui m'a peu venir en la memoire à preſent,
pour diſcourir des aages, pour l'vſage & practique des exercices, les conſiderant ſeulement en general, ainſi que i'auois propoſé: reſte que ie vous en diſcoure autant briefuement qu'on le
ſçauroit obſeruer en eſpece, ſelon les diſtinctions ſubſequen-
tes: Car en ſpecial ou nous faiſons l'exercice de nous meſmes,
ou par le moyen de l'ayde ou appuy d'autre choſe. Si nous le
faiſons de nous-meſmes, ſans aucune ayde, nous le faiſons, ou
eſtans ſains & diſpoſts ou bien eſtans malades & indiſpoſez: ſi

Dv Sr. Arcangelo Tvccaro. 193

nous nous exerçons fous l'appuy & ayde d'autres chofes, c'eft ou à cheual, ou en coche, ou en vne littiere, ou bien en vne barque fur l'eau, ou bien fans nous mouuoir feulement, nous faifans frotter, comme nous auons dit cy deffus.

Cos. Il ne faut plus que vous alliez vous enuiant à pourfuiure les particulieres confiderations des chefs propofez en fpecial que tous ces Seigneurs peuuent par les precedentes raifons & par leur bon iugement & confeil des Medecins & lecture des bons autheurs qui en traittent, fçauoir aifément & & en tirer la meilleure & plus faine partie: car outre ce que l'heure eft fort baffe & proche de minuict, ie ne croy point que toute cefte illuftre affemblee fe foucie fort des particularitez infinies que vous pourfuiuez par le menu: car elles feroyent pluftoft caufe de nous enuier que de nous contenter d'auantage de ce que vous nous auez (de voftre grace) monftré auec tãt de doctrine & brefueté, attendu que nous n'auons difcouru ny difputé, ny peu ny trop, de l'exercice de l'efprit.

Ferr. Quand à ce qui appartient à l'exercice de l'efprit, tant pource qu'en bref on en pourroit dire quatre paroles cõme pour autant que vous vous y eftes exercé plus qu'en toutes autres chofes, ie vous en voudrois laiffer la charge pour en difcourir fans plus grande ceremonie, afin que noftre Dialogue nocturne print fin.

Pin. Certes ce Dialogue icy eft vrayement nocturne, duquel ie n'ay tiré autre fruict finon que de me reffouuenir que le coq entre les autres animaux va fignifiant auec fon chant, les principales & plus remarquables heures du iour & de la nuict, mieux que ne font fouuent les artifans d'Architas, ou d'Archimades.

Tetti. Certes ie penfois que le Pin dormift à bon efcient, mais à ce que ie voy, fa fommeilleufe apparence ne l'a priué aucunement de la veille de l'efprit, non plus que de la promptitude du corps.

Cos. Ie ne voudrois vous contredire n'eftoit que ie me doute que noftre gentil Pin parle en dormant, cõme font plufieurs autres, qui non feulement font le femblable, mais auffi fe leuent du lict, cheminent & montent à cheual, & autres vont

Ddd iij

LE III. DIALOGVE

à la riuiere pour se bagner, ce que comme c'est chose extraordinaire & admirable, ainsi d'icelle, ny d'autres semblables effects n'en peut-on rendre aucunes raisons diffinitiues selon la nature.

FERR. Le S. Cosme voudroit auec vne telle digression s'excuser parauenture de traitter de l'exercice de l'esprit : ce qui reste seulement pour conclure auec vn entier contentement à toute ceste honorable compagnie, le discours que nous auons faict des exercices iusques à present. Quant à ce que le Pin dorme ou non, qu'il parle en dormant, ou qu'il dorme en parlant, encores qu'il aye les yeux & les temples rouges & enflees, & la voix enrouee, si ne nous fera-on accroire, comme ie m'asseure, que nous soyons d'auenture (ainsi qu'on lit és histoires anciennes) comme aucuns Agrigentins, lesquels pour auoir trop beu, & plus que nous n'auons fait, ayant entr'eux honoré la liqueur du Dieu Bacchus, mieux que ne pourroit faire en ce temps icy vn esquadron de bons beuueurs Allemans, ayans souppé entr'eux, sans estre embarquez en aucū vaisseau de mer, estimoyent estre neantmoins en peril d'vn grand & eminent naufrage, encores qu'en ce temps là ne fust erigee la coustume de s'inuiter à boire l'vn l'autre.

PIN. Ie me plains infiniment de ne sçauoir cōme vous non seulement deffendre & picquer les autres, mais aussi de ne pouuoir comprendre ou entendre aucunement les allegories & histoires des choses passees, ainsi que sçait faire le S. Ferrand, quand à moy pour ne me taire, & me faire en quelque chose entendre, ie vous diray comme ie l'entends, ie ne parle point en dormant, & ne dors point en parlant, encores que ie vous aye respondu, & que ie parle, car certes ie ne pourrois iurer que ie dorme puis que ie veille il y a presque plus d'vne heure & demie.

COS. Maintenant apres que Pin nous a respondu comme vn Philosophe, & qui plus est, comme les Theologiēs d'Egypte, il nous a proposé vn Enigme, que, laissant là à part la Sphinx, ny Dauus, ny Edippus ne pourroyent expliquer, & duquel vous en laissant la charge S. Ferrand auec l'histoire de vos Agrigentins que le Pin n'entend point, mais vous en demande l'allegorie en quelque façon, luy estant aduis que ce soit vn poinct de la cabale Hebraïque.

FERR. Ie veux obeissant à vos commandemens, me depescher de dire en bref ce qui appartient à l'exercice de l'esprit: l'exercice donc de l'esprit ne peut estre, ny se trouuer auec les hommes qu'en quatres sortes differentes: la premiere desquelles est la contemplation en nostre entendement, des choses passees, presentes & futures, par le moyen de la coniecture ou inuention, & selon les fins de nostre contemplation & discours particulier des choses naturelles, ou artificielles, selon qu'il nous semble estre pour le meilleur: la seconde difference est le discours: la tierce, l'ouye: la quatriesme, l'escriture en composant, nõ comme font les Tabellions, le trauail desquels est plustost vn exercice du corps que de l'esprit, en copiant ainsi les affaires d'autruy. Encores que la quatriesme difference que ie vous ay proposee de l'escriture, qui est de composer pour exercer l'esprit, n'est du tout exempte de l'office du corps, ny mesmes (qui bien le voudroit considerer) l'exercice qu'on tire de l'esprit en deuisant, n'est sans l'interuention de l'exercice corporel; ce que i'ay voulu donner à entendre, afin que quelques nouueaux Aristarchiens, ne s'opposasent contre nous, auec vn Persian en main.

COS. L'vtilité de ces exercices spirituels, est si manifeste à tous, que sans traicter de leur forme, il me semble qu'il n'est requis que ie m'aduance plus auant à la declarer, ou louër comme elle le merite dignement: seulement diray-ie que la maniere consiste en la qualité, au temps, & en la quantité necessaire à s'exercer, fuyant tousiours le trop: & voylà tout ce qu'il me semble pouuoir briefuement estre dict, & obserué pour l'exercice de l'esprit. Si vous S. Ferrand ne nous le voulez plus amplement expliquer promptement, & mieux que ie ne pourrois faire, en dormant comme le Pin faict.

FERR. A ce que ie voy, vous nous auez monstré la voye de finir nos propos, ayant auec briefueté dict ce qui peut appartenir à l'exercice de l'esprit.

TETTI. Ie ne peux que ie ne me souuienne du iour precedent, & ensemble de la nuict presente. Aussi ne me pourray-ie taire en quelque lieu que ie me trouue, les louanges, nõ seulement que ceste Court merite, mais aussi celles que sur toutes choses merite ceste fort honorable compagnie, ayant inuenté, trouué, & poursuyui vn tel subiect, iusques à la fin, moyennant les amis de nostre gentil Archange, lesquels ont discouru de l'exercice, & de l'art du saut, auec la demonstration de tous les effects que la disposition accoustumee du corps humain, peut faire auec art, auec asseurance, & auec proposition, bien que nostre bon Pin se trouue maintenant ayant la teste basse, & nageant parmy les champs Elisiens.

PIN. A propos de nageant, ie vous iure que la memoire du saut que i'ay faict, auec le traicté qu'a faict le S. Ferrand de ces Agrigentins, i'ay esté presque sauté en dormant, & sautois, non pas en terre, mais selon l'opinion de mon cerueau assoupy, au milieu de la mer, entre plusieurs barques & nauires.

TETTI. Tous ces Gentils hommes sont comme vous voyez appareillez à se retirer; ie parle à vous S. Ferrand, mais ils vous prient, comme ie fais aussi auec eux de vouloir fauoriser le Pin, pour nous declarer l'histoire de ceste nauire des Agrigentins: car encores que ie l'aye autrefois ouye, si aurois-ie neantmoins pour agreable l'entendre de vous derechef, puis qu'il vient à propos.

FERR. Ie diray volontiers ce que i'en ay autresfois remarqué, en la fameuse & ancienne ville d'Agrigente se trouuerent certains ieunes hommes qui s'estans peu à peu enyurez à la celebration de la feste de l'vn de leurs iours solemnels auquel ils auoient accoustumé faire de fort somptueux banquets, accompagnez de toutes sortes d'instruments musicaux; il aduint qu'apres auoir bien sauté, dancé, chanté, & sur toute chose apres auoir auallé plusieurs barils de vin, la nuict s'approchant, vn de ces ieunes hommes qui auoit la teste pleine de vin, & toute fumante, de sorte qu'il luy sembloit que toute la maison tournast, & tremblast, commença à crier auec vne voix vineuse & enrouee, le plus haut qu'il peut, entre tous les autres compagnons, qui se trouuoient aussi bien que luy en vn grand danger d'estre tous noyez: ne voyez vous pas disoit-il,

qu

que ceste galere en laquelle nous sommes mal embarquez, est poussee des ondes orageuses de la mer: O Dieu ne voyez vous pas qu'elle s'abisme, n'entendez vous pas le sifflement & bruict des furieux vents qui nous rompent les cables & menus cordages? Ne voyez vous pas que le voile & les auirons se brisent, croyant cest yurongne insensé que les bruits du vin fumant qui luy remplissoyent la teste & les oreilles des ventositez qui y bruyoient fussent les vents contraires qui auoyent troublé la mer en laquelle il pensoit estre auec les autres en ce naufrage, voyant à son iugement que rien ne s'arrestoit, mais que tout se tournoit & remuoit du haut en bas: Ses compagnons qui estoyent comme luy yures, insensez, estonnez & priuez de tout clair iugement, voyant qu'à la forme des ondes les murailles & toutes autres choses, sans aucune exception, se tournoyent & mouuoyent, comme font les nauires en la mer agitee de la tempeste, ayans iceux à ceste occasion peur & apprehension de la mort se meirent comme le premier à crier, & à requerir la misericorde & secours des Dieux, & à courir deçà & delà auec vne voix haute & confuse, disans qu'on abbaissast les voiles ou qu'ils estoient perdus du tout, ou qu'on couppast le mast, qu'on abbatist le trinquet, qu'on tint bien le timon, le penchant quelquefois à Poge, autrefois à l'ourse-Ponant, & qu'on n'abandonnast pas les rames, dont aucuns s'en vouloyent ayder, comme s'ils enfonçoyent & criant, scie, couppe, vogue, tire à cest auiron, accommode l'autre, tomboyent ainsi criant par terre, pensoyent toutesfois estre tombez au profond de la mer, vous les eussiez veu si tost qu'ils se trouuoyent à terre ne dire vn seul mot, & estans ainsi estendus de leur long hausser vn peu la teste, estendre les bras, remuer les iambes, croyans qu'ils nageassent au milieu des ondes agitees d'vne grande tempeste, entre lesquelles ils pensoyent estre fermement, demandans ayde & secours aux autres, lesquels estoyent d'autre part transportez hors de toute cognoissance & raison : & estimans iceux qu'ils estoyent desià presque perdus & engloutis par les impetueuses vagues de la mer, s'aduiserent de ietter en bas par les fenestres du logis, (estimans allegir beaucoup le pesant fardeau de leur nef ainsi tourmentee) tous leurs sieges, la table, les licts, les plats, les bassins & autres tels meubles, ainsi que ledict premier ieune homme qui faisoit le patron de galere, sage & accort leur commandoit en criant le plus qu'il pouuoit parmy eux qu'ils ne laissassent rien dedans la nauire qui fust pesant & non necessaire au vaisseau: & bien que plusieurs se fussent assemblez deuant le logis, en partie pour regarder & ouyr non sans grande admiration, ce cry, ce bruit, & autres telles insolences & debris de ces meubles que ces gens icy iettoyent les mettant en proye à vn chacun, si est-ce que pour cest amas de peuple, ces ieunes hommes forcenez ne se peurent recognoistre ny apperceuoir leur erreur, mais tousiours continuans leurs cris, pensoyent estre tombez de mal en pis, & estre en plus grand danger que iamais de se voir abysmez. Ce trouble s'augmenta d'auantage en leurs esprits, à raison que pendant qu'ils se trauailloyent ainsi, le temps, comme il aduient souuent, se vint tellement à troubler qu'apres quelques esclairs & tonnerres il se mit à tomber vne grosse gresle, à cause dequoy à chaque coup de tonnerre & à chaque esclair ces pauures yurongnes baissans la teste du tout crioyent, Garde l'antenne, le mast se rompt & cracque, la nef & la galere se heurtent & perdent, à l'ayde, ô Dieu, misericorde. & autres telles parolles effroyables & espouuentables à ouyr au iugement de leurs cerueaux offusquez. Le lendemain au matin le Podestat estant venu en ce lieu auec son iuge & autres gens de iustice pour informer selon les loix & gouuernemens des anciennes Republiques, des choses mal-faictes, iceux trouuerent (ayans faict faire ouuerture par force, en l'vne des plus basses chambres du logis) vn de ces ieunes hommes, lequel sembloit estre plus aagé que les autres; iceluy les ayant apperceus, & croyant qu'ils fussent du nombre de ces hommes marins, qui estoyent grandement reuerez selon la religion des anciens, & estimez par entr'eux pour semi-dieux de la mer, apres Neptune, il leur dist, O sainct Triton sçachez que de cest orage & tempeste qui a si mal traicté ce vaisseau, i'ay esté contrainct sauuer ma vie au mieux que i'ay peu en ce lieu icy de la Sentine qui est vn lieu au plus profond de chaque nauire couuert, & le plus asseuré contre l'eau, car autrement i'aurois esté comme plusieurs autres miens compagnons englouty & suffoqué au gouffre des eaux sallees: Ce que voyant le Iuge auec son Podestat, & cognoissant que cestuy-cy n'estoit encores guary de ceste vineuse frenaisie passerent oultre pour veoir ce que faisoyent les autres, lesquels ils trouuerent tous retirez en la salle, & aucuns d'eux en partie, comme s'ils eussent eschappé quelque grande fortune & naufrage, & sortis de nouueau hors de la mer, se secoüoyent le corps de tous costez, & tiroyent leurs cheueux comme s'ils eussent encores esté humides & moüillez, tordans leurs vestemens & les espurant, se nettoyant les bras, les jābes & la barbe, vomissans la salure des eaux marines qu'ils pensoyent auoir beu, cherchans auec ceux qui nageoyent encores les auirons comme s'ils eussent esté tombez à terre. Ces Senateurs s'estonnans infiniment de telle chose & leur demandant ce qu'ils pensoyent faire, Ils leurs respondirent auec vne voix enroüee, iettans des sanglots, & faisans quelques rots deshonnestes, n'estans encores libres, ny du vin, ny de sa vapeur, qu'ayans esté grandement trauaillez par la cruelle furie & impetuosité desvents, & de la mer, ils auoyent au moins sauué leur vie, bien que toute leur marchandise & tout ce qu'ils auoyent de plus exquis en leur nauire fut perdu & ietté en la mer, pour ne se voir entierement noyez & engloutis auec le vaisseau au profond de la mer. Atheneus escrit qu'estans iceux reprinspar le Iuge, & estans reputez par luy aussi dignes d'excuse, puis qu'ils estoyent si alienez de leur entendement, les aduertissant que de là en auant ils eussent à s'abstenir de plus tant boire de vin, sans raison, ny sans mesure; ils respondirent (croyans n'estre encores libres du tout, de la fortune, & de la tēpeste, & que ces hommes qui parloiēt à eux fussent au vray des Tritons) apres les auoir honorablement tous remerciez, que si tost qu'ils seroyent deliurez de ceste dangereuse tēpeste, & arriuez sains & sauues à port de salut, ils promettoyent de bon cœur qu'auec tout honneur & reuerence, ils feroient eriger & dedier au riuage de la mer, en public, vne honorable statuë, entre les Dieux du Royaume de Neptune, tant pour l'a-

LE III. DIALOGVE

greable souuenance de leur deuoir, comme pour la miraculeuse souuenance d'auoir esté secourus & aydez par ces hommes, auec lesquels ils parloyent, estimans que ce sussent semi-dieux de la mer, & qui leur estoyent apparus, pour les consoler; se presentant à eux opportunement, pour les sauuer: Toutesfois que ce cas soit aduenu, comme on voudra, si est il digne d'estre remarqué auec admiration: c'est d'où vient que puis apres telle maison a tousiours esté nommee la galere ou nauire.

Cos. En effect quand le sieur Ferrand se dispose à vouloir racompter quelque histoire, il ne laisse en arriere aucune partie de l'ornement qui y est requis: i'oserois bien iurer que ie n'ay iamais de luy entendu aucune chose antique, que ie ne m'y sois rendu plus affectionné, que si ie l'eusse receu és mesmes liures des Historiens Grecs & Latins.

Tetti. Asseurez vous sieur Ferrand que vous ne pouuiez auec meilleure occasion, ny plus agreable souuenance, finir le discours des choses plus graues qu'en nous representant, si au vif, vne si plaisante & notable histoire, ie vous promets que si la Maiesté diuine me permet de retourner sain & sauue, comme i'espere, en la Court de l'Empereur, Monseigneur, qu'entre autres choses, desquelles ie parleray quand l'occasion se presentera, ie feray vne particuliere mention de ceste galere ou nauire, qui est ainsi fabriquee & composee de pierres dedans les histoires, faisant memoire d'Agrigente, & de vous aussi, mon cher Archange, qui auez esté tant agreable à l'inuincible Empereur Maximilian, qui a esté premierement Seigneur & Patron de vous, & de moy: ie luy veux faire vn recit de ces discours, que nous auons faict du vray art du saut voltigé, duquel on n'a iamais approché, estant sa Maiesté, comme vous sçauez par experience fort desireuse de tout autre exercice corporel, comme aussi de tout autre qui appartienne à vn parfaict Gymnaste, ou comme dict est, Gymnasiarque; encores que ie croye pour certain que l'Empereur ne croira pas toutes les choses que ie luy pourrois rapporter, des beaux discours de ces Seigneurs, tant ils ont esté prompts & remplis de delectation.

ARCANGE. Encores que ie ne puiſſe à preſent vous remercier infiniment, comme ie deſirerois, pour le deſir que vous auez de faire memoire de moy, ſi toſt que vous ſerez retourné vers ſa Maieſté, comme auſſi pour le ſubiect qui a eſté par ces Seigneurs traicté auec diuers diſcours; ie vous prieray que m'excuſiez maintenant, ſçachant bien que ie vous ſuis ſeruiteur affectionné, d'autant que i'ay entendu pour le certain, que le Roy part demain, pour s'en aller à Vau-jours, qui eſt vn chaſteau appartenant au Comte de Sanſerre, frere du ſieur de Fontenes, lequel eſt ſitué au milieu de tres-grandes foreſts; auquel lieu ſa Maieſté eſpere paſſer le temps, par quelques iours, à la chaſſe du Cerf, Il me ſemble qu'il eſt heure qu'vn chacun ſe retire à ſon logis, afin que demain matin dés la pointe du iour, chacun, comme on dict, aduiſe à ſoy. Alors tous les Gentils-hommes ſe leuans, & ſe donnant la bonne nuict, les vns aux autres, ſe retirerent en leurs logis.

La fin du troiſieſme & dernier Dialogue.

www.ingramcontent.com/pod-product-compliance
Lightning Source LLC
Chambersburg PA
CBHW071911230426
43671CB00010B/1559